JN450927

제2판

사회복지자료분석론

– SPSS 적용 및 활용 –

임병우 · 주경희 · 김성원 · 이은아

창지사

머리말

우리는 21세기 정보화 사회에 진입하면서 과학적 접근에 근거한 지식의 보편화 현상이 이루어지고 있다. 그 가운데 일상적으로 접하게 되는 사회복지 관련 자료뿐만 아니라 전문적인 정책 또는 임상자료의 홍수 속에서 합리적인 활용을 위하여 자료분석에 대한 기초지식은 매우 중요하다고 할 수 있다.

'사회복지자료분석론'은 사회복지관련 분야에서 수집된 양적 자료를 분석하는 방법론이라고 할 수 있다. 그러나 본서에서는 사회복지자료분석(론)을 사회복지통계(학)라는 용어와 혼용하여 사용하기로 한다. 왜냐하면 자료분석은 통계의 일부라고 할 수 있고 통계에 대한 광범위한 이해가 부족하면 자료분석의 활용에 한계가 있기 때문이다.

이러한 측면에서 본서는 통계에 대한 개괄적인 이해를 위한 기초 지식으로 구성된 제1부 통계의 개관, 통계검증(정)의 프레임웍과 자료분석의 이론적 근거제시를 위하여 구성된 제2부 통계의 이해, 그리고 마지막으로 통계방법(자료분석방법)의 활용을 위한 적용지식으로 구성된 제3부 통계방법의 이해로 구성되어 있다.

대부분의 기존 사회복지자료분석론이 관련 이론 중심으로 구성되어 학생들에게 기술적인 측면인 SPSS의 활용을 따로 학습해야 하는 번거로움이 있었던 것이 사실이다. 이 책은 이러한 한계를 극복하기 위하여 자료분석방법의 이론적인 지식을 학습한 후 자료분석방법의 기술적인 지식인 SPSS의 활용에 대한 내용을 학습할 수 있도록 각 장의 말미에 구성하였다.

전공에 대한 연구와 병행하는 과정에서 이루어진 집필이기에 미처 고려하지 못한 미진한 부분에 대하여 충고를 주시면 겸허하게 받아들이고 보완하도록 노력하겠다. 이 책이 나오기까지 도움을 주신 SKU고령사회융합연구소 연구원인 장인자, 조옥선 선생님과 코넬대 의과대학에 재학 중인 Euyn Lim 학생 등 여러분께 감사드리며 머리말을 가름하겠다.

2022. 2.수리산 연구실에서

저자 대표 임 병 우

목 차

머리말 / 3

01 PART 통계의 개관

CHAPTER 01 통계의 기본 개념 • • • 11

제1절 통계의 개념 11

제2절 통계의 기본 용어 15

CHAPTER 02 자료수집과 통계 • • • 23

제1절 자료수집 23

제2절 표본 28

제3절 변인 34

제4절 통계의 유형 43

CHAPTER 03 통계와 SPSS • • • 49

제1절 SPSS의 개요 49

제2절 SPSS 메뉴의 활용 58

02 PART 통계의 이해

CHAPTER 04 기술통계의 이해 • • • 79

제1절 분포 ········· 79

제2절 집중경향치 ········· 91

제3절 변산도 ········· 98

제4절 SPSS-분포, 집중경향치 및 변산도 ········· 116

CHAPTER 05 추리통계의 기초 • • • 127

제1절 확률 ········· 127

제2절 확률분포와 비연속확률분포 ········· 138

제3절 연속확률분포 ········· 148

제4절 표본분포 ········· 160

제5절 SPSS-표준점수 ········· 165

CHAPTER 06 추리통계의 이해 • • • 169

제1절 추정 ········· 170

제2절 가설검정(증) ········· 186

03 PART 통계방법의 이해

CHAPTER 07 빈도분석과 교차분석 • • • 205

제1절 빈도분석 ······ 205
제2절 교차분석 ······ 209
제3절 SPSS–빈도분석과 교차분석 ······ 210

CHAPTER 08 평균분석: t–검증 • • • 217

제1절 평균분석 ······ 217
제2절 평균분석과 t–검증 ······ 222
제3절 t–검증의 유형 ······ 226
제4절 SPSS–평균분석(t–검증) ······ 237

CHAPTER 09 분산분석 • • • 245

제1절 분산분석의 개요 ······ 245
제2절 분산분석과 실험디자인 ······ 258
제3절 분산분석의 유형 ······ 264
제4절 SPSS–분산분석 ······ 274

CHAPTER 10 상관관계분석 • • • 287

제1절 상관관계의 개요 287
제2절 상관관계분석의 유형 296
제3절 SPSS-상관관계분석 307

CHAPTER 11 회귀분석 • • • 311

제1절 회귀분석의 개요 311
제2절 회귀분석의 유형 314
제3절 SPSS-회귀분석 337

CHAPTER 12 비모수검증 • • • 351

제1절 비모수검증의 개요 351
제2절 비모수검증의 유형 353
제3절 SPSS-비모수검증 377

부 록 • • • 383

참고 문헌 • • • 405

01

P·A·R·T

통계의 개관

CHAPTER 01 | 통계의 기본 개념
CHAPTER 02 | 자료수집과 통계
CHAPTER 03 | 통계와 SPSS

01
CHAPTER

통계의 기본 개념

제1절 통계의 개념

1. 통계의 정의

통계는 우리와 하루의 시작과 하루의 마무리를 같이한다고 말을 할 수 있을 정도로 일상생활과 매우 밀접하다. 예를 들어, 나는 매일 몇 시에 일어나야 하는지, 등교를 위하여 버스를 몇 시에 타야 하는지, 오늘은 수업을 몇 시간 참여해야 하는지, 저녁은 몇 시에 먹고 TV는 몇 시간 시청하는지, 그리고 몇 시에 취침해야 하는지 등의 다양한 일과를 통계적인 수치로 산출이 가능하고, 이것을 근거로 의사결정을 하게 된다. 즉, 최근 몇 개월 간 매일 밤 11경에 취침을 해왔다면 오늘도 특별한 일이 없으면 11시에 취침을 해야겠다는 의사결정을 하게 될 것이다. 만약 오늘은 평소보다 늦게 취침을 하게 된다면 내일 일상의 리듬이 깨어지게 되어 어려움을 겪게 될 것을 예측할 수 있다.

통계의 정의는 학자마다 다소 차이가 있으나 통계 그 자체에 의미를 두는 것이 아니라 '어떠한 현상에 대하여 수치로 분석하고 표현을 하기 위한 방법이다'라는 데 견해를 같이한다.

일반적으로 통용되는 통계의 정의들은 다음과 같다. 사전적 의미로 네이버 사전(2022)은 통계란 '집단현상에 대한 구체적인 양적기술을 반영하는 숫자'라고 정의하였고, 동아사전(2022)은 통계를 '수량적 비교를 통하여 많은 사실을 관찰하고 처리하는 방법'이라고 정의한다. 이와 유사하게 송인섭(1997)은 '통계는 관찰 결과를 해석하고 조직하는 일련의 방법과 규칙'이라고 정의하였다.

앞에서 언급된 통계의 정의들을 근거로 사회복지통계는 두 단계의 개념화가 가능하다고 할 수 있다.

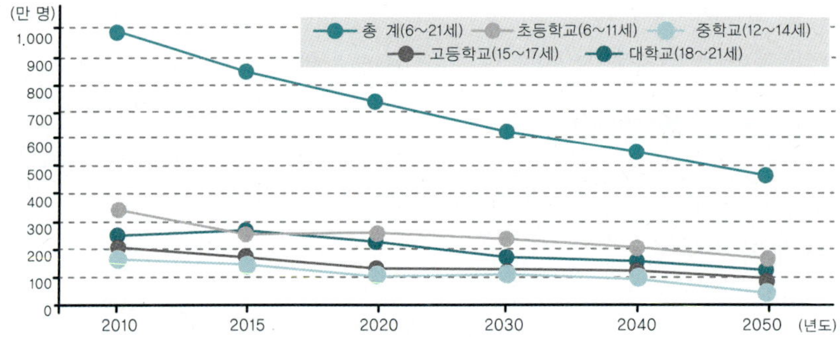

[그림 1-1] 학령인구(6~21세) 추이 전망

출처: 통계청(2008). 장래인구추계.

첫 번째 단계는 사회복지와 관련된 어떠한 현상에 대하여 조사 또는 관찰의 결과를 수치로 나타낸 수량적 사실을 집합화하는 것으로, 자료의 수집, 조작, 분석 자체를 의미하는 기술수준의 통계이다. 즉, 기술통계는 사회복지와 관련된 자료수집, 자료정리, 자료분석 과정을 통하여 관찰된 자료를 기술하여 집단의 특성을 쉽고 편리하게 해석이 가능하게 한다. 예를 들어, 어느 복지관에서 방과 후 프로그램 참여 학생 성적을 매년 관찰함으로써 많은 양의 정보를 얻게 된다. 많은 사람들은 매년 모든 프로그램 참여자들 개인의 성적보다는 그 프로그램의 참여한 학생들의 평균성적에 관심을 가질 것이다. 이렇듯 통계는 많은 참여 학생들의 성적을 간단하게 집합화하여 함축된 의미를 알 수 있게 한다. 또 다른 예로, 2020~

2050년 사이에 학령인구 추이를 전망하고자 한다면 10년 단위별 학령인구의 증가율 또는 감소율로 간단 · 명료하게 표현할 수 있다.

두 번째 단계는 사회복지와 관련된 어떠한 현상을 기술하고 믿을 수 있는 결론을 추리하는 과정, 방법 및 절차를 의미하는 추리(론)수준의 통계이다. 즉, 추리통계는 표본에서 얻은 집단의 특성을 의미하는 통계치를 기초로 표본자료가 추출된 모집단의 특성인 모수치를 추정 및 가설검증을 하는 추론으로 어떠한 현상이 불확실한 상황에서 가능한 만큼 확실한 판단을 할 수 있게 도와준다. 여기서 추론은 추정과 가설검증을 포함하며, 추정이란 표본의 특성인 통계치가 모집단의 특성인 모수치와 동일할 것이라고 추리하여 정하는 것을 의미하고, 가설검증이란 통계치를 근거로 추리하여 정한 모수치에 대하여 옳고 그름을 판단하게 하는 방법이라고 할 수 있다. 예를 들어, 노인종합복지관에서 일자리프로그램에 참여한 노인 전원을 상대로 참여동기를 조사하기는 쉽지 않다. 따라서 참여 노인의 일부를 표본추출 하여 조사한다.

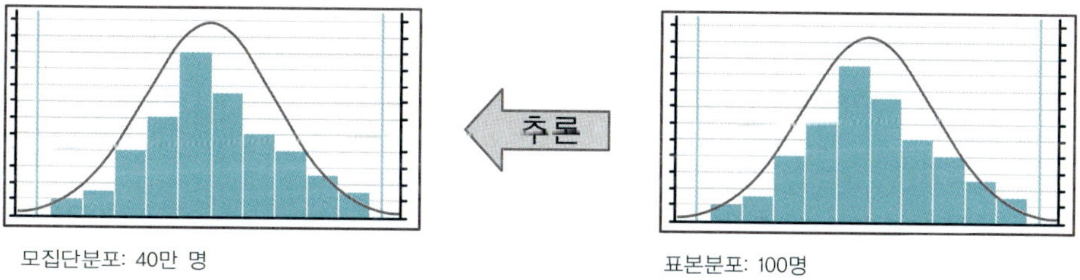

[그림 1-2] 노인일자리사업의 참여동기 분포

이때 표집 된 일부 노인들의 참여동기에 대한 응답결과를 근거로 일자리 참여노인 전체의 참여동기로 추정 및 가설검 증을 통하여 확대 · 해석할 수 있을 것이다. 즉, 불확실한 상황인 모집단의 특성을 표본의 결과를 통하여 모집단 특성 전체에 대한 결론을 유도해 낼 수 있다.

이러한 추리통계에는 모집단 분포의 정규성 가정 여부에 따라 모수통계와 비모수통계로 나누어지게 된다. 모집단의 정규성이 요구되어질 경우 모수통계라하고,

모집단의 분포가 정구성이 요구되지 않을 경우, 비모수통계라고 한다. 모집단의 분포가 정규성을 이루기 위해서는 자료수집에 활용되는 척도가 양적속성의 척도여야 한다.

사회복지통계를 근간으로 하여 사회복지통계학의 개념은 '사회복지와 관련된 조사(연구)대상이 되는 집단, 현상 또는 사건에 대하여 자료수집(구성) 및 기술과 이들에 대한 제한된 정보나 자료를 토대로 분석, 해석하여 과학적인 판단을 내릴 수 있는 방안을 제시해주는 학문이다'라고 할 수 있다.

2. 통계의 필요성 및 목적

1) 통계의 필요성

앞에서 언급되었듯이 통계는 우리의 일상생활과 밀접한 연관이 있다. 매일매일 신문이나 방송 또는 친구와의 대화 속에서 통계를 사용 또는 인용하게 된다. 물가지수가 얼마나 상승했는지, 실업률이 얼마나 줄었는지, 주가가 얼마나 상승했는지, 이번 학기의 평균성적은 얼마인지 등등 우리는 통계와 함께 생활한다고 해도 과언이 아니다. 따라서 통계에 대한 기초 지식을 갖추면 이러한 자료를 더욱 잘 이해하여 생활에서 유용하게 사용할 수 있다.

또한 대학교에서는 예비 사회복지사, 예비 보육교사, 예비 상담가로서 학생들에게 사회과학이나 행동과학에서 다루는 자료들을 계량(통계)적으로 표현할 수 있는 능력이 요구되기 때문에 통계학 학습이 필요하다. 예를 들어, 사회복지 계열 대학생들의 보고서 작성 시 기초 통계를 활용하여 사회복지와 관련된 현상(주제)에 대하여 객관적으로 탐색 · 기술한 내용의 제시가 필요하기도 하다.

대학교를 졸업한 후 학업을 계속하는 석 · 박사 학생들은 통계학을 이해함으로써 타 연구자들의 연구물에 수록된 전문적인 지식을 습득할 수 있을 뿐만 아니라 양적 자료를 이용한 학위 또는 학술논문을 작성할 수 있게 된다. 또한 사회복지 현장에 취업 후에는 사회복지사로서 자신이 제공하고 있는 프로그램의 효과성을 검정(증)하거나 제공된 서비스에 대한 만족도를 조사하여 기술하고 분석하여 좀 더 발전된 프로그램 또는 서비스를 개발할 수 있도록 도와준다.

2) 통계의 목적

학자마다 사회복지 분야에서 통계를 활용하는 목적을 다양하게 진술하고 있다. 학자들의 다양한 견해를 종합하면, 실천적 목적과 학문적 목적으로 정리할 수 있다.

사회복지통계의 실천적인 목적은 세 가지로, 다음과 같다. 첫째, 사회복지실천과 관련된 일련의 수량적 자료를 가공 및 처리하여 이해하기 쉽도록 도와준다. 둘째, 사회복지실천과 관련된 현상을 과학적으로 이해하여 합리적인 의사결정을 할 수 있도록 보조한다. 셋째, 사회복지실천과 관련된 어떠한 현상에 대한 연구에서 도출된 결론의 정당성을 확보하도록 도와준다.

사회복지통계의 학문적인 목적은 기술적 목적과 추리적 목적으로 분류되며, 그 내용은 다음과 같다. 첫째, 사회복지와 관련된 다량의 자료를 처리하여 쉽게 이해할 수 있는 형태로 축소하는 기술적 목적이 있다. 둘째, 사회복지현상과 관련된 표본을 통하여 모집단을 추정하고 통계적으로 어떠한 결론을 추출·검정(증)하는 가설검정(증)의 추리적 목저이 있다.

제2절 통계의 기본 용어

1. 모집단과 표본

모집단(population)은 조사연구를 하고자 하는 대상(개체)의 전체로서, 연구자의 관심 대상이 되는 모든 개체의 집합을 의미한다. 또한 조사연구자가 표본(sample)을 통해 발견한 사실이나 특성을 일반화하고자 하는 집단을 말한다. 이 때문에 표본은 모집단의 일부가 되며 모집단을 대표한다고 할 수 있는데, 모집단을 전부 조사할 수 없을 때 표본을 활용한다. 모집단은 조사연구의 대상에 따라 사람일 수도 있고, 단체, 생산품, 프로그램 등이 될 수도 있다. 모집단은 모집단의 크기가 유한한 유한모집단과 크기가 무한한 무한모집단으로 분류된다.

표본(sample)은 실제 조사연구의 대상이 된 집단으로, 모집단의 특성을 추정하기 위한 선택된 집단으로 모집단의 일부분이다. 이때 모집단으로부터 표본을 만드는 과정을 표본추출 또는 표집(sampling)이라고 한다.

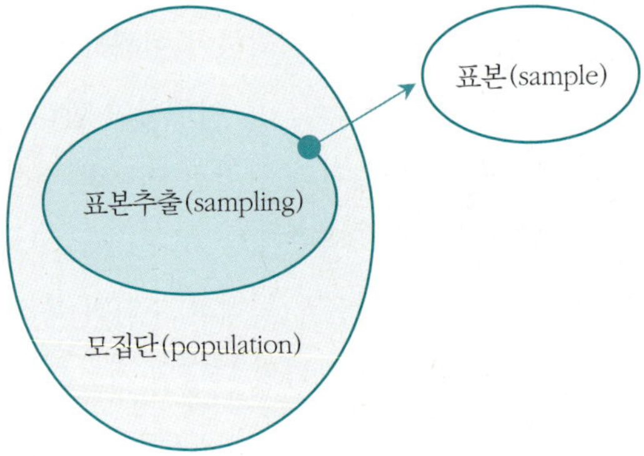

[그림 1-3] 모집단과 표본의 관계

예를 들어, 'A 대학교 학생들(5,000명)의 복지의식에 관한 조사연구'를 수행하게 된다면 전체 대학생(5,000명)을 조사 연구하는데 시간 또는 경제적인 문제 등으로 쉽지 않을 것이다. 이때 전체 대학생 5,000명 전부를 조사 연구하지 않고 전체 대학생의 일부인 50명만을 추출하여 조사연구를 할 수 있다. 이때 전체 대학생(5,000명)은 모집단이 되고, 추출된 학생(50명)은 표본이 된다. 또한 전체 학생(5,000명)에서 일부 학생(50명)을 추출하는 과정을 표집 또는 표본추출이라고 한다. 즉, 표집의 결과가 표본인 것이다.

2. 모수치와 통계치

모수치(parameter)는 모집단에서 나타나는 어떠한 개념을 변인(수)화하여 변인(수)의 특성을 측정하여 수치화한 것이다. 모수치는 모집단의 참 값과 같다고 할 수 없다. 왜냐하면 모집단 전체를 측정하는 과정에서 나타나는 오류에 의하여 정확한 값을 구하기 힘들기 때문이다. 대표적인 것으로는 모평균, 모분산(표준편차), 모비율과 같은 지표를 들 수 있다.

통계치(statistic)는 표본으로 뽑힌 자료를 근거로 하는 변인(수)에 대한 특성을 수치화한 것이다. 이러한 표본의 통계치를 가지고 실제 알지 못하는 모수치를 추론하는 과정이 표본조사와 자료 분석의 주된 목적 중의 하나이다. 대표적인 것으로는 표본평균, 표본분산(표준편차), 표본비율을 들 수 있다.

앞에서 제시한 예를 활용하여 설명하면, '대학생들의 복지의식에 관한 조사연구'에서 전체 대학생(5,000명)을 조사연구한 복지의식의 수치(모평균, 모분산, 모비율)는 모수치에 해당되며, 표집을 통하여 일부 대학생(50명)을 뽑아 조사연구하여 도출된 복지의식에 대한 수치(표본평균, 표본분산, 표본비율)는 통계치이다. 이러한 통계치로 전체 대학생의 복지의식인 모수치를 추론하게 된다. 표집 된 학생의 복지의식이 5점 만점에 평균 3점이 나왔다면 통계치는 평균 3점이 될 것이고, 모평균도 3점이라고 추론할 수 있다([그림 1-2] 참고).

모집단의 모수치를 나타내는 기호는 그리스 로마자를 사용하고, 통계치를 표시하는 기호는 영어의 알파벳을 사용하는 것이 일반적이다(〈표 1-1〉).

〈표 1-1〉 모수치와 통계치의 기호

구분	사례 수	평균	표준편차	분산	비율
모수치	N	μ	σ	σ^2	π
통계치	n	$\overline{X}$	s	s^2	p

3. 추론

추론(estimation)은 표본에 담겨져 있는 정보를 분석하여 모집단의 정보로 확정하는 과정을 의미한다. 즉, 추론은 모집단의 특성(모수치)에 대한 의사결정을 내리기 위한 과정으로, 첫째, 추정 또는 가설검정(증)을 시도하고, 둘째, 그 결과에 대한 일반화, 객관화를 시도하는 과정까지를 포함한다. 예를 들어, '자원봉사참여 노인의 삶의 만족도에 관한 조사연구'를 위하여 자원봉사에 참여하는 일부 노인들의 표집(표본)하여 조사연구한 결과 삶의 만족도가 100점 만점에 평균 80점(통계치)이 나왔다면 전국에서 자원봉사에 참여하는 노인들(모집단)의 삶의 만족도는 통계적 유의수준에서 평균 80점(모수치)이 된다고 추론하게 된다([그림 1-4]).

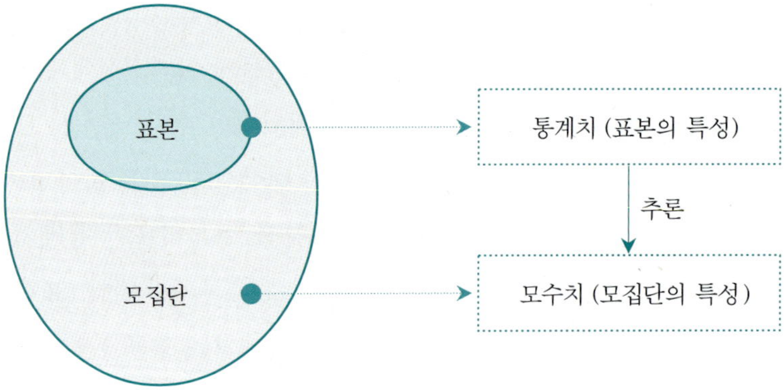

[그림 1-4] 모집단과 표본, 모수치, 통계치와 추론의 관계

4. 표본오차와 신뢰수준

표본오차(sample error)는 측정오차와 기타 편견에 의한 오차가 없더라도 표본에서 얻은 통계치는 전수조사를 통한 모수치와 일치하지 않는다. 즉, 표본에 의한 통계치를 통한 추정값은 실제 모수치와의 차이(오차)를 말한다. 여기에서 '오차'는 실수를 범한다는 의미의 오류가 아니라, 표본을 사용하는 조사연구에서 얻어지는 근사치의 범위를 의미한다. 예를 들어, 복지세금 신설에 대한 찬반 의견은 성인

남녀를 대상으로 조사하기 전에는 정확한 값을 알 수가 없으며, 단지 어느 정도의 구간으로 예측할 뿐이다. 여론조사에서 복지세금 신설에 대해 찬성 80%, 반대 20%를 '5% 신뢰수준에서 표본오차 ±5% 포인트인 결과를 얻었다면, 동일한 형태의 조사를 100번 실시했을 경우 95번은 복지세금 신설에 대한 찬성구간이 75~85% (80%±5%) 사이의 비율일 것'이란 의미이다.

신뢰수준(도)(confidence level)은 표본오차를 나타낼 때 표본의 통계치가 모수의 모수치로부터 얼마나 차이가 나는지를 나타내는 수준이다. 신뢰수준은 연구결과를 신뢰할 수 있는 수준을 말한다. 신뢰수준은 통상 3개 수준(P<.01, P<.05, P<.1)에서 연구자에 의하여 판단된다. 표본을 통하여 모집단을 추론하는 과정에서 불확실성의 요소(오류)가 개입되며, 이것은 추론에 대한 신뢰도의 문제를 제기하는 원인이 된다. 예를 들어, 95% 수준의 신뢰수준이란 통계치가 모수치로부터 ±5%의 차이를 낼 수 있고 5%의 오차는 허용오차가 된다.

5. 자유도

자유도(degree of freedom : df)란 표본 통계치로부터 모집단의 특성을 추론할 때 사용할 수 있는 자유로운 사례의 수를 의미한다. 즉, 주어진 조건하에서 자유롭게 변화할 수 있는 점수를 의미한다. 예를 들어, 사례 수가 5인 표본집단이 있다고 가정하면, 이때의 평균은 3이 될 것이다.

〈표 1-2〉 사례와 자유도

사례	A	B	C	D	E		
빈도	1	2	3	4	5	평균	3
편차	−2	−1	0	1	2	편차합	0

위의 〈표 1−2〉에서 5개의 사례 중 4개의 사례가 결정되면 나머지 한 사례는 자동적으로 결정되게 된다. 즉, 평균이 3이 될 수 있도록 4개의 사례는 자유롭게

선택할 수 있지만 하나의 사례는 고정적이다.

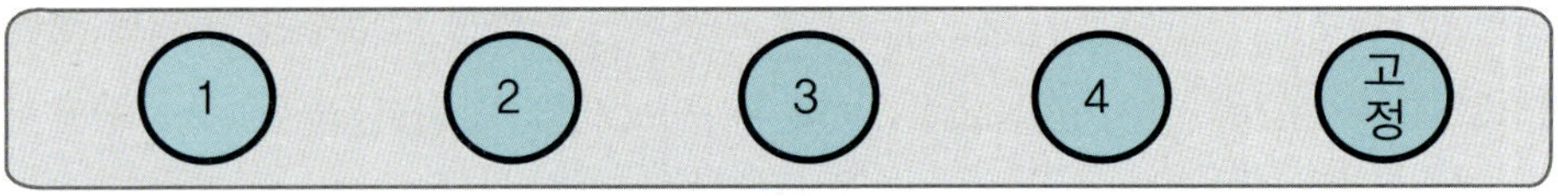

[그림 1-5] 자유도 원리

이것은 통계에서 편차의 합은 0이라는 특성 때문에 발생하는 것이다. 따라서 마지막 남은 하나의 값은 편차의 합이 0이 될 수 있는 숫자로 채워지게 된다. 이 때 자유롭게 움직(선택)일 수 있는 정도를 자유도라고 하며, n−1로 표기하게 된다. 표본이 클 경우, 자유도를 n 또는 n−1을 사용하나 별 차이를 보이지 않지만 소규모 표집일 경우 큰 차이를 보인다.

6. 중심극한원리

모집단이 정규분포라면 표본평균의 분포도 정규분포가 될 것이다. 만약 모집단이 무한모집단이고 표본의 크기가 충분히 크게 표집이 되면 모집단의 분포와 무관하게 표본의 평균분포는 정규분포에 근접한다고 볼 수 있는데, 이를 중심극한 원리라고 한다. 평균이 μ이고 분산이 σ^2인 무한모집단에서 표본의 크기(n)가 충분히 크면 표본평균$\overline{X}$의 분포는 평균이 μ이고, 분산이 $\frac{\sigma^2}{n}$인 정규분포 $N\left(\mu, \frac{\sigma^2}{n}\right)$을 따른다.

좀 더 구체적으로 살펴보면, 중심극한원리는 통계의 기본 개념 중 매우 중요하게 취급된다. 중심극한원리는 모집단에서 첫 번째 집단을 표집 한다([그림 1−6]). 이 집단의 평균은 $\overline{X}_{1n}$가 될 것이다. 집단의 복원 후 다시 두 번째 집단을 표집 할 수 있다. 이때 두 번째 집단의 평균은 $\overline{X}_{2n}$가 될 것이다. 이렇게 여러 번 집단을 표본추출 하면 평균은 $\overline{X}_{nn}$이 될 것이고 결국에는 평균값으로 구성된 표본분포가 형성될 것이다. 이때 형성된 표본추출집단의 평균값으로 구성된 표본분포는 세 가지의 특성을 지니게 되는데, 이것을 중심극한정리라고 한다.

첫째, 표본분포의 평균을 모집단의 평균과 비교하면 두 값은 근삿값으로 같게 나타나게 된다.

둘째, 표본분포의 분산은 모분산을 n으로 나눈 값, 즉 $\frac{\sigma^2}{n}$과 근사하게 일치하는 것으로 나타난다.

셋째, 사례 수가 30 이상의 표본이면 정규분포곡선을 유지하게 되어 모집단의 평균과 근삿값으로 일치하게 된다. 여기서 사례 수가 30 이상이라는 것은 각각의 범주에 30사례 이상이라는 것을 의미한다.

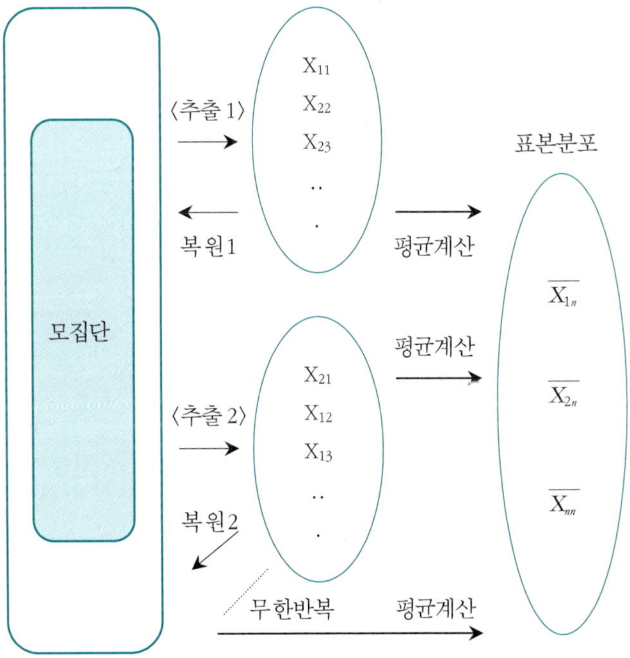

[그림 1-6] 표본분포와 중심극한원리(표본추출)

출처: 이종환(2008). SPSS를 이용한 조사방법 및 통계분석의 이해와 적용. p.127. 재구성.

02
CHAPTER

자료수집과 통계

제1절 자료수집

1. 자료의 개념

사회과학에서 자료(data)란 사람, 사건, 조건, 현황 등 다양한 사회현상을 묘사한 집합체로, 가공되기 전 상태를 말한다. 이러한 자료는 속성에 따라 양적자료와 질적자료, 시간에 따라 종단자료와 횡단자료로 나뉜다.

첫째, 수량화가 가능한 양적자료와 수량화가 어려운 질적자료의 경우, 질적 자료일지라도 수량화가 가능하도록 일정한 방법을 고안하였는데, 그것이 척도이다. 척도는 일정한 숫자 또는 기호를 활용하여 규칙을 부여함으로써 질적 자료의 수량화를 가능하게 하며, 또한 통계의 적용(분석)을 가능하게 하는 역할을 한다. 질적 속성을 가진 척도는 명목척도와 서열척도로 나눌 수 있다. 양적 자료는 두 개 이상의 다른 값을 부여할 수 있는 변인(수) 형태의 자료와 오직 하나의 숫자를 부여할 수밖에 없는 상수 형태의 자료로 나누어진다. 또한 양적 자료에는 변인(수)이 취할 수 있는 값을 하나하나 셀 수 있는 비연속형(이산형)(예: 학생수, 아파트 층수 등)과 변인(수)이 일정 구간 안에 모든 값을 가질 수 있는 연속형(예 : 몸무계, 온도 등)으로 구분할 수 있다.

둘째, 일정한 기간을 두고 수집하는 시계열 자료인 종단자료와 일정한 시점에 수집된 자료인 횡단자료의 경우, 횡단자료는 동일 시점에서 자료를 수집하여 변인 간의 관계를 분석하는데 활용된다. 예를 들어, 2021년 ○○노인종합복지관 서비스 만족도, 2021년 ○○종합사회복지관 지역사회 욕구조사 등이 해당된다. 반면에 종단자료는 일정 범위 내에서 시점이 다른 관찰을 통하여 수집된 자료로 미래 예측 등에 활용된다. 예를 들면, 2015~2021년까지 연도별 장애인 고용 동향, 2021년 월별 노인 여가시설 참여 경향 등이 해당된다.

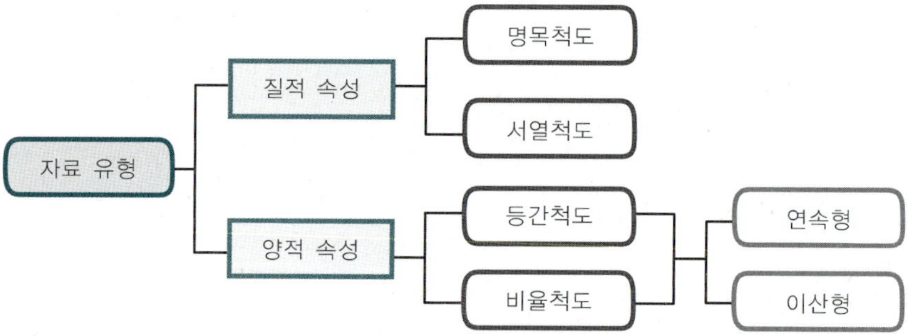

[그림 2-1] 자료의 유형

2. 자료수집과 통계

자료수집과정을 이해하기 위해서는 조사연구의 과정을 먼저 이해해야 한다. 조사연구의 일반적인 과정은 〈표 2-1〉과 같이 조사연구문제가 제일 먼저 설정된다. 조사연구문제를 근거로 가설을 설정하고, 조사(실험)설계 후 측정도구(설문지)를 개발하고 자료를 수집한다.

자료수집과정은 조사연구 대상을 결정 및 표집 한 후 특정한 속성을 척도화한 도구를 활용하여 이루어지며, 다시 변인 값으로 축척되어 통계분석에 활용된다.

〈표 2-1〉 조사연구과정

조사연구문제→가설설정→조사설계→측정도구 개발 →자료수집→자료분석(통계)→일반화 · 객관화

1) 조사연구문제

조사연구문제(research question)는 조사연구를 하고자 하는 현상, 사건과 관련된 변인을 찾아내어 변인 간의 관계를 의문문 형태로 진술한 것이다. 예를 들면, "노인의 건강악화가 노인자살의 가장 큰 원인이 될까?"와 같다. 이는 이후 가설설정에 결정적인 근거를 제시하여 준다.

일반적인 문제가 조사연구문제로 발전되기 위하여, 첫째, 검정(증)의 가능성, 둘째, 이론의 발전에 기여, 셋째, 현실적인 문제해결에 기여, 넷째, 독창성 등이 요구된다. 앞에서 예로 제시된 노인자살에 대한 조사연구문제는 조작적 정의를 시도하여 설문지표를 만들어 검정(증)이 가능하고, 조사연구결과에 따라 자살이론 발전에 기여할 수 있으며, 최근 사회문제로 대두되고 있는 노인자살의 원인규명을 통하여 사회문제를 해결할 수 있을 것이다. 또한 이러한 주제는 청소년의 자살에 대한 조사연구가 집중되는 경향에서 노인으로까지 확대되었다는 측면에서 그 창조성을 인정받을 수 있을 것이다.

2) 가설설정

가설(hypothesis)은 조사연구문제에 대한 잠정적인 결론으로서, 변인들 간의 관계를 검정(증)이 가능하도록 평서문 형태로 진술한 것이다. 일반적으로 가설은 영가설(null hypothesis)과 연구가설(research hypothesis)로 설정하게 되는데, 경험적 검정(증) 가능성, 논리적 간결성, 수량화 가능성, 이론과의 관련성 등이 요구된다. 조사연구문제는 개념 수준의 변인들로 문장이 구성된다면, 가설은 측정이 가능한 변인 수준에서 구성된다. 예를 들어, 조사연구문제가 "노인의 우울증과 건강악화가 노인자살의 가장 큰 원인일까?"였다면, 가설은 "노인의 건강이 악화될수록 자살의 위험성은 증가할 것이다."라고 세울 수 있다. 따라서, 진술된 가설이 참인지, 거짓인지를 검정(증)하게 되는데, 가설을 검정(증)하기 위해 자료를 수집하고 이러한 수집된 자료들이 가설검증의 기준이 되는 것이다.

3) 조사(실험)설계

조사(실험)설계(research design)는 탐색적 조사(실험)설계, 기술적 조사(실험)설계, 설명적 조사(실험)설계로 분류된다.

첫째, 탐색적 조사(실험)설계는 예비조사에 주로 사용되며, 문헌조사, 전문가조사, 사례조사 등으로 수행된다. 주요한 목적은 연구문제의 발견, 개념의 명확화, 가설도출 등에 있다. 둘째, 기술적 조사(실험)설계는 현상, 사건 등에 대한 빈도, 분포 등을 파악하여 기술하는 데 목적이 있다. 셋째, 설명적 조사(실험)설계는 순수실험설계, 유사실험설계 등으로 나누어지며 실험을 통하여 가설을 검증한다. 특히 결과에 영향을 주는 원인에 대한 명확하게 설명하는 데 목적이 있다.

조사(실험)설계는 대략적인 자료분석(통계) 방법의 적용을 위한 결정에 영향을 미친다.

4) 측정도구 개발

측정도구(questionnaire) 개발은 먼저 조사연구문제 또는 가설에 포함된 주요 개념 및 변인들에 대하여 구체적으로 측정이 가능하도록 조작화를 시도하여, 조사연구를 위한 설문지표를 만든다. 이러한 설문지표를 다양한 방식으로 활용하면서 측정도구를 개발한다. 측정도구는 간단·복잡, 문장·숫자·기호, 측정수준(명목·등간·서열·비율) 등을 고려하여 다양하게 개발할 수 있으며, 구체적인 통계(자료분석)방법의 적용과 결과의 타당도에 영향을 미친다. 이에 측정도구는 신뢰도와 타당도에 대한 검사를 실시하는데, 이때 SPSS를 이용하여 크론바흐 알파 기법으로 검사하여 알파 값이 0.7 이상이면 측정도구를 사용할 수 있다.

5) 자료수집

자료수집(data collection)은 조사연구의 대상자들로부터 가설검정(증)과 관련된 구체적인 정보를 얻어 내는 과정이다. 자료수집은 전화, 면접, 관찰, 우편, 인터넷 등 다양한 방법으로 이루어진다.

자료수집은 1차 자료와 2차 자료로 구분한다. 1차 자료는 연구목적의 달성을 위하여 연구자의 의해 직접 수집되는 조사연구자료(관찰 또는 서베이 자료)를 의미한다. 2차 자료란 기존의 문헌, 통계 등의 선행연구의 결과로 이미 다른 연구자에 의해 구성된 자료이다. 자료수집방법은 자료분석(통계)과정에서 유의도(신뢰도)에 영향을 미친다.

6) 자료분석

자료분석(data analysis)은 수집된 자료를 컴퓨터 프로그램에 코딩하면서 시작된다. 자료분석을 위한 다양한 컴퓨터 프로그램이 개발되었는데, 주로 마이크로소프트의 엑셀(Excel), 통계패키지 SAS 또는 SPSS 등이 활용되나, 사회과학에서는 SPSS가 가장 많이 활용된다. 자료분석 방법의 적용은 조사의 목적, 자료의 성격에 따라 고려된다.

7) 일반화·객관화

자료분석 결과는 논의과정을 거쳐 일반화 · 객관화를 시도한다. 이후에는 보고서, 학위논문, 학술논문 등으로 구성되어 제출 또는 발표된다.

제2절 표본

1. 표본의 개념

일반적으로 사회과학 조사연구자는 표본을 통한 통계치를 활용하여 모집단의 모수치를 추정하든지 또는 모집단에 대한 가설검정(증)을 시도하기 때문에 양질의 표본 형성은 정확한 연구결과를 산출하는 데 매우 중요하다.

종종 표집(sampling)과 표본(sample)에 대하여 혼란을 겪는다. 모집단에서 표본을 추출하는 과정이 표집이고, 표집의 결과는 표본이다. 타당하고 신뢰할 수 있는 방법과 절차로 표집이 된 경우 양질의 표본이 형성된다.

표집에서 가장 중요한 요소는 모집단에 속해 있는 모든 요소들이 표본에 뽑힐 기회가 동일하게 주어져야 한다는 것이다. 우리는 이러한 표집방법을 무선(무작위)표집(random sampling)이라고 한다. 이러한 무선(무작위)표집의 방법에는 표집된 요소를 다시 모집단에 포함시키는 복원무선(무작위)표집(sampling with replacement)과 한 번 표집 된 요소는 모집단에 포함시키지 않는 비복원무선(무작위)표집(sampling with non-replacement) 방법이 있다. 또한, 무선(무작위)표집에서 조사연구자의 편견을 없애기 위하여 일련번호로 구성된 난수표를 활용한다.

표본의 유형에는 확률표본과 비확률표본으로 분류되는데, 확률표본에는 단순무작위(무선)표본, 체계적 표본, 층화표본, 군집(집락)표본이 해당되고, 비확률표본에는 편의(임의)표본, 유의(판단)표본, 할당표본, 눈덩이표본이 해당된다.

2. 표집방법

1) 복원무선(무작위)표집과 비복원무선(무작위)표집

앞에서 언급되었듯이 표집에서 가장 중요하게 고려되어야 할 사항은 "모집단의 모든 요소들에 표집 될 균등한 기회가 제공되었는가?"이다. 이는 표집 된 요소들을 활용한 조사연구결과에 객관화와 일반화의 정도에 영향을 미치기 때문이다. 조사연구자는 이러한 규칙을 지키기 위하여 무선(무작위)표집을 시도하게 되며, 무선(무작위)표집에는 복원과 비복원 방법으로 나누어진다. 예를 들면, 노인복지관에서 사회교육프로그램에 참여하는 노인 100명 중에 10명을 표집 하여 죽음에 관한 태도에 대한 조사연구를 시도하기로 하였다. 조사연구자는 표집틀인 출석부에서 1번에서 100번까지의 노인을 확인하고, 이들 중 10명의 무선(무작위)표집을 시도하게 될 때 복원무선(무작위)표집을 시도할지, 아니면 비복원무선(무작위)표집을 시도할지에 대한 결정해야 한다.

첫째, 복원무선(무작위)표집을 시도할 경우 100명의 노인 중 첫 번째에 표집 된 노인을 다시 표집 될 가능성이 있도록 표집틀에서 제거하지 않는다. 이렇게 첫 번째 표집에서 열 번째 표집까지 계속해 표집 된 노인의 번호를 표집틀에 복원시킨다. 그러므로 매 표집 시 표집확률은 $\frac{1}{100}$이 된다.

둘째, 비복원무선(무작위)표집을 시도할 경우, 100명의 노인 중 한 번 표집 된 노인은 표집틀에서 제거한다. 그러므로 첫 번째 노인의 표집확률은 $\frac{1}{100}$, 두 번째 노인의 표집확률은 $\frac{1}{99}$, 세 번째 노인의 표집확률은 $\frac{1}{98}$, 그리고 열 번째 노인의 표집확률은 $\frac{1}{91}$이 된다.

2) 난수표 활용법

난수표(the table of random sampling numbers)는 한 컬럼(col.)에 2자리 숫자, 4자리 숫자, 5자리 숫자 등이 다양한 형태로 구성된 것이다. 4자리 숫자 난수표 활용법의 설명을 위하여 앞에서 제시된 예를 활용하면 다음의 〈표 2-2〉와 같다.

〈표 2-2〉 난수표의 예

1	2	3	4	5	6	7	8
7678	7546	5714	9450	6603	3709	7328	2835
2167	8647	6439	4642	8463	5436	3460	4527
3456	4532	6437	2430	9463	9654	9486	8547
6538	9675	3624	8643	5327	6214	6743	3654
3690	0743	8325	4356	0574	1253	3421	6439
4374	4274	4824	9632	9532	9485	6437	4321
4632	3471	4271	5470	4763	8427	0643	6543
…	…	…	…	…	…	…	…

조사연구자는 100명의 노인에게 1~100번까지의 일련번호를 부여한다. 그리고 10명의 노인을 표집 하기 위하여 난수표를 확보(〈표 2-2〉)한 후 다음과 같은 과정을 거친다.

첫째, 조사연구자는 난수표를 펼쳐 놓고 눈을 감은 다음 난수표에 표기된 숫자 하나를 지목하게 된다. 예를 들어, 횡의 첫 번째, 종의 4번째 9450에서 5를 지목하게 된다면 이후 횡 또는 종의 방향으로 내려가면 된다. 둘째, 표집 대상 10명은 2자리 숫자이므로 종으로 가면 50, 03, 09, 28, 35를 선택하고 정해진 방향 없이 나가면서 총 10개의 대상자를 표집 하면 된다.

3. 표본의 유형

1) 단순무작위표본

단순무작위표본(simple random sample: SRS)은 모집단으로부터의 순수무작위적인 방법으로 추출된 표본으로, 각각의 요소들이 뽑힐 확률이 동등하다. 단순무작위표본은 표집단위에 번호를 부여하고 박스에 넣어 하나씩 표집을 하거나, 번호를 나열한 후 결정된 표본 크기만큼 난수표를 이용하여 표집한다. 복권추첨 등이 대표적인 방법이다. 모집(N)의 사례들이 표본(n)에 포함될 확률은 $\frac{n}{N}$으로 동일하다. 예를 들어, 사회복지학부 학생 120명의 모집단에서 12명을 표집 한다면 $\frac{12}{120}=\frac{1}{10}$의 확률이 된다.

2) 체계적 표본

체계적 표본(systematic sample)은 단순무작위표본에서 변형된 방법 중 한 가지로, 가장 쉽게 이용할 수 있다. 체계적 표본의 과정은 다음과 같다. 첫 번째 표집 대상자는 표집구간 내에서 단순무작위로 번호를 하나 추출하고, 두 번째 대상자부터는 표집 된 첫 번째 대상자의 번호를 근거로 일정한 간격을 두고 표집 하는 방법이다. 예를 들어, 사회복지학부 학생 100명의 모집단에서 10명을 표집 한다면 모집단에 1~100의 번호가 부여되고 표집구간은 10이 될 것이다. 첫 번째 표집구간인 1~10 사이에서 5번이 무작위표집 되었다면, 전체 표집 대상자는 5, 15, 25, 35, 45, 55, 65, 75, 85, 95번(총 10개)이 된다.

3) 층화표본

층화표본(stratified random sample)은 이질적인 표본보다 동질적인 표본이 표집이 차를 줄일 수 있나는 확률분포 이론에 근거하여 실행되는 방법이다. 이 때문에 층화표본은 표집 대상자의 특성에 따라 상호 배타적인 집단으로 층화시키고 그 집단별로 무작위추출을 하는 방법이다. 이는 소규모의 하위 조사연구대상 집단들이 적절한 크기로 포함되는 것을 담보하기 위한 방법이다.

층화표본을 만들기 위해서는 먼저 모집단 내의 하위 조사연구대상 집단의 특성과 그 비율을 파악하고 일정 크기의 동질적인 집단으로 나누어야 한다. 그리고 모집단에 대한 조사연구자의 경험이나 선행연구가 잘 이루어져 있다는 것을 전제로 모집단을 층화시키고 층화된 집단을 대상으로 무작위추출을 한다. 층화표본은 비례층화표본(proportionate stratified sample)과 비비례층화표본(disproportionate stratified sample)으로 구분된다.

4) 군집(집락)표본

군집(집락)표본(cluster sample)은 모집단을 개별 요소의 목록을 구하기 용이한 몇 개의 부분 단위로 나누고 부분 단위를 표본 대상으로 간주하는 것이다. 즉, 모집단을 일차적으로 일정범주의 상호 배타적인 군집으로 나누고 군집 자체를 표본 단위로 하여 무작위로 표본을 추출하는 것이다. 일차로 표집 된 군집에서 다시 하위 군집으로 나누고 하위 군집을 표집 대상으로 무선표집을 한다. 하위 군집화와 무작위표집은 마지막 군집 단위까지 계속되고 마지막 군집 단위가 연구 단위가 된다. 예를 들어, 대한민국 국민의 복지의식조사에서 행정 단위로 군집화한다면 16개 도와 광역시에서 무작위로 한 개의 도 또는 광역시가 표집 되고, 표집 된 도 또는 광역시에서 한 개의 시·군·구가 표집 되고, 표집 된 시·군·구에서 한 개의 읍·면·동이 표집 되고, 표집 된 읍·면·동에서 한 개의 리·통이 표집 될 것이다. 마지막 군집으로 표집 된 리·통을 대상으로 원하는 조사연구를 수행하는 것이다.

5) 편의(임의)표본

편의표본(convenience sample)은 임의표본(accident sample)이라고도 하며, 조사연구자가 표집 대상 선정기준을 표집의 편리성에 두는 방법으로, 비확률표본추출 방법의 하나이다. 그 예로는 TV 뉴스에서 길거리 인터뷰, 복지관 이용만족도를 조사하기 위하여 복지관 정문 앞에서 출입하는 이용자를 대상으로 조사하는 것이 대표적이다.

6) 유의(판단)표본

유의표본(purposive sample)은 판단표본(judgment sample)이라고도 하며, 조사연구자의 주관적 근거로 모집단의 대표성이 있다고 판단되는 대상을 표집 하는 방법이다. 그러므로 조사연구자에게 모집단의 특성에 대하여 전문적인 지식이 요구된다. 예를 들어, 집단역학(集團力學)의 장점에 대하여 조사연구를 할 때 응집력이 강한 운동선수들을 대상으로 하는 것과 같이 극단적인 표본을 추출할 때 사용하는 방법이다.

7) 할당표본

할당표본(quota sample)은 비확률표본추출 방법 중에서 가장 정교하여 사회과학 분야의 조사연구에서 비교적 많이 사용된다. 할당표집은 선택하고자 하는 표집의 집단별 분포를 미리 알고, 그에 맞추어 각 집단 내에서 할당된 수만큼 표본을 임의로 추출하는 방법이다. 할당표집과 층화표집은 하위 범주별로 표집 대상을 할당하는 방법은 동일하나 추출과정이 다르다. 층화표집은 단순무작위를 사용하지만 할당표집은 조사연구자가 임의로 표집을 한다.

8) 눈덩이표본

눈덩이표본(snowball sample)은 누적표본이라고도 하며, 눈덩이를 굴리는 것같이 처음에 작은 표본을 선택하여 그를 통해 표본을 점점 확대해 가는 방법이다. 조사연구자는 한 명의 조사연구 대상자로부터 다른 조사연구 대상자 2명을 소개받고, 다시 소개받은 2명의 조사연구 대상자로부터 각각 2명씩 조사연구 대상자를 소개받아 4명으로 되는 등, 이러한 방법으로 계속 진행되면서 조사연구자가 계획한 대상자의 수만큼 늘려 가는 방법이다. 주로 조사연구주제가 민감하거나 대상자를 쉽게 확보할 수 없을 때 이용하는 방법이다. 예를 들어, 성적소수자, 약물중독자, 불법체류 외국인과 관련된 민감한 주제 또는 대상자를 조사연구할 때 사용하는 방법이다.

4. 표본의 크기

표본의 크기는 조사연구를 위한 인적 자원과 물적 자원의 정도뿐만 아니라 조사연구의 정확성을 어느 수준에 두느냐에 의하여 결정되는 것이 일반적이다. 좀 더 구체적으로 기술하면 표본의 크기는 모집단의 크기, 이질성 또는 동질성, 신뢰도 범위, 통계방법 등의 영향을 받게 된다. 모집단의 크기에 따른 적정표본의 예시는 다음의 〈표 2-3〉과 같다.

〈표 2-3〉 모집단의 크기에 따른 표본의 적정크기

모집단크기	적정수준의 표본크기					
	95%에서 허용표집오차			99%에서 허용표집오차		
	±1%	±3%	±5%	±1%	±3%	±5%
1,000	–	473	244	–	–	360
3,000	–	690	291	–	1,021	470
5,000	–	760	303	–	1,182	502
10,000	4,465	823	313	–	1,341	527
20,000	5,749	858	318	8,213	1,437	542
50,000	6,946	881	321	10,898	1,502	551
100,000	7,476	888	321	12,231	1,525	554
500,000	7,939	895	322	13,557	1,544	557

출처: 정대연(1994). 사회통계학. p.66, 재인용.

표본의 크기를 결정하는 간단한 공식은 $N=\left(\frac{KS}{E}\right)^2$이다. N은 필요한 표본 수, K는 통계신뢰도 계수(신뢰도 95%일 때 K=2), S는 표준편차, E는 허용오차이다. 예를 들어, 신뢰도 95%일 때, □□보호 작업장에서 생산되는 수제 신발 크기의 표준편차가 10mm, 허용오차가 2mm로 할 경우 표본 수를 계산하려면 K=2, S=10, E=2이므로 $N=\left(\frac{2\times 10}{2}\right)^2$=100된다.

제3절 변인

1. 변인의 개념

사회과학에서 수행되는 통계방법(양적 자료분석)의 기본이 되는 개념은 상수(constant)와 변인(수)(variable)이라고 할 수 있다. 상수란 변인(수)과 상반되는 개념으로, 변하지 않는 고정된 수를 말한다. 반면에 변인(수)은 양적으로 측정이 가능한 것을 전제로 하여 변하는 모든 수를 말한다. 여기서 측정이 가능하다는 것은 일정의 측정수준이 존재함을 의미하며, 측정의 수준이 다르다는 것은 수준에 따라 적용하는 방법이 다르다는 것을 유추할 수 있다. 즉, 측정수준이 다르면 적용되는 통계방법(양적 자료분석방법)이 다르다는 것을 의미한다. 그러므로 변인의 의미, 속성 및 종류에 대한 이해는 통계방법(양적 자료분석)을 이해하는 데 기본적인 지식이라고 할 수 있다.

변인은 취급되는 방법에 따라 독립변인, 종속변인, 통제변인, 매개변인으로 구분되고, 변인의 속성과 측정되는 방법에 따라 질적 변인과 양적 변인, 연속변인과 비연속변인으로 구분된다. 또한 측정수준에 따라 명목변인, 서열변인, 등간변인, 비율변인으로 구분된다.

2. 변인의 분류

1) 변인의 취급방법에 따른 분류

(1) 독립변인과 종속변인

독립변인(independent variable)은 종속변인(dependent variable)을 예측할 수 있는 선행 조건변인을 뜻한다. 독립변인은 일정하게 전제된 원인을 의미하며, 원인변인라고 한다. 독립변인은 종속변인의 변화 원인을 설명하는 역할을 한다.

종속변인이란 독립변인의 영향을 받아 변화하는 변인을 말한다. 종속변인은 조사연구자가 설명하려고 하는 결과변인이다. 예를 들어, 사회복지사의 능력이 사회복지서비스의 질에 영향을 준다고 가정하면 사회복지사의 능력은 독립변인에 해당된다. 다시 말하면, 독립변인은 관찰하고자 하는 현상의 원인이라고 가정한 변인인 동시에 다른 변인에 영향을 주는 변인을 말한다. 그리고 사회복지서비스의 질에 영향을 준다면 서비스의 질이 종속변인에 해당된다.

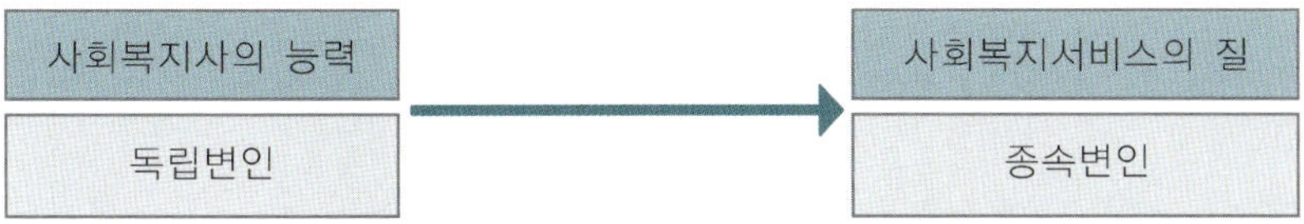

[그림 2-2] 독립변인과 종속변인과의 관계

그러나 독립변인과 종속변인을 구별하는 것은 쉽지 않다. 독립변인과 종속변인은 속성으로 정해지는 것이 아니라 경우에 따라 정해지기 때문이다.

두 변인 간의 관계를 명확히 구분하기 위하여 다음의 조건이 필요하다. 첫째, 시간적 우선성－독립변인이 먼저 나오고 종속변인이 나중에 나온다. 둘째, 공변성－독립변인이 변하면 종속변인도 변해야 한다. 셋째, 통제성－두 변인 간의 관계가 동시에 다른 변인(제3의 변인)개입에 의하여 변하지 않아야 한다.

독립변인과 종속변인의 또 다른 차이는 독립변인은 조사연구자에 의하여 조작화가 가능하지만, 종속변인은 조작화가 불가능하다는 것이다. 예를 들어, 미술치료가 노인 우울증에 영향을 미치는 것에 관한 조사연구를 수행하는 가운데 조사연구자는 미술치료의 유무, 또는 정도에 따라 노인 우울증이 어떻게 달라지는지 파악이 가능하다. 이 과정에서 조사연구자에 의해 독립변인인 미술치료의 유무나 정도에 대한 조작화가 가능하다.

독립변인과 종속변인의 공변량(공분산)에 관심이 있는 조사연구자는 독립변인을 예측변인(predictor variable)으로 하고, 종속변인을 기준변인(criterion variable)이라 부른다. 한 변인의 값이 실제로 다른 변인의 값을 발생시켰다는 충분한 증거가 되지 못하기 때문이다.

(2) 매개변인과 통제변인

독립변인과 종속변인 사이에는 외적 행동에 영향을 미치는 내적·심리적 변인들이 존재한다. 유기체 내부의 변인으로, 대체적으로 직접적으로 관찰할 수 없는 생물체 내부의 요인에 의하여 형성되는 변인을 매개변인(intervening variable)이라고 한다. 예를 들어, 사회복지사의 능력, 사회복지서비스의 질, 그리고 자원활용의 정도라는 세 가지 변인 간의 관계에서 사회복지사의 능력이 사회복지서비스의 질을 담보할 수 있는지를 알아보고자 할 때, 자원의 활용 정도도 사회복지서비스의 질에 영향을 주는 제 3의 변인으로 간주될 수 있다. 사회복지사의 능력(A)과 자원의 활용 정도(B) 모두가 사회복지서비스의 질(C)에 영향을 주지만 자원활용이 사회복지사의 능력에 영향을 받는다면 자원의 활용 정도는 매개변인이 된다. 도식으로 표현하면 A(독립)→B(매개)→C(종속)가 된다. 즉, 매개변인(B)은 독립변인(A)에 영향을 받는 종속변인이자, 다시 종속변인(C)에 영향을 미치는 독립변인의 역할을 한다.

일반적으로 독립변인과 종속변인 간의 관계에서 매개변인이 개입될 경우에는 개입되지 않았을 때와 전혀 다른 종속변인의 변화를 초래한다. 이러한 매개변인은 두 변인 간에 직접적인 관계가 있는지를 판단하기 위하여 통제되는 경우가 종종 있다. 이때 통제되는 변인을 통제변인(control variable)이라고 하며, 통제변인은 매개변인뿐만 아니라 외생변인도 포함된다. 여기서 외생변인은 종속변인에 영향을 주는 독립변인 이외에 통제된 변인 모두를 의미한다.

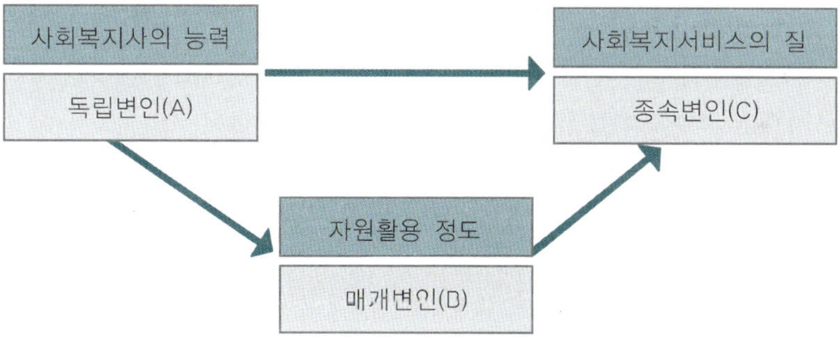

[그림 2-3] 독립변인, 매개변인, 종속변인과의 관계

2) 변인의 속성에 따른 분류

(1) 질적 변인과 양적 변인

개념에서 언급되었듯이, 변인은 양적으로 측정이 가능한 것과 변화하는 속성이 포함된 것이 특징이다. 변화하는 속성의 측정은 상호 배타적인 속성들의 집합 또는 특정한 값들의 집합이라고 할 수 있다. 그런데 이러한 측정값들을 두 가지 방법으로 나타낼 수 있다. 변인들의 값을 속성의 유무에 따라 '있다 또는 없다'로

표현되는 질적 변인(qualitative variable)과 변인들의 값을 특정한 수치로 나타내는 양적 변인(quantitative variable)으로 표현할 수 있다. 예를 들어, 지능지수(IQ)를 나타낼 때 '높다 또는 낮다'로 표현한다면 질적 변인이 되고, 지능지수(IQ) 110, 120, 130으로 나타낸다면 양적 변인이 된다.

(2) 연속변인과 비연속변인

앞에서 언급한 양적 변인은 다시 연속변인(continuous variable)과 비(불)연속변인(discontinuous variable)으로 구분할 수 있으며, 변인의 단위가 한계적이냐의 여부에 따라 한계적이지 않은 경우에 연속변인, 한계적인 경우에 비연속변인이라고 한다.

비연속변인은 빈도로 표현이 가능하다. 여기서 빈도란 범주(category)에 속한 개체의 수를 말한다. 개체는 그 자체가 독립성이 있기 때문에 개체와 개체는 반드시 비(불)연속적이다. 예를 들어, 대학의 학년이라는 유목에는 1, 2, 3, 4학년이 상호 배타적으로 존재하며, 1.2학년 또는 3.4학년은 존재할 수 없다. 이러한 변인을 비연속변인이라고 한다.

연속변인은 비연속변인과 다르게 변인의 속성의 수량화가 가능하다. 예를 들어, 신장은 180cm로 표현이 가능하다. 그러나 여기서 180cm란 180.1~180.9 사이를 의미한다. 이것은 180cm를 중심으로 1cm 안에 무수히 많은 간격으로 연속적으로 이어진 변인이라는 것을 의미한다.

3) 변인의 측정·척도수준에 따른 분류

(1) 명목변인

명목변인(nominal variable)은 서로 다른 명목(이름)을 가진 범주로 이루어지기 때문에 변인의 범주 분류와 확인 목적으로만 활용이 가능하고 변인 간의 양적인 차이는 나타내지 못한다. 변인의 속성을 분류하기 위하여 숫자나 기호를 붙여 범주화하여 질적인 차이를 표현하는 방법이다. 즉, 속성의 유·무 또는 속성의 동질성만을 나타내는 방법이다.

대표적인 예는 아파트(APT)의 호수, 성별, 종교, 직업, 전화번호, 대학전공, 거주지역 등이 있다. 명목변인은 각각의 구분에 있어서 서로 다른 임의 숫자 또는 기호를 부여하는 것이 일반적이다. 좀 더 구체적인 예로, 장애인복지관의 이용 가능성을 파악하기 위한 설문에서 '귀하의 성별은? ① 남성( ), ② 여성( )'일 때에 배정된 숫자 ①과 ②에는 범주를 구분하는 기능만이 존재하고 다른 의미는 없다. 즉, 동일한 집단에 동일한 척도값이 적용된다. 범주값은 둘 또는 그 이상의 값을 가져야 한다. 범주 간의 상호 배타성의 원칙과 포괄성의 원칙이 적용된다.

명목변인의 척도에 의하여 측정된 통계방법(자료분석방법)은 빈도분석, 최빈값, 교차분석, 그리고 비모수검정(증) 등이 적용된다.

(2) 서열변인

서열변인(ordinal variable)은 어떠한 변인의 속성을 범주로 분류할 뿐만 아니라 좀 더 나아가 범주 간의 크기나 양의 많고 적음, 크고 작음의 서열(순위) 비교를 목적으로 한다. 명목변인 측정보다 세밀한 측정이 가능하도록 고안되어 있다. 명목변인과 다르게 순차적인 서열의 흐름 속에서 범주가 구성된다. 즉, 범주는 서열 순위가 높은 값에서 낮은 값, 또는 최댓값에서 최솟값까지가 된다.

서열변인도 숫자를 부여할 수 있지만 그 숫자의 크기가 속성의 양적 차이를 나타내지는 못한다. 왜냐하면 수치 자체가 어떠한 절대적인 수 또는 양의 크기 정도를 나타내는 기능이 없고 단지 서열만을 나타내기 때문이다.

사회복지 분야에서는 그 어떤 변인보다 서열변인이 많이 활용된다. 예를 들어, 서비스 만족도, 삶의 질, 건강 정도, 장애인의 사회적 지위 등을 측정하기 위하여 활용된다. 좀 더 구체적인 예로, '귀하의 노인일자리에 대한 만족도는? ① 매우 불만족( ), ② 불만족( ), ③ 보통( ), ④ 만족( ), ⑤ 매우 만족( )'이라는 설문의 결과, '④ 만족'에 응답한 사람은 '② 불만족'에 응답한 사람에 비하여 2배 정도 만족도가 높다고 할 수 없고, 단지 만족도가 높다는 사실만을 인지할 수 있다. 이것은 척도에 서열만 존재하고 그 서열의 등간성(수치간의 간격의 일정함=배수의 동일성)이 존재하지 않기 때문이다.

대표적인 서열변인 척도는 리커트(Likert)와 구트만(Guttman) 척도이며 중앙값, 순위상관관계, 비모수검정(증) 등의 통계방법(자료분석방법)에 이용된다.

(3) 등간변인

등간변인(interval variable)은 서열변인보다 한 단계 높은 수준에서의 측정이 가능하고, 서열뿐만 아니라 범주 간의 차이를 정확하게 측정할 수 있도록 동일 간격으로 구성되어 있다. 어떠한 측정 대상의 속성을 '크다(>)', '작다(<)'의 구분뿐만 아니라 '크다'는 '작다'보다 얼마만큼 큰지를 정확하게 표현한다. 즉, 사칙연산에서 덧셈과 뺄셈만 가능하다.

예를 들어, '귀하의 수학시험 점수는? ① 20 이하( ), ② 21~40( ), ③ 41~60( ), ④ 61~80( ), ⑤ 81 이상( )'의 설문으로는, '① 20 이하'의 학생과 '⑤ 81점 이상'의 학생은 60점 차이의 계산적 구조에 의하여 산술적 설명이 가능하다. 그러나 점수가 80점인 학생은 20점의 학생에 비하여 수학실력이 4배 높다고 말하기는 힘들다. 또한 수학점수가 0점이라 할지라도 수학실력이 0이라고 할 수 없다.

등간변인에서 0은 절대적인 의미가 아닌 상대적인 의미로 '없다'의 의미가 아니라 어떠한 특정한 상태 또는 조건을 의미한다. 등간변인의 예로는 지능지수 등이 있다. 사회과학에서는 서열변인을 등간변인으로 간주하여 자료분석방법을 적용하기도 한다. 단, 서열변인의 분포가 정상분포에 가깝다는 조건이 성립된 경우이나 해석과정에서 주의를 요한다.

등간변인을 위한 척도는 서스톤(Thurstone) 척도가 대표적이며 평균값, 표준편차, 적률상관관계, 비모수검정(증), 모수 검정(증) 등의 통계방법(자료분석방법)이 사용된다.

(4) 비율변인

비율변인(ratio variable)은 절대영점을 포함한 등간변인이다. 절대영점은 고정적 · 비임의적인 영점을 의미한다. 비율변인은 절대영점을 갖춘 변인이기 때문에 산술적인 계산이 가능하며, 측정하고자 하는 속성의 실질적인 양을 표현할 수 있다. 비율변인은 등간변인의 특성과 측정값 사이의 비율 계산이 추가적으로 가능하다. 여기서 산술적 비율 계산이 가능하다는 것은 덧셈(가), 뺄셈(감), 곱셈(승), 나눗셈(제)의 연산이 가능하다는 의미이다. 예를 들면, '귀하의 월급은? ① 0~100만 원( ), ② 101~200만 원( ), ③ 201~300만 원( ), ④ 301~400만 원 이상( )'의 설문이 있다. 월급 200만 원을 받는 사회복지사는 100만 원을 받는 사회복지사에 비하여 2배의 월급을 받는다고 할 수 있다.

비율변인을 활용한 분석방법은 빈도분석, 상관계수, 평균, 표준편차 등의 모수통계이다. 비율변인은 사회복지를 포함한 사회과학 분야에서 측정의 정확성을 추구하는 이상적인 척도로 간주한다.

3. 변인 간의 관계

사회과학 분야의 조사연구를 한 마디로 요약하면 '변인 간의 관계에 대한 탐구'라고 할 수 있다. 그러므로 변인 간의 관계에 대한 크기, 방향, 종류를 이해하는 것은 매우 중요하다. 이러한 변인들의 관계, 즉 방향, 크기, 종류는 '어떠한 자료분석(통계)방법을 적용'할 것인지 결정하는 데 중요한 역할을 하기 때문이다.

1) 변인관계의 방향

변인관계의 방향은 정적 관계(positive relationship)와 부적 관계(negative relation- ship)로 구분된다. 정적 관계는 두 변인 간의 관계에서 한 변인이 증가하면 다른 변인도 증가하고, 부적 관계는 한 변인이 감소하면 다른 변인은 증가하는 관계를 의미한다. 예를 들면, 정적 관계는 "우울증이 증가하면 자살성향이 증가한다."이고, 부적 관계는 "노인의 연령이 증가하면 일상생활 능력은 감소한다."이다.

2) 변인관계의 크기

변인관계의 크기는 한 변인이 변화하면 다른 변인이 얼마만큼 변화하는가를 의미한다. 한 변인의 변화에 다른 변인이 완벽하게 변화하면 완전관계(perfect relationship)라고 하고, 한 변인이 변함에도 다른 변인이 변하지 않는다면 무관계(zero relationship)라고 한다. 예를 들어, 상관관계에서 변인관계의 크기는 완전관계(1.00 상관)에서 무관계(0.00 상관) 사이에 존재한다고 볼 수 있다.

3) 변인관계의 종류

변인관계의 종류는 공변관계(co-variation relationship)와 인과관계(causal relation-ship), 선형관계(linear relationship)와 비선형관계(non-linear relationship), 대칭관계(symmetric relationship)와 비대칭관계(asymmetric relationship)로 구분된다. 첫째, 공변관계는 한 변인이 변하면 다른 변인이 변하는 관계를 의미한다. 반면에 인과관계는 한 변인이 원인이 되고 다른 변인이 결과가 되는 관계를 말한다. 둘째, 선형관계는 한 변인의 변화값에 영향을 받은 다른 변인의 값이 직선형태로 변하는 관계를 말한다(1차 함수). 비선형관계는 한 변인의 변화값에 영향을 받은 다른 변인의 값이 곡선 형태로 변하는 것을 의미한다(2, 3차 함수). 셋째, 대칭관계는 독립변인과 종속변인이 구별되지 않는 관계인 반면에, 비대칭관계는 독립변인과 종속변인이 명확하게 구분되는 경우를 말한다.

제4절 통계의 유형

통계(자료분석)의 유형은 기능에 따른 분류, 변인(집단)의 수에 따른 분류, 모집단의 분포에 대한 가정에 따른 분류로 나뉜다. 그러나 조사연구자의 활용 방법의 결정은 통계분석의 유형뿐만 아니라 통계분석의 성격(변인 간의 종속관계 또는 상호관계), 척도의 종류(명목, 서열, 등간, 비율), 표본의 독립성(독립 또는 종속) 등에 의하여 영향을 받는다.

1. 통계의 유형 분류

1) 기능에 따른 분류

(1) 기술통계

기술통계(descriptive statistics)는 어떠한 현상을 이해하기 위하여 자료를 체계적으로 수집 · 정리 · 해석하여 자료의 전반적인 특성, 즉 표본의 특성을 파악하는 데 목적이 있다. 어떠한 현상으로부터 파악된 결과를 수량적 자료로 만들어 좀 더 이해하기 쉬운 형태로 수치의 요약 또는 도표를 사용하며 빈도, 백분율, 집중경향치, 분산, 산포도, 막대그래프, 히스토그램 등으로 조직한다. 예를 들어, "대한민국의 총인구는 4천 7백만 명이고, 평균소득은 3만 불이며, 노인인구비율은 약 14%이다."와 같은 기술형태의 통계분석을 말한다.

(2) 추리통계

추리통계(inference statistics)는 모집단에서 추출한 표본을 통하여 모수치의 추론(추정 또는 가설검정)을 목적으로 사용한다. 즉, 표본에서 도출된 특성(표본평균, 표본분산, 표본비율)을 근거로 모집단의 특성(모평균, 모분산, 모비율)으로 일반화하는 데 목적이 있다.

추리통계를 통한 가설검정(증)은 가설로 제시된 통계치들 간의 차가 모집단에서의 진짜 차이인지 혹은 표본추출과정의 오류인지를 밝혀내는 것이며, 모수추정은 전혀 모르는 모수 자체에 대하여 표본의 통계치를 근거로 모수치를 추정하는 것이다. 예를 들어, "S대학교의 사회복지자료분석론 A, B, C반 중 C반의 평균학점(통계치)이 3.5라면 A, B반을 포함한 전체 학생들의 평균이 3.5가 될 것이다."라고 추정이 가능하다. 다른 한편으로 가설검정(증)을 위하여 "S대학교 사회복지자료분석론 수강생의 학점은 평균 3.5가 될 것이다."라고 진술하고 검정(증)하는 방법이다.

2) 모집단의 분포에 따른 분류

(1) 모수적 통계

모수 통계(parametric statistics)는 표본을 통하여 모집단을 추론하는 F-검정(증), t-검정(증), Z-검정(증) 등과 같이 실제 검정(증)이 필요한 추정치로 이용한다든지 또는 모집단 분포에 대한 어떠한 가정을 필요로 하는 통계방법이다. 즉, 모수적 통계는 모집단의 특성이 정규분포를 이룬다고 가정되고, 측정치가 연속성과 등간격성(선형성)을 유지하며, 분산이 동질성을 유지한다는 것을 전제로 한다. 예를 들어, F-검정(증)에서 모집단의 등분산성을 가정한다든지 표집에서 얻은 오차분산(변량)을 모집단분산의 추정치로 이용하는 것 등이다. 이와 같은 검정(증)에 있어서 모수치에 관한 어떠한 가정이나 추정을 필요로 하기 때문에 모수적 통계방법이라고 한다. 대표적인 모수적 통계방법은 t-검정(증), 상관관계, 분산분석, 회귀분석 등이 있다.

(2) 비모수 통계

비모수 통계(nonparametric statistics)는 모집단의 특성에 대한 가정이 없다. 그러므로 검정(증)에 있어서 모수치에 대한 가정이나 추정을 요구하지 않으며, 자료는 주로 질적 변인인 서열 또는 명목변인을 사용하게 된다. 즉, 비모수적 통계는 모집단의 특성이 정규분포가 아니어도 적용되며, 측정치의 연속성, 등간성, 분산의 동질성을 요구하지 않는다. 대표적인 비모수적 통계는 카이스퀘어검정(증), 분산분석, K-S적합도 검정(증), 순위검정(증) 등이 있다.

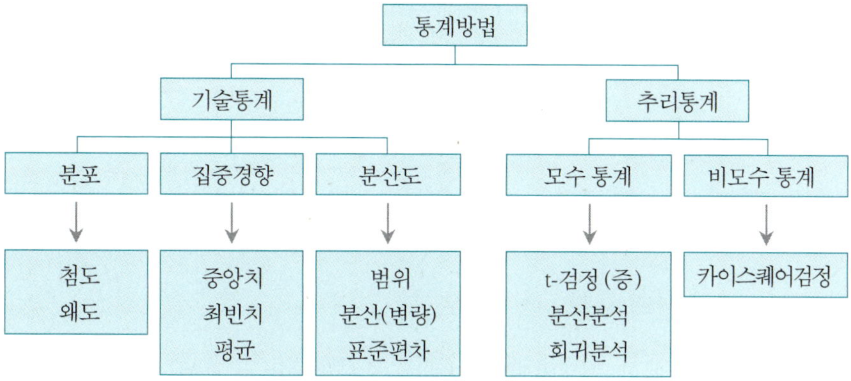

[그림 2-4] 통계의 분류체계

3) 변인의 수에 따른 분류

통계의 유형을 분류하는 첫 번째 기준은 분석과정에서 고려되는 변인의 수라고 할 수 있다. 변인이 하나인 경우에는 일원분석, 변인이 2개인 경우에는 이원분석, 변인이 세 개 이상인 경우에는 다원분석이라고 한다.

(1) 일원분석

일원분석(one-way analysis)은 하나의 변인을 분석하는 방법으로, 기초 통계의 근간이 된다. 일반적으로 단일변인에 대한 범주값과 그 값의 분포를 나타낸다. 예를 들어, Z-검정(증), 단일표본 t-검정(증) 등이 있다.

(2) 이원분석

이원분석(two-way analysis)은 두 개의 변인의 관계를 분석하는 방법이다. 두 변인 간의 관계가 충분 또는 필요조건에 의한 독립변인과 종속변인인 경우와 두 변인이 필요충분조건이 성립된 독립표본 t-검정(증), 독립변인과 종속변인의 구별이 어려운 상관분석 등이 있다.

(3) 다원분석

다원분석(multi-way analysis)은 세 개 또는 그 이상의 변인의 관계를 분석하는 방법이다. 다원분석은 사회과학에서 가장 많이 사용하는 방법으로, 분산분석, 다중회귀분석, 판별분석, 요인분석 등이 있다.

2. 통계방법의 선택

1) 통계방법의 선택 요령

조사연구자의 적합한 통계방법의 선택은 조사연구의 결과에 매우 중요한 영향을 미친다. 조사연구자가 적합하지 않은 통계방법을 활용할 경우, 조사연구의 결과에 대한 신뢰성에 의문이 제기될 수 있다. 또한 잘못 활용된 통계방법에 의한 결과를 다른 조사연구자가 활용하거나 사회복지 현장에 적용할 경우 또 다른 차원의 오류를 양산할 수 있다. 그러므로 적합한 통계방법을 선택하기 위한 약 다섯 가지의 사항들은, '표본추출방법, 모집단 내의 분포도, 독립과 종속변인의 측정수준, 바람직한 통계분석 검정(증)력, 연구목적'이다. 이들은 연구에 직접적인 영향을 미친다.

좀 더 구체적으로 설명하면 다음과 같다. 첫째, 표본추출방법에서는 '표본이 몇 개인지?', '표본의 크기는?', '표본의 독립성 유무?'가 중요하다. 둘째, '모집단 내의 변인분포가 정규분포를 유지하는지?', 특히 '종속변인이 정규분포를 유지하는지?'가 핵심이다. 셋째, 독립변인과 종속변인의 측정수준에서는 '명목, 서열, 등간, 비율인지?'를 점검해야 한다. 넷째, 바람직한 통계방법의 검정(증)력에서는 '변인 간의 실제 관계의 강약?', '변인들의 변산도 크기?', '적용되는 기각수준?', '단방 또는 양방검정?', '표본의 크기?'를 고려해야 한다. 다섯째, 연구목적에서는 '탐색수준, 기술수준, 설명수준, 예측수준인지?'를 참고해야 한다.

2) 주요 통계방법

(1) 빈도분석

가장 기초적인 통계방법으로, 모든 측정수준에서 활용되며 변인의 분포를 요약 및 제시하기 위하여 사용된다. 연속변인일 경우 평균(M)과 표준편차(SD)로 나타내고, 비연속변인인 경우 빈도(f)와 퍼센트(%)로 나타낸다(제7장 참고).

(2) 교차분석

일반적으로 두 개 이상의 질적 변인 간의 관계를 빈도(f) 또는 비율(%)로 표시하며, 기술통계에서는 교차분석이 활용되지만 추리통계에서는 대표적인 비모수통계인 카이제곱검정(증)(x^2)이 활용된다. 카이제곱검정(증)은 동질성 검정(증)과 독립성 검정(증)에 활용된다(제7장 참고).

(3) t-검정(증)

독립변인의 범주가 두 개의 질적 변인이고, 종속변인이 양적 변인인 경우에 집단 간의 비교를 목적으로 사용되며, 평균(M)과 표준편차(SD)로 나타낸다. t-검정(증)의 유형은 독립적인 두 집단이 평균을 비교하는 '독립표본 t 검정(증)'과 쌍을 이룬 두 집단의 평균을 비교하는 '대응표본 t-검정(증)'으로 나눈다(제8장 참고).

(4) 분산분석

독립변인의 범주가 세 개 이상의 질적 변인이고 종속변인이 양적 변인인 경우에 집단 간의 비교를 목적으로 하며, 평균(M)과 표준편차(SD)를 활용하여 나타낸다. 집단 간의 차이의 유무만을 나타낼 수 있는 한계를 극복하기 위하여 사후검정(증)을 실시하여 집단 간의 차이가 있다면 얼마만큼의 차이가 나는지를 확인할 수 있다. 분산분석은 일원분산분석, 이원분산분석, 다원분산분석이 있다(제9장 참고).

(5) 상관관계 분석

독립변인이 양적 변인이고 종속변인도 양적 변인인 경우에 두 변인 간의 상관성을 검정(증)하는 방법이다. 상관의 범위는 $-1<r<1$로, $r=0.5$형태로 나타낸다. 상관관계분석의 유형에는 두 변인 간의 관련성을 검정(증)하는 단순상관분석과 통제를 위한 독립변인 하나와 또 다른 독립변인과 종속변인 간의 관계를 검정(증)하는 편상관분석 등이 있다(제10장 참고).

(6) 회귀분석

독립변인과 종속변인이 양적 변인인 경우에 두 변인 간의 관계성의 분석을 기초로 알려지지 않은 어떠한 변인의 값을 예측하는 분석방법이다. 회귀분석에서는 상관분석을 포함하며, 단지 상관분석에서는 두 변수 중 어느 것도 먼저 결정된 것으로 보지 않는 데 비해, 회귀분석에서는 독립변인(X)은 주어지고 종속변인(Y)만이 확률변인(random variable)이며, 종속변인(Y)의 수치들은 정규분포를 이룬다는 가정을 한다. 회귀분석은 횡으로 표준화계수(B)와 비표준화계수(β)그리고 t-값이 주어지고 종으로는 상수, R^2, F값이 표시된다. 회귀분석의 유형에는 단순회귀분석, 독립변인이 2개 이상이고 종속변인이 하나인 경우는 다중(중다)회귀분석, 독립변인이 질적 변인이고 종속변인이 양적 변인인 경우는 더미회귀분석 등이 있다(제11장 참고).

03
CHAPTER

통계와 SPSS

제1절 SPSS의 개요

1. SPSS의 역사

1969년 사회과학 분야의 효과적인 데이터 분석을 위한 『컴퓨터프로그램 모음집』이 출판되었는데, 이것이 'SPSS(Statistical Package for the Social Science)'의 시작이다. 『SPSS 매뉴얼』은 1975년 시카고 대학교의 여론조사연구소(National Opinion Research Center) 노만 니(Norman Nie)와 동료들에 의하여 발간되었다. 이후 1983년부터 SPSS가 본격적으로 사회과학 분야 통계분석에 적용되기 시작하였다. 1986년에는 개인 PC를 위한 SPSS/PC가 개발되었고 1990년대에는 컴퓨터프로그램의 발전에 맞게 SPSS/Window가 개발되었다. 그러나 2009년 SPSS가 IBM에 인수되면서 PASW(Predictive Analytics Soft Ware)로 이름이 변경되었다. 그러나 다시 SPSS라는 이름으로 2022년 현재까지 발전을 거듭하여 SPSS 버전 28이 개발되어 사용되고 있다.

2. SPSS 메뉴의 구성

SPSS의 주요 메뉴는 총 11개, 파일(F), 편집(E), 보기(V), 데이터(D), 변환(T), 분석(A), 다이렉트 마케팅(M), 그래프(G), 유틸리티(U), 창(W), 도움말(H)로 구성되어 있다([그림 3-1]).

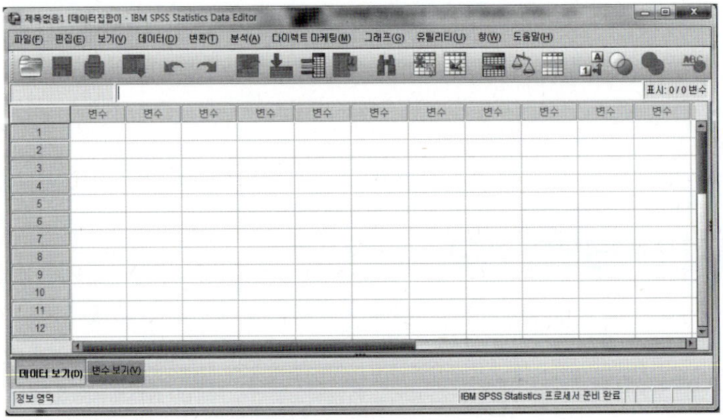

[그림 3-1] SPSS 주요 메뉴의 구성

각각의 주요 메뉴를 클릭하면 하위 메뉴가 나타나게 되는데 파일(F)에 22개, 편집(E)에 16개, 보기(V)에 9개, 데이터(D)에 21개, 변환(T)에 15개, 분석(A)에 25개, 다이렉트 마케팅(M)에 1개, 그래프(G)에 3개, 유틸리티(U)에 15개, 창(W)에 5개, 도움말(H)에 11개로, 총 143개로 구성되어 있다.

많은 하위 메뉴가 존재하지만 실제 데이터 분석에 활용되는 하위 메뉴는 그렇게 많지 않다. 실제로 많이 활용되는 하위 메뉴를 중심으로 정리하면 아래와 같다.

〈표 3-1〉 SPSS의 메뉴와 주요 하위 메뉴

메뉴	주요 하위 메뉴	주요 기능
파일(F)	열기(O)	SPSS 파일을 불러옴
	텍스트 데이터 읽기(R)	텍스트로 코딩/저장된 파일을 불러옴
	저장(S)	작업 중인 파일을 저장
	다른 이름으로 저장(A)	작업 중인 파일을 다른 이름으로 저장
	인쇄(p)	작업 중/완료된 파일자료를 인쇄
편집(E)	복구(U)/재실행(R)	직전에 삭제된 변수를 복구/삭제
	잘라 내기(T)/붙여 넣기(P)	선택된 변수/셀 내용을 잘라 내기/붙여 넣기
	복사(C)	선택된 변수/셀 내용 복사
	지우기(E)	선택된 변수/셀 내용 지우기
	찾기(F)	특정 변수/내용 찾기
	옵션(N)	산출표(output)의 형식 등을 결정
보기(V)	변수/데이터	변수 보기, 데이터 보기 창으로 전환
데이터(D)	변수 삽입(V)	선택한 변수 앞뒤에 새로운 변수 추가
	케이스 삽입(I)	선택한 케이스 위/아래에 새로운 케이스 추가
	케이스로 이동(S)	특정 케이스로 이동
	파일 합치기(G)	2개의 SPSS파일을 합침
	케이스 선택(C)	선택적 처리를 위한 특정 케이스 선택
	가중 케이스(W)	입력된 수치를 빈도로 인식하게 함
변환(T)	변수 계산(C)	가감승제를 통한 새로운 변수 생성
	빈도변수 생성(O)	특정응답 빈도를 변수로 변경 기능
	코딩변경(R)	기존의 변수값을 새로운 변수로 생성
	자동코딩변경(A)	불연속(문자)변수를 연속(숫자)변수로 변경

메뉴	주요 하위 메뉴		주요 기능
분석(A)	기술통계(E)	빈도분석(F)	빈도분석 수행
		기술분석(D)	기술통계 결과 산출
		데이터 탐색(E)	데이터 탐색 분석
		교차분석(C)	교차분석 수행
	평균비교(M)	일표본 T검증(S)	단일표본의 평균비교
		독립표본 T검증(T)	독립 두 표본의 평균비교
		대응표본 T검증(P)	대응 두 표본의 평균비교
		일원분산분석(O)	독립 세 표본 이상의 평균비교
	일반선형모형(G)	단일변량(U)	
		다변량(M)	
	상관관계(C)	상관계수(B)	피어슨/스피어만 상관계수 산출
	회귀분석(R)	선형(L)	단순 · 다중 · 더미 회귀분석 수행
	로그선형분석(O)	일반(G)	로지스틱 회귀분석 수행
	데이터 축소(D)	요인분석(F)	요인분석 수행
	척도화분석(A)	신뢰도분석(R)	신뢰도 분석 수행
	비모수 검정(N)	카이제곱(C)	적합도 분석 수행
	런(R)	런검정 수행	
	독립 2-표본(2)	독립된 두 집단 비교	
	독립 K-표본(K)	독립된 다(K)집단 비교	
	대응 2-표본(L)	대응된 두 집단 비교	
	다중응답분석(L)	변수군 정의(D)	다중(중복)응답의 변수값 지정
	빈도분석(F)	중복응답 빈도분석	
	교차분석(C)	중복응답 교차분석	
그래프 (G)	막대도표(B)		막대그래프 그리기
	원도표(E)		원그래프 그리기
	상자도표(X)		상자 그림 그리기
	산점도(S)		산점도 그림 그리기
	히스토그램(I)		히스토그램 그리기

출처: 이종환(2008). SPSS를 이용한 조사방법 및 통계분석의 이해와 적용. p.73, 재구성.

3. SPSS 데이터 코딩

1) 설문지와 코딩쉬트

자료코딩은 설문지로 수집된 자료를 SPSS와 같은 통계 프로그램에 입력하기 위하여 숫자로 표현하는 것이다. 이러한 코딩은 설문지를 근거로 만든 코딩쉬트와 코딩북을 활용하게 된다. 종합사회복지관에서 실행중인 초등학생 방과후 학습프로그램에서 인구사회학적 요인에 따른 수업 성실도의 차이 조사를 예시로 설문지-코딩쉬트-코딩북과의 관계를 설명하면 다음과 같다.

(1) 설문지

I. 인구사회학적 요인

1. 당신의 성별은 무엇입니까?
   ① 남 ② 여 ③ 기타

2. 당신은 몇 살입니까?
   1안) ( )세
   2안) ① 8세미만 ② 9-10세 ③ 11-13세 ④ 13세 이상

3. 당신은 몇 학년입니까?
   ① 1학년 ② 2학년 ③ 3학년 ④ 4학년 ⑤ 5학년 ⑥ 학년

4. 당신의 학교성적은 어떠합니까?
   ① 상 ② 중상 ③ 중 ④ 중하 ⑤ 하

5. 부모님의 학력은 어떠합니까?
   ① 초졸이하 ② 중졸 ③ 고졸 ④ 대졸 ⑤ 대학원졸( )

Ⅱ. 수업 성실도

내 용	매우 그렇지 않다 (1)	조금 그렇지 않다 (2)	보통 그렇다 (3)	조금 그렇다 (4)	매우 그렇다 (5)
1. 당신의 복습 성실도는?					
2. 당신의 예습 성실도는?					
3. 당신의 수업 집중도는?					
4. 당신의 수업 이해도는?					
5. 당신의 수업 태도는?					
6. 당신의 과제 성실도는?					

(2) 코딩쉬트(coding sheet)

코딩쉬트란 설문지의 응답내용(설문문항)을 숫자로 바꾸어 SPSS에 코딩을 위한 컬럼의 지정으로 코딩의 오류를 줄일 수 EV1057001있도록 도와주는 지침이다. 즉, 코딩쉬트는 코딩북을 만드는 전단계의 작업이다.

코딩쉬트에서 모든 SPSS 컬럼에서 한 자리수이나 나이의 경우 2자리 컬럼으로 되어 있다. 이것은 설문지 2번 "당신은 몇 살입니까?"에서 응답이 1안(9)세는 한 자리 컬럼을 차지하지만, 1안(10)세일 경우에 2자리 컬럼을 차지하기 때문이다.

〈표 3-2〉 코딩쉬트

코딩 변수명	q1 (성별)	q2 (나이)	q3 (학년)	q4 (학교성적)	q5 (부모학력)	q6 (복습성실도)
SPSS컬럼						
코딩 변수명	q7 (예습성실도)	q8 (수업집중)	q9 (수업이해)	q10 (수업태도)	q11 (과제성실도)	
SPSS컬럼						

2) 코딩설계와 코딩북(coding book)

코딩설계는 코딩북을 만들기 전에 설문변수(인)와 변인의 수리적 속성과 관련된 분석수준을 연계하여 고려함으로서 향후 코딩과 분석의 오류를 줄일 수 있다. 코딩북은 코딩설계와 코딩쉬트에 기록된 데이터(자료)를 SPSS에 입력할 수 있도록 도와주는 지침이다. 코딩북에는 설문(번호), 변수명, 컬럼, 변수값에 관한 내용이 포함된다.

코딩북이 필요한 이유는 첫째, 설문지 응답 내용을 SPSS에 정확히 코딩하기 위함이다. 둘째, SPSS에 코딩된 자료를 다른 연구자가 활용할 경우 코딩북을 활용하면 설문지를 확인하지 않고 설문내용에 대하여 쉽게 이해할 수 있다.

〈표 3-3〉 코딩설계

<table>
<tr><th>설문번호</th><th>변수(인)값</th><th>수리</th><th>분석수준</th></tr>
<tr><td>1.성별</td><td>① 남 ② 여 ③ 기타</td><td>명목형</td><td>비모수통계
(빈도분석)</td></tr>
<tr><td>2.나이</td><td>1안) (　　)세</td><td>연속형
(등간)</td><td>모수통계
(평균, 표준편차)</td></tr>
<tr><td>3.학년</td><td>① 1학년 ② 2학년 ③ 3학년
④ 4학년 ⑤ 5학년 ⑥ 6학년</td><td>서열형</td><td>비모수통계
(빈도분석, 기술분석)</td></tr>
<tr><td>4.학교성적</td><td>① 상 ② 중상 ③ 중 ④ 중하 ⑤ 하</td><td>서열형</td><td>비모수통계
(빈도분석, 기술분석)</td></tr>
<tr><td>5.부모학력</td><td>① 초졸이하 ② 중졸 ③ 고졸
④ 대졸 ⑤ 대학원졸(　　)</td><td>서열형</td><td>비모수통계
(빈도분석, 기술분석)</td></tr>
<tr><td>1.복습 성실도</td><td rowspan="6">매우 그렇지 않다(1),
조금 그렇지 않다(2),
보통 그렇다(3),
조금 그렇다(4),
매우 그렇다(5).</td><td rowspan="6">연속형
(서열형이
지만 연속
형, 등간형
으로 간주)</td><td rowspan="6">모수통계
(상관분석, 회귀분석)</td></tr>
<tr><td>2.예습 성실도</td></tr>
<tr><td>3.수업 집중도</td></tr>
<tr><td>4.수업 이해도</td></tr>
<tr><td>5.수업 태도</td></tr>
<tr><td>6.과제 성실도</td></tr>
</table>

〈표 3-4〉 코딩북

설문(번호)	변수명	컬럼	변수값
1.성별	q1	1	① 남 ② 여 ③ 기타
2.나이	q2	2-3	1안) ( )세
3.학년	q3	4	① 1학년 ② 2학년 ③ 3학년 ④ 4학년 ⑤ 5학년 ⑥ 6학년
4.학교성적	q4	5	① 상 ② 중상 ③ 중 ④ 중하 ⑤ 하
5.부모학력	q5	6	① 초졸이하 ② 중졸 ③ 고졸 ④ 대졸 ⑤ 대학원졸( )
1.복습 성실도	q6	7	매우 그렇지 않다(1), 조금 그렇지 않다(2), 보통 그렇다(3), 조금 그렇다(4), 매우 그렇다(5).
2.예습 성실도	q7	8	
3.수업 집중도	q8	9	
4.수업 이해도	q9	10	
5.수업 태도	q10	11	
6.과제 성실도	q11	12	

3) SPSS 데이터 입력하기

SPSS 데이터 코딩을 위하여 SPSS 프로그램을 열면 [그림 3-2]와 같은 창이 뜬다. 이때 처음 코딩 작업을 시작하려면 작업 선택 창의 하단 오른쪽에 취소를 클릭하면 작업선택 창이 사라지고 [그림 3-3]과 같은 SPSS 데이터 편집기 창이 남는다.

코딩 작업을 시작하기 위하여 먼저 변수(인)명을 입력한다. 이때 변수(인)명을 입력하기 위하여 SPSS 데이터 편집기 창 하단의 '변수 보기'를 클릭하면 [그림 3-3]과 같이 창에 '이름, 유형, 자릿수, 소수점이하자리, 설명, 값' 등이 뜬다. 첫 번째 칼럼, 이름에 설문지의 첫 번째 설문 변수명을 설정하기 시작하여 설문지의 마지막 변수명까지 설정하여 내려간다. 변수명이 숫자가 아닌 문자인 경우 유형에 문자열로 지정하면 된다. 일반적으로 유형이 숫자인 경우 SPSS에 세팅되어 있는 대로 사용하면 된다.

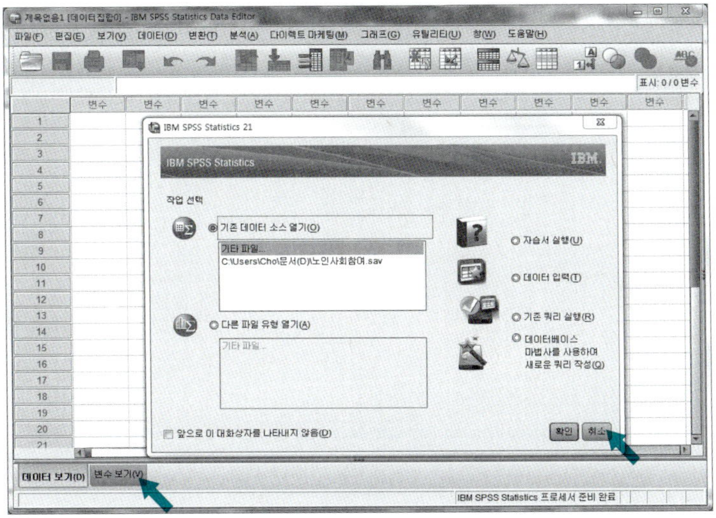

[그림 3-2] 작업선택 창

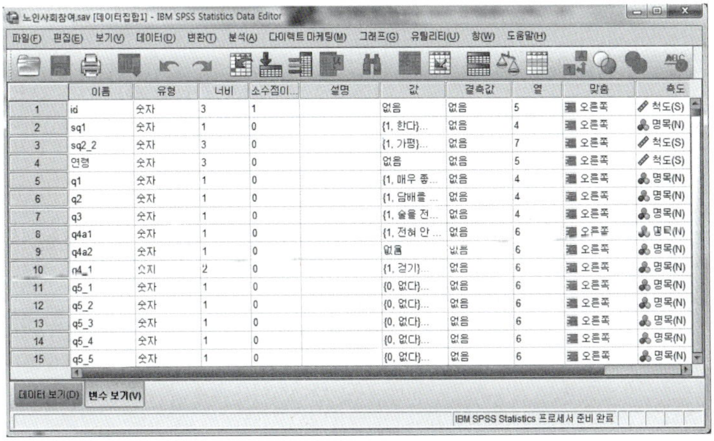

[그림 3-3] 변수 보기 창

변수명의 설정이 완료되면 SPSS 데이터 창 하단의 '데이터 보기'를 클릭하고 데이터의 입력이 마무리되면 [그림 3-4]와 같은 창으로 바뀌는 것을 볼 수 있다. 데이터는 설문지에 기입된 설문문항의 순서에 따라 변수명을 입력(코딩)한다. 이때 데이터 입력 중간 중간에 저장하는 것을 잊지 말아야 한다.

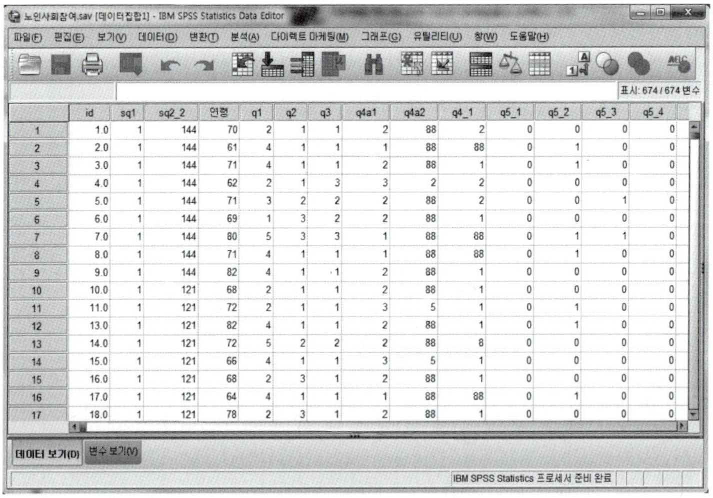

[그림 3-4] 데이터 보기 창

제2절 SPSS 메뉴의 활용

1. 파일(F)

파일(F)에서 주로 사용하는 명령어는 열기(O), 텍스트 데이터 읽기(R), 저장(S), 다른 이름으로 저장(A), 인쇄(P) 등이 있다([그림 3-5]).

1) 열기(O)

열기(O)는 SPSS파일로 저장된 자료 또는 다른 형식으로 저장된 파일을 불러오는 데 사용된다. 열기(O)를 클릭하면 5개의 하위 명령어 데이터(D), 명령문(S), 출력 결과(O), 스크립트(C), 기타(T)가 창에 뜬다.

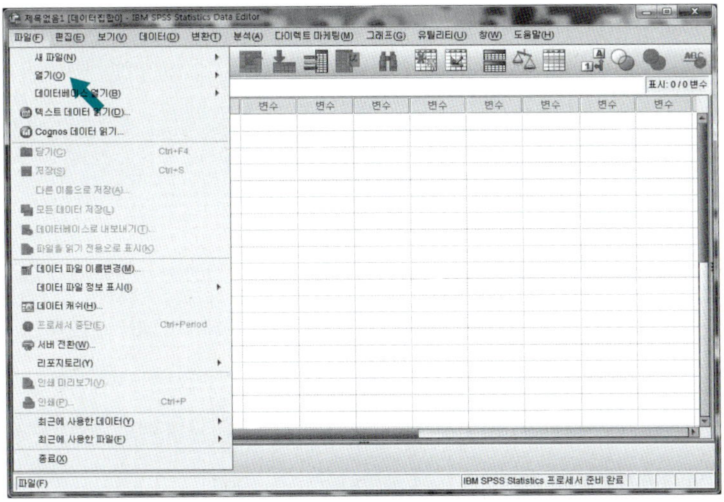

[그림 3-5] 파일(F)

(1) 데이터(D)

하위 명령어 데이터(D)를 수행하기 위하여 파일(F)을 클릭하면 열기(O)-데이터(D)가 창에 뜬다. 다시 데이터(D)를 클릭하면 파일 열기 창이 뜨는데, 하단에 파일 이름(N)과 파일 유형(T)이 같이 뜬다([그림 3-6]). 파일 이름은 찾는 위치를

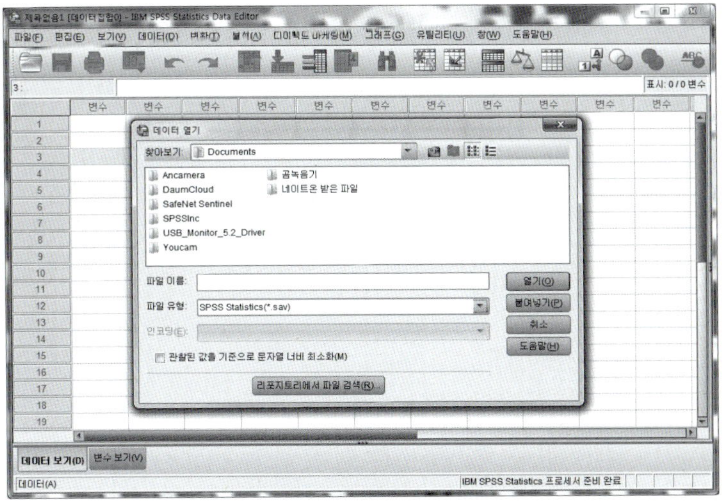

[그림 3-6] 데이터 파일 열기

클릭하면 파일 이름이 뜨고 파일 이름을 클릭하면 자동으로 입력된다. 파일 유형(T)은 기본적으로 SPSS(*.sav)로 지정되어 있다. 파일 유형(T)을 클릭하면 다양한 유형의 파일을 불러올 수 있으나 주로 Excel 파일(*.xls)이나 텍스트 파일(*.txt)을 불러서 사용한다.

(2) 명령문(S)

명령문(Syntax)을 열기 위하여 열기(O) – 명령문(S)을 선택 · 클릭한다. 파일 유형은 기본적으로 명령문(*.sps)으로 지정되어 있다([그림 3–7]). 명령문(Syntax)은 뷰어문서(*.spv), 드래프트 뷰어문서(*.rtf), SPSS스크립트(*.sbs) 등이 있는데, 명령문을 저장해 놓으면 매우 유용하게 활용할 수 있다.

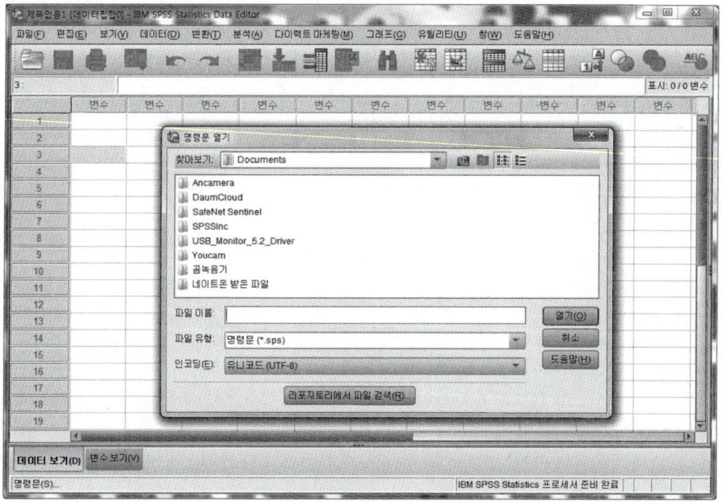

[그림 3–7] 열기(O)–명령문(S)

(3) 출력 결과(O)

열기(O)－출력 결과(O)는 SPSS 결과(output)를 불러올 수 있으며, 파일 유형(T)은 기본적으로 뷰어문서(*.spv)로 되어 있고, 드래프트 뷰어문서(*.rtf), SPSS스크립트(*.sbs)를 사용하기도 한다([그림 3－8]).

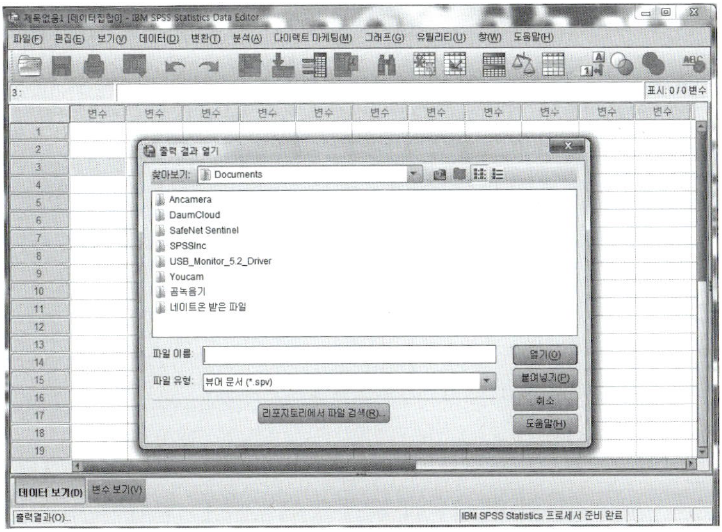

[그림 3–8] 열기(O)–출력 결과(O)

2) 저장(S)

작업하고 있는 SPSS자료의 저장은 파일(F)－저장(S)을 클릭한다([그림 3－9]). 작업을 하는 동안에 이런저런 이유로 자료가 손실되는 경우를 경험하게 된다. 저장은 파일(F)－저장(S)의 명령어도 있지만 키보드에서 ctrl+S를 눌러 저장하기도 한다. 일정 시간 또는 일정 작업의 진행 후 수시로 자료를 저장하는 습관은 매우 중요하다.

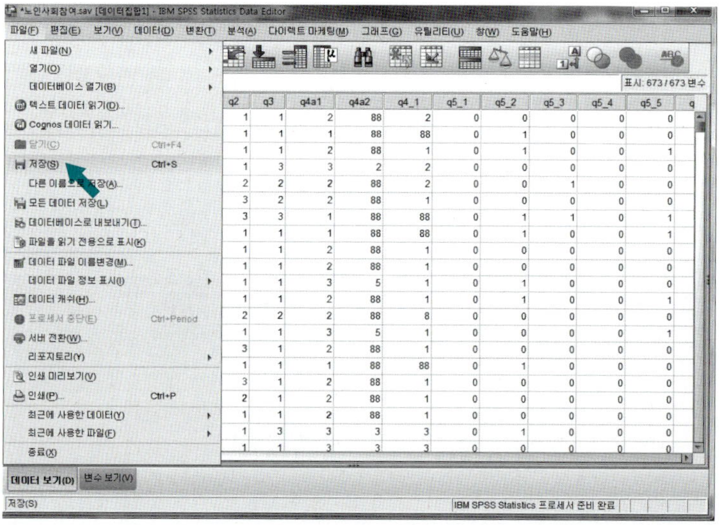

[그림 3-9] 파일(F)-저장(S)

3) 다른 이름으로 저장(A)

SPSS 자료의 작업을 완료하고 다른 이름으로 저장하고 싶으면 파일(F)-다른 이름으로 저장(A)을 클릭하면 다음과 같은 창이 뜬다([그림 3-10]). 저장 위치를

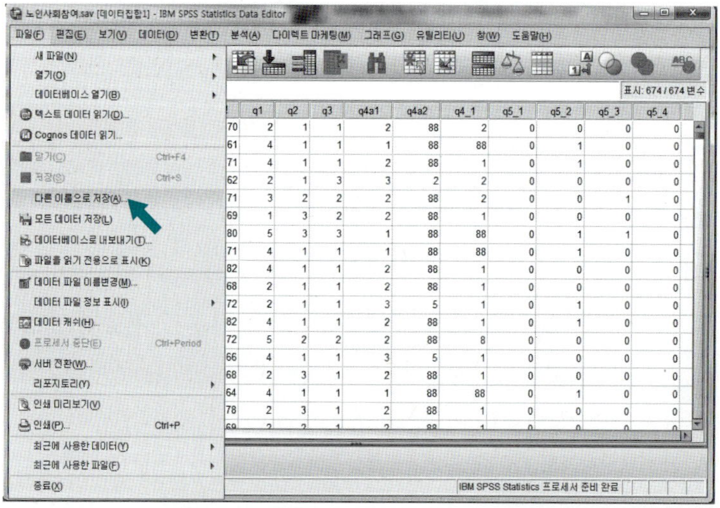

[그림 3-9] 파일(F)-다른 이름으로 저장(A)

확인하고 파일 이름(N)에 파일명을 써넣은 뒤 창 오른쪽 하단의 다음 저장을 클릭하면 완료된다.

4) 인쇄(P)

파일(F)－인쇄(P)를 클릭하면 현재의 창을 인쇄할 수 있다. 인쇄를 클릭하면 [그림 3－11]과 같은 창이 뜬다. 프린터(P)에서 현재 연결된 프린터인지 확인한 후, 인쇄 범위와 인쇄 매수를 지정한다. 그리고 창 하단의 확인을 누르면 인쇄가 시작된다.

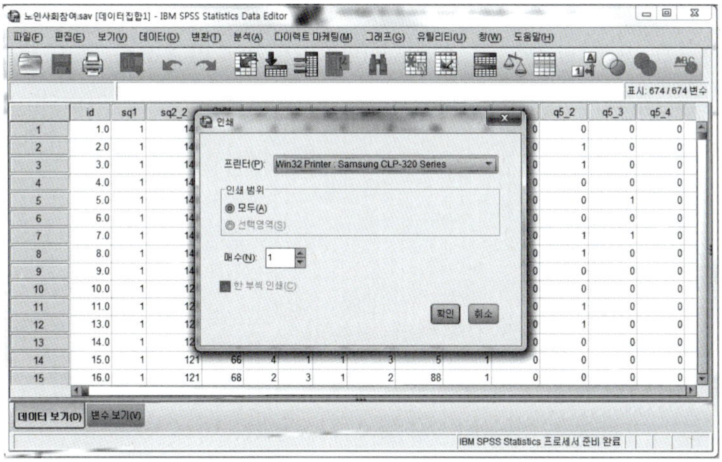

[그림 3-11] 파일(F)–인쇄(P)

2. 편집(E)

1) 복구(U)·재실행(Y)

복구(U)는 삭제나 변경의 실수로 자료가 손실되었을 때 되돌릴 수 있는 기능이며, 재실행(Y)은 이미 실행했던 작업이 잘못되어 복구(U)한 경우 동일한 작업을 다시 실행해 주는 기능이다. 키보드에서 복구(U)는 ctrl+Z, 재실행(Y)은 ctrl+Y로 실행이 가능하며, 툴바에서는 화살표 과 로 복구 및 재실행이 가능하다.

2) 잘라 내기(T)·붙여 넣기(P)

작업 중 또는 작업 후에 자료(셀 · 변수)를 잘라 내거나 붙여 넣기를 해야 할 경우가 발생한다. 마우스로 필요한 자료를 선택(드래그)한 후 잘라 내기(T)를 클릭한다. 잘라 내기는 키보드에서 ctrl+X를 누르면 하위 명령어 잘라 내기(T)와 동일한 기능을 한다. 붙여 넣기(P)는 필요한 셀 또는 변수를 복사(C)한 후 붙여 넣기를 하고자 하는 위치에 마우스를 클릭한 후 붙여 넣기(P)를 하면 된다. 또한 키보드를 활용할 경우 ctrl+V를 누르면 붙여 넣기를 할 수 있다.

3) 복사(C)

종종 필요한 자료(셀, 변수)를 복사해야 할 경우가 발생한다. 일반적으로 복사(C)는 붙여 넣기(P)를 하기 위하여 실행하는 경우가 많다. 키보드를 이용할 경우에는 ctrl+C를, 마우스를 이용할 경우에는 오른쪽 버튼을 클릭하면 실행이 가능하다.

4) 지우기(E)

작업 중 자료가 잘못 입력되었거나 필요하지 않은 경우에는 지우기를 사용한다. 키보드를 이용할 경우에는 del키를 누르면 되고, 마우스를 이용할 경우에는 오른쪽 버튼을 클릭하면 실행이 가능하다.

5) 변수 삽입(A)

변수 삽입(A)은 코딩과정에서 변수가 누락되거나 삭제된 경우에 새로운 변수를 추가하기 위한 기능이다. 선택된 케이스의 변수 앞에 마우스를 대고 오른쪽 버튼을 누르면 변수 삽입(A) 명령어가 뜬다. 명령어를 클릭하면 [그림 3-12]와 같은 창이 뜬다. 툴바를 활용할 경우 창 상단의 격자무늬 그림을 클릭하면 변수 삽입 명령어와 같은 기능을 한다.

변수명의 수정은 창의 하단에 변수 보기를 클릭하면 변수 이름이 뜨고 수정하고자 하는 변수 이름을 수정하면 된다.

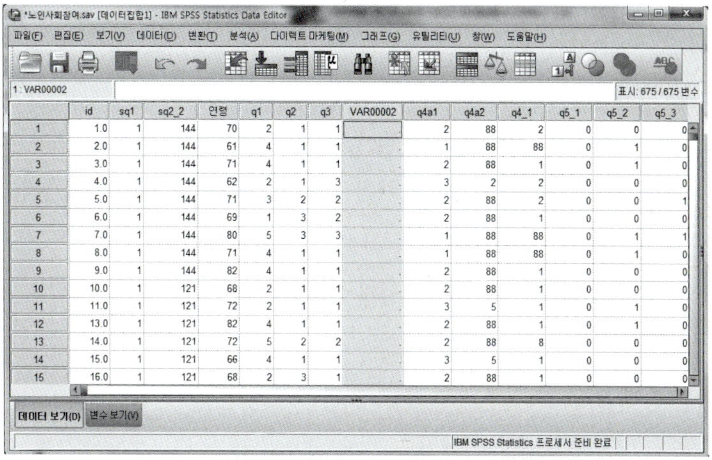

[그림 3-12] 변수 삽입

6) 케이스 삽입(I)

케이스 삽입(I)은 선택한 케이스에 덮어씌우기를 하든지 새로운 케이스를 삽입할 때 사용된다. 추가하고자 하는 케이스에 마우스로 클릭하고 케이스 삽입(I)의 명령어가 뜨면 실행버튼을 누른다. 또는 툴바에서 화살표와 격자무늬 그림을 클릭하면 선택한 케이스 위쪽으로 케이스가 생성된다([그림 3-13]).

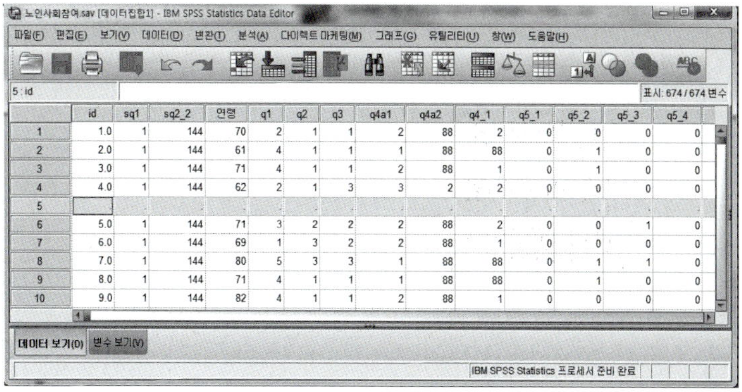

[그림 3-13] 케이스 삽입

7) 찾기(F)

찾기(F)는 작업 중 특정 값을 쉽게 찾아 주는 기능을 수행한다. 키보드에서 ctrl+F를 활용하든지 또는 상단 툴바의 망원경 그림을 클릭하면 변수에서 데이터 찾기(V1) 창이 뜬다. 변수에서 데이터 찾기(V1)의 창이 뜨면 찾고자 하는 데이터를 찾기(N)에 입력한 후 왼쪽 하단의 다음 찾기를 클릭하면 [그림 3-14]와 같이 데이터 보기 창의 상단에 위치한 열(C)에 찾는 변수가 표시된다.

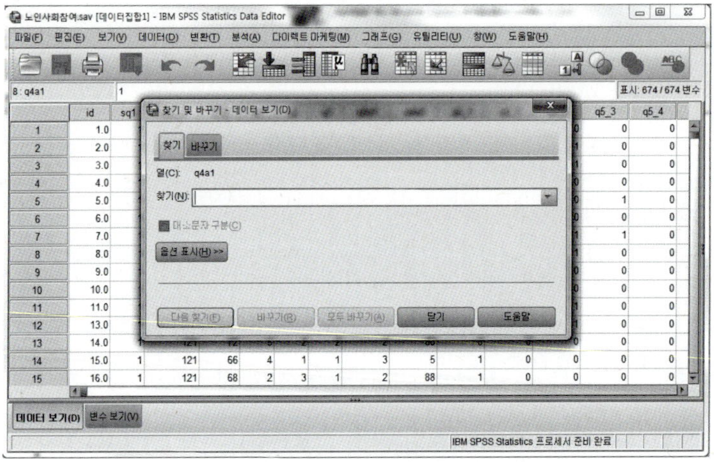

[그림 3-14] 데이터 찾기

8) 케이스 이동(S)

케이스 이동(S)은 조사연구자가 원하는 특정 케이스로 빠르게 찾아가는 기능이다. 데이터(D)-케이스 이동(S)을 클릭하면 창이 뜬다([그림 3-15]). 창에 케이스 번호를 입력하면 지정된 케이스 번호로 빠르게 이동한다.

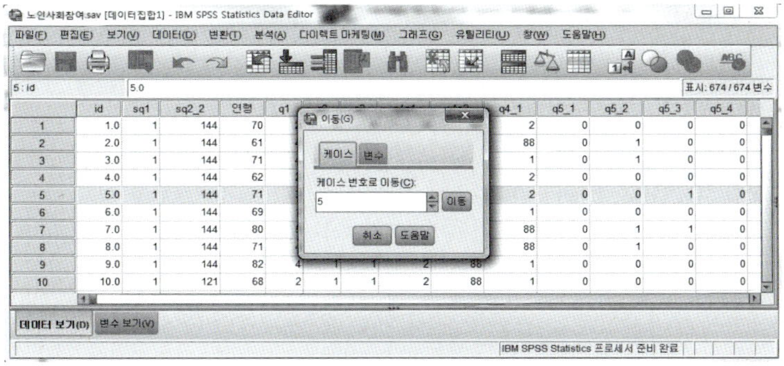

[그림 3-15] 케이스 이동

9) 옵션(N)

옵션(N)은 작업 중인 자료를 출력 결과(output)표의 형태로 바꾸어 준다. 실제로는 많이 사용되고 있지 않으나 알아두면 편리한 기능이다. 편집(E)-옵션(N)을 클릭하면 옵션 창이 뜬다([그림 3-16]). 옵션 창의 상단에는 일반, 뷰어, 데이터, 출력 결과, 피벗표 등이 있는데, 일반적으로 피벗표를 클릭한 후 왼쪽 표 모양을 선택하고 하단의 확인을 누르면 출력 결과표가 나타난다.

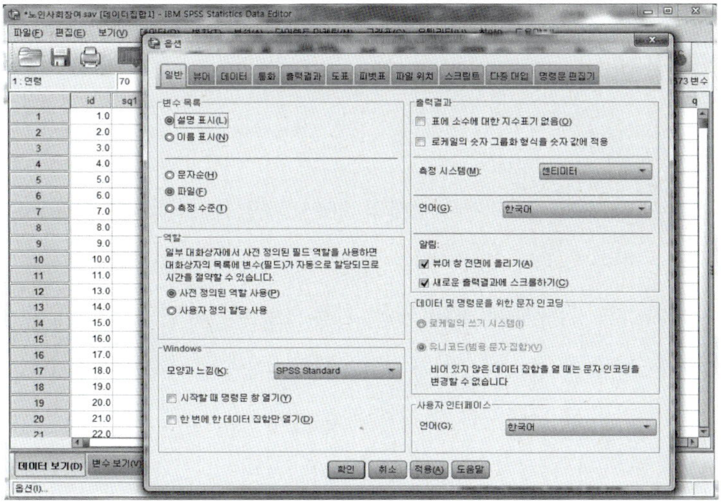

[그림 3-16] 옵션

3. 보기(V): 변수/데이터

변수와 데이터는 변수 보기와 데이터 보기를 실행시키는 명령어이다. 먼저 데이터 보기 창에서 자료를 입력한 후, 창 하단의 변수 보기를 클릭하면 변수의 이름, 유형, 자릿수, 설명, 값, 결측값 등의 확인이 가능하다([그림 3-17]).

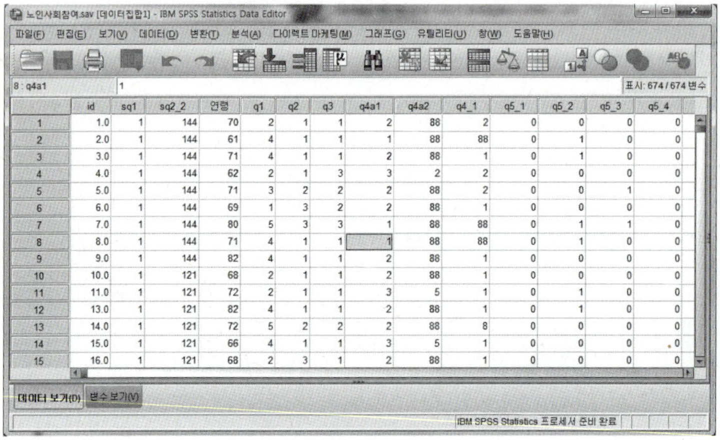

[그림 3-17] 변수 보기/데이터 보기

4. 데이터(D)

1) 파일 합치기(G)

파일 합치기(G)는 따로 작업된 2개의 SPSS 파일을 합치는 데 활용된다. 파일 합치기(G)에는 케이스 추가(C)와 변수 추가(V) 기능이 있다. 케이스 추가(C)는 현재 파일에 케이스를 추가하여 붙여 넣는 기능으로, 두 파일의 변수의 수와 순서가 일치해야 한다. 변수 추가(V)는 현재 파일에 특정변수를 추가하는 기능으로, 현재 파일과 추가 파일 간의 정렬상태가 동일해야 한다.

변수 추가(V)는 데이터(D)-파일 합치기(G)-변수 추가(V)를 클릭하면 [그림 3-18]과 같은 창이 뜬다.

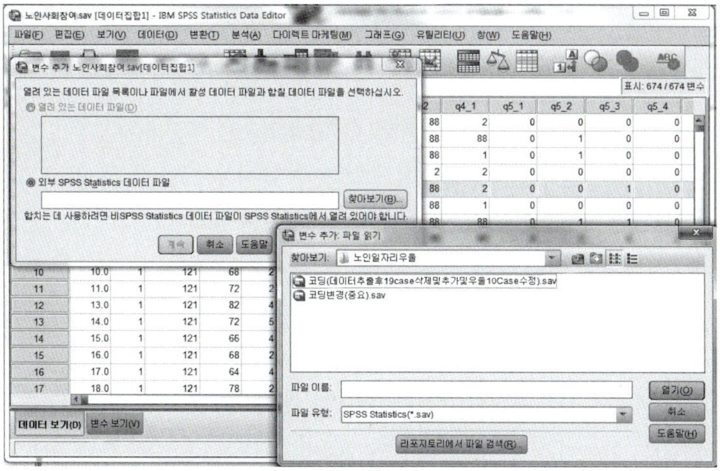

[그림 3-18] 변수 추가 파일 읽기

변수 추가: 파일 읽기 창이 열리면 창의 파일 이름에 추가하고자 하는 변수가 포함된 파일명을 파일 이름(N)으로 이동시킨 후 열기를 클릭하면 [그림 3-19]와 같은 창이 뜬다.

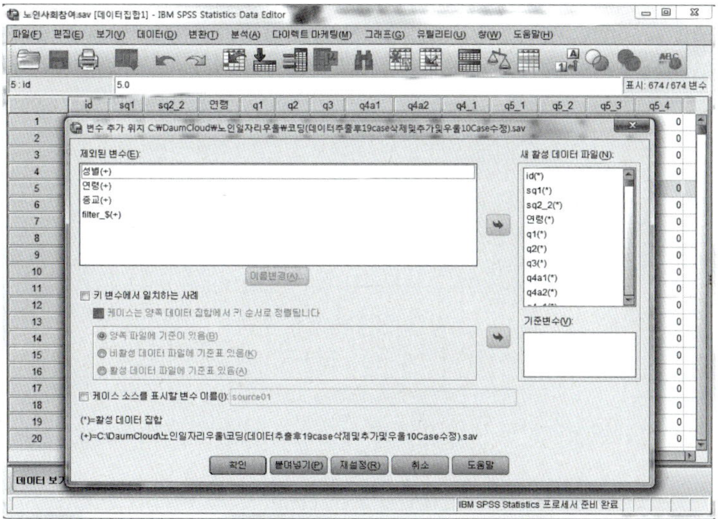

[그림 3-19] 변수 추가

창 오른쪽 상단의 새 활성 데이터 파일(N)에서 변수에 (*)표시는 현재 파일의 변수이고 (+)표시는 추가하고자 하는 파일에 있는 변수이다. 새 활성 데이터 변수들 중 제외하고 싶은 변수가 있으면 특정변수를 지정하고 오른쪽의 화살표를 클릭하면 창의 왼쪽 상단 제외된 변수란으로 이동한다. 새 활성 데이터 파일의 변수들을 결정하고 확인을 클릭하면 현재 파일에 변수가 추가된다.

2) 케이스 선택(C)

연구자가 자료분석을 실시하다 보면 특정 케이스에 대한 결과에 관심을 갖게 된다. 데이터(D)－케이스 선택(C)을 클릭하면 [그림 3－20]과 같은 창이 뜬다.

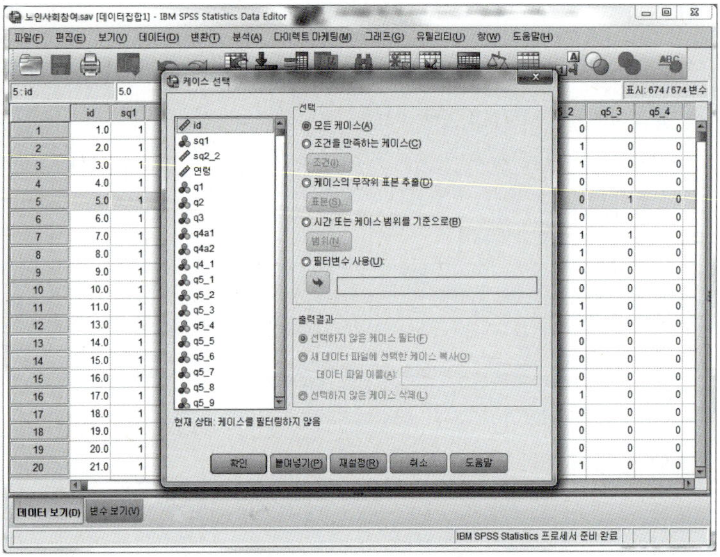

[그림 3-20] 케이스 선택

창 중간의 선택란에서 '조건을 만족하는 케이스'를 클릭하고 조건(I)을 누른다. 창 왼쪽의 설문번호에서 원하는 특정 변수를 지정하여 케이스를 선택한다([그림 3－21]).

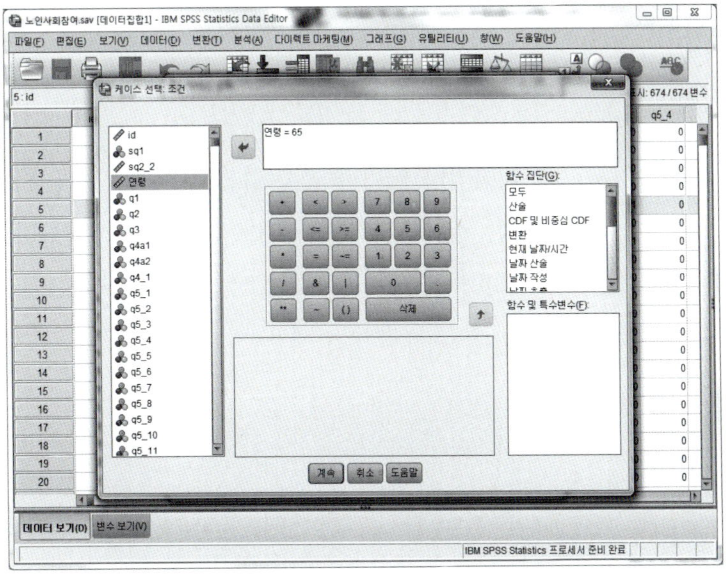

[그림 3-21] 케이스 선택(C)-조건(I)

계속과 확인을 클릭하면 창의 마지막 변수란에 연령2-65(filter-$)라는 변수가 생성되고 변수값에는 선택이라는 문자가 뜬다([그림 3-22]).

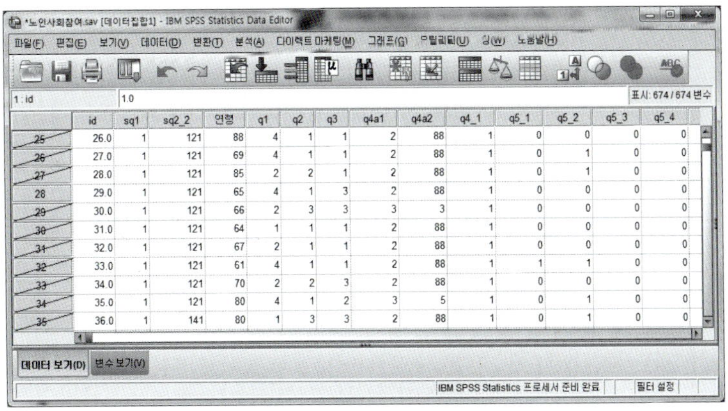

[그림 3-22] 케이스 선택 결과

5. 변환(T)

1) 변수 계산(C)

변수 계산(C)은 변수를 더하거나 빼거나 곱하거나 나누는 계산기의 역할을 수행하며 모든 연산과정을 거친 변수는 마지막에 새로운 변수로 생성된다. 예를 들어, 노인의 총소득을 알기 위하여 근로소득, 재산소득, 기타 정부보조금, 사적 이전소득, 기타 소득을 합하여 총소득이라는 새로운 변수를 만드는 경우에 이용된다.

변수 변환(T) – 변수 계산(C)을 클릭하면 [그림 3–23]과 같은 창이 뜬다. 창 왼쪽 상단의 대상변수(T)란에는 생성될 변수 이름을 기입하는 곳이다. 위의 예를 대입하면 노인의 총소득을 알기 위하여 변수명을 총소득으로 입력한다. 창 상단 오른쪽의 숫자표현형식(E)란은 변수에 대한 연산을 설정해 주는 곳이다. 다양한 숫자 또는 기호를 '함수'에서 선택하든지 아니면 직접 입력할 수 있다([그림 3–24]).

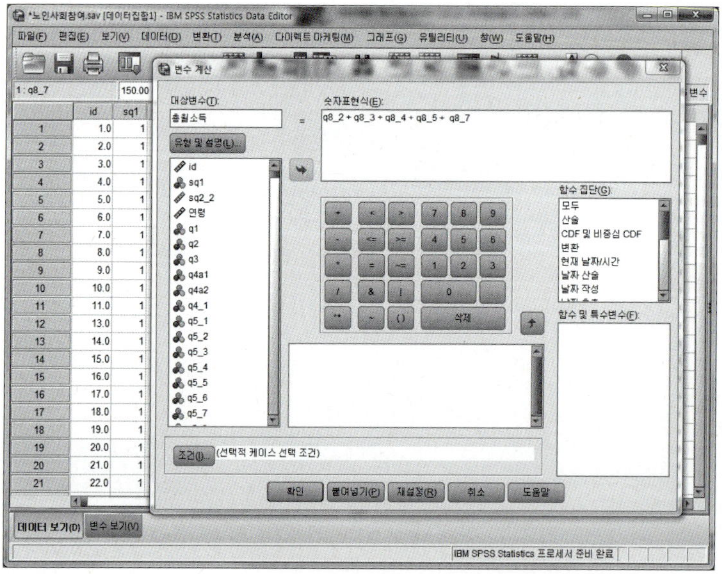

[그림 3–23] 변수 변환(T)–변수 계산(C)

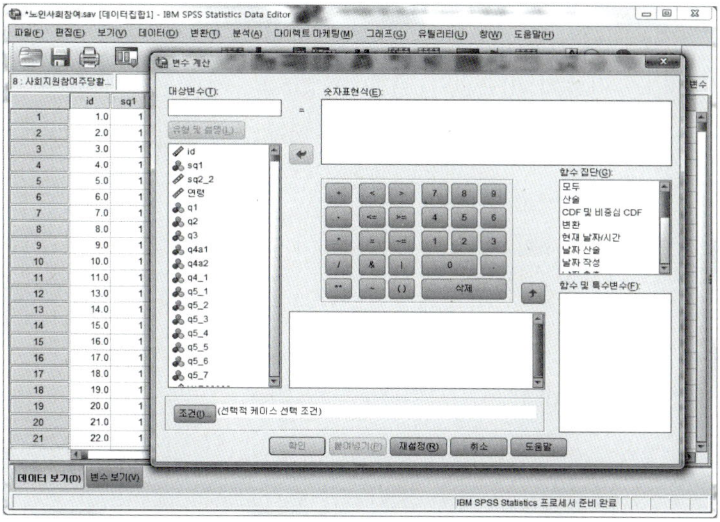

[그림 3-24] 변수 계산-대상변수-숫자표현형식

변수 계산 창의 하단 왼쪽에 있는 확인을 클릭하면 다음과 같이 총소득이라는 새로운 변수가 생성된 창이 뜬다([그림 3-25]).

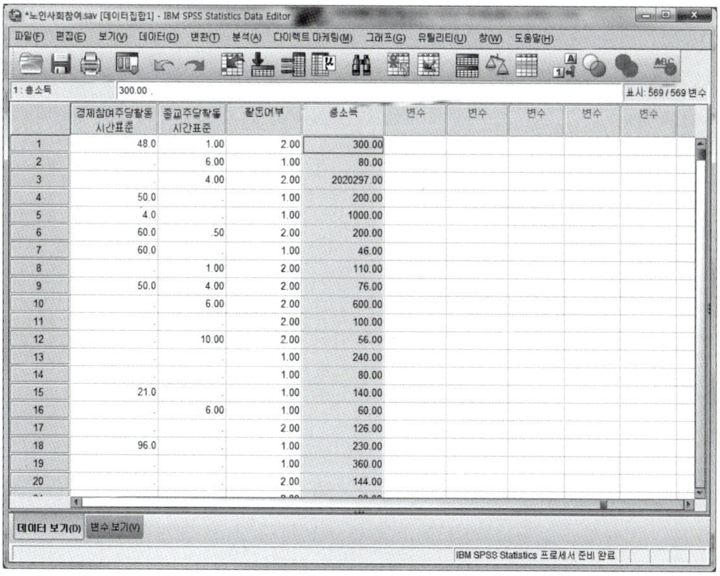

[그림 3-25] 변수 계산 결과

2) 코딩변경(R)

코딩변경(R)은 기존의 변수값을 같은 변수(S)와 새로운 변수(D)로 변경할 때 사용한다. 본서에서는 같은 변수로 코딩변경 하는 기능만을 설명한다.

같은 변수로 코딩변경 하기는 기존의 변수에 덮어씌우는 기능으로, 코딩변경(R)－같은 변수로(S)를 클릭하면 [그림 3－26] 같은 변수로 코딩변경 창이 뜬다. 창의 왼쪽에 나열된 변수 중 변경하고자 하는 변수를 창의 중간 숫자 변수란으로 이동시킨 후 창의 아래쪽에 기존값 및 새로운 값(O)을 클릭하면 [그림 3－27] 같은 변수로 코딩변경 창이 뜬다.

창 왼쪽 상단의 기존값에는 값(V), 범위(N), 범위(G), 범위(E), 기타 모든 값(O)이 있는데, 값(V)은 특정값을 새로운 값으로 1:1 변경할 때, 범위(N)는 ~에서 ~까지 새로운 값으로 변경할 때, 범위(G)는 최젓값에서 ~까지를 특정값으로 변환할 때 사용, 범위(E)는 ~에서 최곳값까지의 특정값으로 변환할 때, 기타 모든 값(O)은 특정값을 지정한 후 나머지 값을 한 번에 특정값으로 변환할 때 사용한다.

창 왼쪽 상단의 기존값과 창 오른쪽 상단의 새로운 값에 새로운 수치를 지정·

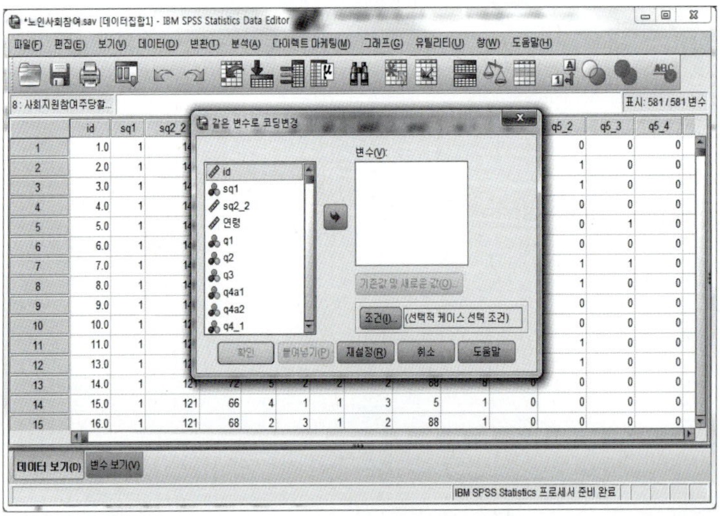

[그림 3-26] 같은 변수로 코딩변경

변경해 주고, 기존값→새로운 값(D)란의 추가(A)를 클릭하여 변경사항을 누적시킨다. 변경사항을 다시 변경하고 싶으면 바꾸기(C)를, 삭제하고 싶으면 제거(R)를 클릭하여 실행한다. 작업이 완료되면 창 오른쪽 아래의 계속을 누른다. 같은 변수로 코딩변경 창으로 돌아가 확인을 클릭하면 모든 작업이 완료된다.

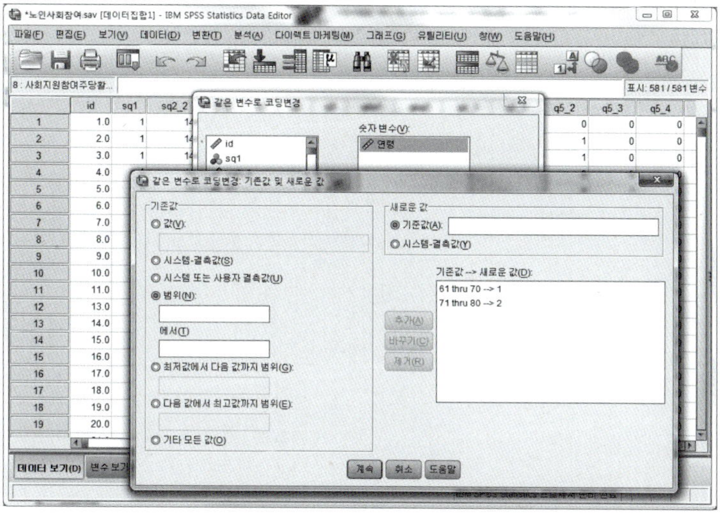

[그림 3-27] 같은 변수로 코딩변경: 기존값 및 새로운 값

6. 분석(A)

분석(A)은 각종 자료분석과 관련된 명령어들이 수행된다. 구체적인 내용은 제3부 통계분석 방법에서 제시한다.

7. 그래프(G)

그래프(G)는 다양한 그래프를 그릴 수 있도록 설계되어 있다. 주로 기술통계에서 사용하지만 추리통계에서도 사용하기도 한다. 여러 가지 상세한 그래프의 활용은 제3부 통계분석 방법에서 제시한다.

02

P·A·R·T

통계의 이해

CHAPTER 04 | 기술통계의 이해

CHAPTER 05 | 추리통계의 기초

CHAPTER 06 | 추리통계의 이해

04 CHAPTER

기술통계의 이해

기술통계는 추리통계와 다르게 조사연구자가 변인의 특성을 파악하기 위하여 사전에 어떠한 가정도 전제하지 않고, 나타난 통계수치(분포)를 있는 그대로 기술·묘사하는 방법이다. 기술통계는 주어진 자료를 의미있는 자료로 정리하여 기술하는 것으로 활용하기 쉬운 형태로 조직하고 요약하는 것을 말한다. 이러한 기술통계에는 분포의 형태를 나타내는 분포, 분포의 집중 정도를 나타내는 집중경향치, 그리고 분포가 퍼져 있는 정도를 나타내는 변산도가 있다.

제1절 분포

1. 분포의 개념

사회과학 분야의 조사연구자는 자료수집을 마무리 지으면서 엄청난 양의 자료를 처리해야 한다. 조사연구자의 고민은 조사연구의 범위 안에서 수집된 자료들의 특성을 한눈에 파악·분석할 수 있도록 만드는 것이다. 이를 위한 기본적인 분석 작업은 조사연구 대상인 변인 값이 어떻게 분포되어 있는가를 살펴보는 것이다. 조사연구자는 초기에 전수조사의 모집단 또는 표본조사의 표본에 포함된 변인의 기본적인 특성을 파악하기 위한 방법으로 분포를 사용한다.

'분포(distribution)'의 사전적 정의는 '일정 범위 안에 흩어져 있는 것'이다. '분포도'는 '조사연구의 대상이 되는 흩어져 있는 자료를 한눈에 볼 수 있도록 정리된 것'이다(Naver, 2020). 분포는 왜도, 첨도, 빈도분포표로 단순, 묶음, 빈도표가 있으며, 빈도분포는 그림 형태로 표현된 히스토그램, 막대도표, 절선도표, 파이차트 등이 있다.

2. 왜도와 첨도

왜도(skewness)와 첨도(kurtosis)는 변인의 분포상태를 분포곡선으로 나타낼 수 있는 방법이며, 곡선의 봉우리를 중심으로 좌우대칭인 정규분포곡선으로부터 그 모양이 얼마나 벗어났는지를 나타낸다.

1) 왜도

왜도란 정규분포곡선으로부터 왼쪽 또는 오른쪽으로 기울어진 정도를 보여 주는 곡선(분포의 대칭 정도를 보는 척도)이다. 왜도는 산술평균과 중앙값의 차이가 표준편차에 비하여 얼마나 차이가 나는지 나타내는 지수이다.

계산공식: $S_k = \frac{3(\bar{x}-MD)}{s}$

왜도는 값이 +인 경우, −인 경우, 0인 경우로 나누어 볼 수 있다. 왜도값이 0인 경우는 정규분포곡선(왜도=0→분포가 대칭)이라고 할 수 있다. 왜도값이 +인 경우는 변인의 분포가 정규분포곡선의 왼쪽으로 치우친 경우(왜도>0→왼쪽으로 기울어짐)이며, 반대로 왜도값이 −값인 경우는 변인의 분포가 정규분포곡선의 오른쪽으로 치우친 경우(왜도<0→오른쪽으로 기울어짐)이다([그림 4−1]). 이렇게 분포가 특정 방향으로 기울었다는 의미는 평균을 중심으로 어느 특정한 쪽에 사례 수가 몰려 있고, 분포의 꼬리가 특정 방향으로 길게 늘어져 있다는 것이다.

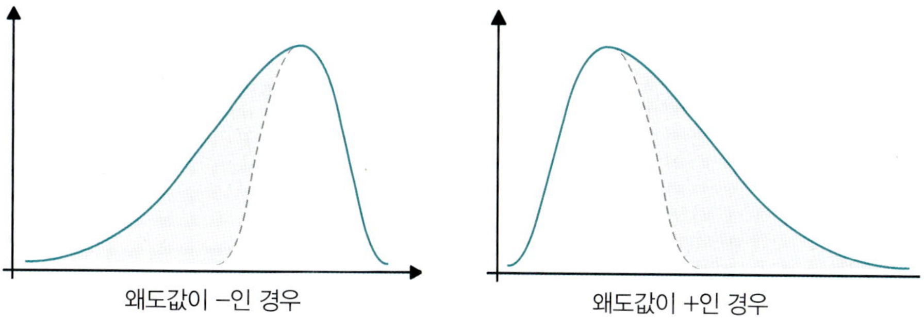

[그림 4-1] 왜도의 분포 모양

2) 첨도

첨도는 변인의 분포가 정규분포곡선의 위와 아래쪽으로 치우친 정도를 나타내는 곡선이다. 왜도와 마찬가지로 첨도의 값이 0인 경우(중첨도), +인 경우(고첨도), −인 경우(저첨도)로 나타낼 수 있다. 첨도가 0인 경우는 정규분포곡선이다([그림 4−2], k=0). 첨도 값이 +인 경우는 변인의 분포가 정규분포곡선보다 위쪽으로 뾰족하게 발달하는 경우([그림 4−2], k>0)이다. 반대로 −값을 가지는 경우는 변인의 분포가 정규분포곡선보다 아래쪽으로 치우치게 되고 곡선 모양이 양쪽으로 넓게 퍼지게 된다([그림 4−2], k<0).

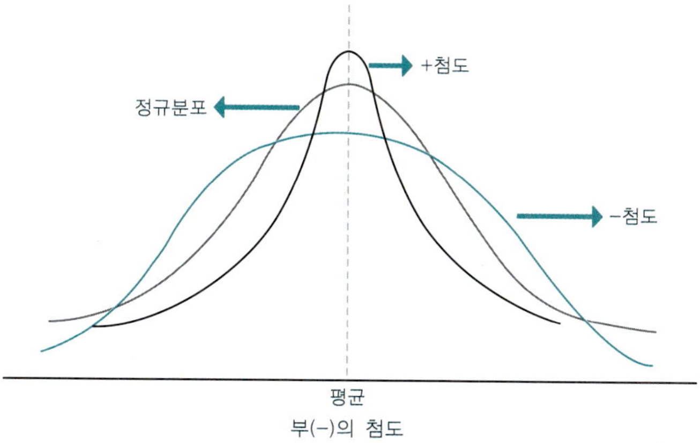

[그림 4-2] 첨도의 분포 모양

3. 빈도분포표

빈도(frequency)란 어떠한 사건 또는 현상에 대한 측정의 결과로, 측정점수의 출현 횟수를 말한다. 그러나 빈도 자체만으로는 별 의미가 없으며, 의미를 가지려면 일정 범주에 빈도를 속하게 만들어야 한다. 그러므로 범주에 빈도를 정리하여 제시하게 되는데, 이것을 '빈도분포'라고 한다.

빈도분포(frequency distribution)란 "각각의 출현 점수가 몇 번 출현했는가?" 하는 횟수의 결과에 대한 분포 정도를 말한다. 이러한 빈도분포를 표로 나타내면, '빈도분포표'이다.

일반적으로 빈도분포표를 만들 때는 표 위에 표 번호와 제목을 넣는다(〈표 4-1〉참고). 변인 값은 위에서 아래로 기입하게 되는데, 일반적으로 빈도가 높은 순에서 낮은 순으로 기입하게 된다. 이것은 임의적 배열이고 컴퓨터 프로그램은 낮은 순에서 높은 순으로 나타낸다. 빈도분포표에는 빈도뿐만 아니라, 상대빈도를 나타내는 비율($p = \frac{f}{N}$)과 백분율($\% = \frac{f}{N} \times 100$)이 포함되기도 한다.

1) 단순빈도분포표

단순형태의 빈도분포표는, '첫째, 범주별로 계급 만들기, 둘째, 범주별로 빈도수 구하기, 셋째, 계급에 해당되는 빈도를 행과 열에 배열'하는 순서로 만들어진다.

단순빈도분포표(simple frequency distribution)는 변인에 대한 측정의 수준, 즉 명목변인과 서열변인인 경우에는 다른 형태의 표로 작성된다. 이를 범주형 자료의 빈도분포표라고도 표현한다. 예를 들어, □□대학교 사회복지학부 복학생 20명을 대상으로 '귀하의 연령은?'이라는 설문에 대한 결과가 28, 29, 28, 27, 24, 29, 26, 24, 29, 28, 27, 28, 30, 29, 28, 26, 29, 27, 28, 28라면 가장 높은 연령은 30이고 가장 낮은 연령은 24가 된다. 첫째, 범주별로 계급(X값)을 만들면 30, 29, 28, 27, 26, 25, 24가 될 것이다. 둘째, 범주별로 빈도수를 구하면 30(1), 29(5), 28(7), 27(3), 26(2), 25(0), 24(2)가 된다. 셋째, 계급에 해당되는 빈도를 행과 열로 배열하면 〈표 4-1〉과 같다.

〈표 4-1〉 계급에 해당되는 빈도를 행과 열로 배열(복학생 연령과 빈도)

값(X)	30	29	28	27	26	25	24
빈도(f)	1	5	7	3	2	0	2

(1) 명목변인의 경우

명목변인인 경우 단순빈도분포표에서 설명하였듯이, 먼저 범주를 나열하는데, 범주 사이에는 특별한 순서 없이 나열한다. 그리고 나열된 범주에 해당되는 빈도수를 채운다. 명목변인인 경우 백분율을 함께 표기하지만, 누적빈도 또는 누적백분율을 구할 필요는 없다. 예를 들어, ㅁㅁ시에서 근무하는 사회복지사 1,000명을 대상으로 성별에 따른 종교를 조사연구하기 위해 명목변인을 활용하여 '귀하의 종교는? ① 불교, ② 개신교, ③ 가톨릭, ④ 기타, ⑤ 종교 없음'이라는 설문결과로 만든 빈도분포표(남녀 간에 총 빈도가 다른 경우)는 〈표 4-2〉와 같다.

〈표 4-2〉 사회복지사의 성별에 따른 종교의 분포

종교	남자		여자	
	빈도(f)	백분율(%)	빈도(f)	백분율(%)
불 교	80	20	120	20
개 신 교	60	15	120	20
가 톨 릭	40	10	80	13.3
기 타	20	5	30	5
종교 없음	200	50	250	41.7
계	400	100	600	100

명목변인인 경우, 빈도분포표에서 점수의 합(계)이 필요한 경우들이 생기게 된다. 빈도의 합은 시그마(Σ)로 표시되며 〈표 4-2〉에서 남자 빈도의 합(Σ)인 400은 80+60+40+20+200이 된다.

(2) 서열변인의 경우

서열변인으로 빈도분포표를 만들 경우, 응답범주는 반드시 '높은 가치에서 낮은 가치' 또는 '낮은 가치에서 높은 가치'순으로 정렬한다. 서열변인 빈도분포표와 명목변인의 빈도분포표의 공통점은 빈도와 백분율, 그리고 합계를 표시하게 되나, 차이점은 서열변인에서는 누적빈도와 누적백분율은 필수적으로 포함시킨다. 예를 들어, □□시에 근무하고 있는 사회복지 분야 종사자와 보건 분야 종사자 440명을 대상으로 직무만족도를 조사하기 위하여 서열변인을 활용하여 '귀하의 직무 만족도는? ① 매우 불만족, ② 불만족, ③ 보통, ④ 만족, ⑤ 매우 만족'이라는 설문결과를 빈도분포표로 만들면 〈표 4－3〉과 같다.

〈표 4－3〉 보건 · 복지 분야 종사자의 직무만족도

만족 정도	복지 분야				보건 분야			
	빈도	누적 빈도	백분율	누적 백분율	빈도	누적 빈도	백분율	누적 백분율
매우 불만족	40	40	16.7	16.7	22	22	11.0	11.0
불만족	73	113	30.4	47.1	72	94	36.0	47.0
보통	80	193	33.3	80.4	60	154	30.0	77.0
만족	36	229	15.0	95.4	25	179	12.5	89.5
매우 만족	11	240	4.6	100.0	21	200	10.5	100.0
계	240		100.0		200		100.0	

2) 묶음빈도분포

묶음(그룹)빈도(grouped frequency)는 등간변인과 비율변인이 해당되며, 응답범주는 서열변인으로 빈도분포표와 같이 반드시 '높은 가치에서 낮은 가치' 또는 '낮은 가치에서 높은 가치'순으로 정렬되어야 한다. 묶음빈도는 서열변인인 단순빈도분포와 다르게 누적빈도, 누적백분율을 포함할 필요가 없다. 또는 연속형 자료의 빈도분포라고도 한다.

이러한 형태의 빈도분포표를 만드는 과정은, '첫째, 자료의 개수 세기, 둘째,

최댓값과 최솟값을 구하고 범위 정하기, 셋째, 급간(계급)의 수와 폭 정하기, 넷째, 급간의 경계값(정확한계)과 중심값을 구하고 급간에 속한 빈도 구하기, 다섯째, 행과 열에 맞추어 빈도를 배열'함으로써 완성된다고 할 수 있다.

예를 들어, ○○대학교 사회복지학부의 사회복지개론 수강생 45명에 대한 중간시험 점수를 묶음빈도분포표로 만들면 〈표 4-4〉와 같다. 묶음빈도분포표를 만드는 과정은, '첫째, 자료의 개수 세기(45개), 둘째, 최댓값(99)과 최솟값(60)을 구하고 범위 정하기(99-60+1=40), 셋째, 급간(계급)의 수(8개)와 폭 정하기(5), 넷째, 급간의 경계값(정확한계)(94.5~99.5)과 중심값(97)을 구하고 급간에 속한 빈도 구하기(2), 다섯째, 행과 열에 맞추어 빈도를 배열'함으로써 완성한다.

〈표 4-4〉 사회복지개론에 대한 묶음(그룹)도수분포표

개론점수(계급구간)	정확한 한계	중간점	빈도	비율
95 ~ 99	94.5 ~ 99.5	97	2	4.4
90 ~ 94	89.5 ~ 94.5	92	3	6.6
85 ~ 89	84.5 ~ 89.5	87	4	8.8
80 ~ 84	79.5 ~ 84.5	82	4	8.8
75 ~ 79	74.5 ~ 79.5	77	7	15.5
70 ~ 74	69.5 ~ 74.5	72	10	22.2
65 ~ 69	64.5 ~ 69.5	67	9	20.0
60 ~ 64	59.5 ~ 64.5	62	6	13.3

묶음빈도표를 구성하는 요소인 범위, 급간, 정확한계, 비, 비율과 백분율을 좀 더 구체적으로 설명하면 다음과 같다.

(1) 범위

범위(range)를 정하는 것은 통계의 시발점이라고 할 수 있으며, 최고점-최저점+1의 값이 된다. 조사연구자는 범위를 근거로 하여 급간과 중간점을 정한다. 범위는 몇 개의 관찰치를 하나의 범주로 묶어 놓은 것을 의미한다. 범위 안에 범주의 수가 4개 이하이거나 20개 이상 되지 않는 것이 바람직하다.

(2) 급간(계급구간)

급간(interval)이란 묶은 자료에서 범주를 여러 개로 나눌 경우, 자료의 최댓값에서 자료의 최솟값을 뺀 후, 계급의 수로 나누는 것을 의미한다. 즉, 범주 안에서 제일 높은 점수와 낮은 점수 사이를 의미한다.

각각 급간은 동일하여야 하며, 급간의 크기는 급간의 수를 고려하여 결정하고, 각 급간의 크기는 동일하며, 급간의 점수끼리 중복이 되지 않게 한다.

$$\text{급간} = \frac{\text{자료의 최댓값} - \text{자료의 최솟값}}{\text{계급의 수}}$$

(3) 정확한계

정확한계(real limits)는 측정치를 오차범위로 표시하는 것이다. 학생들의 점수가 〈표 4-4〉의 94, 95와 같이 정수로 되어 있지만, 실제 점수가 94.4, 94.6인지 정확히 알 수 없으므로, 이 경우 계급의 소속을 알기 위해서 정확한계(정확 하한계와 정확 상한계)를 알아야 한다. 예를 들어, 사회복지개론에서 94점을 획득한 학생의 진점수(treu score)가 94점이란 보장이 없다. 측정도구의 문제나, 시험을 응시할 때 개인의 사정의 변화에 따른 영향이 있을 수 있기 때문이다. 그렇기 때문에 94점을 획득한 학생의 진점수는 94.5에서 95.5 사이에 존재할것이라고 가정할 수 있다. 94와 95의 정확한계는 94.5가 된다. 그러나 94.5는 95의 정확 하한계가 되는 동시에 94의 정확 상한계가 된다.

(4) 비, 비율과 백분율

빈도분포표를 활용하여 점수의 분포를 표현할 때 빈도 이외에도 비율과 백분율을 활용하여 표시할 수 있다. 비율의 개념을 설명하기 전에 비에 대한 개념의 이해가 선행되어야 한다. 비란 A:B 또는 f:N 형태로 표시하며, "A가 B의 몇 배인가?"를 'A의 B에 대한 비'라고 칭하고 'A 대 B'라고 읽는다.

비율(ratio)은 한 점수(f)가 전체 점수(N)에서 차지하는 양의 측정치이다. 비율은 분수가 아닌 소수로 나타내는 것이 일반적이다. 정리하면 비율은 전체 수(N)와 빈도(f)의 관계로 상대빈도라고 한다. 백분율(percentile)은 상대빈도를 절대빈도로 전환시켜 표시한 것이다. 즉, 비율×100을 하게 되면 비율이 백분율로 변한다.

비율: $P = \frac{f}{N}$

백분율: $\% = P \times 100 = \frac{f}{N} \times 100$

P: 비율
%: 백분율
f: 카테고리의 빈도
N: 총빈도

〈표 4-2〉에서 제시된 사회복지사의 성별에 따른 종교의 분포를 백분율과 비율로 표시하면 아래의 〈표 4-5〉와 같다.

〈표 4-5〉 사회복지사의 성별에 따른 종교의 백분율과 비율

종교	남자			여자		
	빈도(f)	백분율(%)	비율(P)	빈도(f)	백분율(%)	비율(P)
불　교	80	20	0.20	120	20	0.20
개 신 교	60	15	0.15	120	20	0.20
가 톨 릭	40	10	0.10	80	13.3	0.13
기　타	20	5	0.05	30	5	0.05
종교 없음	200	50	0.50	250	41.7	0.41
계	400	100	1	600	100	1

4. 빈도분포도

빈도분포를 도표 또는 그래프로 표시하는 것이 빈도분포도이다. 변인의 측정과 척도 수준에 따라 도표의 유형-막대그래프, 히스토그램, 원형그래프 등을 활용한다. 원형(원그래프)을 제외하고는 수평축 X좌표, 수직축 Y좌표로 구성되고, 빈도의 증감 정도에 따라 높낮이가 Y좌표에 표시된다. 이러한 그래프는 명확한 설명

력과 흥미유발뿐만 아니라 의미의 전달이 말보다 명확하여 이해하기가 쉽다는 장점이 있다.

자료를 그래프로 표현할 때 유의사항은, 첫째, 적합한 제목을 붙인다. 둘째, 자료의 출처, 표본의 크기 등에 대한 정확한 정보를 제공한다. 셋째, 변수의 측정단위를 표시한다.

1) 명목변인 또는 서열변인의 경우

관찰치가 명목 또는 서열인 경우에는 막대그래프(bar graphs)와 원형그래프(pie chart)가 많이 사용된다.

첫째, 막대그래프는 가로축과 세로축에 막대모양을 그려 빈도를 나타낸다([그림 4－3]). 세로축은 빈도, 가로축은 점수를 표시하는 것이 일반적이다. 동일한 폭의 막대는 범주값의 양적인 차이를 반영하고, 각 막대의 높이는 범주값의 빈도를 나타낸다. 명목 또는 서열의 비연속 자료를 표시하기 때문에 막대와 막대 사이에 일정한 공간을 둔다. 각 계급에 속한 빈도 또는 비율을 한눈에 파악할 수 있다는 장점이 있다. 막대그래프 대신에 선그래프를 사용하는 경우도 종종 있다. 선그래프는 Y축을 따라서 범주값을 나타내고 X축에 평행하게 그려지는 선은 빈도를 나타낸다. 예를 들어, ㅁㅁ초등학교 학생들의 주요 애완동물의 선호도 조사를 하기 위하여 '귀하는 어느 동물을 애완동물로 선호하십니까? ① 토끼, ② 햄스터, ③ 개, ④ 고양이'라는 설문 결과를 막대그래프로 표현하면 [그림 4－3]과 같다.

둘째, 원그래프(파이차트)는 원을 분할하여 빈도의 상대적 크기에 따라 원의 면적을 차지한다. 원그래프는 원을 전체 범주값으로 표현되고 원 안의 점유 정도가 비율 또는 퍼센트에 해당된다. 원그래프는 시각적으로 빠르게 판단할 수 있다는 장점이 있으나 범주가 너무 많으면 매우 복잡하게 느껴지는 단점이 있다. 예를 들어, ㅁㅁ대학교 사회복지학부 학생들의 취업 선호지역 조사를 위하여 '귀하는 어느 지역의 복지기관에 취업을 원하십니까? ① 서울, ② 부산, ③ 대구, ④ 인천, ⑤ 광주, ⑥ 전남, ⑦ 울산, ⑧ 대전'의 결과를 파이차트(원형그래프)로 표시하면 [그림 4－3]과 같다.

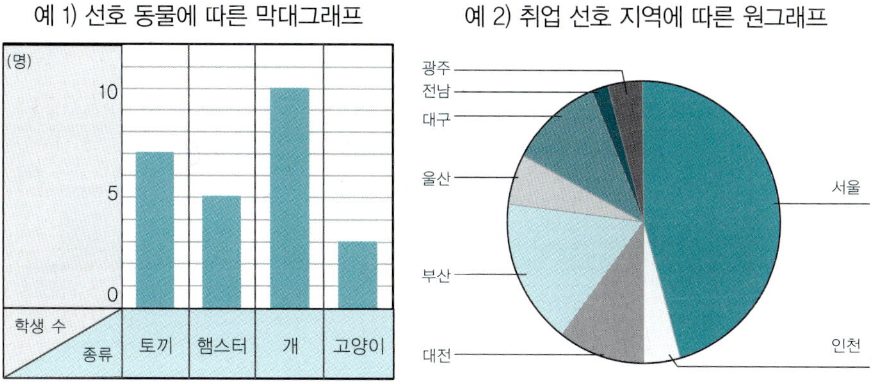

[그림 4-3] 막대그래프와 원그래프의 예

2) 등간변인 또는 비율변인의 경우

관찰치가 등간변인 또는 비율변인인 경우에는 히스토그램(histogram)이나 꺾은 선그래프(time series plot)가 주로 사용된다.

첫째, 히스토그램은 가로축과 세로축이 만나는 중앙점을 이용하여 빈도를 나타낸다. 일반적으로 세로축에는 빈도를 표시하고, 가로축에는 점수를 나타낸다. 그리고 그래프의 폭은 점수의 정확한계(급간)를 의미한다. 막대 밑변에는 계급 또는 구간을 표시한다. 그래프의 면적은 대응하는 빈도의 점수를 나타내며, 그래프의 전 면적을 1로 하면 점수척도 위에 있는 면적은 그 점수의 상대빈도와 같다. 동일하지 않은 범주값과 집단빈도를 사용할 때는 범주에 따라 막대의 넓이가 달라지고, 빈도를 표시하는 높이가 달라진다. 히스토그램의 예를 들면, 어느 중소기업의 직원 8명에게 '귀하의 가구 월 소득은 얼마입니까? (　　)만 원'이라는 설문 결과를 [그림 4-4]와 같이 표시할 수 있다.

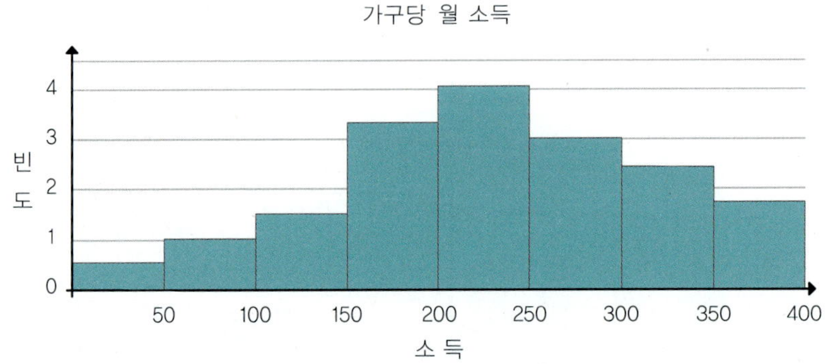

[그림 4-4] 가구당 월 소득 히스토그램

둘째, 꺾은선(시계열)그래프는 급간의 중간점을 선으로 연결하여 빈도를 표시하는 방법이다. 급간의 중간점은 정확 상한계와 정확 하한계 점수의 평균이 된다. 즉, 히스토그램의 중간점을 연결하여 꺾은선그래프로 표현이 가능하다.

꺾은선그래프는 한 도표 안에 두 개 이상의 선으로 표시하여 비교할 수 있다. 변량의 변화에 따른 빈도의 변화과정을 쉽게 확인할 수 있다. 꺾은선그래프에서 점은 점수 바로 위에 위치하고 점의 높이가 빈도를 나타낸다. 예를 들어, ○○중소기업 직원 중 맞벌이를 하는 직원 8명을 대상으로 '귀하 가구에의 월 소득은 얼마입니까? 남편 (　　)만 원, 부인 (　　)만 원'이라는 설문 결과를 나타낸 꺾은선그래프는 [그림 4-5]와 같이 표시할 수 있다.

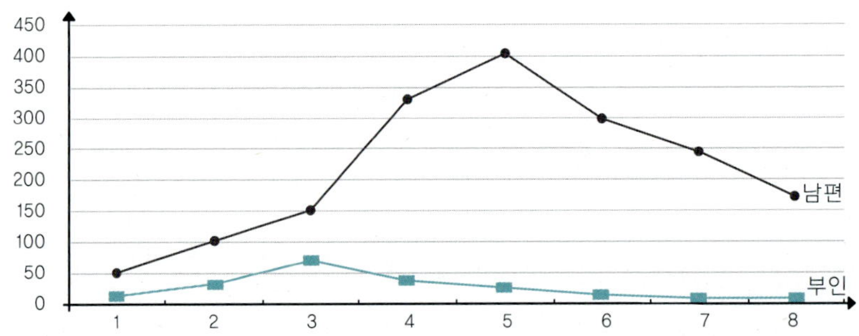

[그림 4-5] 남편과 부인의 월 소득 꺾은선그래프(색깔은 남녀구분)

제2절 집중경향치

1. 집중경향치의 개념

기술통계에서는 변인들의 분포를 파악 및 요약한 후 기술하는 형태를 취한다. 그런데 변인 값의 범위가 넓고 다양한 경우가 많아 간단명료하게 기술하기가 쉽지 않다. 이러한 문제를 해결하기 위하여 다양한 변인 값의 분포를 간단하고 대표적인 경향으로 표현할 수 있게 고안된 것이 집중경향(central tendency)이다. 집중경향을 구하는 일차적인 목적은 전체 집단에서 집단을 가장 대표할 수 있는 하나의 점수(값)를 찾아내는 것이고, 이차적인 목적은 점수분포가 갖는 특성을 기술하기 위함이다.

집중경향치(값)(measure of central tendency)는 관찰된 집단의 모든 변인 값(점수)을 대표하는 수치로, 집단의 전체적인 특성을 파악할 수 있게 한다. 즉, 관찰된 변인 값(점수)들이 어떠한 값을 중심으로 몰려 있는지를 파악할 때 사용한다. 다시 말해, 집중경향치는 모집단에서 추출한 표본집단의 통계량이 어떠한 형태로 집중되어 있는지를 나타낸다. 집중경향치의 유형에는 평균치, 중앙치, 최빈치가 있다. 집중경향치 유형의 개괄적인 차이는 아래 〈표 4-6〉과 같다.

〈표 4-6〉 평균치, 중앙치, 최빈치의 비교

구분	평균치	중앙치	최빈치
의미	$\overline{X} = \frac{\sum X}{N}$	중앙에 위치한 값	가장 빈도가 높은 값
차이	관측치의 합을 사례 수로 나눈 값	실제 존재하는 표본·모집단의 관측치	

요약하면, 집중경향치를 통하여, 첫째, 주어진 자료를 요약·기술할 수 있으며, 둘째, 여러 집단의 특성에 대한 비교가 가능할 뿐만 아니라, 셋째, 집단 내의 특정 값의 위치와 특성의 파악·예측을 가능하게 해 준다.

2. 평균치(값)

평균치(값)(mean)는 특정 집단의 특성을 나타내는 대표적인 집중경향치(대표치)로, 일상생활에서 유용하게 활용된다. 평균치는 일반적으로 산술평균(arithmetic mean, M)을 의미하며, 관찰된 모든 값(점수)의 합을 관찰된 사례 수로 나눈 값이다.

평균치의 개념에 대하여 이해를 쉽게 하기 위하여 평균을 범위와 편차와 연관시켜 정의 내리면 어린이 놀이터 시소의 무게중심과 같다. 예를 들어, 시니어클럽에 참여하는 노인 5명의 임금배당이 각각 30만 원, 50만 원, 70만 원, 90만 원, 140만 원이라면 평균은 $\frac{380}{5}=76$만 원이 될 것이다. 이때 평균치 76만 원에서 개별노인의 배당금을 평균편차를 계산하면 $76-30=46$, $76-50=26$, $76-70=6$, $76-90=-14$, $76-140=-64$만 원이 되고 평균편차로 다 모두 하면 0이 되므로 76만 원은 30−140만 원 범위의 무게중심이라고 할 수 있다. 또 다른 예로, 사회복지협동조합에서 10명의 회원, 총수입(월) 2,000만 원이라 할 때, 이것을 공동분배로 시도하면 $\frac{2,000}{10}=200$ 만 원이 될 것이다. 이런 측면에서 평균치는 개별회원이 똑같이 가져갈 수 있는 지분이 된다.

통계에서 산술평균치는 모집단의 평균치와 표본의 평균치로 나누어 생각해 볼 필요가 있다. 모집단의 평균치는 모집단을 구성하는 모든 개별사례를 합한 후, 사례 수로 나눈 결과값이다. 모집단평균치(population mean)는 뮤(μ)로 표시되며 공식은 아래와 같다.

$$\mu=\frac{1}{N}(X_1+X_2+X_3+\cdots+X_n)=\frac{1}{N}\sum_{i=1}^{n}X_i$$

다른 한편으로 표본의 특성을 나타내는 대표값으로 표본평균치를 사용하는데, 모집단의 평균치와 같이 표집을 구성하는 개별사례를 모두 합한 후, 사례 수로 나눈다. 표본평균치(sample mean)는 엑스바($\overline{X}$)로 표시되며 공식은 아래와 같다.

$$\overline{X}=\frac{1}{n}(X_1+X_2+\cdots+X_n)=\frac{1}{n}\sum_{i=1}^{n}X_i$$

예를 들어, 400명이 수강하는 사회복지자료분석론 수업에서 15점 만점의 퀴즈 시험을 치른 후 5명의 학생을 무작위추출로 표집 하여 점수를 확인한 결과, 3점, 5점, 7점, 9점, 14점이었다. 이에 대한 표본평균치(값)를 구하면, $\overline{X}=\frac{1}{5}(3+5+7+9+14)=7.6$ 점이 된다.

이것을 그림으로 표현하면 아래 [그림 4-6]과 같다.

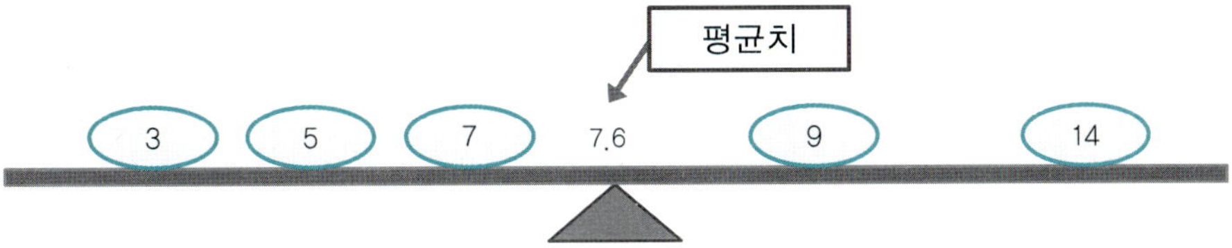

[그림 4-6] 그림으로 표현한 평균치(값)

집중경향치(값)로 가장 많이 사용하는 평균(값)은 양적 자료의 분포가 좌우대칭일 경우에 사용된다. 평균치는 모든 경우의 관찰값을, 특히 극단치에 있는 값들일 잘 반영된다는 점에서 한 집단의 중심점을 잘 나타낸다고 할 수 있으나 몇몇 극단적인 점수가 포함된 집단의 집중경향치의 평균치는 극단점수에 많은 영향을 받기 때문에 사용이 부적합하다. 또한 평균치는 등간변인 또는 비율변인을 측정했을 때 활용이 가능하고, 명목변인과 서열변인을 측정했을 때는 활용이 불가능하다.

평균치의 특징을 요약하면, 첫째, 평균치는 자료의 중심, 가운데, 중심위치라는 의미를 가진다. 둘째, 수치로 구성된 자료는 계산이 가능하며 모든 개별값이 전부 반영된다. 셋째, 극단적인 값에 영향을 받으며 오직 하나의 값으로 표현된다.

3. 최빈치

최빈치(값)(mode, Mo)는 어느 집단에서 관찰값의 빈도가 가장 많은 것을 의미한다. 예를 들어, 일상생활에서 어떠한 모양의 가방이 유행한다면, 사람들이 가장 많이 들고 다니는 모양의 가방을 뜻하며, 이것을 통계용어로 '최빈치'라고 한다.

최빈치도 모집단과 표본으로 나누어 생각할 수 있다. 최빈치는 주로 질적 자료의 경우에 사용하며, 관찰값을 대충 눈으로 빠르게 알고 싶을 때 사용한다. 최빈치는 가장 많이 관찰되는 값이기 때문에 2개 이상일 수도 있다. 즉, 최빈치가 1개인 경우, 두 개 이상인 경우, 또는 전혀 없는 경우를 생각할 수 있다. 최빈치가 1개인 경우에는 집단의 특성이 명확히 드러나며, 2개인 경우에는 복합적인 특성을 나타낸다고 볼 수 있다. 최빈치가 없는 경우에는 집단을 구성하는 개개의 관찰값이 동일하다는 의미다. 일정한 범위를 가진 급간으로 구성되어 있을 경우, 그 중앙값(치)을 최빈치로 간주한다. 예를 들어, 400명이 수강하는 사회복지자료분석론 수업에서 15점 만점의 퀴즈시험을 치른 후 7명의 학생을 무작위추출로 표집 하여 점수를 확인한 결과, 3점, 5점, 5점, 5점, 7점, 9점, 14점이었다. 이에 대한 최빈치(값)를 구하면 5점의 학생이 3명으로 빈도가 가장 많이 차지함으로써 최빈치(값)는 5점이 되며, 그림으로 표현하면 [그림 4−7]과 같다.

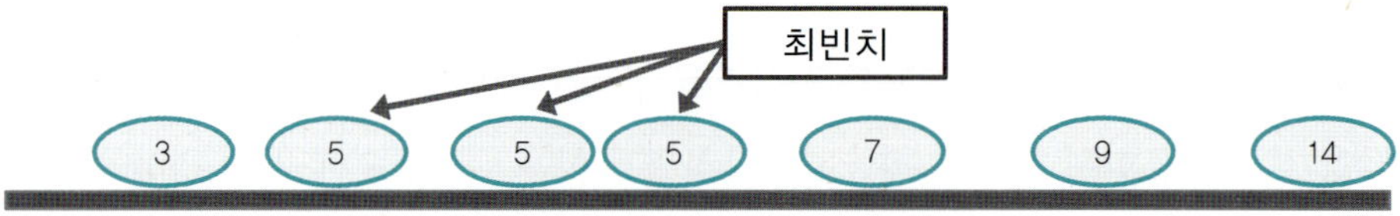

[그림 4–7] 그림으로 표현한 최빈치(값)

묶음자료에서 최빈치는 가장 높은 빈도에 해당되는 급간의 중간점수를 활용하게 된다. 즉, 분포값을 히스토그램으로 표현했을 때 최곳값을 최빈치로 이해하면 된다. 예를 들어, 학생들의 중간고사 성적에 대한 A반, B반, C반의 최빈치는 다음 〈표 4−7〉과 같다. 자료분석론 중간고사의 A반의 최빈치는 85점으로 하나이다. 그러나 B반의 경우에는 최빈치가 75점과 95점, 두 개로 쌍봉분포를 이루고, C반의 경우에는 최빈치가 65점, 75점, 95점 3개로, 다봉분포를 형성하고 있다.

〈표 4-7〉 사회복지자료분석론 중간고사 점수의 최빈치

점수	중간점	A반	B반	C반
91~100	95	8	10	10
81~90	85	15	9	8
71~80	75	7	10	10
61~70	65	10	9	10
50~60	55	0	2	2

최빈치의 특징을 요약하면, 첫째, 따로 계산할 필요가 없이 쉽게 구할 수 있고 극단값의 영향을 받지 않는다. 둘째, 하나의 수치가 두 번 이상 출현하지 않는다면 존재하지 않을 수도 있다. 셋째, 최빈값은 유일하지 않을 수도 있다. 반면 최빈값은 가장 많은 빈도를 갖는 값이므로 가장 많은 빈도에 포함되지 않는 사례들을 고려하지 않는다는 단점을 가지고 있다.

4. 중앙치

중앙치(값)(median, Mdn)는 한 집단의 관찰값을 작은 값에서 큰 값으로 순서대로 배열하고, 중앙(50%)에 위치한 값을 말한다. 중앙치는 주로 양적 자료 중 척도가 등간 또는 비율에 사용하며, 분포가 심하게 편포되어 있거나 극단의 점수가 존재할 때 사용한다. 중앙치는 평균을 대표치로 인정하기 어려운 경우에 종종 평균을 대체해서 사용된다. 중앙치는 관찰된 사례의 수가 짝수인지 홀수인지에 따라 구하는 방법의 차이가 난다.

첫째, 사례 수가 홀수인 경우, 중앙치 $= n + \frac{1}{2}$이 된다. 예를 들어, 400명이 수강하는 사회복지자료분석론 수업에서 15점 만점의 퀴즈시험을 치른 후 5명의 학생을 무작위추출로 표집 한 점수인 3점, 5점, 7점, 9점, 14점에 대한 표본중앙치(값)를 구하면 7점이 된다. 이것을 그림으로 표현하면 아래의 [그림 4－8]과 같다.

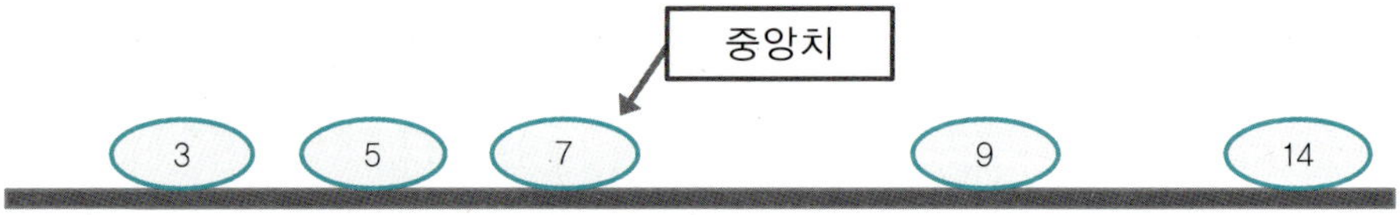

[그림 4-8] 홀수 사례에서 중앙치(값)

또 다른 예를 들면, 사회복지자료분석론 중간시험에서 5명의 학생들의 점수가 30점, 50점, 70점, 80점, 90점이라면 중앙치(값)는 70점이 된다.

둘째, 사례 수가 짝수인 경우, 중앙치=$\frac{n}{2}$과 $\frac{n+1}{2}$번째 사례의 관찰치가 평균이 된다. 예를 들어, 400명이 수강하는 사회복지자료분석론 수업에서 15점 만점의 퀴즈 시험을 치른 후 6명의 학생을 무작위추출로 표집 한 점수인 3점, 5점, 7점, 9점, 14점, 15점에 대한 표본중앙치(값)를 구하면 $\frac{(7+9)}{2}$=8점이 된다. 이것을 그림으로 표현하면 다음의 [그림 4-9]와 같다.

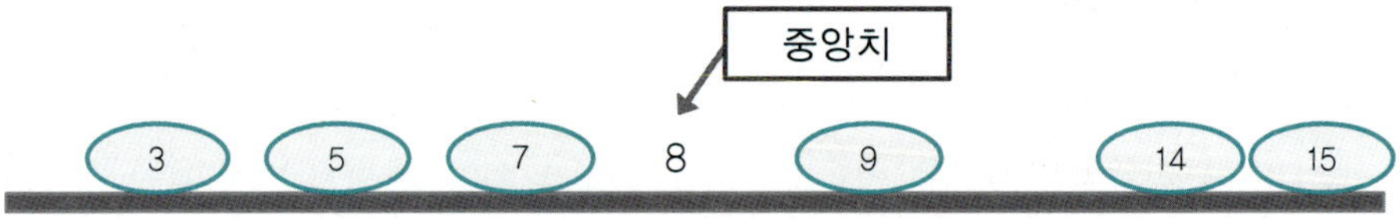

[그림 4-9] 짝수 사례에서 중앙치(값)

또 다른 예를 들면, 사회복지자료분석론 중간시험에서 6명의 학생들의 점수가 30점, 50점, 60점, 70점, 80점, 90점이라면 중앙이 두 점수인 60점과 70점을 더하면 130점이 되고, 이것을 다시 2로 나누면, 중앙치는 65점이 된다.

셋째, 관찰치 중 분포 중앙에 동일한 값을 가진 빈도가 여러 개일 때, 중앙치에 해당되는 정밀한 중앙치를 제시하기 위해서는 보간 과정을 활용할 수 있다. 즉, 누적빈도와 누적백분율을 활용하여 누적백분율의 50%에 해당되는 값을 중앙치로 인정한다. 예를 들어, 400명이 수강하는 사회복지자료분석론 수업에서 15점 만점의 퀴즈시험을 치른 후, 10명의 학생을 무작위추출로 표집 한 점수가 1점, 2점, 2점, 3점, 4점, 4점, 4점, 4점, 4점, 5점으로, 이와 같이 중앙치가 여러 개일 경우에는 다음의 〈표 4－8〉과 같이 계산한다.

〈표 4-8〉 중앙치 계산

점수(X)	빈도(f)	누적(가)빈도(cf)	백분율(%)
5점	1	1＋9＝10	10＋90＝100%
4점	5	5＋4＝9	50＋40＝90%
3점	1	1＋3＝4	10＋30＝40%
2점	2	2＋1＝3	20＋10＝30%
1점	1	1	10%

여기서 중앙값은 누적백분률이 50%인 점수가 될 것이다. 그러나 누적백분율 50%는 40~90% 사이의 어느 지점에 위치하고 있다. 누적백분률 40%(X)＝2.5(정확 하한계)~3.5(정확 상한계), 90%는 3.5~4.5에 걸쳐 있다. 즉, 누적백분률 50%는 위쪽으로부터 $\frac{4}{5}$(0.80)에 위치하고 있다. 그러므로 중앙값(X)＝4.5－0.80＝3.70이 된다.

5. 평균치, 중앙치, 최빈치와의 관계

자료의 분포형대는 다양하나 크게 정규분포, 왼꼬리분포, 오른쪽 꼬리분포로 분류할 수 있으며, 분포의 형태에 따라 평균, 중앙치, 최빈치의 위치가 다르다.

[그림 4－10] 꼬리가 왼쪽으로 뻗어 있다고 해서 왼꼬리분포라고 한다. 왼꼬리분포의 경우 왼쪽에서 오른쪽으로 산술평균, 중앙값, 최빈값 순서로 위치하게 된다. (b)의 경우는 꼬리가 오른쪽으로 뻗어 있다고 해서 오른 꼬리분포라고 한다. 오른쪽꼬리분포의 경우에는 왼쪽에서 오른쪽으로 최빈값, 중앙값, 산술평균 순서로 놓여있다.

집중경향치(값)를 파악하기 위하여 평균(값)을 많이 활용하지만 어떠한 이유에서 평균치가 왜곡되었을 경우에는 조사연구자의 의도에 따라 중앙치(값)나 최빈치(값)를 사용하기도 한다.

첫째, 평균치보다 최빈치를 사용하는 경우는 다음과 같다. 일상생활에서 흔히 일어나는 현상 또는 빈도가 쌍봉분포를 형성할 경우에는 평균보다는 최빈치가 계산하기 쉽다는 측면과 네 가지의 어떠한 척도(명목, 서열, 등간, 비율)를 사용할지라도 적용이 가능하다는 측면에서 사용에 편리하다. 이렇게 최빈치는 집중경향뿐만 아니라 분포의 모양을 암시한다는 장점이 있다.

둘째, 평균치보다 중앙치를 사용하는 경우는 다음과 같다. 중앙치는 편포된 분포의 집중경향치를 나타낼 때 평균치의 사용보다 유리하다. 즉, 극단적인 점수가 있을 경우, 평균을 사용하면 전체적인 특성을 정확히 반영할 수 없기 때문이다. 또한 빈도가 정확하게 계산되지 않았지만 대략적인 집중경향을 파악할 경우 유리하다. 즉, 몇 개의 점수계산이 불확실하지만 특성을 파악하고자 할 때 활용되기도 한다.

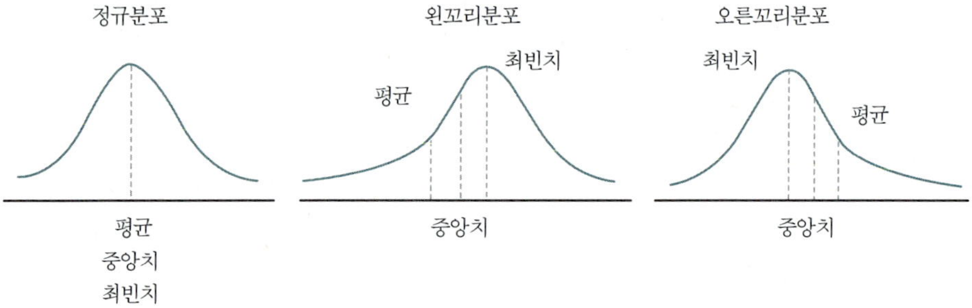

[그림 4-10] 평균치, 중앙치, 최빈치의 관계

제3절 변산도

1. 변산도의 개념

변산도(dispersion)는 집중경향치에서 대표하는 어떠한 값(예, 평균치)을 중심으로 다른 관찰치들의 흩어진 정도를 나타낸다. 다시 말해, 변산도는 일정의 거리 개념을 포함한다. 예를 들어, 어떠한 분포의 평균으로부터 값들이 차이가 작다면 변산도가 낮은(작은) 것이고, 차이가 크다면 변산도가 높은(큰) 것이다. 즉, 변산도는 분포에서 점수가 퍼짐 또는 밀집되어 있는 정도를 계량으로 측정한 정보라고 할 수 있다.

변산도를 측정하는 목적은, 첫째, 점수분포가 어느 정도 분산(변량)을 가졌는지 알기 위함이다. 즉, 점수가 평균으로부터 이탈 정도의 분포를 기술해 주기 위함이다. 둘째, 평균이 얼마나 정확히 분포를 설명하고 있는지를 암시(대표 정도)하며, 개개의 점수가 전체 점수를 얼마나 대표하는지를 나타낸다. 예를 들어, 평균을 중심으로 변산도가 작은 집단은 변산도가 큰 집단보다 동질적인 집단일 가능성이 높다는 것이다. [그림 4-11]에서 A는 B보다 동질성이 강하고, B는 C보다 동질성이 강하다고 할 수 있다.

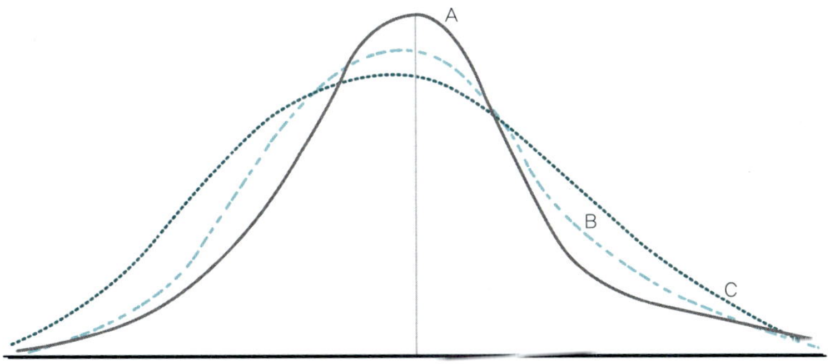

[그림 4-11] 평균은 같지만 변산도가 다른 분포곡선

예를 들어, 400명이 수강하는 사회복지자료분석론 수업에서 15점 만점의 퀴즈 시험을 치른 후 5명의 학생을 무작위추출로 세 번을 표집 하여 점수를 확인한 결과, A그룹=7점, 8점, 9점, 10점, 11점, B그룹=6점, 8점, 9점, 10점, 12점, C그룹=3점, 6점, 9점, 12점, 15점으로 표집 되었다면 평균은 9점으로 동일할 것이다. 그러나 세 개의 표집분포의 변산도(흩어짐)는 차이가 있다. 즉, 세 표집분포의 범위가 A그룹=11~7점, B그룹=12~6점, C그룹=15~3점으로 차이가 있다(〈표 4-9〉).

이와 같이 어떠한 분포의 흩어짐을 '변산도'라고 부르며, 이러한 변산도를 나타내는 지표로 범위, 사분범위, 분산, 표준편차, 변이(동)계수 등이 있다.

〈표 4-9〉 평균은 같지만 변산도가 다른 분포표

점수	3	4	5	6	7	8	9	10	11	12	13	14	15
A그룹					1	1	1	1	1				
B그룹				1		1	1	1		1			
C그룹	1			1			1			1			1

2. 범위

범위(range, R)는 분산도 중 가장 빠르고 쉽게 계산을 할 수 있는 방법이다. 범위는 집단빈도뿐만 아니라 범위 내 급간의 수를 결정하는 데 중요한 정보를 제공하기도 한다. 그러나 이상치(값)의 존재로 쉽게 정보가 왜곡될 수 있다. 이러한 이상치(값)의 영향이 있을 경우, 동일한 두 개 변인의 분포 범위를 비교하는 데는 한계가 있다. 즉, 한 변인은 이상치가 존재하고, 다른 변인은 이상치가 존재하지 않는다면 두 변인의 비교는 바람직하지 못하다는 것이다.

범위의 계산은 자료들이 흩어져 있는 정도를 일정한 수치로 나타내는 것으로, 관찰된 값의 최곳값에서 최젓값을 뺀 후 1을 더한 것이다. 최곳값과 최젓값은 근삿값(한계값)을 포함하지 않은 표현이기 때문에 범위에 +1을 더하게 된다. 정확한 범위는 상위근삿값(상한계)에서 하위근삿값(하한계)을 뺀 것을 말한다.

범위 = 최곳값(max.) − 최젓값(min.) + 1

범위 = 정확 상한계(upper real limit) − 정확 하한계(lower real limit)

범위 = 상위 근삿값(upper approximate value) − 하위 근삿값(lower approximate value)

예를 들어, 400명이 수강하는 사회복지자료분석론 수업에서 15점 만점의 퀴즈 시험을 치르고 5명의 학생을 무작위추출로 표집 하여 점수를 확인한 결과, 2점, 5점, 7점, 8점, 9점일 경우, 범위는 최곳값(9점) − 최젓값(2점) + 1 = 8점이 된다([그림 4-12]).

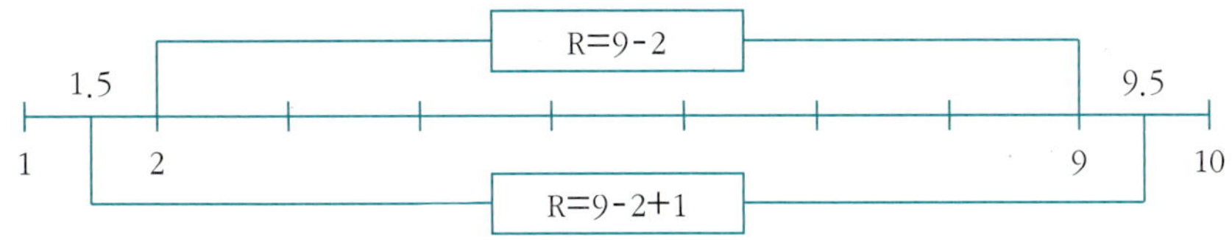

[그림 4-12] 범위

여기서 정확한계를 활용할 경우, 정확 상한계(9.5)−정확 하한계(1.5)=8이 된다. 이와 같이 범위는 최곳값과 최젓값만을 이용한 정보이므로 전체적인 정보를 반영하지 못한다. 단지 범위가 작을수록 자료들이 흩어져 있는 정도가 낮고, 범위가 클수록 그 정도가 높다고 할 수 있다.

묶은 자료에서 범위는 가장 높은 급간의 최곳값에서 가장 낮은 급간의 최젓값 사이의 차이를 의미한다. 예를 들어, 아래의 〈표 4−10〉에서 가장 높은 급간(99~95)의 최곳값인 99에서 가장 낮은 급간(64~60)의 최젓값 60의 사이(99−60+1=40)를 말한다. 묶음 자료의 범위 규정 시 최곳값에서 최젓값을 뺀 후 1을 더하는 것은 최곳값의 범위가 ±0.5와 최젓값 ±0.5이기 때문이다.

〈표 4−10〉 급간, 정확한계, 중간점

개론점수(계급구간)	정확한 한계	중간점	빈도
95 ~ 99	94.5 ~ 99.5	97	2
90 ~ 94	89.5 ~ 94.5	92	3
85 ~ 89	84.5 ~ 89.5	87	4
80 ~ 84	79.5 ~ 84.5	82	4
75 ~ 79	74.5 ~ 79.5	77	7
70 ~ 74	69.5 ~ 74.5	72	10
65 ~ 69	64.5 ~ 69.5	67	9
60 ~ 64	59.5 ~ 64.5	62	6

결과적으로 범위는 최곳값과 최젓값에 의하여 결정되는데, 최곳값 또는 최젓값이 극단적인 값을 가질 경우, 변산도의 왜곡을 초래할 가능성이 크다.

3. 사분위범위

위의 범위에서 언급된 이상치(값)의 문제를 해결하기 위한 방법으로 범위를 정함에 있어 최댓값과 최솟값 대신에 사분위범위를 활용하게 된다. 사분위범위를 언급하기 전에 사분위에 대하여 설명하면 다음과 같다.

사분위(quartile)는 분산도의 분포를 1사분위, 2사분위, 3사분위, 4사분위로 나타내는데, 이들은 각각 Q_1=25%($\frac{1}{4}$, 1사분위), Q_2=50%($\frac{2}{4}$, 2사분위), Q_3=75%($\frac{3}{4}$, 3사분위), Q_4=100%($\frac{4}{4}$, 4사분위)로 표현된다. 집중경향치의 중앙값(50%)이 분포를 2등분하는 기준이라면 사분위범위는 분산도의 분포를 4등분하는 기준이 된다.

사분위편차(quartile deviation)는 분포의 가운데 값(중앙값)으로부터 50% 구간 거리를 측정한 결과이다. 즉, 사분위편차는 관찰된 값의 크기를 순서대로 나열하고 75%값(3사분위)에서 25%값(1사분위) 사이의 차이를 2로 나눈 값을 의미하며, 공식은 $Q=\frac{Q_3-Q_1}{2}$이다. Q로 표기되는 사분위편차는 범위와 백분위보다 변산도를 구체적으로 나타낼 수 있고, 극단적인 점수의 영향을 적게 받는 장점이 있다.

사분위범위(interquartile range: IQR)는 3사분위와 1사분위의 차이를 의미한다. 사분위범위 공식으로는 (Rp) = X75−X25로 표현된다. 예를 들어, 사회복지자료분석론을 수강한 학생 36명의 성적을 1등에서 36등까지 나열하면 전체의 4분의 1에 포함된 학생이 몇 명인지 알 수가 있다. 하위 성적에 해당되는 첫 번째 사분위(25%)에는 9명의 학생이 포함되고 나머지 세 개의 사분위에는 27명의 학생이 포함된다. 상위 성적에 해당되는 사분위(75%)에 포함된 학생은 9명이 된다. 이때 상위 성적(25%)과 하위 성적(25%)을 제거하면 나머지 50%의 학생 18명이 남는다. 이때 가운데 남는 50%가 사분위범위가 되는 것이다.

이상치(값)가 존재할 경우 집중경향치에서 평균보다 중앙치가 안정적이듯이 변산도에서도 이상치가 존재할 경우 사분위범위가 범위보다 안정적이라고 할 수 있다. 왜냐하면 수집된 자료의 값을 배열할 경우, 이상치는 첫 번째 사분위 또는 마지막 사분위에 포함되어 범위에 영향을 주지만, 사분위범위(50%)에는 영향을 주지 못하기 때문이다([그림 4−13]).

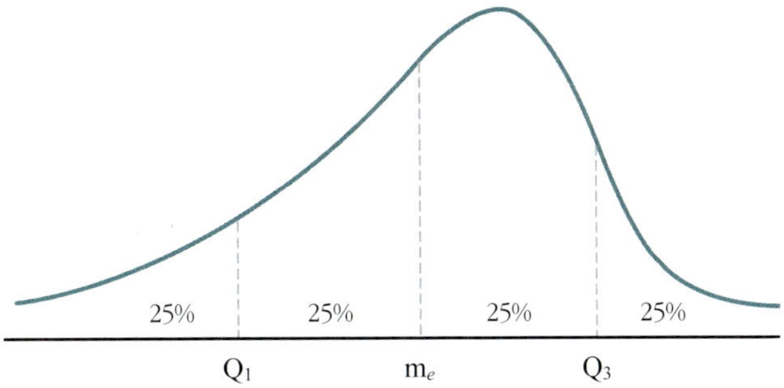

[그림 4-13] 사분위범위

사분위범위(IQR)값이 크면 클수록 변산 정도, 즉 자료가 흩어져 있는 정도가 크다는 것을 의미한다. 그런데 사분위범위를 나타냄에 있어서 분포가 항상 편포가 없는(영편포) 정상분포곡선으로 이루어지지는 않는다. 즉, 사분위범위를 나타내는 분포가 정적편포와 부적편포가 존재할 수 있다([그림 4-14]). 정규분포의 경우 $(Q_2-Q_1)=(Q_3-Q_2)$, 부적편포의 경우 $(Q_2-Q_1)>(Q_3-Q_2)$, 정적편포의 경우 $(Q_2-Q_1)<(Q_3-Q_2)$의 형태를 보인다.

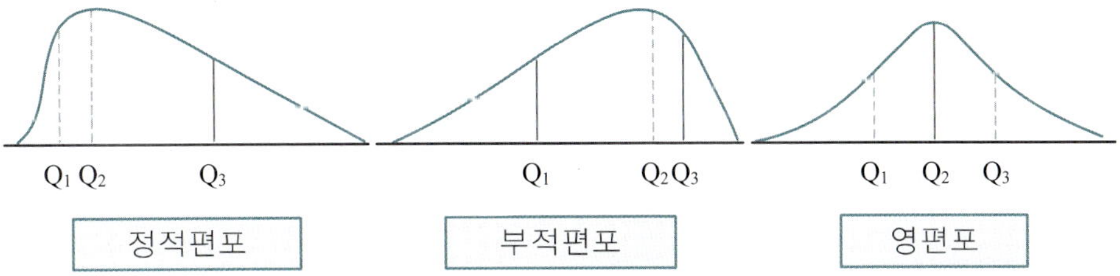

[그림 4-14] 사분위범위값의 비교

사분위편차는 범위과 같이 최고값과 최저값의 영향을 받지 않고 범위 내에 있는 많은 값을 고려하여 분산도를 측정하기에 범위보다는 정밀하다고 할 수 있으나 백분위수의 25백분위수와 75백분위수를 계산해야하는 불편함이 따른다.

4. 백분위와 백분점수

백분위(percentile rank)는 일정 집단의 관찰값들을 크기순으로 배열하고, 배열 집단 전체를 100으로 환산했을 때의 특정 관찰값의 위치를 의미한다. 즉, 관찰값의 크기를 배열했을 때 특정 관찰치를 중심으로 관찰치 아래에 몇 %가 존재하는가를 나타낸다.

빈도분포 활용의 일차적인 목적은 범위 안에 전체값을 기술하는 동시에 원점수인 개별 점수의 위치를 나타내는 데 있다. 이때 원점수 자체만으로는 우리에게 많은 정보를 제공할 수 없고, 다른 점수들과 비교함으로써 많은 정보를 제공한다. 즉, 범위 안에서 원점수의 상대적인 위치를 파악하는 것이 매우 중요하다. 이러한 방법의 한 가지는 원점수를 백분점수(percentiles)로 바꾸는 것이다. 예를 들어, 홍길동의 사회복지자료분석론 중간고사 점수가 85점이라면 다른 학생들에 비하여 상대적으로 얼마나 잘했는지 알 수 없을 것이다. 그러나 홍길동의 점수를 전체 학생의 70%라고 표현한다면 반에서의 위치를 좀 더 정확하게 알 수 있게 해 준다. 이와 같이 백분점수(측정점수의 상대적 등위)는 특정값 또는 특정값 이하의 점수를 지닌 분포에 있는 개별 백분율이라고 할 수 있다.

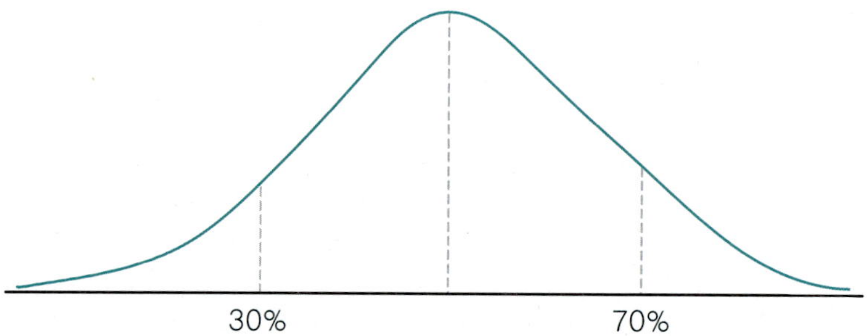

[그림 4-15] 연구의 대상이 되는 자료의 70%가 되는 선

[그림 4-15]와 같이 어떠한 집단에서 관찰치가 70%에 해당한다면 70% 이하는 관찰치 밑에 위치하고 30%는 관찰치 위에 위치하게 된다.

그런데 백분점수를 결정하기 위해서는 특정 위치 또는 특정 위치 이하의 빈도를 알아내는 것이 첫 번째 작업이 된다. 주어진 범위 안에서 급간이 상승함에 따라서 빈도는 누적되어 계산되는데, 이것을 누적(가)빈도라고 한다. 이때 누적빈도를 백분율로 환산하면 누적백분율이 된다.

〈표 4-11〉 백분점수

점수(X)	빈도(f)	백분율(%)	누적(가)빈도(cf)	누적백분율(%)
5	1	10	10	100
4	5	50	9	90
3	1	10	4	40
2	2	20	3	30
1	1	10	1	10

점수의 정확한계에 대하여 인지할 필요가 있는데, 〈표 4-11〉의 예에서 점수 2는 1.5에서 2.5까지가 정확한계이며, 이때 누적백분율은 30%가 된다. 즉, 30%란 특정점수 2에 해당되는 것이 아니라 1.5~2.5 사이의 값에 해당된다는 것이다.

5. 평균편차

편차(deviation)는 관찰치(값)들이 평균값으로부터 떨어진 정도(거리)의 표현방식으로, 동시에 방향을 나타낸다. 예를 들어, A와 B가 사회복지자료분석론 시험에서 90점과 70점을 획득했다고 가정하면, 평균은 80점이고 A의 편차는 80−90=−10점이 되고, B의 편차는 80−70=+10점이 될 것이다. 여기서 편차점수는 + 또는 −부호(방향)와 숫자(거리)에 대한 정보를 동시에 얻을 수 있다. 즉, 부호는 평균으로부터의 방향을 알 수 있게 해 주고, 숫자는 평균으로부터의 실제 거리를 알 수 있게 해 준다. 이때 우리는 이러한 편차를 평균편차라고 한다.

이렇게 각 관찰치에서 평균을 뺀 값을 더하면 평균의 특성상 그 합계는 0이 된다. 따라서 각 관찰값에서 평균을 밴 값에 절대값을 취한 후 이들 값을 더하여 합계를 구한 다음 총빈도로 나누어 평균편차를 구한다.

평균편차(mean deviation: MD)는 관찰값들이 산술평균으로부터 얼마나 떨어졌는가를 나타낸다. 평균편차를 구하는 공식은 다음과 같다.

$$\text{평균편차}(x) = \text{관찰값}(X) - \text{평균}(\overline{X})$$

$$\text{Mean Deviation(MD)} = \frac{\sum |x|}{N}$$

평균편차는 등간 또는 비율변인에 적용이 가능하고, 두 집단의 동질성을 비교하는 데 사용된다. 변산도의 의미를 파악하기 위한 평균편차는 계산과정의 불편함으로 그다지 활용되지 못하고 있다. 평균편차를 계산하기 위하여 관찰값에서 평균값를 빼야 하는데, 그 결과가 양수 또는 음수가 나올 수 있기 때문에 그 결과는 절대치를 활용하게 되어 불편함을 느끼게 된다.

평균편차 계산의 예는 아래의 〈표 4－12〉에서 볼 수 있다. 5명의 학생이 중간고사를 치렀고, 5명 학생의 중간고사 점수의 합은 415점이며, 평균은 83($\frac{415}{5}$)점이다. 평균편차는 개별 학생의 점수에서 5명 평균(83)을 뺀 값들이며, 편차가 클수록 개별 점수가 넓게 분포되어 있다는 것을 의미한다. 다시 말해 이질적인 특성을 가진 집단이라고 할 수 있다.

〈표 4－12〉 사회복지자료분석 중간고사 점수의 평균편차

학생	점수	평균편차(점수－평균)
김 삼 식	98	98－83＝15
이 길 수	65	65－83＝－18
심 동 주	74	74－83＝－9
홍 길 동	88	88－83＝5
강 성 수	90	90－83＝7
총 합	ΣX＝415(M＝83)	Σx＝0

*Σx=0은 평균치가 가진 무게중심점이란 특성 때문임.

변산도는 편차를 이용하여 측정할 수 있으며, 가장 기초적인 방법은 평균편차의 평균을 이용하는 것이다. 그러나 평균편차의 합은 0(영)이기 때문에 직접 사용하지 못하고 변형하여 사용해야 한다. 흔히 사용하는 변형방법 중의 하나가 분산과 표준편차이다. 즉, 평균편차는 계산과 해석이 쉽기는 하나 전문적인 자료를 계산하고 해석하는 데는 한계가 있어서 분산과 표준편차로 변형하여 활용한다.

6. 분산

1) 분산의 개념

평균편차의 합(Σ)이 언제나 0이 되는 것은 평균편차의 +(양)와 −(음)값이 상쇄되기 때문이다. 이러한 문제를 해결하기 위해서는 +(양)와 −(음)의 부호를 없애는 방법이 있는데, 절댓값을 활용하는 것과 제곱을 활용하는 것이다. 그러나 평균편차를 활용하여 분산을 산출하는 일반적인 방법은 제곱을 활용하는 것이다.

분산(variance)은 개별 평균편차를 자승한 후 합하여, 그 값을 사례 수로 나누어 자승합의 평균을 구한 것이다. 즉, 분산은 변인의 개별값이 평균값으로부터 퍼져 있는 정도를 보여 주는 값이다. 모든 관찰값이 같다면 분산은 영(0)이 될 것이다. 관찰값이 평균으로부터 떨어질수록 분산이 커지며 평균으로 모아지면 분산이 작아진다. 분산값이 작아지면 변인의 동질성이 높아지고, 분산값이 크면 변인의 이질성이 높아진다. 분산은 전체값을 100% 또는 1.00으로도 볼 수 있다.

분산값을 구하는 과정은 다음과 같다.

- 1단계: 원점수와 평균값의 차이를 파악한다.
- 2단계: 원점수와 평균값의 차이를 더하면 0이 된다.
  각각의 차이값(편차값)을 자승하여 자승합을 도출한다.
- 3단계: 자승합을 자승합의 사례로 나누어 자승합의 평균을 구한다.
- 4단계: 자승합의 평균값이 분산이다.

분산의 계산을 요약하면 변인의 개별 값에서 평균차를 제곱한 후 사례 수로 나누어 계산한다. 분산은 모집단분산과 표본분산으로 분리하여 생각해 볼 수 있다. 표본분산은 표본의 표준편차를 활용하여 s^2으로 표시한다.

2) 분산의 계산

분산을 계산하는 공식을 유도하는 과정의 예로, ㅁㅁ대학교 사회복지학과(30명)의 과대표 선출 과정의 득표현황을 통하여 알아보면 〈표 4-13〉과 같다.

〈표 4-13〉 득표의 평균편차, 편차점수의 제곱

학생	득표(xi)	평균편차(점수-평균)	편차점수의 제곱
김 삼 식	9	9−6=3	9
이 길 수	4	4−6=−2	4
심 동 주	7	7−6=1	1
홍 길 동	5	5−6=−1	1
강 성 수	5	5−6=−1	1
총 합	ΣX=30(M=6)	Σx=0	Σx=16

- 1단계: 원점수(득표수)와 평균값의 차이(편차)를 파악한다.
  편차는 각 값(원점수)과 평균값 간의 차이를 의미한다. 〈표 4-13〉에서 원점수는 9, 4, 7, 5, 5가 되고 전체의 합은 ΣX=30 그리고 평균(M)=6이 된다. 평균편차는 9−6=3, 4−6=−2, 7−6=1, 5−6=−1, 5−6=−1이다.
- 2단계: 원점수와 평균값의 차이를 더하면 0이 된다. 각각의 차이값(편차값)을 자승하여 자승합을 도출한다.
  편차의 합은 3+(−2)+1+(−1)+(−1)=0이 된다. 그러므로 편차에 제곱을 하면 자승합(3^2=9, -2^2=4, 1^2=1, -1^2=1, -1^2=1)=16이 된다.

- 3단계: 자승합을 자승합의 사례 수로 나누어 자승합의 평균을 구한다.
  편차 자승합(9+4+1+1+1=16)을 자승합 사례 수(5개)로 나누면
  $\frac{16}{5}=3.2$가 된다.

- 4단계: 자승합의 평균값이 분산이다.
  자승합의 평균값인 $\frac{16}{5}=3.2$가 분산이 된다.
  공식 유도를 위한 4개의 단계를 근거로 공식을 제시하면
  모집단분산(σ^2)은
  $\sigma^2=\frac{\sum(X_i-\mu)^2}{N}=\frac{\sum d^2}{N}$, $(\sigma^2)=\frac{9+4+1+1+1}{5}=\frac{16}{5}=3.2$가 된다.
  표본분산(s^2)은
  $s^2=\frac{\sum(X_i-\overline{X})^2}{n-1}=\frac{\sum d^2}{n-1}$, $(s^2)=\frac{9+4+1+1+1}{5-1}=\frac{16}{4}=4$가 된다.

공식에서 보면, 분산이 모(집단)분산과 표본분산으로 나누어 계산되었고, 표본분산은 모분산에서 사용하는 분모 N을 n−1로 변형하여 사용한다. 이것은 표본값의 n−1개의 점수만이 선택으로부터 자유롭기 때문이다. 또한 표본의 변산도가 벗어남을 수정하기 위하여 조정하기 위함이다. 즉, 표본분산이 모분산의 추정을 정확하게 하기 위함이다. 학생들의 이해를 돕기 위하여 〈표 4−13〉 각 득표자의 편차점수의 제곱을 그림으로 나타내면 아래와 같다([그림 4−16], [그림 4−17]).

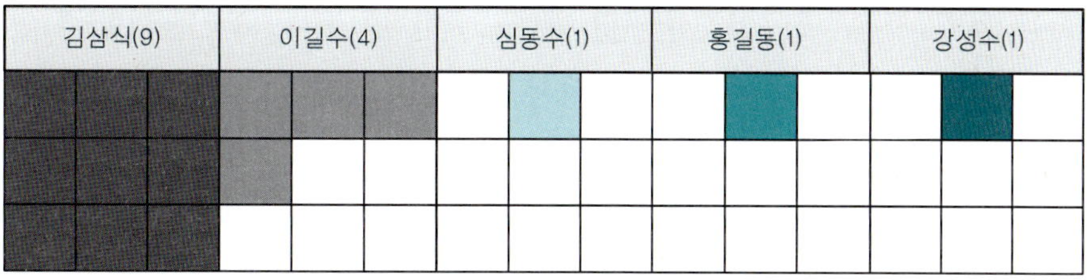

[그림 4–16] 각 편차 간의 넓이

다시 말해 편차는 거리 개념이다. 편차를 제곱한 분산(변량)은 면적 개념으로 해석이 가능하다.

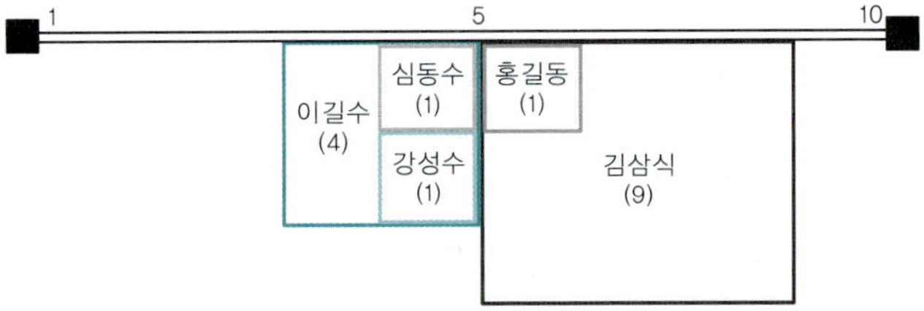

[그림 4-17] 그림으로 나타낸 분산

이렇게 분산은 면적의 개념을 사용함으로써 변산도로 사용이 어렵기 때문에, 분산에 제곱근($\sqrt{\ }$)을 씌워 면적을 거리의 개념으로 바꾼 표준편차로 만들어 활용한다.

7. 표준편차

1) 표준편차의 개념

표준편차(standard deviation: SD)는 가장 널리 사용되는 변산도를 측정하는 방법으로, 평균으로부터의 표준거리를 의미한다. 즉, 분포의 평균을 참고하여 각각의 값과 평균값과의 거리(간격)를 고려한 변산도로, 편차들의 평균이라고 할 수 있다. 이러한 표준편차는 개별값들이 평균 근처에 어느 정도 밀집되어 있는지에 대한 유용한 정보를 제공한다.

표준편차값은 분산에 제곱근을 씌운 값($\sqrt{분산}$=표준편차)이다. 일반적으로 표준편차는, 첫째, 정규분포곡선과 관련된 해석을 원할 때, 둘째, 가장 신뢰할 수 있는 변산도를 원할 때, 셋째, 수리적인 다양성을 지니며, 상관도, 표준오차, 회귀방정식 등의 계산이 뒤따를 때 사용한다.

표준편차는 분포상에 있는 모든 점수의 영향을 받지만, 표집에 따른 변화(표집오차)가 가장 적다. 즉, 가장 안정성 있는 변산도 지수이다. 표준편차가 크면 점수가 넓게 분산되어 있으므로([그림 4-18]의 ① 변산도가 크다), 집단이 이질적이라고 할 수 있고, 표준편차가 작으면 점수가 좁게 분산되어 있다([그림 4-18]의 ② 변산도가 작다)는 것이므로, 집단이 동질적(평균 가까이에 모여)이라고 할 수 있다.

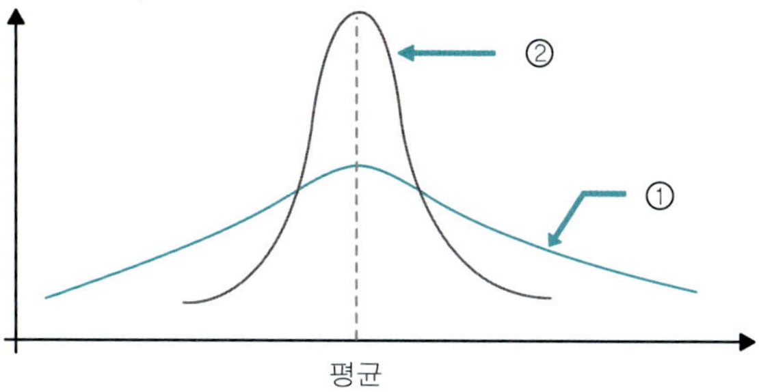

[그림 4-18] 표준편차

표준편차도 분산과 같이 표본 표준편차(s)와 모집단표준편차(σ)로 구분하여 생각할 수 있다. 표준편차를 구하는 단계는 분산을 구하는 4개의 단계에 하나의 단계가 추가되며, 분산의 제곱근을 벗기면 표준편차가 된다.

- 1단계: 각 점수의 편차를 구한다.
- 2단계: 편차값의 평균치를 계산(0)한다.
- 3단계: 편차를 자승한다(부호 없앰).
- 4단계: 편차 자승평균(변량, 분산)을 구한다.
- 5단계: 표준편차를 구한다.

2) 표준편차의 계산

분산을 계산하는 공식유도과정의 예(〈표 4-13〉)로 사용하였던 사회복지학부(30명)의 과대표 선출과정에서의 득표를 통하여 표준편차의 계산과정과 공식유도의 과정을 알아보면 다음과 같다.

- 1단계: 원점수(득표수)와 평균값의 차이(편차)를 파악한다.

  편차는 각 값(원점수)과 평균값 간의 차이를 의미한다. 〈표 4-13〉에서 원점수는 9, 4, 7, 5, 5가 되고 전체의 합은 $\Sigma X=30$ 그리고 평균(M)=6이 된다. 평균편차는 9-6=3, 4-6=-2, 7-6=1, 5-6=-1, 5-6=-1이다.

- 2단계: 원점수와 평균값의 차이를 더하면 0이 된다. 각각의 차이값(편차값)을 자승하여 자승합을 도출한다.
  편차의 합 $3+(-2)+1+(-1)+(-1)=0$이 되게 된다. 그러므로 편차에 제곱을 하게 되면 자승합($3^2=9$, $-2^2=4$, $1^2=1$, $-1^2=1$, $-1^2=1$)$=16$이 된다.
- 3단계: 자승합을 자승합의 사례로 나누어 자승합의 평균을 구한다.
  편차 자승합($9+4+1+1+1=16$)을 자승합 사례 수(5개)로 나누면 $\frac{16}{5}$ $=3.2$가 된다.
- 4단계: 자승합의 평균값이 분산이다.
  자승합의 평균값인 $\frac{16}{5}=3.2$가 분산이 된다.
- 5단계: 표준편차를 구한다.
  5단계 표준편차는 4단계에서 구한 분산에 제곱근을 씌우면 된다.
  $\sqrt{3.2}=1.78$

분산에서와 같이 표본편차에서도 모집단표준편차의 분모 N을, 표집표준편차에서는 n−1을 사용한다. 표준편차의 산출을 위한 공식을 모집단과 표본으로 나누어 제시하면 다음과 같다.

첫째, 모집단표준편차는 모집단의 평균이 알려져 있는 경우에 구하는 이론공식과 계산공식은 아래와 같다.

(이론공식) $\sigma=\sqrt{\frac{\sum(X_i-\mu)^2}{N}}=\sqrt{\frac{\sum x^2}{N}}$ (계산공식) $\sigma=\sqrt{\frac{\sum X_i^2}{N}-\mu^2}$

둘째, 표본표준편차는 한 변인의 개별 점수값과 평균과의 차이를 제곱하여 합한 것을 전체 사례 수로 나눈 값의 제곱근으로 하는 이론공식과 계산공식을 제시하면 아래와 같다.

(이론공식) $s=\sqrt{\frac{\sum(X_i-\overline{X})^2}{n-1}}=\sqrt{\frac{\sum x^2}{n-1}}$ (계산공식) $s=\sqrt{\frac{\sum X_i^2-\frac{(\sum X_i)^2}{n}}{n-1}}$

3) 원점수를 활용한 표준편차의 계산

표준편차(S)= $\sqrt{\frac{\sum X^2}{N}-\overline{X}^2}$

분산유도를 통한 표준편차 계산에서 활용한 〈표 4−13〉의 예를 그대로 원점수를 활용한 표준편차 계산에 적용하면 아래와 같다.

- 1단계: 각 원점수들을 자승화하고 합을 구하고 전체 사례 수로 나눈다.
  원점수들의 자승화: 81 + 16 + 49 + 25 + 25 = 196
  원점수들의 자승합을 전체 사례 수로 나눔: 196 ÷ 5=39.2
- 2단계: 평균점수의 자승을 구한다.
  평균을 내기 위하여 원점수의 합을 전체 사례 수로 나누고 자승:
  $(30 \div 5)^2 = 36$
- 3단계: 원점수들의 자승합에서 평균점수의 자승을 뺀다.
  원점수들의 자승합−평균점수 자승: 39.2−36 = 3.2
- 4단계: 표준편차를 구한다.
  표준편차(S) = $\sqrt{3.2}$ = 1.78

4) 분산, 표준편차 그리고 변이(동)계수

분산, 표준편차는 각 개별 수치들이 평균으로부터 얼마나 떨어져 있는지를 나타내는 변산도로, 둘 중의 하나를 알면 다른 하나는 계산이 가능하다. 이것은 표준편차가 분산에 제곱근을 씌운 값이기 때문이다.

주어진 자료를 점그래프로 표시하고 분산과 표준편차를 계산하여 관계를 알아보면 다음과 같다.

〈표 4-14〉 분산과 표준편차

자료											
자료	자료 1	20.1	20.1	20.0	20.0	20.1	20.0	20.0	20.1	19.9	20.2
	자료 2	18.2	18.2	18.9	20.8	19.5	18.2	22.2	23.3	19.2	22.5
	자료 3	24.0	26.9	22.9	15.4	17.2	23.0	25.6	20.1	20.4	15.7

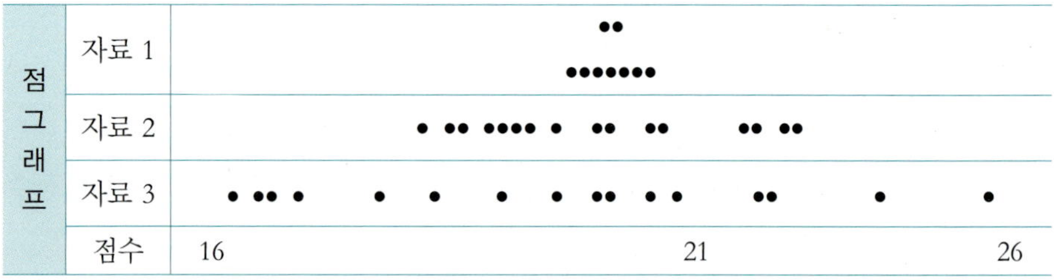

출처: 김희철 · 김평구(2005). 통계학의 이해와 응용. 재구성.

- 자료 1의 분산과 표준편차는 $S^2 = 0.007$, $S ≒ 0.084$이다.
- 자료 2의 분산과 표준편차는 $S^2 = 3.610$, $S ≒ 1.90$이다.
- 자료 3의 분산과 표준편차는 $S^2 = 16.32$, $S ≒ 4.04$이다.

위의 예에서 볼 수 있듯이, 자료의 흩어짐이 넓으면 분산과 표준편차의 값이 크고, 자료의 흩어짐이 좁으면 분산과 표준편차 값이 작아짐을 알 수 있다.

분산과 표준편차는 측정단위가 같은 변수들의 절대적인 변산도를 측정하는 것이기 때문에 측정단위가 다른 변수들 간의 변산도를 비교하기 어렵다. 따라서 측정단위가 다른 경우, 절대적인 변산도를 상대적인 변산도로 바꾸어야 한다.

이때에 상대적인 변산도로의 전환을 가능하게 하는 것을 변이계수(coefficient of variance)라고 한다. 변이계수는 표준편차를 산술평균으로 나누어, 분산을 상대적으로 비교할 수 있다. 즉, 변이계수는 성질이나 평균이 크게 다른 두 집단의 분포도로 쓰이며 통상적으로 백분율로 표시된다. 변이계수의 공식은 다음과 같다.

$$\text{표본변이계수(CV)} = \frac{S}{\bar{X}} \times 100(\%) = \frac{\text{표준편차}}{\text{평균}} \times 100(\%),$$

$$\text{모집단변이계수(CV)} = \frac{\sigma}{\mu} \times 100(\%)$$

〈표 4-15〉 변이계수

자료											
	자료 1 (mm)	98	99	79	99	95	102	83	93	78	101
	자료 2 (cm)	9.8	9.9	7.9	9.9	9.5	10.2	8.3	9.3	7.8	10.1

출처: 김희철 · 김평구(2005). 통계학의 이해와 응용. 재구성.

예를 들어, 위의 〈표 4－15〉의 자료 1은 mm로, 자료 2는 cm로 되어 있다. 이 자료의 변이계수를 구하고 의미를 설명하면 다음과 같다.

- 자료 1의 표준편차는 9.33, 평균은 92.79, 변이계수(CV)는 0.101이다.
- 자료 2의 표준편차는 0.33, 평균은 9.279, 변이계수(CV)는 0.101이다.
- 자료 1은 자료 2에 비교하여 변산도가 크지만 변이계수는 동일하다. 즉, 변이계수는 단위에 무관하다는 것이다.

8. 표준오차

조사연구자는 모집단에서 추출된 표본의 결과를 활용하여, 모집단의 특성을 파악하는 것이 주요한 목적이다. 그러나 한 번에 표집 된 표본을 활용하여 파악하려고 하면 모집단의 특성을 부정확하게 파악하는 오류를 범할 수 있다. 이러한 오류를 줄이는 방법 중의 하나는 모집단으로부터 표본을 여러 번 표집 하여 나온 평균값의 평균을 구하는 것이다. 예를 들어, 노인자살에 대한 연구에서 노인 200명을 한 번 표집 하여 조사하는 것보다 200명씩 여러 번을 표집 하여 조사한 후, 여러 표본평균의 평균을 구하면 더 정확한 결과를 얻을 수 있다는 것이다. 그러나 이러한 방법은 현실적으로 쉽지 않은 방법이다. 따라서 통계학자들은 여러 번의 표집을 시도하지 않고, 같은 효과를 낼 수 있는 방법을 고안해 냈다. 이것이 바로 표준오차(standard error)이다. 표준오차는 여러 표본평균값의 표준편차로 등간 또는 비율척도의 측정에서 가능하다. 표준오차라고 명명한 것은 단일표본에서 나온 표준편차와 여러 표본에서 나온 표준편차를 차별화하기 위함이다.

제4절 SPSS-분포, 집중경향치 및 변산도

1. SPSS를 이용한 빈도분포

다음은 노인의 사회참여 활동수준과 삶의 질에 대하여 조사한 자료이다. 본 자료로 SPSS를 이용한 빈도분석을 시도하면 다음과 같다.

1) 파일 열기

파일(F) – 열기(O) – 데이터(D)를 클릭([그림 4–19])하고 찾는 위치와 파일 이름을 찾아 열기를 클릭하면 [그림 4–20]과 같은 창이 뜬다.

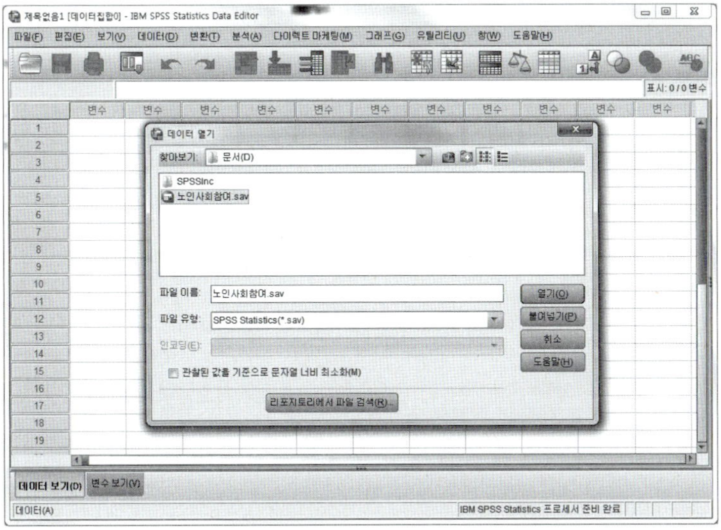

[그림 4-19] 파일(F)–열기(O)–데이터(D)

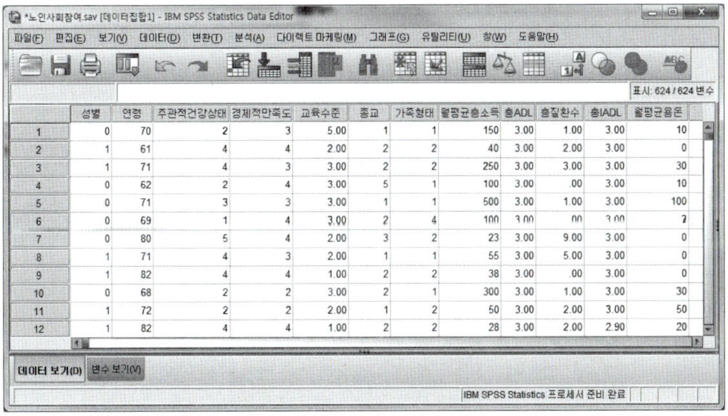

[그림 4-20] 파일(F)–열기(O)–데이터(D)–파일 열기

2) 데이터 분석 과정

(1) 빈도분석

[그림 4-20]에서 제시된 데이터를 빈도분석 하기 위하여 분석(A)-기술통계량(E)-빈도분석(F)을 클릭하면 [그림 4-21]과 같은 창이 뜬다.

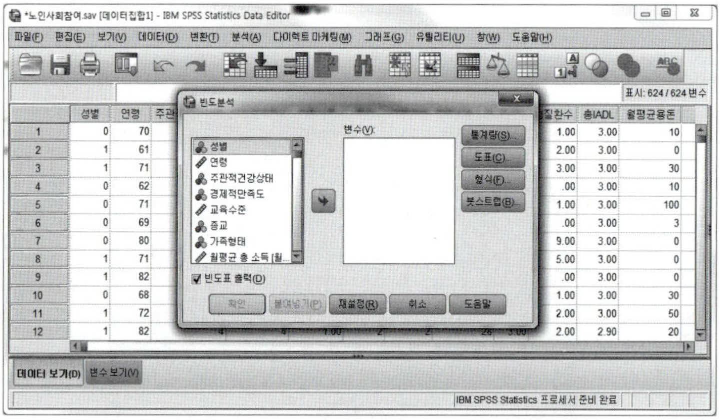

[그림 4-21] 분석(A)–기술통계량(E)–빈도분석(F)

이때에 빈도표 출력(D)이 체크되었는지를 확인하고 분석하고자 하는 변인을 변수(V)로 이동시킨다. 본서에서는 교육수준에 대한 빈도분석을 하고자 변수(V)로 이동시켰다.

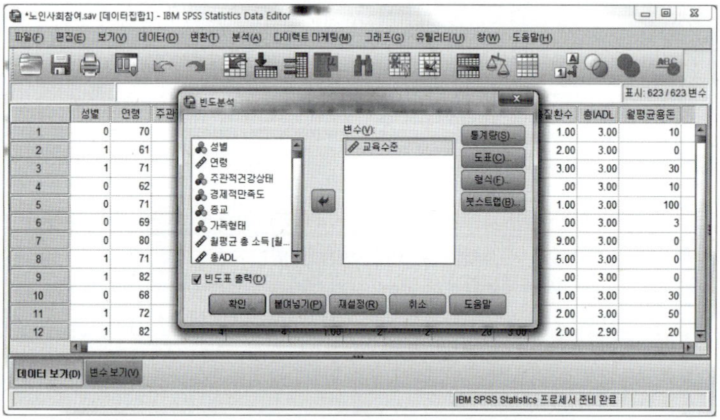

[그림 4-22] 빈도분석–변수이동

[그림 4-22]에서 확인을 클릭하면 [그림 4-23]과 같이 빈도분석 실행결과가 도출된다.

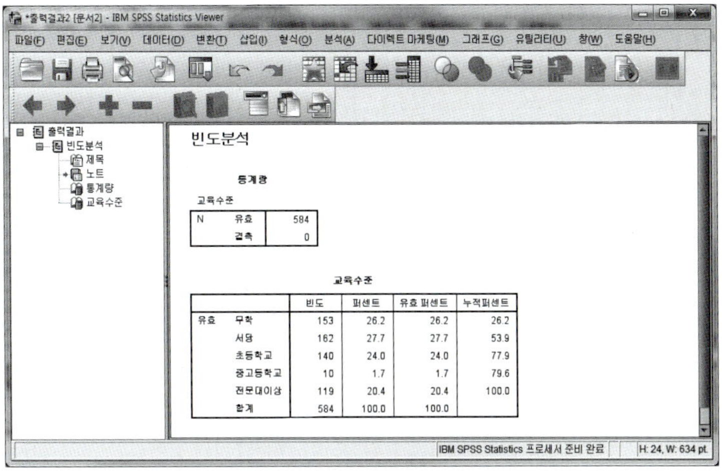

[그림 4-23] 빈도분석 결과

먼저 통계량이 나오는데, 전체 584명 중 유효가 584명으로 결측치는 없는 것으로 나타났다. 교육수준 빈도분포표에서 무학 153명(26.2%), 서당 162명(27.7%), 초졸 140명(24.0%), 중고졸 10명(1.7%), 전문대졸 이상 119명(20.4%)으로 나타났나. 통계량에서 결측값이 없는 관계로 빈도분포표에서 퍼센트와 유효 퍼센트가 일치한다.

(2) 통계량

SPSS 빈도분석에서는 분석(A)-기술통계량(E)-빈도분석(F)을 클릭하면 빈도분석 창이 뜬다. 이때 창의 오른쪽에 통계량을 클릭하면 다양한 통계량을 선택적으로 산출할 수 있는 또 다른 창이 뜬다([그림 4-24]).

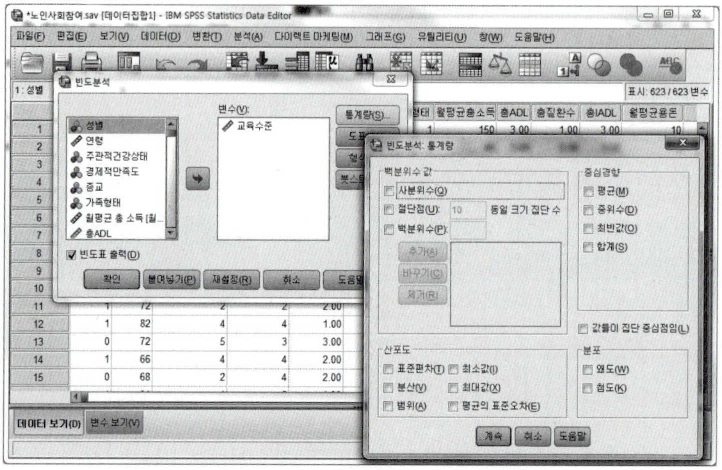

[그림 4-24] 분석(A)-기술통계량(E)-빈도분석(F)-통계량

(3) 도표

SPSS 빈도분석에서는 통계량의 분석과 마찬가지로 분석(A)－기술통계량(E)－빈도분석(F)을 클릭하면 빈도분석 창이 뜬다. 이때 창 중간의 도표를 클릭하면 다양한 도표를 선택할 수 있는 또 다른 창이 뜬다([그림 4－25]).

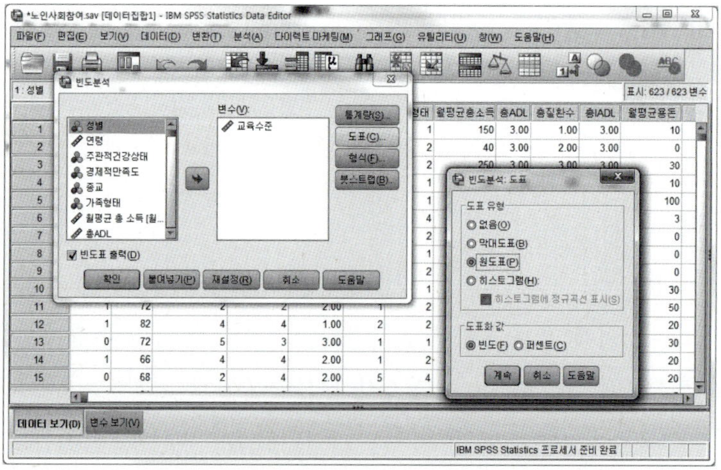

[그림 4-25] 분석(A)-기술통계량(E)-빈도분석(F)-도표

이때 창 오른쪽 상단의 계속을 클릭하면 다음과 같은 원도표가 생성된다([그림 4－26]).

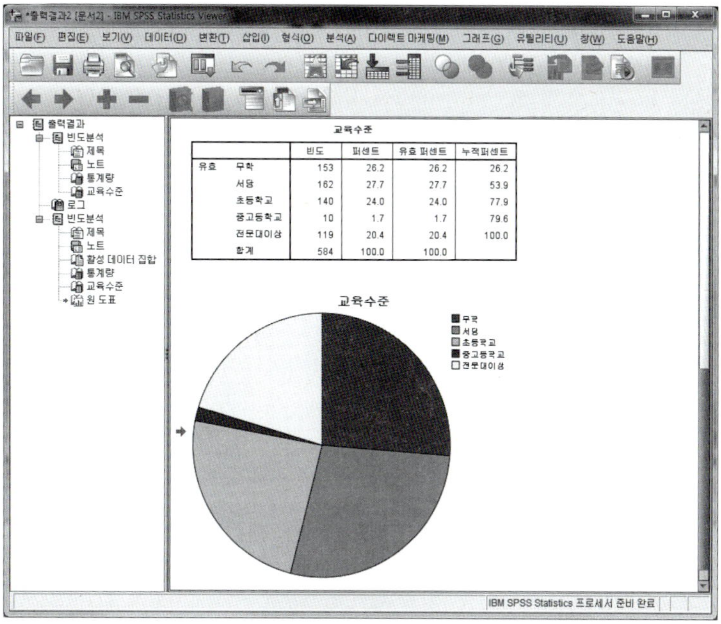

[그림 4－26] 도표생성 결과

교육수준에 대한 빈도분포표는 무학 153명, 서당 162명, 초졸 140명, 중고졸 10명, 전문대졸 이상 119명을 파이의 면적과 색으로 나타낸다.

2. SPSS를 이용한 집중경향치

집중경향치의 분석은 빈도분석 및 산포도 분석과 동시에 진행되는 것이 일반적이다. 본서에서는 편의상 학생들의 이해를 돕기 위하여 SPSS를 이용한 빈도분석과 동일한 과정은 생략하고 집중경향치 분석을 중심으로 설명하도록 한다.

1) 파일 열기

사회참여 노인 584명의 삶의 질 조사결과를 코딩 후 저장되어 있는 상태에서 파일(F)–열기(O)–데이터(D)를 클릭하고 찾는 위치와 파일 이름을 입력하고 열기를 클릭하면 [그림 4–27]과 같은 데이터 창이 뜬다.

[그림 4–27] 파일(F)–열기(O)–데이터(D)

2) 데이터 분석 과정

집중경향치 분석을 위하여 분석(A)–기술통계량(E)–빈도분석(F)–통계량(S)–집중경향치–계속순으로 클릭하게 된다.

먼저 분석(A)–기술통계량(E)–빈도분석(F)을 클릭하면 빈도분석 창이 뜬다. 이때에 분석하고자 하는 변수를 변수(V)(연령)로 이동시키고 왼쪽 아래에 통계량(S)을 클릭하면 빈도분석: 통계량의 창이 뜬다. 빈도분석: 통계량 창 오른쪽 상단의 중심경향에서 분석하고자 하는 방법(평균, 중위수, 최빈값, 합계)을 체크하고 바로 오른쪽의 계속 버튼을 클릭한다([그림 4–28]).

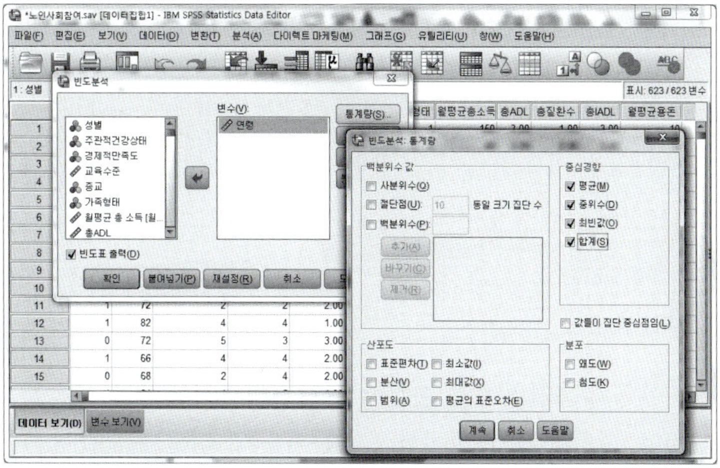

[그림 4-28] 기술통계량(E)–빈도분석(F)–통계량(S)

[그림 4-29]는 집중경향치의 분석결과이다. 분석결과표에 통계량에는 사회참여 노인의 평균(73.3세), 중위수(72.0세), 최빈치(69세)가 나와 있고 연령에는 60세에서 93세까지 빈도, 퍼센트와 함께 오름순으로 나열되어 있다.

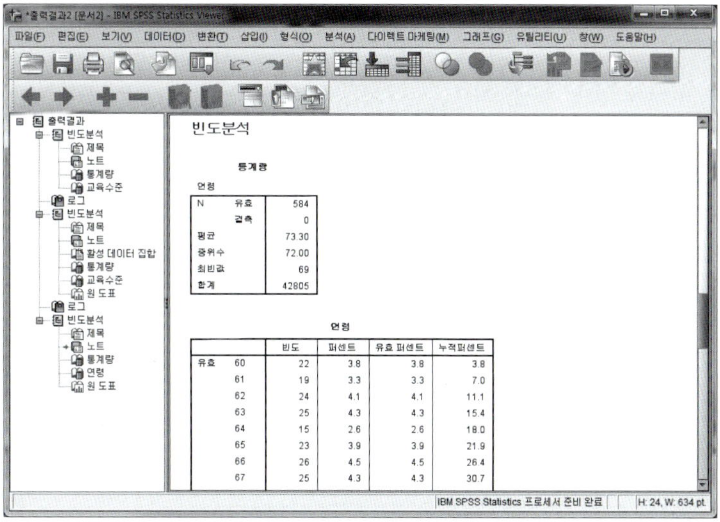

[그림 4-29] 집중경향치의 분석결과

3. SPSS를 이용한 변산도

변산도(산포도)의 분석도 빈도분석, 집중경향치 분석과 동시에 진행되게 된다. 본서에서는 학생들의 이해를 돕기 위하여 SPSS를 이용한 빈도분석과 동일한 과정은 생략하고 변산도 분석을 중심으로 설명하도록 한다.

1) 파일 열기

사회참여 노인 584명의 만족도 조사결과의 코딩 후 저장되어 있는 상태에서 파일(F)－열기(O)－데이터(D)를 클릭하고 찾는 위치와 파일 이름을 입력하고 열기를 클릭하면 [그림 4－28]과 동일하게 데이터 창이 뜬다.

2) 데이터 분석 과정

변산도 분석을 위하여 분석(A)－기술통계량(E)－빈도분석(F)－통계량(S)－변산도－계속순으로 클릭한다.

먼저 분석(A)－기술통계량(E)－빈도분석(F)을 클릭하면, 빈도분석 창이 뜬다. 이때에 분석하고자 하는 변수를 변수(V)(연령2)로 이동시키고 왼쪽 아래에 통계량(S)을 클릭하면 빈도분석: 통계량의 창이 뜬다. 빈도분석: 통계량 창 왼쪽 하단의 산포도에서 분석하고자 하는 방법(범위(최대/최소), 분산, 표준편차, 평균의 표준오차)을 체크하고 바로 오른쪽의 계속 버튼을 클릭한다([그림 4－30]).

[그림 4－31]은 변산도의 분석결과이다. 분석결과표의 통계량을 통해 사회참여 노인의 표준편차는 8.437, 분산은 71.183, 범위는 33, 최소연령은 60세에서 최대 93세까지 분포되어 있음을 알 수 있다.

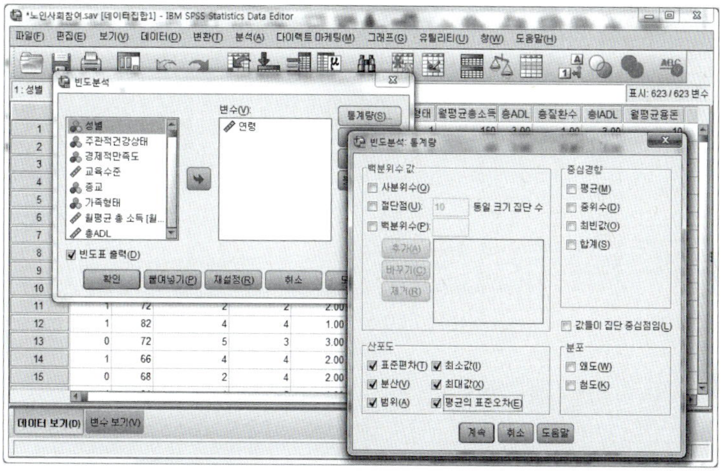

[그림 4-30] 분석(A)–기술통계량(E)–빈도분석(F)–통계량(S)

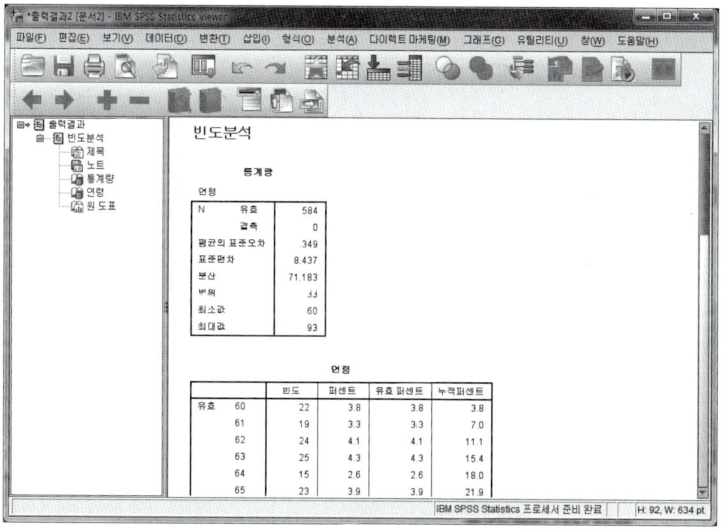

[그림 4-31] 변산도 분석 결과

05 CHAPTER 추리통계의 기초

추리통계(inferential statistics)는 표본을 통하여 확보된 자료를 근거로 모집단에 대한 결론을 추리·도출하는 방법이다. 추리통계는 추정방법과 가설검정(증)방법(제6장 참고)으로 구분되어 적용되며, 확률이론과 추리이론에 대한 기초적인 지식을 요구한다. 첫째, 확률이론을 통하여 모집단이 어떠한 분포를 형성하고 있으며, 그 모집단에서 추출된 표본은 어떠한 분포를 따르는지를 설명할 수 있다. 즉, 모집단의 가정하에서 표본이 어떻게 변하는지 설명이 가능해진다. 둘째, 추리이론을 통하여 표본으로부터 모집단을 어떻게 추리하는 것이 타당한 추리인지를 명확히 할 수 있다.

제5장에서는 제6장에서 적용된 추리통계방법의 이해를 돕기 위하여 추리통계의 기초가 되는 확률, 확률분포(비연속과 연속), 표본분포에 대하여 학습하기로 한다.

제1절 확률

우리가 알고자 하는 모집단의 특성은 불확실한 상황이며, 그 모집단에서 추출한 표본을 통하여 측정한 결과 또한 불확실할 수밖에 없다. "그렇다면 이러한 불확실성은 어떻게 측정해야 하는가?"라는 질문에 대한 대답은 "확률로 측정한다."가 될 것이다. 다시 말해, 사회복지조사연구에서 모집단의 특성은 표본의 특성을 활용하여 추론(추리)과정을 거치게 되는데, 이러한 과정은 확률의 관점에서 추론의 신뢰성에 대한 확인을 하게 된다.

1. 확률의 개념

1) 확률의 정의

확률(probability)이란 일정한 조건 아래에서 어떤 사건이나 사상(事象)이 일어날 가능성의 정도를 0(일어나지 않음)과 1(항상 일어남) 사이의 수치로 표현한 것을 말한다. 즉, 모든 사건이 일어나는 경우의 수 중에 특정사건이 일어나는 경우의 수의 비율을 수치로 나타낸 것으로, 같은 원인에서 특정의 결과가 나타나는 비율을 뜻하고, 확률은 분수나 비율로 나타낼 수 있다. 예를 들어, '어느 복지관에서 시행되는 방학 중 초등학생 자원봉사캠프 참가자가 캠프 첫날 탈락할 확률은 0.01%'라고 표현하는 것이다.

확률은 이론적(수학적) 확률(일어날 수 있는 모든 가능성을 고려하여 내리는 확률(동전을 던져 앞면이 나올 확률은 0.5))과 경험적(통계적) 확률(여러 번의 시행을 통하여 사상의 비율을 결정하는 확률, 즉 실제로 시행해서 얻는 확률)로 구분할 수 있다. 그리고 경험적 확률과 이론적 확률은 같을 수도 있고 다를 수도 있다.

통계적(경험적) 확률의 예를 들면, 일정한 조건 아래서 진행되는 사회복지자료분석론 수업에서 학생 100명에 대해 평균 15명의 낙제생이 나온다고 하면, 이 수업에서 낙제생이 나올 확률은 $\frac{15}{100}$, 즉 0.15이다. 또한 어떤 연령의 사람에 대한 연간 사망률 등도 통계적(경험적) 확률로 볼 수 있다. 수학적(이론적) 확률의 예로서는 무게중심이 기하학적인 중심과 일치하는 정육면체인 주사위를 던졌을 때 특정한 면이 나타나는 확률은 $\frac{1}{6}$이고, 앞뒤가 대칭인 동전을 던졌을 때 특정 면이 나타나는 확률은 $\frac{1}{2}$이다.

이와 같이 원인과 결과의 관계가 명백한 경우에는 경험에 앞서서 그 확률이 계산될 수 있다. 이렇게 얻어지는 확률을 수학적(이론적) 확률이라 하고, 이 경우에 주사위나 동전을 실제로 몇 회까지도 시도해 봄으로써 얻어지는 통계적(경험적) 확률은 대수의 법칙(law of great number)에 의해서 수학적(이론적) 확률에 근사적으로 일치한다. 그러나 사망률 등의 통계적 확률은 조건에 따라 변화하는 성질을 지니고 있기 때문에 원인과 결과의 관계가 조건에 따라 좌우되는 경우에는 수학적 확률로 계산할 수 없다(Naver, 2011).

2) 확률의 속성

확률의 속성을 이해하기 위해서는 기본적으로 표본공간(sample space)과 사건(event)에 대한 개념의 이해가 선행되어야 한다.

확률은 N개의 원소로 구성된 표본공간 S=(e_1, e_2, e_3, e_4, ⋯, e_n)에서 각각의 원소들이 발생할 가능성이 같은 경우, n개의 원소로 구성된 사건 A가 발생할 가능성이 P(A)를 의미하기 때문이다. 즉, '표본공간이란 확률적 실험을 통해서 일어날 수 있는 가능한 결과의 집합이라고 할 수 있고, 사건은 표본공간의 부분집합'이라고 할 수 있다. 이를 수식으로 나타내면 $P(A) = \frac{n}{N}$이다(Laplace의 고전 확률정의).

$$\text{이산형 표본공간의 경우 } P(A) = \frac{\text{사건 A에 속하는 원소의 개수}}{\text{표본공간의 전체 원소 개수}}$$

$$\text{연속형 표본공간의 경우 } P(A) = \frac{\text{사건 A에 속하는 원소의 측도}}{\text{표본공간의 전체 원소 측도}}$$

*측도는 길이, 면적, 부피

이때에 P를 확률함수(probability function)라 하고, P(A)를 사건 A의 확률이라고 한다. 그리고 각 원소에 대한 확률은 다음과 같다(Kolmogorov의 공리적 확률, 공리적 정의).

$0 \leq Pi \leq 1$(측정도구 P가 항상 0과 1 사이)
$i=1, 2, 3, \cdots, n$(i는 서로 배반/독립적인 사건)
$P(S)=\Sigma Pi=1$(표본공간 P는 항상 1)

확률을 다시 정리하면 다음과 같은 공리를 만족시켜야 한다.

▣ 공리1: 임의사건 A는 $0 \leq P(A) \leq 1$이다.
▣ 공리2: $P(S)=1$이다.
(하나의 시행으로 나타나는 모든 결과의 확률을 더하면 1이다)
▣ 공리3: A, B가 상호 독립적(배반적)이면 $P(A \cup B)=P(A)+P(B)$이다.

위의 공리를 근거로 하는 기본 정리는 다음과 같다.

▣ $P(\phi)=0$이다.
▣ $P(A^c)=1-P(A)$이다.
▣ 임의사건 A, B가 $A \subset B$이면 $P(A) \leq P(B)$이다.
▣ 임의사건 A, B가 $P(A)>0$, $P(B)>0$이면
가법규칙 $P(A \cup B)=P(A)+P(B)-P(A \cap B)$(합의 법칙)이다.
승법규칙 $P(A \cup B)=P\left(\frac{A}{B}\right)P(B)=P\left(\frac{B}{A}\right)P(A)$(곱의 법칙)이다.

3) 확률의 기본 개념

(1) 경우의 수

경우의 수(number of cases)란 어떠한 상황에서 일어날 수 있는 사건의 가짓수를 말한다. 1회의 시행에서 일어날 수 있는 사건의 가짓수를 n이라고 할 때, 이때 경우의 수를 n이라고 한다. 예를 들어, 한 개의 주사위를 한 번 던져서 홀수의 눈이 나올 경우는 1, 3, 5의 세 가지이므로, 이때의 경우의 수는 $n=3$이 된다.

사건 A 또는 B가 일어나는 경우의 수를 구할 때 합의 법칙이 적용된다. 예를 들어, 주사위 2개를 던져서 나온 눈의 수의 합이 6 또는 9인 경우의 수이다.

사건 A와 B가 동시에 일어나는 경우의 수를 구할 때는 곱의 법칙이 적용된다. 예를 들어, 동전 4개를 동시에 던져서 나올 수 있는 모든 경우의 수 등이다.

(2) 시행

시행(trial)이란 반복해서 실시하는 어떤 실험이나 관찰을 말한다. 즉, 시행은 어떠한 행위를 관찰하여 그 값에 구체적인 값을 부여하는 것이다. 대표적인 예로, 주사위를 한 번 던져 나온 숫자를 기록한 것, 대학교에서 일부의 대학생을 표본추출 하여 수업만족도를 조사한 것 등이 있다. 시행으로 나타나는 결과가 바로 사건(상)이다.

(3) 표본공간

표본공간(sample space)이란 어떠한 결과의 예측을 시도할 경우에 모든 결과는 알려져 있다고 가정할 때, 가능한 모든 결과의 집합을 말한다. 즉, 실험이나 관찰을 통하여 얻을 수 있는 가능한 모든 사건의 집합(근원사건 또는 단순사건의 집합 – 더 이상 다른 결과에 의하여 분해되지 않음)을 말하며 통상 S로 표시한다. 전체 사건이 표본공간이며, 각각의 사건은 표본공간의 부분집합이다. 예를 들어, 주사위는 표본공간(S)=(1, 2, 3, 4, 5, 6)이다. 이때 표본공간을 구성하는 원소를 표본점(sample point)라고 하고 W로 표시한다. 표본공간의 원소가 유한한 경우와 무한한 경우를 나누어 '유한표본공간'과 '무한표본공간'으로 나눈다.

(4) 사건(상)

사건(상)(event)은 어떠한 불확실한 현상이 관찰된 결과 중 우리가 관심을 가지고 있는 내용이다. 즉, 사건은 표본공간의 일부(부분집합)이다. 예를 들어, 주사위의 표본공간(S)=(1, 2, 3, 4, 5, 6)에서 주사위가 짝수가 나올 사건(A)=(2, 4, 6)이다.

사건의 유형에는 단순사건(근원사건)(Ω 또는 S, single event) – 사건에서 더 이상분해되지 않은 결과의 하나(표본공간), 공사건(Φ, empty event)–결코 일어나지 않을 사건, 곱사건(interaction event)–동시에 발생하는 사건, 합사건(union event)–적어도 하나는 일어날 사건, 그리고 배반사건(mutually exclusive event)–두 사건의 공통원이 없는 사건 등이 있다.

사건은 주로 A, B, C 등으로 표현한다. 예를 들어, 동전 던지기에서 앞면이 나올 확률을 의미한다. 표본공간 S에 어떤 주사위 A, B에 대하여 사건을 정의하면 다음과 같다.

① 합사건

합사건은 사건 A, B 중 적어도 한쪽이 일어날 사건을 말한다. 사건 A 또는 사건 B가 발생하거나 사건 A와 사건 B가 모두 발생할 사건으로, 사건 A or 사건 B를 의미하는 A∪B로 표현되며 계산식은 (A∪B)=(A)+(B)−(A∩B)가 된다.

A∪B = { w | w∈A 또는 w∈B }

예 주사위를 두 번 던졌을 때 사건 A={ 1, 2, 3 }, B={ 2, 3, 4, 5 }일 경우, A∪B ={ 1, 2, 3, 4, 5 }가 된다.

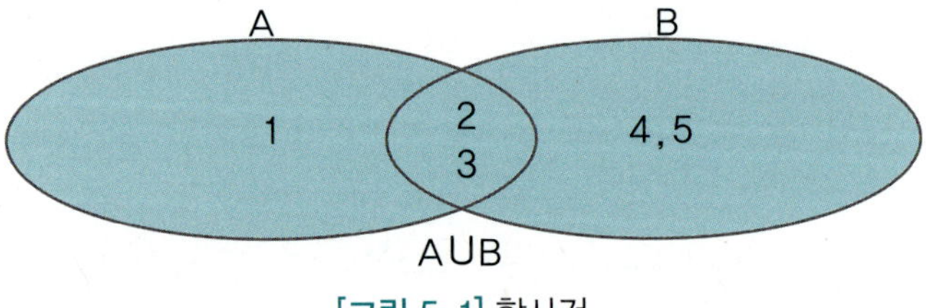

[그림 5-1] 합사건

또 다른 예로 사회복지관에서 과장급 사회복지사 모집 광고에 '경력–5년 이상(A) 또는 학력–대졸(B)'을 조건으로 했다면 조건 A 또는 조건 B의 어느 하나의 자격이 일치하면 지원이 가능하다.

② 곱사건

곱사건은 사건 A, B가 함께 일어나는 사건을 말한다. 두 사건 A, B에 대하여 사건 A뿐만 아니라 사건 B도 일어나는 것을 말하며 영어의 and의 의미로, 기호는 A∩B로 표시된다.

A∩B={w | w∈A이고 w∈B}

예 주사위를 두 번 던졌을 때 사건 A={1, 2, 3}, 사건 B={2, 3, 4, 5}일 경우, A∩B={2, 3}이 된다.

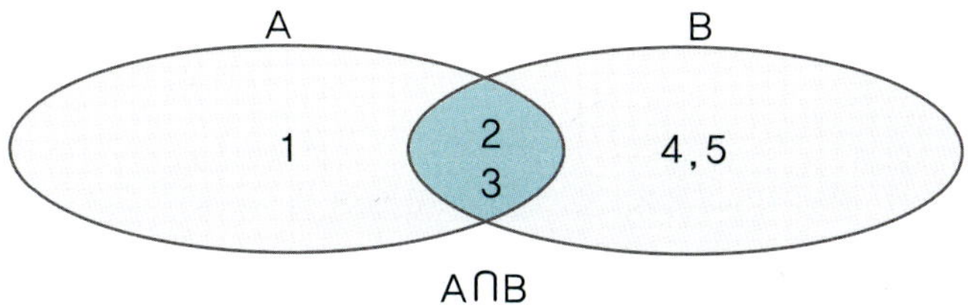

[그림 5-2] 곱사건

또 다른 예로 사회복지관에서 과장급 사회복지사 모집 광고에 '경력－5년 이상(A), 학력－대졸(B)'을 조건으로 했다면 조건 A와 조건 B의 두 조건 모두가 일치해야 지원이 가능하다.

③ 여사건(alternative event)과 차사건(difference event)

여사건은 전체 사건 중에서 사건 A가 일어나지 않는 나머지 사건을 말한다. 예를 들면, 동전의 앞면이 나오는 것이 사건 A라면, 뒷면이 나오는 것은 여사건(Ac)이라고 한다. 전체 사건 U에 속하고 사건 A에 속하지 않는다는 의미이다.

A^c={w | w∈U 그리고 w∉A}

예 U={1, 2, 3, 4, 5}, A={1, 2, 3}일 때, A^c={4, 5}

반면에 차사건은 두 사건 A, B에 대하여 사건 A에는 속하고 사건 B에는 속하지 않는 사건을 말한다.

A−B={w | w∈A이고 x∈B}

예 A={1, 2, 3}, B={3, 4, 5}일 때, A−B={1, 2}

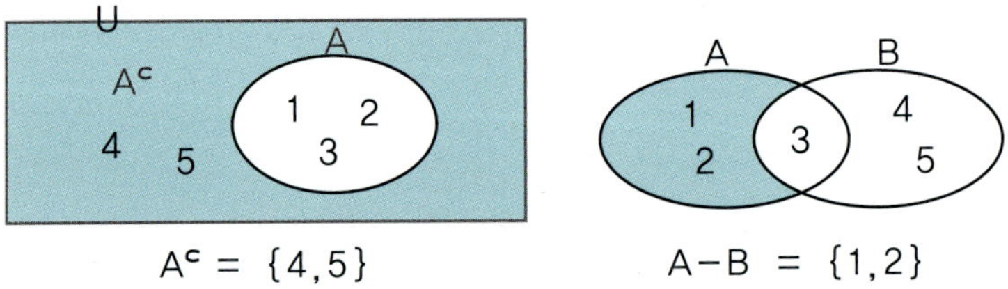

[그림 5-3] 여사건과 차사건

2. 확률의 활용

확률은 어떠한 결과가 나올지 모르는 불확실한 상황에서 의사결정을 하는 데 유용하다. 즉, 불확실한 상황에서 실현가능성을 예측하는 방법으로 활용한다. 확률로 나타나는 결과는 상호 배타성과 포괄적 예측 가능성의 원칙이 적용된다.

상호 배타성의 원칙은 하나의 결과와 다른 결과가 동시에 나타나지 않는 것이고 포괄적 예측 가능성은 예측되는 결과를 미리 알 수 있다는 것이다. 예를 들면, 주사위를 던졌을 때 1과 2가 동시에 나타나지 못하는 것은 상호 배타성의 원칙이고, 1에서 6까지 일어날 수 있는 것이 예측되는 것은 포괄적 예측 가능성의 원칙이다. 이와 같이 확률을 활용하기 위한 계산은 순열과 조합, 확률의 덧셈법칙, 조건부 확률, 확률의 곱셈법칙, 여사건활용계산, 공분산 등이 있다. 본서에서는 일반적으로 가장 많이 활용되는 계산법인 확률의 덧셈법칙, 확률의 곱셈법칙, 순열과 조합에 대해서 학습하기로 한다.

1) 확률의 덧셈법칙

어떤 2개의 사건(event) A와 B가 동시에 나타날 수 없는 경우에 이 두 사건을 서로 배타적이라고 한다. 2개의 사건 A와 B가 서로 배타적일 경우에 사건 A 또는 사건 B가 나타날 확률을 $P(A \cup B)$라고 하면 $P(A \cup B) = P(A) + P(B)$인데, 이를 확률의 덧셈법칙(additional rule)이라고 한다. 또한 확률의 덧셈법칙에서 사건 A와 사건 B가 상호 배타적이지 않은 경우, 공식은 $P(A \cup B) = P(A) + P(B) - P(A \cap B)$가 된다. 즉, P(A 또는 B의 발생) = P(A가 발생) + P(B가 발생) − P(A와 B가 동시에 발생)가 된다.

예를 들어, 주사위를 던져서 짝수가 나올 사건을 A, 5 이상이 나올 사건을 B라고 할 때, A 또는 B가 일어날 사건은 2, 4, 5, 6일 것이다. $P(A \cup B) = \frac{4}{6} = \frac{2}{3}$, $P(A) = \frac{3}{6} = \frac{1}{2}$, $P(B) = \frac{2}{6} = \frac{1}{3}$, $P(A \cap B) = \frac{1}{6}$일 될 것이며, 확률의 계산은 $\frac{1}{2} + \frac{1}{3} - \frac{1}{6} = \frac{2}{3}$가 될 것이다.

2) 확률의 곱셈법칙

확률의 곱셈법칙(multiplication rule)은 두 사건 A와 B의 공통적인 사건이 발생할 확률을 구하는 데 활용한다. 확률의 곱셈법칙은 조건부 확률의 개념을 기초로 하며, 두 사건이 종속일 때와 독립일 때 다르게 적용된다.

(1) 조건부 확률

종종 일정한 조건하에서 의사결정을 시도한다. 즉, 표본공간이 일정한 조건하에 놓여 있을 때 이를 '조건부 확률'이라고 한다. 조건부 확률(conditional probability)이란 '한 사건이 일어났다는 조건하에서 다른 사건이 일어날 확률'을 말한다. 즉, 사건 A가 이미 일어났다는 조건하에 사건 B가 일어날 확률 P(B)는 P(A)의 조건부 확률로 P(B/A)라고 표시한다. 사건 A, B는 표본공간 S의 부분집합이고 P(B) > 0이면 사건 B가 발생하였다는 조건하에서 사건 A가 발생할 조건부 확률 P(A/B)를 수식으로 표시하면 다음과 같다.

$$P(A/B) = \frac{P(A \cap B)}{P(B)}$$

$$P(A) > 0,\ P(B) > 0$$

예를 들어, 주사위 눈이 짝수라는 조건하에서 한 번 던져서 3 이하가 나올 확률을 계산하면, 사건 B = 주사위 눈이 3 이하 = {1, 2, 3}, 사건 A는 짝수 눈 = {2, 4, 6}

이며, $P(A)=P(B)=\frac{1}{2}$이고 $A\cap B=2$이므로 $P(A\cap B)=\frac{1}{6}$이 된다. 따라서 짝수 눈이라는 조건하에 한 번 던져서 3 이하가 나올 확률인 $P(B/A)=\frac{P(A\cap B)}{P(B)}=\frac{1/6}{1/2}=\frac{1}{3}$이 된다. 사건 A가 발생하고 사건 B가 동시에 발생할 확률, 즉 '결합확률'이다.

(2) 독립사건 확률

사건 A에 대한 정보로 사건 B에 대한 정보를 얻을 수 없는 경우가 있다. 이러한 경우에 $P(B/A)=P(B)$와 같은 값을 가지며 A와 B는 서로 독립이라고 한다. 두 사건이 독립적일 경우, 그렇지 않은 경우보다 더 많은 정보를 얻을 수 있다. 두 개의 사건 A, B가 있을 경우, 다음 조건을 만족시키면 A와 B는 서로 독립적이다.

$$P(B/A)=P(B)$$
$$P(A/B)=P(A)$$
$$P(BA)=P(A)/P(B)$$
$$P(A\cap B)=P(A)P(B)$$

A와 B가 동시에 일어날 확률은 A확률과 B확률을 곱한 것과 같다. 예를 들어, 50원짜리 동전(A)과 100원짜리 동전(B)을 동시에 던졌을 때, A, B가 서로 독립적인가에 대한 답으로 $S=\{HH, HT, TH, TT\}$이 될 것이고 독립성을 파악하려면 A, B, $A\cap B$를 파악하면 되는데, $A=\{HH, HT\}$, $B=\{HH, TH\}$, $A\cap B=\{HH\}$가 된다. 이를 근거로 $P(A)=\frac{1}{2}$, $P(B)=\frac{1}{2}$을 곱한 값 $P(A\cap B)=\frac{1}{4}$가 되므로 서로 독립적이라고 할 수 있다.

(3) 종속사건 확률

사건 B의 확률이 사건 A의 발생으로 인하여 영향을 받을 경우, 두 사건 A, B는 종속관계를 형성한다. 즉, 사건 B가 사건 A의 조건부 확률이 되며, 사건 A와 사건 B가 동시에 발생할 확률은 사건 A가 발생할 확률에다 사건 A의 영향을 받은 사건

B의 조건부 확률을 곱한 것과 같다. 종속사건 확률을 수식으로 표현하면 아래와 같다.

$$P(A \cap B) = P(A)P(B/A)$$

예를 들어, □□대학교 사회복지학부 사회복지자료분석론 수업에 소그룹(10)이 남학생(6)과 여학생(4)으로 구성되었다. 이때 발표를 위하여 차례로 두 명을 선발하는 경우, 첫 번째는 남학생, 두 번째는 여학생이 뽑힐 확률은 다음과 같다.

$$P(A) = \frac{6}{10}(\text{첫 번째 남학생}),\ P(B/A) = \frac{4}{9}(\text{남학생 후 두 번째 여학생})$$
$$P(A \cap B) = P(A)P(B/A) = \frac{6}{10} \times \frac{4}{9} = 0.27$$

3) 순열과 조합

(1) 순열

순열(permutation)은 서로 다른 n개의 원소 중에서 r개를 뽑아서 한 줄로 세우는 경우의 수로, ${}_nP_r$, 혹은 P(n, r)라고 표기한다. ${}_nP_r = n(n-1)(n-2)\cdots\cdots(n-r+1)$가 된다. 계승(n!)은 연속적인 정수의 곱을 의미하는데, 예를 들어, $3! = 3 \cdot 2 \cdot 1 = 6$이 된다. 계승(n!, factorial)을 이용하면 다음과 같은 식으로 나타낼 수 있다.

$$\text{순열}({}_nP_r) = \frac{n!}{(n-r)!}$$

예를 들어, 네 개의 문자 A, B, C, D에서 두 개를 뽑아 나열하는 방법은 ${}_4P_2 = \frac{4!}{(4-2)!} = 12$ 이므로 12가지가 된다. 이것을 나열하면 다음 (A B), (A C), (A D), (B A), (B C), (B D), (C A), (C B), (C D), (D A), (D B), (D C)와 같다.

(2) 조합

조합(combination)은 집합에서 일부 원소를 취해 부분집합을 만드는 것을 말한다. n개의 원소를 가지는 집합에서 r개의 부분집합을 고르는 조합의 경우의 수는 이항계수라 하며, ${}_{n}C_{r}$, C(n, r), 또는 $\binom{n}{r}$로 나타낸다. C는 콤비네이션이라고 읽기도 한다(예: ${}_{5}C_{3}$은 '5 콤비네이션(조합) 3').

$$\text{조합}({}_{n}C_{r}) = \frac{n!}{r!(n-r)!}$$

예를 들어, A, B, C, D, E, 5개의 요소에서 3개를 취하여 그룹을 만드는 경우 몇 개의 그룹을 만들 수 있는지 구하고자 할 때 그룹의 수를 x(${}_{5}C_{3}$)라고 할 수 있다. $x({}_{5}C_{3}) = \frac{5!}{3!(5-3)!} = \frac{5 \cdot 4 \cdot 3 \cdot 2 \cdot 1}{3 \cdot 2 \cdot 1 \times 2} = \frac{60}{6} = 10$이 된다.

다른 방법으로 설명하면 그중 하나를 A, B, C라고 할 때, 이 한 그룹에서 모든 순열의 수는 3!가지가 존재한다. 그러므로 서로 다른 5개의 요소에서 3개를 취하는 순열의 수는 ${}_{5}P_{3}$가 되므로, $x \times 3! = {}_{5}P_{3}$의 관계가 성립된다. 구하고자 하는 $x({}_{5}C_{3}) = \frac{{}_{5}P_{3}}{3!} = \frac{5 \cdot 4 \cdot 3}{6} = 10$이 된다.

제2절 확률분포와 비연속확률분포

1. 확률분포의 개념

확률을 통하여 모집단의 특성을 표현할 수 있도록 빈도분포를 그래프로 표현하는데, 이것을 '확률분포'라고 한다. 확률분포(probability distribution)는 확률실험에서 나타날 수 있는 모든 결과에 대하여 수치를 부여한 확률변수가 가질 수 있는 값의 확률을 표현한 도수분포표 또는 그래프이다. 확률분포는 비연속확률분포(이항 또는 이산확률분포라고도 함)와 연속확률분포로 나누어진다([그림 5-4]). 대표적인 비연속확률분포는 이항분포, 포아송분포, 초기하분포 등이 있고, 연속확률분포로는 정규분포, t-분포, F-분포, 카이스퀘어분포 등이 있다.

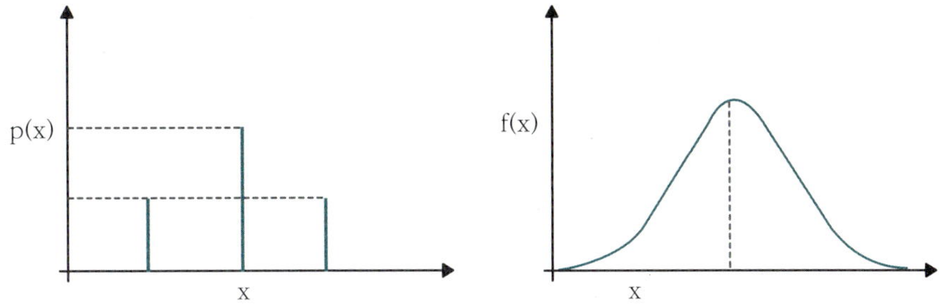

[그림 5-4] 비연속확률분포와 연속확률분포

2. 확률변수(인)

통계분석을 시도하려면 사건들을 숫자로 변환하여 주는 함수가 필요한데, 이를 확률변수라고 한다. 수학적으로 정의하면, 확률변수(인)(random variable)는 표본공간 안에 정의된 실수값을 함수라고 말하며, 확률분포(probability variable)는 확률변수(인) X의 값에 따라 나타나는 확률의 합이 1로 나타나는 것을 의미한다. 확률변수(인)는 비연속(이산)확률변수(인)와 연속확률변수(인)로 나누어진다.

첫째, 비연속(이산)확률변수(random variable of discrete type)란 확률변수 X에 포함된 실수값을 $x_1, x_2, x_3, \cdots, x_n$으로 헤아릴 수 있을 때를 말한다. 이때 $f(x_i)$를 X의 확률함수(probability function)이라 한다. 다시 말해, 표본공간의 각 원소에 하나의 실수값을 대응시켜 주는 함수라고 할 수 있다. $f(x_i)$는 다음 조건을 만족한다.

$$f(x_i) \geq 0$$
$$\Sigma f(x_i)=1$$

예를 들어, 동전을 10번 던졌을 때 앞면이 나올 확률, 명절 때 경인고속도로에서 사고가 발생할 확률 등이 해당된다. "1개의 동전을 3번 던졌을 때 앞면이 나올 확률변수를 X라고 하자. 이때 확률분포를 구하고 확률분포함수임을 확인하라."라는 예제를 통하여 알아보면 다음과 같다.

〈표 5-1〉 표본공간

표본공간	TTT	TTH THT HTT	HHT HTH THH	HHH
X=x	0	1	2	3

*T=tail(뒤), H=head(앞)

따라서 확률분포는 P(X=0)=앞면이 한 번도 나오지 않을 개수, 표본공간의 원소 개수 $=\frac{1}{8}$, $P(X=1)=\frac{3}{8}$, $P(X=2)=\frac{3}{8}$, $P(X=3)=\frac{1}{8}$이다.

〈표 5-2〉 확률분포

x	0	1	2	3	합
p(x)	1/8	3/8	3/8	1/8	1

예제의 결론은 임의의 X에서 확률값이 $p(x) \geq 0$이며 x=0, 1, 2, 3에서 각각의 확률값을 합치면 1로 확률분포함수임을 알 수 있다.

둘째, 연속확률변수(random variable of continuous type)는 확률변수 X에 포함된 값을 셀 수 없을 때를 말한다. X가 어떤 구간의 값을 가진 연속확률변수라면 집합 $\{a \leq X \leq b\}$라는 표본공간 S의 한 사건이며 그 확률이 $\int_a^b f(x)dx$, $P(a \leq X \leq b)$로 정의된다. 이때 연속확률함수 f(x)를 X의 확률밀도함수라고 한다.

3. 확률분포의 집중경향치와 변산도

1) 기댓값(평균치)

확률분포를 형성하는 확률변수(인)의 집중경향치를 파악하기 위하여 기댓값(평균)을 활용한다. 기댓값(expected value)은 확률변수가 취할 수 있는 값들의 가중평균(중심위치)이라고 하며, 여기서 가중치는 확률변수가 취할 수 있는 값의 실제 확률이다.

기댓값은 확률이기 때문에 반드시 똑같은 값의 사건이 실재할 필요는 없다. 기댓값은 확률변수가 취할 수 있는 각 값에 대응하는 확률을 곱한 다음, 더하기 때문이다. 기댓값을 구하는 공식은 다음과 같다.

$$\text{E(X) 또는 } \mu = \begin{cases} \sum_{\text{모든}x} xP(x) & \text{비연속확률분포} \\ \int_{-\infty}^{\infty} xf(x)dx, & \text{연속확률분포} \end{cases}$$

*x=확률변수가 취할 수 있는 값
*P(x)=각 확률변수값에 대응하는 확률

예를 들어, 동전 두 개를 동시에 던졌을 때 앞면이 나올 확률분포가 〈표 5−3〉과 같을 때 기댓값을 구하면 다음과 같다.

〈표 5–3〉 동전을 두 개 던져서 앞면이 나올 확률분포

앞면의 수 X	0	1	2
확률 P	0.25	0.50	0.25

기댓값 $E(X)/(\mu) = (0 \times 0.25) + (1 \times 0.50) + (2 \times 0.25) = 1$

기댓값과 관련된 4개의 성질(법칙)을 알아보면 다음과 같다.

- 성질1: $E(a) = a$(단, a, b는 상수)
- 성질2: $E(aX) = aE(X)$
- 성질3: $E(aX \pm b) = aE(X) \pm b$
- 성질4: $E(X \pm Y) = E(X) \pm E(Y)$

2) 확률분산 및 확률표준편차

확률분포를 형성하는 확률변수(인)의 변산도를 파악하기 위하여 확률분산과 확률표준편차를 사용한다. 확률변수의 분산은 각각의 확률변수의 값에서 평균치(기댓값)를 뺀 편차를 제곱하여 확률을 곱하여 더한 것이다. 표준편차는 확률분산에 제곱근을 씌운 것이다. 계산 공식은 아래와 같다.

$$\text{분산 Var(X) 또는 } \sigma^2 = \begin{cases} \sum_{\text{모든}x} (x-\mu)^2 P(x) & \text{비연속확률분포} \\ \int_{-\infty}^{\infty} (x-\mu)^2 f(x)dx & \text{연속확률분포} \end{cases}$$

$$\text{표준편차 } \sigma = \sqrt{\sum (x-\mu)^2 P(x)} = \sqrt{\sigma^2}$$

*x=확률변수가 취할 수 있는 값
*f(x)dx=각 확률변수값에 대응하는 확률
*μ=기댓값(평균)

위의 〈표 5－3〉을 활용한 예로, 분산과 표준편차를 구하면 아래와 같다.

$$\text{분산 Var(X)} = \sigma^2 = (0-1)^2 \times 0.25 + (1-1)^2 \times 0.5 + (2-1)^2 \times 0.25 = 0.5$$

$$\text{표준편차 } \sigma = \sqrt{0.5} = 0.707$$

분산과 관련된 4개의 성질(법칙)을 알아보면 다음과 같다.

- ▣ 성질1: $V(a) = 0$(단, a, b는 상수)
- ▣ 성질2: $V(aX) = a^2 V(X)$
- ▣ 성질3: $V(aX \pm b) = a^2 V(X)$
- ▣ 성질4: $V(X \pm Y) = V(X) \pm V(Y) =$ (단, X, Y는 독립)

4. 비연속확률분포

1) 비연속확률분포의 개념

변수(인)가 취할 수 있는 값이 유한 또는 셀 수 있는 변수(인)(명목변인으로 측정된 것)를 '비연속변수(인)'라고 하며, 이러한 비연속확률변인(수)의 확률분포를 '비연속확률분포'라고 한다. 비연속확률분포는 변수(인)값이 몇 개로 제한되어 있는 경우로, 변수(인)가 취할 수 있는 값들과 그와 관련된 확률을 나타낸 것이라고 할 수 있다. 비연속확률분포는 베르누이분포, 이항분포, 포아송분포, 초기하분포 등이 있다. 예를 들어, 동전 두 개를 동시에 던졌을 때 나올 경우의 수는 (HH), (HT)(TH), (TT) 세 가지로, 확률변수가 취할 수 있는 값이 3가지로 유한하기 때문에 비연속확률변수(인)라고 하며, 각각의 확률이 (HH)−1/4, (HT)(TH)−1/2, (TT)−1/4로 나타낸 것이 비연속(이산)확률분포이다.

2) 확률(질량)함수의 개념

확률함수(probability function)는 비연속확률변수 X가 취할 수 있는 각 실수값 x의 확률에 대응시키는 함수를 뜻한다. 확률함수는 P(X=x)=P(x)로 표시한다. 확률함수의 성질은 다음과 같다.

- 성질1: $0 \leq P(x) \leq 1$

  확률변수 X가 취하는 특정 값의 확률은 0과 1 사이의 값이다.

- 성질2: $\sum_{\text{모든}x} p(x) = 1$

  확률변수 X가 취하는 모든 값의 확률을 합하면 1이 된다.

- 성질3: $p(a \leq X \leq b) = \sum_{x=a}^{b} P(x)$

  확률변수 X가 취하는 값이 a 이상에서 b 이하의 확률은 이 구간에 해당되는 값의 확률을 모두 합한 것이다. 예를 들어, 500원짜리 동전 두 개를 동시에 던지는 확률실험에서 확률변수 X를 앞면이 나타나는 개수로 정의하고, X의 값과 이 값을 가질 확률을 확률분포와 확률함수로 나타내면 아래와 같다.

〈표 5-4〉 확률분포표

x	0	1	2	합계
P(x)	1/4	2/4	1/4	1

확률함수는 $P(x)=\begin{cases}\frac{1}{4}, x=0, 2 \\ \frac{2}{4}, x=1\end{cases}$ 이다.

이 결과로부터 확률함수의 각 성질을 확인하면 다음과 같다.

▣ 성질1: $0 \le P(x) \le 1$, $P(0)=\frac{1}{4}$, $P(1)=\frac{2}{4}$, $P(2)=\frac{1}{4}$로,

모든 $P(x)$는 0과 1 사이의 확률(값)을 가진다.

▣ 성질2: $\sum_{모든x} p(x)=1$, $P(0)+P(1)+P(2)=\frac{1}{4}+\frac{2}{4}+\frac{1}{4}=1$로,

모든 값을 합하면 1이된다.

▣ 성질3: $P(a \le X \le b)=\sum_{x=a}^{b} P(x)$, $\sum_{X=1}^{2} P(x)=P(1)+P(2)=\frac{3}{4}$이 된다.

3) 비연속확률분포의 유형

(1) 베르누이분포

베르누이 시행은 어떤 시행에 오직 두 개의 결과만이 나타날 때가 있다. 어떤 시행의 결과가 두 가지로 구성되어 있을 때 기대했던 결과가 나올 때를 성공이라 하고, 그대하지 않은 결과가 나올 때를 실패라 한다. 실험결과를 두 가지 중 하나로 분류하여야 할 경우, 이러한 시행의 결과분포를 베르누이(Bernoulli)분포라고 부른다. 베르누이확률분포는 2개의 결과만이 있고, 각 결과는 확률적이며, 또한 결과는 실험 중에 변하지 않는다.

예를 들어, 복지관에 등록 또는 미등록, 프로그램의 성공 또는 실패 등이 이에 속한다. 베르누이확률분포는 시행에서 성공의 확률을 p=P(성공)이라면 p는 0과 1 사이에 존재하고 실패확률은 q=1−p가 된다. 베르누이분포의 예를 들면 다음과 같다.

〈표 5-5〉 베르누이분포

x	0	1
P(x)	q=1−p	p

X를 n회의 베르누이 시행에서 성공률(p)이 이항확률변수라고 하면 X의 확률함수는 다음과 같다.

$$\text{이항확률밀도함수 } P(r \mid n, p)\ {}_nC_r p^r q^{1-r}$$

*p=성공 *q=실패 *n번의 실험에서 r번의 성공

주사위를 4번 던졌을 때 6이 3번 나올 확률을 통하여 이항확률밀도함수를 알아보면 4번 시행(n=4), 성공(p=6이 나올 확률)과 실패(q=6이 나오지 않을 확률)를 각각 p와 q라고 할 때 3번의 성공(r=3)이 가능할 확률은 다음과 같다.

$$4\times\left(\frac{1}{6}\times\frac{1}{6}\times\frac{1}{6}\times\frac{5}{6}\right)=4\times\left(\frac{5}{1296}\right)=\frac{5}{324}=0.01544$$

$$P\left(r=3 \mid n=4, p=\frac{1}{6}\right)=4\left(\frac{1}{6}\right)3\left(\frac{5}{6}\right)4-3=4\left(\frac{1}{216}\right)\left(\frac{5}{6}\right)=0.0154$$

베르누이분포는 주어진 실험 횟수에 성공 가능성에 대한 확률을 정리한 것이다. 확률분포가 0.5일 때, 즉 성공확률이 0.5인 경우, 좌우대칭적인 분포가 되고, n이 아주 클 경우 p값(성공)과 관계없이 좌우대칭적인 분포를 형성한다. 베르누이분포를 정리하면 다음과 같다.

▣ 정리1: 각 시행 결과 성공과 실패, 둘 중에 하나로 나타난다.

▣ 정리2: 각 시행에서 성공확률 P(S)=p, 실패확률 P(F)=q일 때 p+q=1이다.

▣ 정리3: 각 시행은 독립적이다.

어느 시행의 결과가 그 이후의 시행의 결과에 영향을 미치지 않는다.

(2) 포아송분포

포아송(Poisson)확률분포는 표본이 아주 크고 성공확률이 아주 작아서 이항확률분포로는 계산하기가 어려울 때 사용한다. 이항분포 B(n, p)에서 평균이 np=m으로 일정하고 , n을 한없이 크게 할 때(상대적으로 p는 한없이 작아짐) 그 근사한 확률분포를 말한다.

일반적으로 포아송확률분포는 주어진 시간 혹은 일정한 단위당 결정수, 정해진 영역에서의 성공 횟수를 X라고 하면 X는 포아송분포를 형성하게 된다. 우리 주변의 예를 통하여 알아보면, 복지관에 시간당 들어오는 대상자 수, 야구 한 경기 당 실책의 수, 옷감의 단위면적당 결정수 등이 해당된다. 포아송확률분포의 성립조건은 다음과 같다.

〈표 5-6〉 포아송확률분포 성립조건

독립성	주어진 시간 동안, 영역 내에서 일어나는 사건 횟수는 서로 중복되지 않는다. 다른 시간 동안, 영역 내에서 일어나는 사건의 횟수와 독립적이다.
비례성	짧은 시간 동안 작은 영역 내에서 사건이 한 번 발생할 확률은 시간길이 또는 면적에 비례한다.
비집락성	짧은 시간 동안 작은 영역 내에서 사건이 두 번 이상 발생할 확률은 매우 낮기 때문에 무시한다.

포아송분포를 확률함수로 정의하면 아래와 같다.

개별확률분포 $P(X=x)=P(x)=\frac{e^{-m}m^{x}}{x!}(x=0,\ 1,\ 2,\ \cdots)$

누적확률분포 $P(X\le a)=\sum_{x=0}^{a}\frac{e^{-m}m^{X}}{\Xi}$

*x=임의의 정수(0, 1, 2, 3)　　*e=자연대수의 밑(2.718)　　*X=성공 횟수

*−m=E(X)　　*X의 기대치(=단위당 평균발생 횟수)

예를 들면, 사회복지 컨설팅 회사에서 오전 10시부터 12시 사이에 분당 평균 3회의 상담전화가 걸려 온다. 상담전화의 횟수가 포아송확률분포를 따른다고 할 때, 다음을 구하시오.

가. 1분에 4회 걸려올 확률은?

나. 1분에 3회 이하 걸려올 확률은?

다. 확률분포를 그리고 확률분포함수임을 확인하라.

풀이: 가. $P(x=4)=\frac{e^{-m}m^{x}}{x!}=\frac{e^{-3}3^{4}}{4!}=0.1680$

나. $P(X \leq 3)=\sum_{x=0}^{3}\frac{e^{-m}m^{x}}{x!}=\frac{e^{-3}3^{x}}{x!} \fallingdotseq 0.6472$

다. $P(X=0)=\frac{e^{-3}3^{0}}{0!}=0.050$

같은 방법으로 계산하여 얻은 확률값은 다음과 같다.

〈표 5-7〉 확률 분포

x	0	1	2	3	4	5	6	…	합
P(X=x)	.050	.140	.224	.224	.168	.101	.050	…	1

확률분포에서 임의의 x에서 확률값은 $p(x) \geq 0$이며, $x=0, 1, 2, 3, \cdots$에서 각각의 확률값을 합하면 1로 확률분포함수임을 알 수 있다. 이를 '포아송분포'라고 한다.

제3절 연속확률분포

1. 연속확률분포의 개념

변수(인)가 취할 수 있는 연속적인 속성을 가진 속도 또는 체중 등과 같은 변수를 '연속확률변수'라고 하며, 이러한 연속확률변수의 확률분포를 '연속확률분포'라고 한다. 예를 들어, 체중의 경우 50, 50.1, 50.2, 50.3 등 확률변수가 취할 수 있는 값이 무한하며 이에 해당되는 확률이 항상 존재한다.

연속확률분포로는 다양한 분포－정규분포, 연속형 균등분포, 지수분포, 감마분포, 베타분포, 로그정규(log－normal)분포, 와이불(Weibull)분포, 코쉬(Cauchy)분포 등이 있다.

2. 연속확률밀도함수

연속확률밀도함수(probability density function)는 연속확률변수(인) X가 취할 수 있는 어떠한 구간 내의 실수값 x에 확률을 대응시키는 함수를 일컬으며, f(x)로 표시한다. 연속확률밀도함수의 성질은 다음과 같다.

- 성질1: $f(x) \geq 0$, all x
- 성질2: $\int_{-\infty}^{\infty} f(x)dx = 1$
- 성질3: $P(a \leq X \leq b) = \int_{a}^{b} f(x)dx$

좀 더 쉽게 설명하면, 연속확률밀도함수는 확률변수의 분포를 나타내는 함수로, 그 함수를 특정 구간에 대해 적분한 값이 확률변수값이 구간에 포함될 확률값이 되는 함수이다. 즉, 연속확률밀도함수f(x)와 구간 (a, b)에 대해서 확률변수 X가 구간에 포함될 확률 $P(a \leq X \leq b)$는 $\int_{a}^{b} f(x)dx$가 된다. 연속확률밀도함수 f(x)는 다음의 두 가지 조건, 첫째, 모든 실수값 x에 대해 $f(x) \geq 0$, 둘째, $\int_{a}^{b} f(x)dx=1$을 만족해야 한다.

3. 연속확률분포의 유형

1) 정규분포

(1) 정규분포의 개념

정규분포(normal distribution, 正規分布)는 광범위한 분야에 적용되는 매우 중요한 연속분포 중의 하나이다. 가우스가 처음 제시하여 '가우스분포'라고도 한다.

18세기 과학자들은 측정값들의 오차가 어떠한 규칙성을 가지는 분포형태를 나타낸다는 점을 발견하고, 여러 오차 발생 실험을 통하여 오차가 정규곡선이라 불리는 좌우대칭형의 분포를 따르고 있다는 사실을 도출하였다. 이러한 형태의 분포를 수학적인 함수로 체계화한 것이 바로 '정규분포'이다. 정규분포는 자료의 분포 정도가 많은 관찰값이 평균인 중앙에 몰리게 되어 중앙이 볼록한 종모양을 하는 정규곡선(normal curve)을 나타낸다. 정규분포의 정도를 나타내는 첨도와 왜도가 각각 0이 된다. 그러므로 중앙치, 평균, 최빈치가 일치하게 된다.

정규분포는 특정 지점인 대칭점을 중심으로 좌우대칭이고, 그 특정 지점은 평균점이 된다. 대칭점을 중심으로 관찰 빈도수(관찰확률)가 가장 높으며, 대칭점에서 멀어질수록 빈도수가 낮아진다. 정규분포는 특정 자료에서 급간의 밀집 정도를 나타내는 확률밀도함수 $f(x)$와 구간 (a, b)에 대해서 확률변수 X가 구간에 포함될 확률 $P(a \leq X \leq b) = \int_a^b f(x)dx$가 된다. 확률밀도함수 $f(x)$는 두 조건을 만족해야 한다.

여기서 확률밀도(probability density)는 정규분포에서 관찰빈도가 차지하는 면적을 의미한다. 정규분포의 전체 면적을 1로 보았을 때 평균과 표준편차에 의하여 개별값이 가지는 위치에 따라, 그 값이 관찰될 수 있는 확률을 알 수 있다. 이 확률에 의하여 어떤 관찰치가 우연에 의한 것인지, 정상적인 것인지를 알 수 있다. 이렇게 정규분포에서의 면적이 관찰값의 발생확률을 알 수 있게 하기 때문에 자료분석(통계)에서 매우 중요한 역할을 한다.

(2) 정규분포의 특징

정규분포는 이론상의 분포이기 때문에 실제로 조사결과의 적용과정에서 정확하게 일치하는 경우는 극히 드물다. 그러므로 조사결과의 적용에서 비슷한 분포를 갖는다고 가정하여 적용되는 경우가 많으며, 이때 우리는 경험적 법칙의 적용이라고 표현한다([그림 5−5]).

정규분포는 다음과 같은 몇 가지 특징을 가지고 있다. 첫째, 평균을 중심으로 종모양의 대칭곡선이다. 평균을 중심으로 좌우에 분포한 관찰빈도의 수가 동일하며 밀집 정도가 동일하다. 둘째, 평균, 중앙값, 최빈값은 모두 같다. 그러나 정규분포는 두 개의 모수, 즉 평균과 표준편차(분산)에 의해 그 모양이 정해진다. 평균에 의하여 정규분포의 위치가 결정되고 표준편차에 의하여 곡선의 모양이 결정된다. 표준편차가 클수록 곡선은 넓고 낮아지며, 작을수록 좁고 높아진다. 셋째, 평균으로부터 멀어지는 양쪽 꼬리 부분은 X축에 접근한다. 특정 관찰값이 평균으로부터 멀어질수록 X축에 접근하지만 결코 X축에 접하지는 못한다. 넷째, 분포곡선과 축 사이 부분의 넓이는 1이다. 평균을 중심으로 좌우 50%의 관찰값이 분포되어 있다.

이와 같은 특징을 갖은 정규분포의 공식은 $(y)=\frac{1}{\sigma\sqrt{2\pi}}e^{-\frac{(X-\mu)^2}{2\sigma}}$ 인데, 여기서 y=곡선의 높이, σ=모집단의 표준편차, π=3.14, e=자연대수(약 2.718), X=분포상의 한 점수, μ=모집단평균을 의미한다.

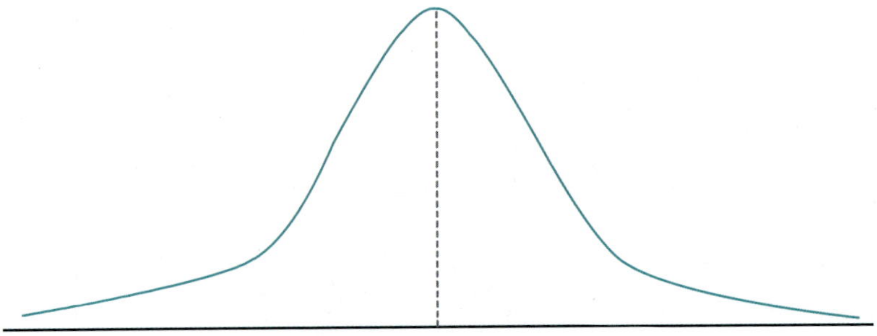

[그림 5−5] 정규분포곡선

공식에서 모집단의 평균(μ)과 표준편차(σ)를 알면 분포의 높이(y)를 구할 수 있으나 모집단의 표준편차와 평균을 아는 것은 불가능하다. 그러므로 정규분포의 공식은 상징적이다. 이러한 문제를 해결하기 위해서는 정규분포에 평균이 0, 표준편차가 1인 표준점수(Z-점수)를 도입한다. 이렇게 되면 공식은 매우 간단하게 $y=\frac{1}{\sqrt{2\pi}}e^{-\frac{Z^2}{2}}(-\infty<z<\infty)$로 변하게 된다. 공식에서 정규분포에서 가장 높은 점은 $z=0$일 때일 것이다. z값의 절댓값이 커질수록 높이(y)는 낮아짐을 알 수 있다.

(3) 정규분포와 표준편차

변산도를 나타내는 여러 방법 중 대표적인 방법이 표준편차이며, 정규분포와 밀접한 관계가 있음을 알 수 있다. 정규분포에서 모양이 편평하면 표준편차가 큰 것을 의미하고, 뾰족하면 표준편차가 작은 것을 의미한다.

표준편차가 변산도를 나타내는 데 가장 많이 유용하게 사용하는 이유를 김태호(2000)는 다음과 같이 정리하였다.

첫째, 표준편차를 이용하여 둘 또는 그 이상의 자료가 갖는 변산도를 비교할 수 있다. 둘째, 하나의 자료가 갖는 표준편차를 해석함에 있어 경험적 법칙을 이용하여 해석이 가능하다. 자료가 정규분포(종모양)를 나타낼 때, 경험적 법칙을 적용할 수 있다. 경험적 법칙의 적용은 자료가 종모양이 분포를 가질 때, 평균을 중심으로 제1 표준편차, 제2 표준편자, 제3 표준편차일 때의 점유율이다.

- 평균 ±1s(표준편차)는 측정치 가운데 약 68.26% 정도를 포함
- 평균 ±2s(표준편차)는 측정치 가운데 약 95.44% 정도를 포함
- 평균 ±3s(표준편차)는 측정치 가운데 약 99.74% 정도를 포함

예를 들어, S대학교(원)에서 사회복지자료분석론 중간시험에서 정규분포를 형성하고, 평균 75점이며 표준편차가 7점으로 나타났다.

▣ 75 ±7(68~82점) 사이에 조사연구대상 학생 중 68%가 포함

▣ 75 ±14(61~89점) 사이에 조사연구대상 학생 중 95%가 포함

▣ 75 ±21(54~96점) 사이에 조사연구대상 학생 중 99%가 포함

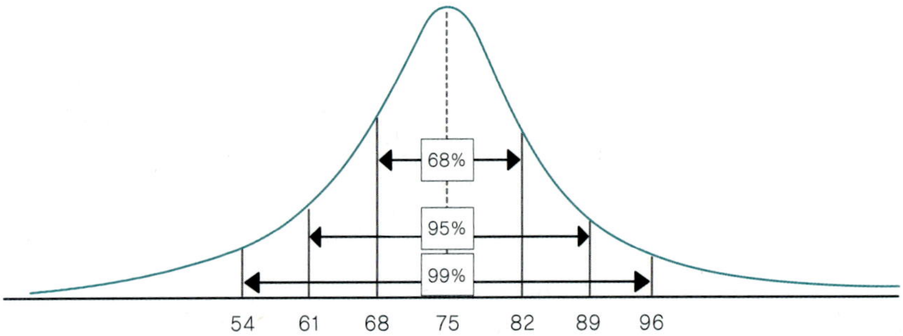

[그림 5-6] 정규분포와 표준편차

2) 표준정규분포

(1) 표준정규분포의 개념

조사연구결과의 자료들이 정규분포의 형태를 갖는다고 할지라도 자료의 측정

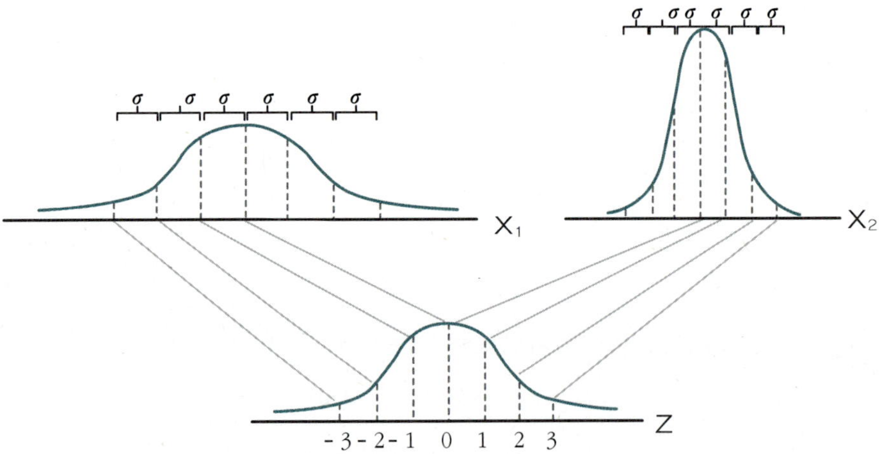

[그림 5-7] 표준정규분포의 형성과정

단위가 다를 경우, 비교분석이 불가능하다. 그러므로 측정단위를 상대적인 비교가 가능하도록 표준화가 요구되며, 표준화된 분포를 '표준정규분포'라고 한다. 정규분포의 표준화는 평균을 특정값 0에 고정하고, 표준편차 1을 기준으로 변산도의 크기를 표시하는 것을 의미한다.

(2) 표준정규분포의 특징

표준정규분포의 특징은 앞에서 언급한 정규분포의 특징과 일치하나 평균과 표준편차에 의하여 곡선의 위치와 모양이 변하지 않는다는 점이 다르다.

표준정규분포 곡선은 다음과 같은 몇 가지 특징을 가지고 있다. 첫째, 평균을 중심으로 종모양의 대칭곡선이다. 둘째, 평균, 중앙값, 최빈값은 모두 같다. 셋째, 평균으로 부터 멀어지는 양쪽 꼬리 부분은 축에 접근한다. 넷째, 곡선과 축 사이 부분의 넓이는 1이다. 다섯째, 평균은 0, 표준편차가 1로 곡선의 모양이 변하지 않는다.

조사연구자는 이러한 표준정규분포를 활용하여 많은 것을 알아낼 수가 있다. 첫째, 원점수를 알면 Z-점수로 환산하여 상대적인 위치(표준정규분포 면적을 통한 확률·비율 파악)를 파악할 수 있다. 둘째, 반대로 표준정규분포의 면적(상대적 위치, 확률·비율)을 알면 Z-점수를 구할 수 있다. 셋째, 표준정규분포는 표집오차, 유의도, 신뢰구간을 판단하는 기준을 제공하여 표본평균으로부터 모집단평균을 예측(추리통계)하는 데 활용된다.

[그림 5-8] 표준정규분포에서 X값, Z-점수, 확률 · 비율과의 관계

(3) 표준정규분포와 Z-점수분포(표준점수분포)

앞에서 언급된 표준정규분포는 변환된 Z-점수분포라고 할 수 있다. 일정범위 내의 원점수는 Z-점수로의 변환이 가능하여 원점수의 상대적 위치를 알 수 있게

한다. 다른 말로 표현하면, 원점수의 분포가 Z-점수분포로 전환이 가능해진다.

변환된 Z-점수분포, 즉, 표준정규분포의 특성은 다음과 같다. 첫째, 원점수 X를 표준점수 Z-점수로 바꾸고, 사례 수 N을 비율로 나타낸 정규분포를 '표준정규분포'라 한다. 이러한 표준정규분포에서 평균점에서의 Y축의 높이는 .3989이다. 즉, 평균에서 Z=0이다. 둘째, 곡선의 최고 높이는 평균점, 즉 Z=0이 되는 점이다. 따라서 Z-점수가 0이 아닌 ±Z의 어떤 값을 가질 때, Y축의 높이는 감소한다. 셋째, 표준정규분포곡선은 좌우대칭이다. 따라서 -와 +의 같은 Z-점수에 대해 Y의 값은 동일하다. 넷째, 곡선의 최고점이 평균이므로 이 값은 최빈치와 일치하고, 좌우대칭이므로 중앙치와 일치한다. 정규분포곡선은 평균과 최빈치, 중앙치가 일치하는 곡선이다. 다섯째, Z-점수가 증가함에 따라 Y는 0에 접근한다. Z-점수가 증가할 때 Y는 무한히 0에 접근할 뿐, 0이 되지는 않는다. 따라서 분포의 양극단은 X축과 만나지 않는다(-∞와 +∞).

(4) Z-점수의 활용

① Z-점수(표준점수): 상대적 위치 측정

앞에서 설명되었듯이 Z-점수는 분포 내 점수의 정확한 위치를 설명한다. Z-점수란 표준화된 표준편차의 값(수치)을 이르는 것이며, 표준정규분포의 X축 선상에 표시된다. 표준화한 점수를 Z-점수(값)라고 부르고 변수 X에 대하여 평균(μ)을 뺀(편차점수) 후, 표준편차(σ)로 나눈다. 계산의 결과 중 +와 -기호는 정방향(평균 위)인지 역방향(평균 아래)인지를 나타낸다. Z-점수 계산 공식은 다음과 같다.

$$\text{공식: Z-점수} = \frac{\text{원점수}-\text{평균}}{\text{표준편차}} = \frac{X-\mu}{\sigma}$$

Z-점수 1은 표준편차 1을 의미한다. 이것은 평균과 표준편차 1 사이에 34.13%의 관찰빈도가 포함되었다는 의미이다. 또한 표준정규분포하에서 평균과 Z-점수

1 사이의 넓이가 0.341이라는 것을 의미한다. 똑같은 논리로 Z-점수 -1은 Z-점수 1과 똑같은 관찰빈도와 동일 넓이를 나타낸다. Z-점수 2는 평균과 표준편차 2 사이에 47.7%의 관찰빈도가 포함되었다는 의미이며, Z-점수 2의 면적은 0.477이다. Z-점수 3은 49.5%의 관찰빈도와 0.495넓이를 포함한다고 할 수 있다([그림 5-10]).

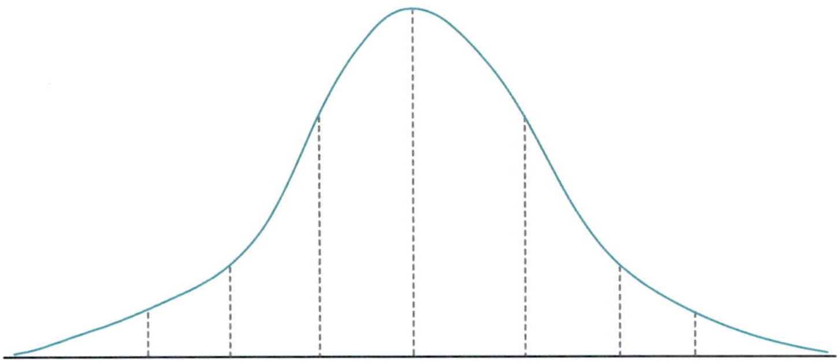

[그림 5-9] 정규분포, 표준정규분포의 표준편차와 Z-점수의 비교

원점수(X)를 Z-점수로 표준화하면, 원점수가 전체 분포에서 차지하는 상대적인 위치의 확인이 가능하다. 이것은 Z-점수가 원점수를 표준편차 단위로 환산한 값이기 때문이다. 다시 말해 Z-점수는 백분위수로 전환될 수 있으며, 2개의 백분위수는 각 점수가 그들의 분포에 있는 다른 점수들이 비례하는 곳에서 살펴보면 비교할 수 있다. 예를 들어, 어떤 사회복지학부 학생이 사회복지조사론과 사회복지자료분석론 시험을 치러 사회복지조사론 50점과 사회복지자료분석론 60점을 받았다고 하면, 단순히 이 학생은 사회복지조사론에 비하여 사회복지자료분석론 시험을 잘 보았다고 이야기할 수 없다. 왜냐하면 사회복지조사론 시험집단과 사회복지자료분석론 시험집단이 다르기 때문이다. 이러한 경우에는 상대적인 점수

를 비교하기 위하여 표준점수로 환산하여 비교한다. 표준점수의 값은 특정 점수가 평균으로부터 표준편차의 점수를 기준으로 어느 정도 떨어져 있는가를 알려주어 다른 두 분포에서의 특정점수를 상대적으로 비교하도록 돕는다. 표준점수의 값이 클수록 평균으로부터 멀리 떨어지게 됨으로써 상대적으로 우수한 점수이다.

표준점수의 계산을 위하여 비교대상의 점수, 비교대상점수의 평균과 표준편차를 알아야 한다. 위의 예처럼 한 학생의 점수가 사회복지조사론 50점, 평균 45점, 표준편차 5이고, 사회복지자료분석론 60점, 평균 55점, 표준편차 10점이라고 가정한다.

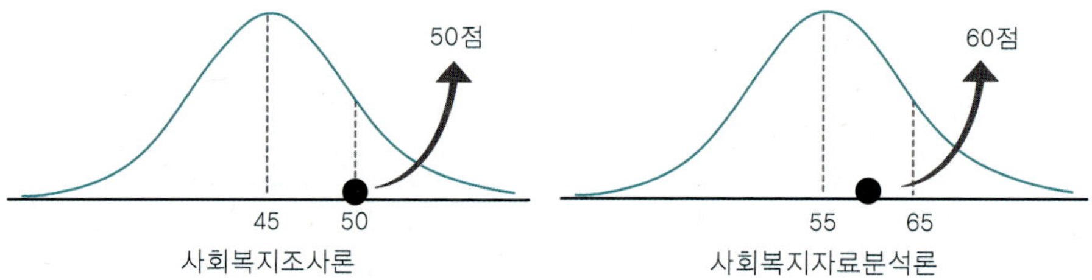

[그림 5–10] 표준편차의 차이에 따른 상대적 위치

위의 공식에 적용하면 사회복지조사론은 $\frac{50-45}{5}=1.0$인 반면에 사회복지자료분석론은 $\frac{60-55}{10}=0.5$가 된다. 사회복지조사론은 평균으로부터 1표준편차만큼 떨어져 있는 반면에, 사회복지자료분석론은 0.5표준편차만큼 떨어져 있기 때문에 사회복지조사론 성적이 사회복지자료분석론보다 우수하다고 할 수 있다.

또 다른 예로, 사회복지자료분석론에서 60점을 획득한 학생이 표준편차의 차이에 따른 상대적인 위치를 나타낸 그림이 [그림 5−10]이다. 그림에서 볼 수 있듯이 표준편차가 5인 경우와 표준편차가 10인 경우의 예이다. 이렇게 점수의 위치를 알기 위해서는 평균과 표준편차를 알아야 하며, Z−점수는 분포 내의 위치를 명확하게 알 수 있도록 도와준다. 표준점수값을 알면 학생의 상대적인 성적이 전체 성적에 비하여 어느 정도의 위치에 있는지 알 수 있다. 사회복지조사론에서 50점은 평균값의 50%와 표준점수값 1까지의 34.13%(부록 Z−점수 분포)를 합치면 84.13

이 된다. 반면에 사회복지자료분석론에서는 표준점수 0.5값은 19.15%(부록 Z-점수 분포)에 해당됨으로써 69.15%가 된다. 이 학생은 사회복지조사론이 사회복지자료분석론에 비하여 14% 정도 높은 순위에 있게 된다.

정리하면 표준정규분포에서 원점수들 사이의 면적(확률)을 구하기 위해서는 다음과 같은 단계를 거치게 된다.

- 1단계, 표준정규분포에서 원점수의 위치를 확인한다.
- 2단계, 원점수를 Z-점수로 표준화한다.
- 3단계, 부록 Z-점수표에서 면적을 구한다.

② 원점수값으로 Z-점수 구하기

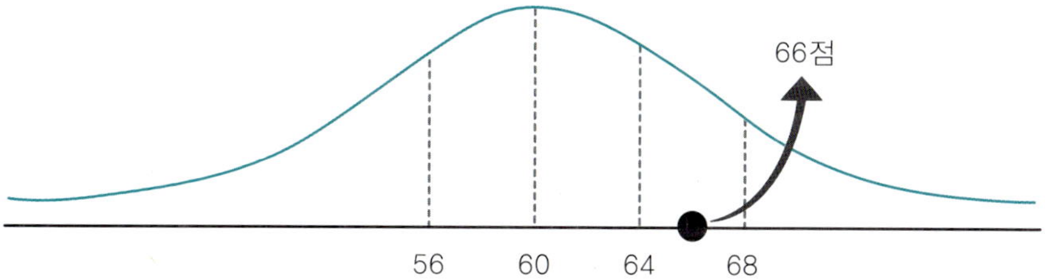

[그림 5-11] Z-점수 구하기

예시를 들어, 원점수로 Z-점수를 구하면 다음과 같다.

사회복지자료분석론에서 중간고사 평균이 60이고 표준편차가 4인분포를 형성하였다. 이때에 66점을 받은 홍길동의 Z점수는 얼마인가?

Z-점수를 구하는 공식 $Z=\frac{X-\mu}{\sigma}$에 대입하면 $\frac{66-60}{10}=\frac{6}{4}=+1.5$ 홍길동의 점수는 상대적 위치, Z=+1.5로 평균에서 양의 방향으로 1.5만큼 떨어져 있음을 알 수 있다.

③ Z-점수로 원점수 구하기

예시를 들어, Z-점수로 원점수를 구하면 다음과 같다.

> 사회복지자료분석론에서 중간고사 평균이 60이고 표준편차가 4인 분포를 형성하였다. 이때에 홍길동의 Z-점수가 +1.5일 때 원점수는 얼마인가?

이 질문에서 Z-점수의 값은 개별 점수 X로부터 +1.5만큼 위에 위치하고 있음을 알 수 있다. 원점수를 구하기 위한 1단계에서 표준편차 +1.5에 해당되는 거리를 구한다. 이 거리는 Z-점수에 표준편차를 곱($Z\sigma$)하면 얻을 수 있다. $Z\sigma = X-\mu$가 되는 데, 이것은 Z-점수를 구하는 공식 $Z = \frac{X-\mu}{\sigma}$을 활용한 것이다. $Z\sigma$를 구하기 위하여 $+1.5 \times 4 = +6$이 되어 점수는 평균보다 6만큼의 위에 위치하게 된다. 공식($Z\sigma = X-\mu$)을 활용하면 $X = 6+60 = 66$이 된다. 이렇게 원점수에서 Z-점수를 구하든 Z-점수를 통하여 원점수를 구하든 개별 점수(X), 표준점수(Z), 평균과 표준편차는 밀접한 관계가 있음을 알 수 있다.

3) 기타 연속확률분포

기타 연속확률분포로는 카이스퀘어분석에 활용되는 카이스퀘어(제곱)분포, 평균분석(t-검정)에 활용되는 t-분포, 분산분석에 활용되는 F-분포 등이 있다. 본 절에서는 이들 연속분포에 대해 간략하게 개요만 소개하고 구체적인 내용과 활용은 제3부 통계분석에서 소개하기로 한다.

(1) 카이스퀘어분포

카이스퀘어분포는 좌측으로 기울어진 분포이며, 자유도가 커질수록 정규분포에 접근한다. 카이스퀘어분포는 모분산의 추정과 가설검정(증), 여러 집단들 사이의 독립성, 동질성, 적합도(goodness-of-fit test)를 검정하는 데 주로 사용한다.

카이스퀘어분포의 특징은 다음과 같다. 첫째, 연속확률분포로, 확률변수는 항상 양의 값을 가진다. 둘째, 오른쪽 꼬리를 가진 비대칭분포이다. 셋째, 분포는 자유도, 즉 표준정규확률변수 Z를 제곱한 것을 더한 개수에 따라 모양이 달라진다.

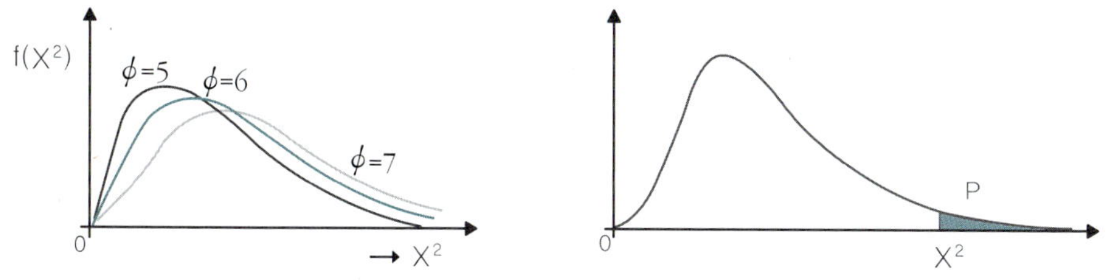

X^2 분포 X^2 분포의 확률

[그림 5-12] X^2 분포와 X^2 분포의 확률

자세한 내용은 제12장 비모수검증에서 다루기로 한다.

(2) t-분포

두 집단의 평균을 비교하기 위하여 표본평균 차이를 활용하게 된다. 이때 활용되는 분포가 't-분포'이다. t-분포는 자유도에 따라 모양이 변하며 자유도가 무한대(∞)일 때 정규분포에 접근한다. 이 분포는 표본이 작을 때(30 미만), 주로 평균 차이 또는 회귀계수를 통한 검정을 하는 분포이다.

t-분포의 특징을 정리하면, 첫째, 평균값 0을 기준으로 대칭을 이루는 정규분포의 형태를 따른다. 둘째, 자유도에 따라 분포가 달라지며 표본의 크기가 클수록 평균 근처에 밀집 분포를 형성한다. 셋째, 표본의 크기가 커질수록 Z분포에 접근한다.

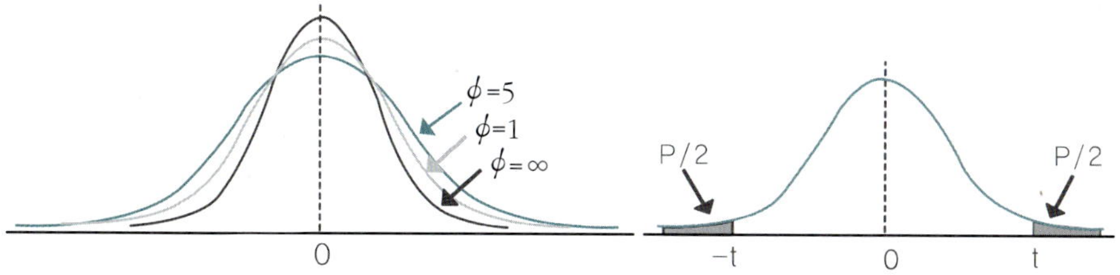

t-분포 t-분포확률

[그림 5-13] t-분포와 t-분포확률

자세한 내용은 제8장 평균분석에서 다루기로 한다.

(3) F-분포

일반적으로 집단 간의 비교는 평균을 활용하지만, 특별한 경우에 집단의 분산을 활용한다. 이때 집단 간의 표본분산비는 'F-분포'로 표현된다. F-분포는 모집단에서 추출한 표본을 통하여 표본분산과 모분산과의 관계를 이용하여 모분산비를 추론하는 데 활용된다. 이 분포는 오른쪽으로 비스듬히 기울어져 있지만, 자유도가 증가함에 따라 대칭성에 가까워진다.

구체적인 특징은 다음과 같다. 첫째, 연속확률분포로, 확률변수 F는 항상 양(+)값을 가진다. 둘째, F분포의 면적은 자유도가 변할지라도 항상 1이다. 셋째, 오른쪽 꼬리를 가진 비대칭분포로, 분자와 분모의 자유도에 따라 분포의 모양이 변한다.

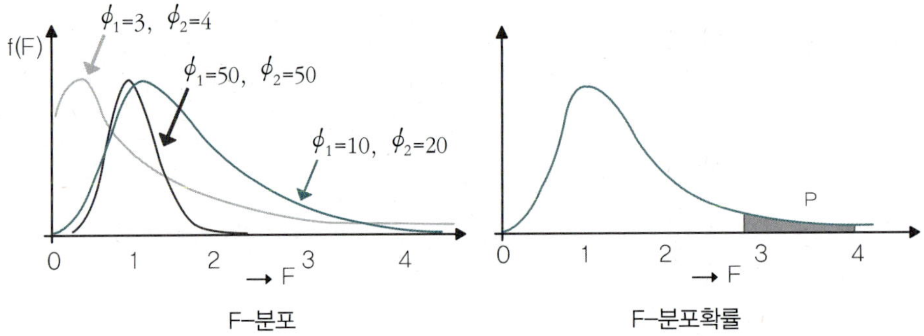

[그림 5-14] F-분포와 F-분포확률

제4절 표본분포

1. 표본분포의 개념

조사연구자들은 모집단의 특성을 파악하기 위한 전수조사가 불가능한 경우, 표본추출을 시도한다(표본 및 추출방법은 본서 제2장 제2절 참고). 이처럼 조사연구자들은 모집단 전체에 관심이 있는 것이 아니고, 모집단의 특별한 특성에 대하여 관심이 있다. 모집단의 특성을 '모수'라고 하는데, 그 예로는 모평균, 모분산, 모비율 등이 있다. 모수를 추정하려면 모수추정에 적합한 확률표본의 함수인 통계량이 도입된다. 모집단의 평균과 분산을 추정하는데, 대표적인 통계량으로 표본비율, 표본평균, 표본분산 등이 있다. 요약하면, 통계량인 표본비율, 표본평균, 표본분산은 확률표본의 함수로 표현이 가능하다. 따라서 통계량은 확률변수라고 할 수 있고 통계량의 분포를 '표본분포(sampling distribution)'라고 한다.

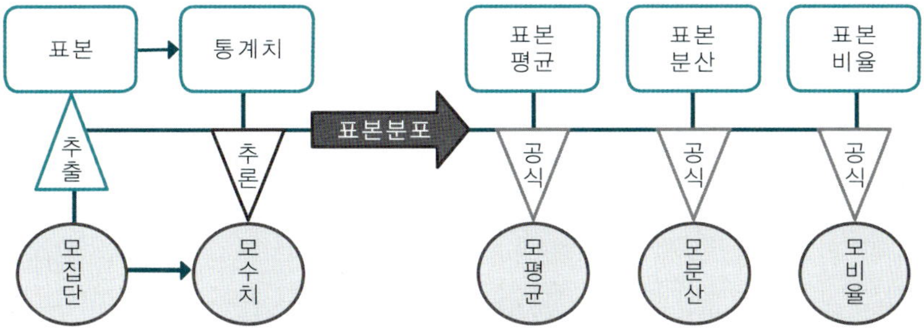

[그림 5-15] 표본, 통계치와 표본분포

2. 표본분포의 유형

1) 표본비율분포

비율은 어떠한 속성을 가진 빈도가 전체 빈도에서 차지하는 상대도수를 나타내는 척도이다. 같은 모집단에서 여러 번 표본을 추출하여 통계치 중의 하나인 표본비율을 산출하면 매번 추출할 때마다 비율이 달라진다. 이때 표본비율은 표본변수로 어떠한 확률분포를 따르게 된다. 이때 표본비율 $\hat{p}=\frac{X}{n}$은 $np \geq 5$, $np(1-p) \geq 5$이면 정규분포를 근사치로 따른다. 즉, 표본비율은 n개의 표본을 추출하여 조사연구를 할 때마다 X의 값이 달라지는 변수이다.

표본비율은 확률변수로 다음과 같은 평균과 분산을 가진다.

$$E(\hat{p}) = E\left(\frac{X}{n}\right) = \frac{1}{n}E(X) = \frac{1}{n}(np) = \text{p}, \ \therefore E(X) = np$$

$$V(\hat{p}) = V\left(\frac{X}{n}\right) = \frac{1}{n^2}V(X) = \frac{1}{n^2}[np(1-p)] = \frac{p(1-p)}{n}, \ \therefore V(X) = np(1-p)$$

예를 들어, 농촌지역의 독거노인비율이 $p=23.3$일 때, n=500가구를 표본추출 하여 독거노인가구비율 $\hat{p}$를 구하는 것을 반복하면 어떠한 분포를 따를 것인가?

여기서 $np = 500 \times 0.233 = 116.5 > 5$이고 $np(1-p) = 500 \times 0.233(1-0.233) = 89.4 > 5$가 되므로 표본 독거노인비율 $\hat{p}$는 기댓값(평균)과 분산: $E(\hat{p}) = p = 0.233$, $V(\hat{p}) = \frac{p(1-p)}{n} = \frac{0.233(1-0.233)}{500} = 0.000357$인 정규분포를 근사치로 따른다.
좀 더 구체적으로 어떠한 속성을 가진 모비율이 p인 모집단에서 크기 n인 표본을 추출하였을 경우, 해당 속성을 가진 것이 X개 출현하였다면 다음과 같다.

표본비율 $\hat{p} = \frac{X}{n}$은 $np \geq 5$, $np(1-p) \geq 5$이면

$$\hat{p} = \frac{X}{n} \sim N\left(p, \frac{p(1-p)}{n}\right)$$

$$Z = \frac{\hat{p}-p}{\sqrt{\frac{p(1-p)}{n}}} \sim N(0, 1)$$

2) 표본평균(기댓값)분포

표본평균(기댓값)은 동일한 모집단에서 같은 크기의 표본을 여러 번 추출했을 때, 각기 다른 평균을 가진다. 표본평균은 확률변수로 어떠한 확률분포를 따른다. 모평균이 μ이고, 모분산이 σ^2인 모집단에서 임의추출 한 크기 n의 표본평균 $\overline{X}$의 기댓값(평균)과 분산은 다음과 같다.

$$E(\overline{X}) = \mu_{\bar{x}}(\text{표본평균}) = \mu(\text{모평균})$$

$$V(\overline{X}) = \sigma^2_{\bar{x}}(\text{표본분산}) = \frac{\sigma^2}{n}(\text{모분산})$$

모평균이 μ, 모분산이 σ^2인 모집단에서 추출한 크기 n의 표본평균 $\overline{X}$ 는 정규분포를 형성한다. 따라서 표본평균, $\overline{X} \sim N\left(\mu, \frac{\sigma^2}{n}\right)$이다. 따라서 표본평균을 표준화한 확률변수, $Z = \frac{\overline{X}-\mu}{\frac{\sigma}{\sqrt{n}}} \sim N(0, 1)$과 같은 표준정규분포를 형성한다.

예를 들어, $X \sim N(170, 8^2)$인 모집단에서 n=10인 확률표본을 추출하여 표본평균 $\overline{X}$의 분포에서 표본평균과 표본분산은 얼마이며 어떠한 분포를 따르는지를 계산하면, $E(\overline{X}) = \mu_{\overline{x}} = \mu = 170$, $V(\overline{X}) = \sigma^2_{\overline{x}} = \frac{\sigma^2}{n} = \frac{8^2}{10} = 6.4$, $\overline{X} \sim N(170, 6.4)$인 정규분포를 따른다고 할 수 있다.

3. 표본분포와 표본오차

대부분의 조사연구자들은 모집단의 특성과 인과관계 등에 대한 답을 얻기 위하여 일정크기의 표본의 특성 또는 인과관계 등을 활용한다. 조사연구자는 모집단의 특성 등에 대한 정보를 얻기 위하여 표본에 의지해야 한다. 이것은 표본이 모집단의 특성을 제공하므로, 표본은 모집단의 전형이라는 합리적인 가정에 근거한 것이다.

그러나 표본은 현실적으로 모집단의 그 특성 등과 관련하여 일치하지 않는다. 예를 들어, 학생 수 12,000명의 대학교에서 내학생의 장애인에 대한 의식조사를 실시하기 위하여 대학생 250명을 표집 하여 조사했을 때, 250명에서 산출된 통계치는 12,000명에 대한 모수치와 일치하지 않을 수도 있다.

비록 한 모집단에서 동일한 표집방법으로 여러 개의 표집을 하였다고 해도 여러 표본 간의 특성은 다르게 나타난다. 바꾸어 설명하면, 모집단에서는 모수치가 계산할 것이고, 모집단에서 표집 된 표본들에서는 통계치들을 계산할 것이다. 그러므로 현실적으로 모수치와 통계치들이 일치하지 않는다. 이것을 우리는 '표본오차(sampling error)'라고 한다.

4. 표본분포와 표준오차

표본분포는 모집단에서 확률로 표집 된 표본에서 도출된 통계치(표본평균, 표본분산, 표본비율 등)의 분포를 그림으로 나타낸 것이다. 표본분포는 모집단의 크기와 관계없이 확률로 표집 된 표본이 30개 이상이면 정규분포에 가깝다고 간한다. 이것은 중심극한정리(central limit theorem), "평균(μ)과 표준편차(σ)를 가진 어떤 모집단에서 표본의 크기가 n인 표본분포는 평균(μ)과 표준편차($\frac{\sigma}{\sqrt{n}}$)를 지닌 정규분포에 접근한다."라는 수학적 명제를 근거로 제시된 것이다. 이와 같이 표본분포에서도 다른 형태의 분포와 같이 표준편차와 분산의 계산이 가능해진다. 그러므로 표본분포의 표준편차를 다른 분포의 표준편차, 특히 표본의 표준편차와 구별할 필요가 있다.

표본의 표준편차와 구별하여 표본분포의 표준편차를 '표준오차(standard error)'라고 부른다. 따라서 평균의 표본분포의 표준편차는 '평균의 표준오차(standard error of the mean)'가 된다([그림 5-16]).

다시 말해, 표준오차는 표준편차의 측정처럼 평균으로부터의 표준간격을 나타내 준다. 표준오차는 표본평균 $\overline{X}$와 모평균 μ사이의 표준간격을 말한다. 표준오차는 $\sigma_{\bar{x}}$로 표시한다. 여기서 σ은 표준편차를 의미하며, x는 표본평균의 표준편차를 의미한다. 표준편차 $= \sigma_{\bar{x}} = \overline{X}$와 μ사이의 표준간격이다.

이렇게 설명했음에도 불구하고 많은 학생들은 표준편차와 표준오차의 차이점에 대하여 명확하게 구분하지 못할 가능성이 크다. 표준편차(standard deviation)란 점수와 모집단평균 간의 표준간격을 측정하여 계산하는 것을 말한다. 그러므로 표준편차는 점수들의 분포에 대한 변산도를 나타내며 수식으로 표현하면 $X-\mu$가 된다. 반면에 표준오차는 표본평균과 모집단평균 사이의 표준간격을 측정하여 계산한 것이다. 그러므로 표본에 대한 변산도를 나타내며 수식으로는 $\overline{X}-\mu$가 된다. 표준오차의 두 가지 특성은, 첫째, 모집단의 변산도에서 표준편차가 작다는 것은

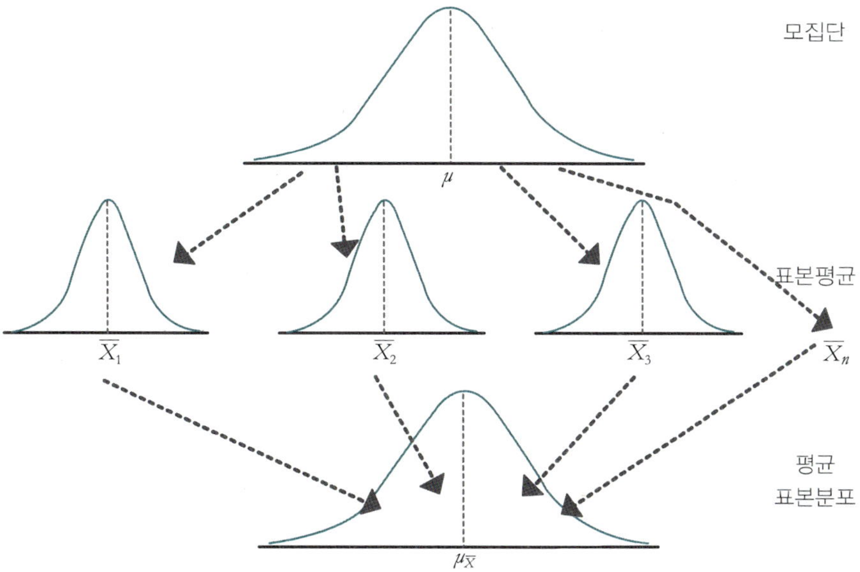

[그림 5-16] 평균의 표본분포 체계도

출처: 최성재(2005), SPSS이용 분석방법 포함 사회복지자료분석론. p.279, 재구성.

평균에 가깝다는 것을 의미한다. 이러한 모집단에서 추출된 표본은 표준오차가 적을 가능성이 크다고 볼 수 있다. 둘째, 표본이 클수록 표준오차는 작아진다. 이것은 표준오차($\sigma_{\overline{x}}$)의 공식 $\frac{\sigma}{\sqrt{n}}$에서 보면 n, 즉 사례 수가 증가할수록 표준오차는 작아짐을 알 수 있다.

제5절 SPSS-표준점수

SPSS를 이용한 표준점수

1) 파일 열기

사회참여를 하는 노인 584명의 만족도 조사결과의 코딩 후 저장되어 있는 상태에서 파일(F)-열기(O)-데이터(D)를 클릭하고 찾는 위치와 파일 이름을 입력하고 열기를 클릭하면 [그림 5-17]과 같은 데이터 창이 뜬다.

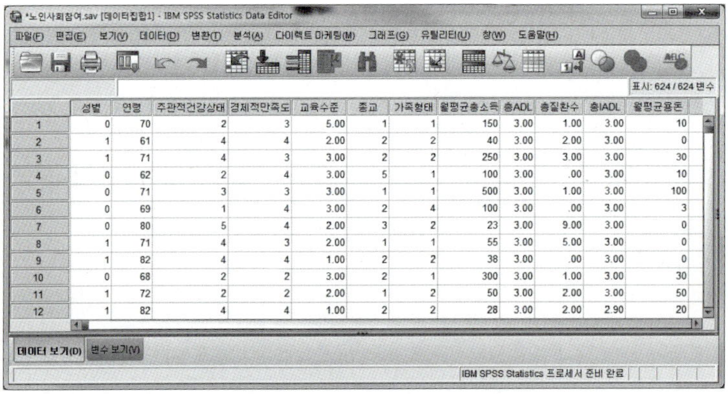

[그림 5-17] 파일(F)-열기(O)-데이터(A)

2) 데이터 분석 과정

표준점수 분석을 위하여 분석(A)-기술통계량(E)-기술통계(D)를 클릭하면 기술통계 창이 뜬다([그림 5-18]).

[그림 5-18] 분석(A)-기술통계량(E)-기술통계(D)

이때에 표준점수를 분석하고자 하는 변수를 변수(V)(공익, 교육, 자립 인력파견)로 이동시키고 왼쪽 아래의 '표준화 값을 변수로 저장'을 체크한다. 마지막으로 확인을 클릭하면 변수 보기([그림 5-19])에서 표준화된 점수들이 계산되어 생성된 것을 확인할 수 있다.

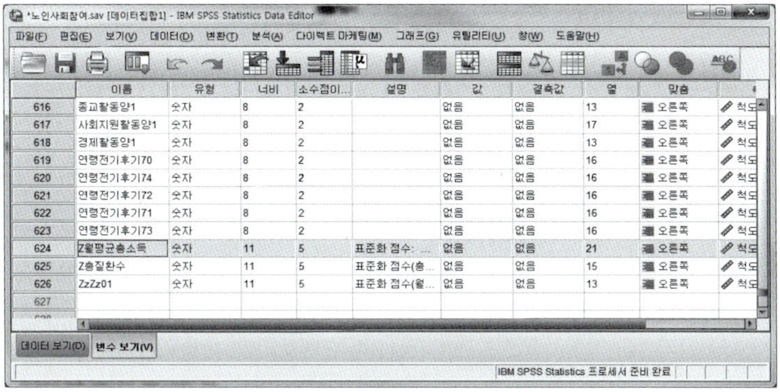

[그림 5-19] 변수 보기

다시 데이터 보기로 들어가서 분석(A)-기술통계량(E)-기술통계(D)로 들어가면 [그림 5-20]과 같이 기술통계 창이 뜬다.

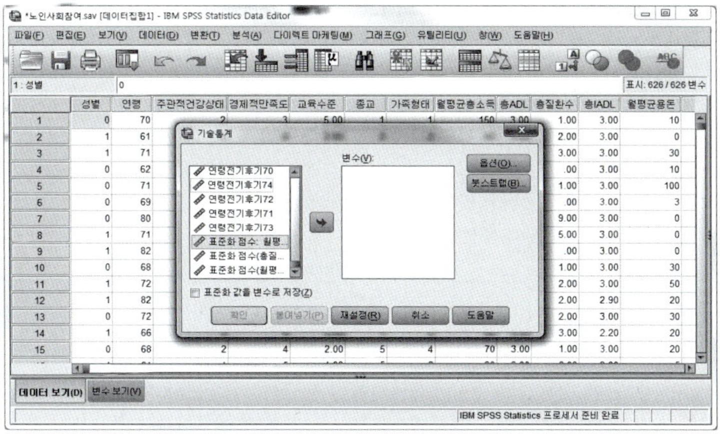

[그림 5-20] 분석(A)-기술통계량(E)-기술통계(D)

기술통계 창에서 변수(V)로 이동시켰던 변수들을 다시 왼쪽 변수란으로 이동시킨다. 그리고 변수의 가장 아래칸으로 이동하면 [그림 5-20]의 기술통계 창과 같이 표준화된 변수들을 볼 수 있다. 다시 표준화된 변수들을 변수(V)로 이동시킨 후([그림 5-21]) 확인을 클릭하면 [그림 5-22]와 같이 기술통계(2) 결과를 확인할 수 있다.

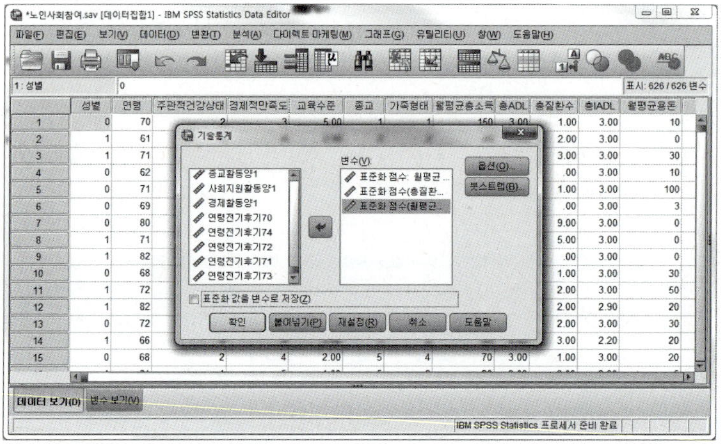

[그림 5-21] 기술통계 창(D)-표준화된 변수이동(V)

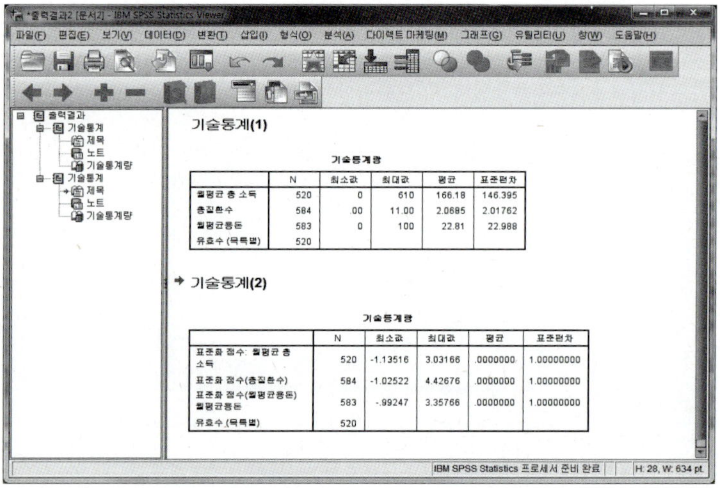

	N	최소값	최대값	평균	표준편차
월평균 총 소득	520	0	610	166.18	146.395
총질환수	584	.00	11.00	2.0685	2.01762
월평균용돈	583	0	100	22.81	22.988
유효수 (목록별)	520				

	N	최소값	최대값	평균	표준편차
표준화 점수: 월평균 총 소득	520	-1.13516	3.03166	.0000000	1.00000000
표준화 점수(총질환수)	584	-1.02522	4.42676	.0000000	1.00000000
표준화 점수(월평균용돈) 월평균용돈	583	-.99247	3.35766	.0000000	1.00000000
유효수 (목록별)	520				

[그림 5-22] 기술통계(2)-표준점수 결과

06

CHAPTER

추리통계의 이해

추리통계(inferential statistics)는 표본에서 나타난 특성 관련 통계치를 근간으로 모집단의 특성을 추론하는 통계방법이다. 추리통계의 목적은 표본분포의 원리와 가설검정(증)의 논리를 활용하여 모수(치)추정과 가설검정(증)을 하는 것이다.

첫째, 추정은 표본의 통계치로 모수치를 추정하여 모집단에 대한 결론을 도출하는 것이다. 둘째, 가설검정(증)은 표본의 통계치가 모집단의 본질적인 것인지, 아니면 표집과정에서 오류가 개입되었는지 가설을 세워서 검정(증)하는 통계방법이다.

여기서 추성(estimation)은 모수치에 대한 정보가 거의 없는 상태에서 모수치에 대한 답을 통계치를 통하여 구하는 것이고, 가설검정(증)(hypothesis test)은 모집단에 대한 약간의 정보를 가지고 있지만 그 정보의 확실성 유무를 표본의 통계량을 통하여 검정(증)하는 것이다.

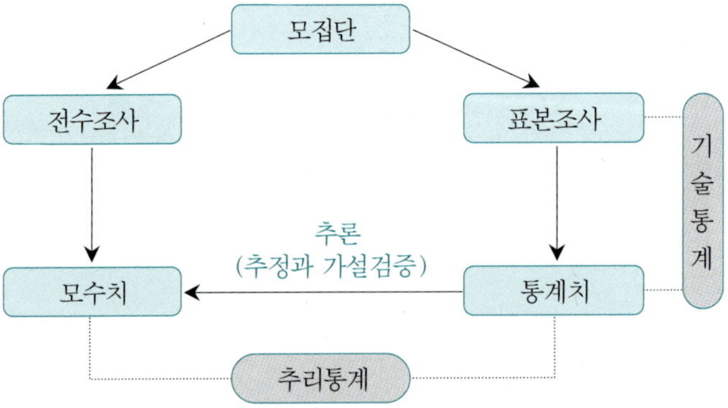

[그림 6-1] 추리통계와 기술통계

제1절 추정

1. 모수(치)추정의 개념

모집단의 특성을 나타내는 모수(치)는 모평균, 모분산과 모표준편차, 모비율 등이 있다. 모수(치)를 파악하기 위하여 모집단 전체를 조사해야 하나 시간적 · 경제적인 이유에서 조사가 불가능한 경우 표집 하여 통계치(표본치)를 활용한다. 즉, 표본평균, 표본분산과 표본표준편차, 표본비율을 통하여 모수(치)를 추정하는 것이다. 이때에 표본에 의한 통계치는 확률표본의 함수이며, 일정한 분포를 형성한다. 표본의 특성을 나타내는 통계량을 기초로 하여, 모집단의 특성인 모수를 추론하는 통계적 분석방법이다.

모수추정은 모집단에 대한 정보가 없는 상태에서 표본의 통계치로 모수(치)를 추정하는 방법으로, '점추정(point estimation)'과 '구간추정(interval estimation)'의 두 가지 방법이 있다.

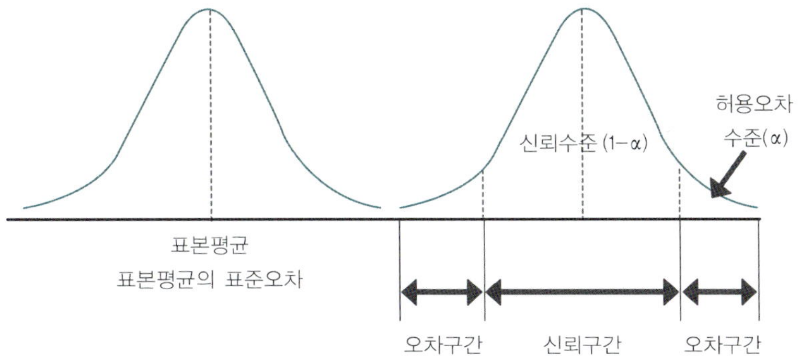

[그림 6–2] 점추정과 구간추정

2. 점추정

1) 점추정의 개념

점추정은 어떠한 통계치를 근거로 하여 모수치(모평균, 모분산, 모표준편차, 모비율)를 하나의 값으로 추정하는 것을 말한다. 예를 들어, “2016년 청년실업은 4.5%, 지자체의 사회복지예산은 평균 30%가 될 것이다.”와 같다.

일반적으로 추정량은 불편추정량(unbiased estimator)을 가지면서 분산이 작은 것이 바람직하다. 이와 같이 불편추정량에서 분산이 가장 작은 추정량을 ‘최소분산불편추정량’ 또는 ‘유효추정량’이라고 한다. 좀 더 세부적으로 적합한 점추정량의 결정기준은 네 가지는 불편성, 유효성, 충족성, 일치성이 있다.

(1) 불편성

불편성(unbiasedness)은 추정량의 기대치(값)가 추정할 모수치의 실제값과 일치할 때 불편성을 가졌다고 한다. 즉, 불편성은 점추정량($\hat{\theta}$)의 표본분포의 기댓값이 모수(θ)와의 일치 정도에 대한 판단기준이 된다. 공식으로 표현하면 $E(\hat{\theta})=\theta$이다. 다시 말해, 표본통계량의 모든 가능한 값의 평균치를 구하면 모수와 같아지는 현상을 의미한다.

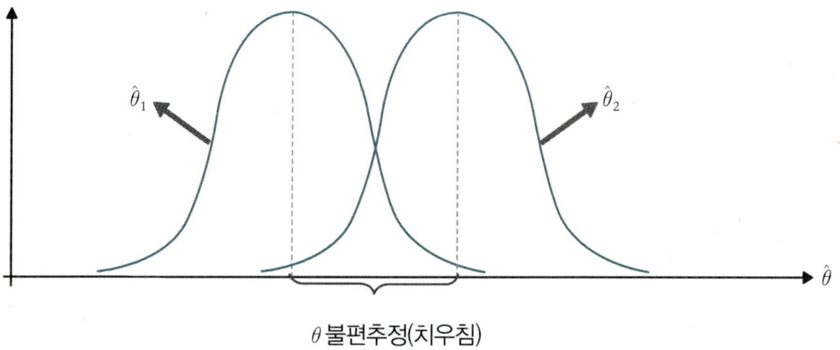

[그림 6-3] 점추정량의 불편성과 확률분포

(2) 효율성

효율성(efficiency)은 표본에서 계산된 추정량이 모수에 접근하기 위하여 추정량의 분산도가 작아야 바람직하다. 하나의 모수에는 여러 개의 불편추정량이 있는데, 조사연구자는 이 중 가장 효율적인 것을 선택한다. 추정량이 불편이라 할지라도 추정량이 갖는 오차범위(분산)가 크다면 큰 오차를 갖게 됨으로써 좋은 추정량이라고 할 수 없으며 다른 표현으로는 효율성이 떨어진다고 할 수 있다. 효율성은 기댓값(평균)이 같은 추정량이나 변산도가 작은 추정량이 모수추정에 더 안정적임을 의미한다. 공식으로 표현하면 $(\mathrm{Var}(\hat{\theta}_1) < \mathrm{Var}(\hat{\theta}_2)) = \theta$가 된다.

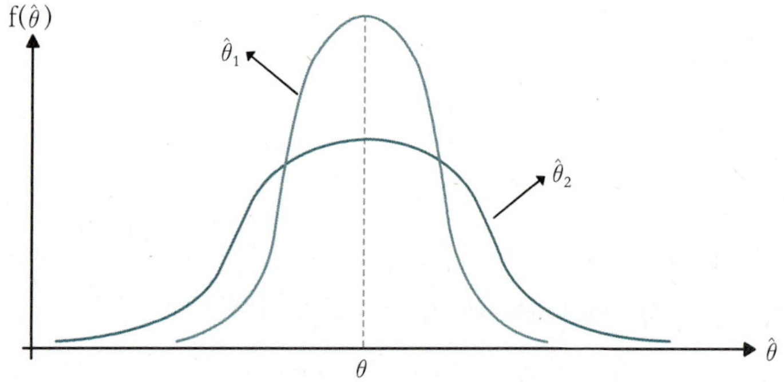

[그림 6-4] 점추정량의 효율성과 확률분포

(3) 일치성

일치성(consistency)은 표본의 크기 N이 증가할수록 추정량이 모수에 가까워지는 성질을 의미한다. 표본평균($\overline{X}$)의 분산은 $\frac{\sigma^2}{n}$이므로 표본의 크기가 커질수록 정확도는 높아진다. 이때 추정량값($\hat{\theta}$)인 추정치가 추정하고자 하는 모집단의 모수(θ)와 점점 일치하게 되어 이를 '일치성'이라고 표현한다.

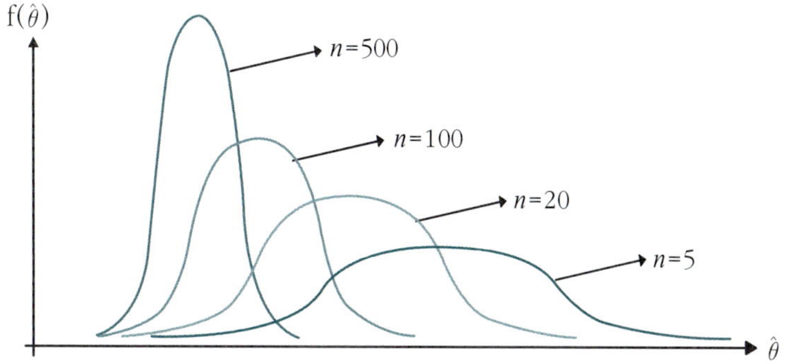

[그림 6-5] 점추정의 일치성과 확률분포

(4) 충족성

충족성(sufficiency)은 표본에서 추정량이 모수의 모든 정보(특성)를 제공하여야 한다는 성질이 반영된 속성이다. 모집단의 모수를 추정할 때 표본으로부터의 개별 관찰치는 모수에 대한 정보를 포함한다. 표본을 추출하고 자료의 요약 및 정리 과정에서 모수의 특성 파악에 필요한 정보의 손실을 예방해야 한다.

예를 들어, 노인일자리사업을 진행하면서 200mm 자를 생산할 때, 양산 전 시제품에서 임의로 자 30개 추출하여 길이를 측정하였다. 4개의 점그래프에 대하여 추정량의 성질을 설명하면 다음의 〈표 6-1〉과 같다.

〈표 6-1〉 점추정의 사례

<table>
<tr><td rowspan="4">사례 설명</td><td>사례1</td><td colspan="2">불편성도 아니고 분산도 크다. 바람직한 추정량은 아니다.
오차가 크게 관측될 가능성이 크다.</td></tr>
<tr><td>사례2</td><td colspan="2">불편성은 만족하나 분산이 크다. 바람직한 추정량은 아니다.
오차가 크게 관측될 가능성이 크다.</td></tr>
<tr><td>사례3</td><td colspan="2">불편성을 가지고 있으며 분산이 작다. 모수를 알고자할 때 바람직하다.
이 경우 정확(불편성)하고 정밀(최소분산)하다고 볼 수 있다.</td></tr>
<tr><td>사례4</td><td colspan="2">불편성을 가지고 있지 않으나 분산이 작다. 바람직한 추정량은 아니다.
이 경우 편의의 문제, 즉 정확성의 문제로 대표치관리가 필요하다.</td></tr>
<tr><td rowspan="5">사례 그래프</td><td>사례1</td><td>●●●●●●●●●●●●●●●●●●●●●●●●●●●●●●●●</td><td>●●●●●●●●</td></tr>
<tr><td>사례2</td><td>●●●●●●●●●●●●●●●●●●●●●●</td><td>●●●●●●●●●●●●●●●●●●</td></tr>
<tr><td>사례3</td><td>●●●●
●●●●
●●●●●●</td><td>●●●●
●●●●
●●●●●●</td></tr>
<tr><td>사례4</td><td>
●●●●
</td><td>●●●●●●●
●●●●●●●
●●●●●●●●●</td></tr>
<tr><td></td><td colspan="2">199mm 200mm 201mm</td></tr>
</table>

출처: 김희철 · 김평구(2005). 통계학의 이해와 응용. 재구성.

2) 점추정의 유형

(1) 모(집단)평균의 점추정

모평균이 μ인 확률분포로부터 확률표본 $X_1, X_2, X_3, \cdots, X_n$을 표본추출 했을 경우, 모평균에 대한 추정량은 여러 가지 형태로 나타낼 수 있으나 대표적인 것은 표본평균, 표본중앙치, 표본최솟값, 표본최댓값, $\frac{\text{최솟값}+\text{최댓값}}{2}$ 등이 있다. 이들 추정량 중 가장 일반적인 것은 표본평균이다.

모평균에 대한 바람직한 추정량은 분포의 중심, 즉 불편성의 성질(분포의 중심으로 대칭)과 최소분산추정량이 되어야 한다. 모평균 μ를 추정하는 방법은 여러 가지가 있으나 가장 일반적인 것은 표본평균 $\overline{X}$이다. 이것은 모평균에 대한 최소분산불편추정량이기 때문이다. 모집단의 경우 모집단의 평균μ와 분산 σ^2일 때, 표본평균의 기댓값과 표준오차는 다음과 같다.

$$\text{기댓값(평균) } E(\overline{X}) = \mu,$$

$$\text{표준오차 } SE(\overline{X}) = \frac{\sigma}{\sqrt{n}}$$

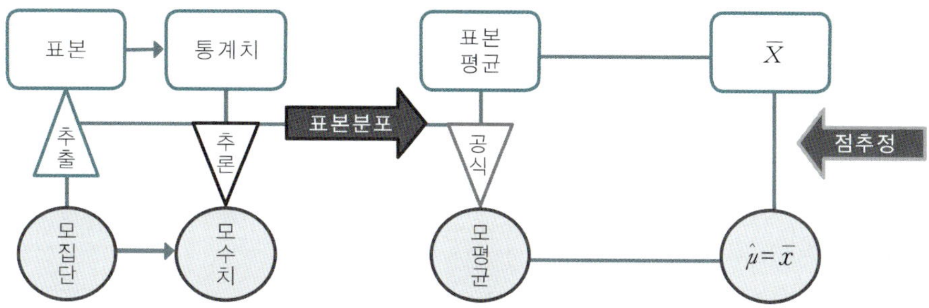

[그림 6-6] 평균의 점추정

표준오차(standard error: SE)는 추정량의 표준편차를 의미하며 추정량의 정밀도를 나타내는 척도이다. 따라서 표본평균 $\overline{X}$는 모평균 μ의 불편추정량으로, 표본이 클수록 표준오차(SE)는 작아져서 좀 더 정확한 추정이 가능해진다. 예를 들어, 시간을 재는 초시계의 정확성을 알아보기 위하여 데이터를 20회 측정하고 3회 반복하였다. 정확한 측정시간은 0으로, 빠르면 음(−)의 값, 늦으면 양(+)의 값으로 표기하였다.

〈표 6-2〉 평균의 점추정 사례

측정 횟수	1회	−0.4, 0, −0.5, 0.2, −0.3, −0.1, −0.6, 0.5, 0.7, 0.2, −0.4, −0.2, 0.2, −0.5, 0.3, −1.1
	2회	1.4, −1.6, 1.7, −0.1, 1.2, −0.6, −1.7, 1.5, 0.2, −0.4, 0, −0.4, 1.2, −2.1, 0.7, −1.1, −0.1, −0.1, 0.5
	3회	−0.1, −1.7, 1.2, 3.8, 5.4, −0.5, −0.5, 0.2, −4.2, −0.4, −1.0, −2.9, 1.6, 0, −0.7, 0, −0.4, 1.1, 0.8, 0.3

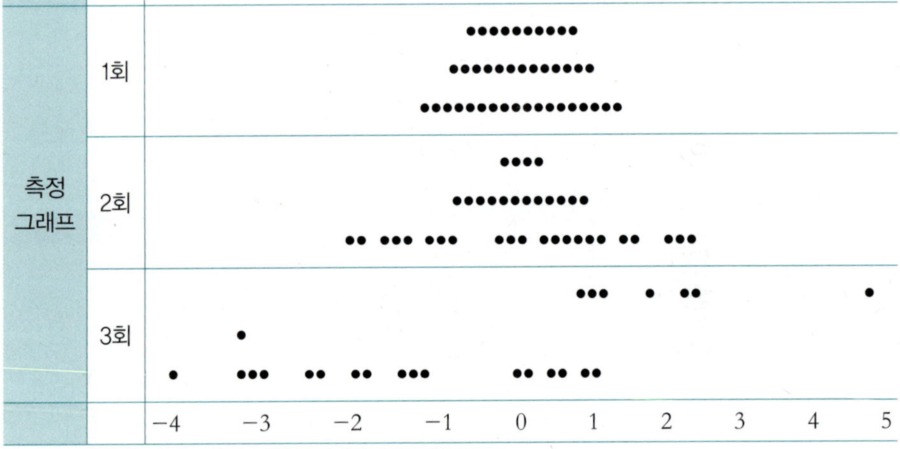

출처: 김희철 · 김평구(2005). 통계학의 이해와 응용. 재구성.

〈표 6-3〉 평균의 점추정과정

	표본평균($\overline{X}$)	표본표준편차(s)	표준오차(SE)
1회	−0.13	0.45	0.11
2회	0.03	1.10	0.25
3회	0.10	2.68	0.60

1회의 실험은 매우 정확하게 변산 관리가 잘되었지만, 3회 실험의 경우 표준오차가 매우 크고 변산 관리가 잘 안 되었다고 결론을 내릴 수 있다.

(2) 모(집단)분산과 표준편차의 점추정

모집단평균이 μ이고 모집단분산 σ^2인 확률분포로부터 확률표본 X_1, X_2, X_3, ⋯,

X_n을 표본추출 했을 경우, 모분산(σ^2)에 대한 추정량은 표본분산(S^2) $=\frac{1}{n-1}\sum_{i=1}^{n}(\overline{X}_i-\overline{X})^2$이다. 이때 S^2(표본분산)은 모집단의 모분산(σ^2)의 불편추정량, 즉 $E(S^2)=\sigma^2$가 성립한다.

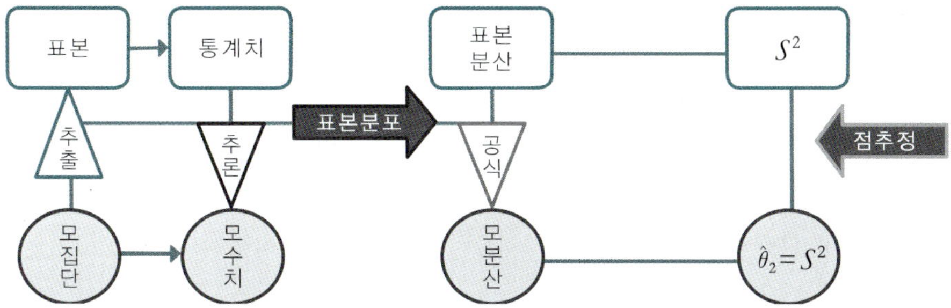

[그림 6-7] 모분산의 점추정

예를 들어, 사회복지자료분석론 학생들의 수업 집중력 지속시간의 분산을 알고자 한다. 20명의 학생을 표본추출 하여 조사한 결과, 지속시간의 분산이 9분이었다. 모분산을 점추정 하면 얼마인가? '표본분산=모분산'이기 때문에 모분산의 점추정 역시 9분이다.

다른 한편으로 모표준편차 σ에 대한 추정량으로 표본표준편차 S를 사용하게 되는데, $S=\sqrt{\frac{1}{n-1}\sum_{i=1}^{n}(\overline{X}_i-\overline{X})^2}$가 된다. 이때 S^2는 σ^2의 불편추정량이지만 S는 σ의 불편추정량이 아니며, n이 10 이하인 경우 $E(s)<\sigma$가 된다. 그러나 n이 무한히 커지면 S를 σ의 불편추정량으로 간주한다.

(3) 모(집단)비율의 점추정

모집단비율은 합격률, 실업률, 찬성률 등과 같이 모집단의 어떠한 특성을 비율로 표시한 것을 말한다. 어떠한 집단의 특정 속성을 지닌 모집단에서 n개의 표본을 추출하였을 때, X개가 특정 속성을 지니고 있다면 표본비율을 산출하여 모비율 p를 구하는 공식은 다음과 같다.

$$\text{표본비율 } (\hat{p}) = \frac{X}{n}$$

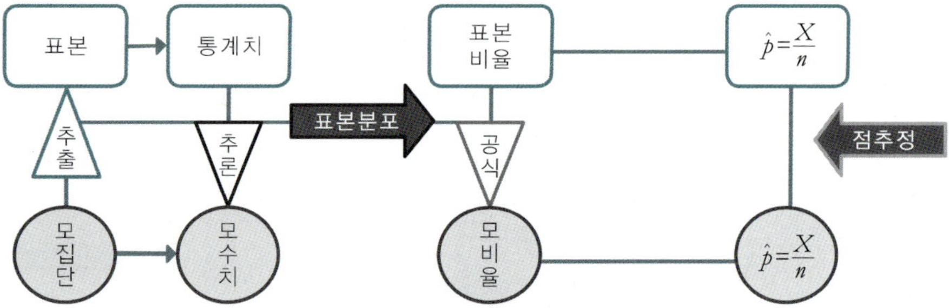

[그림 6-8] 모비율의 점추정

표본비율 $\hat{p}$는 모비율 p에 대한 추정량의 조건인 불편성과 최소분산성의 성질을 모두 만족하고 있다고 간주하여 모비율 p에 대한 추정을 표본비율 $\hat{p}$를 사용한다. 예를 들어, 사회복지학부의 전공분리에 대한 학생들의 의견을 듣기 위하여 전체 1,000명의 학생 중 120명을 임의추출 하여 찬반을 조사하였다. 조사결과, 96명이 찬성하였다. 찬성율에 대한 추정값을 구하고 표준오차를 계산하면 다음과 같다.

$$\text{찬성율에 대한 추정값 } (\hat{p}) = \frac{X}{n},\ p = \frac{96}{120} = 0.80$$

$$\text{표준오차 SE}(\hat{p})\text{는 } \sqrt{\frac{\hat{p}(1-\hat{p})}{\text{n}-1}} = \sqrt{\frac{0.80(1-0.80)}{120}} \fallingdotseq 0.13$$

3. 구(급)간추정

1) 구간추정의 개념

구간추정(interval estimation)은 점이 아닌 구간으로 모수를 추정하는 것으로, 모수치가 포함할 수 있는 범위를 정하여 추정하는 것을 말한다. 예를 들어, '2016년 실업률이 4.5~4.8%, 시청률이 30~35%' 등이 이에 해당된다.

따라서 구간추정은 상한값과 하한값(신뢰구간, confidence interval)의 두 개의 추정량이 산출된다. 구간추정은, 첫째, 모수에 대한 구간추정치를 구하고, 둘째, 모수를 포함시킬 확률(신뢰구간, confidence interval)을 구한다. 구간추정은 점추정과 같은 정확성은 떨어지지만, 신뢰도는 높일 수 있다는 장점이 있다.

2) 신뢰수준과 신뢰구간

신뢰수준(confidence level)은 신뢰구간(confidence interval) 내에 추정되는 모수가 위치할 것이라는 확률이 100%×(1−α)를 의미한다.

$$P(\hat{\theta}_L \le \theta \le \hat{\theta}_U) = 100(1-\alpha)\%$$

신뢰구간 신뢰수준

예를 들어, 90%의 신뢰수준은 추정되는 모수가 신뢰구간 내에 위치할 확률이 90%이며, 이러한 신뢰도가 틀릴 확률은 10%라는 것이고, 이를 '허용오차'라고 한다. 신뢰수준이 높아지면 허용오차는 작아지고, 허용오차가 커지면 신뢰수준이 낮아지는 반비례관계를 유지한다.

신뢰구간은 추정되는 모수치가 위치할 것이라고 예상되는 구간으로 상한값과 하한값으로 나타낸다. 즉, 신뢰구간은 하한값 < 점추정치 < 상한값으로 표현된다. 90%의 신뢰수준($\alpha = 0.10$)은 $Z_{-0.05} < X < Z_{0.05}$로 표시할 수 있다.

신뢰수준과 신뢰구간의 크기는 비례한다. 신뢰수준이 높아지면 신뢰구간은 넓어지고 신뢰수준이 낮아지면 신뢰구간은 좁아진다. 예를 들어, 평균 $\mu = 15$, 표준편차 $\sigma = 2.80$, 사례 수 n=16일 경우에, 20회를 표집 하여 90% 신뢰구간을 만들면 다음 [그림 6−9]와 같다.

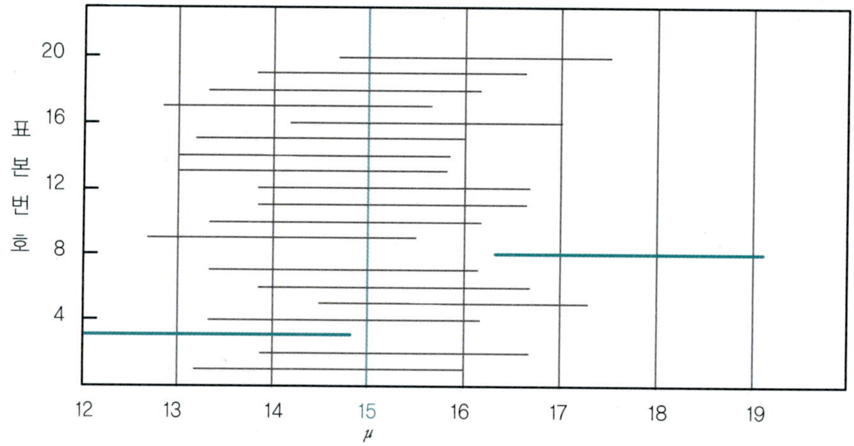

[그림 6-9] 표본 20개, 90%의 신뢰구간

3) 구간추정의 유형

(1) 모(집단)평균의 구간추정

표본평균을 활용하여 모집단평균이 분포의 중앙 어디쯤인가에 위치함을 예측할 수 있다. 신뢰구간은 분포의 중앙에 위치한 표본평균을 근거로 값을 정한다. 신뢰구간이 표본평균($\overline{X}$) 주변의 어딘가에 위치함을 수학적인 추정식 $\mu=\overline{X}\pm Z_{\alpha/2}\sigma_{\overline{X}}$ (오차한계$=Z_{\alpha/2}=\sigma/\sqrt{n}$)으로 계산이 가능하다. 우리말로 표현하면 '모집단 평균=표본평균±약간의 오류'가 된다. 이때 구간추정을 하기 위해서는 단일 값보다는 Z-점수 값의 범위를 선택해야 한다. 신뢰구간을 몇 %로 정하느냐에 따라 다르겠지만 예를 들어, 95% 신뢰구간이라면 Z=±1.96점수의 사이에 위치하게 될 것이다.

모집단의 평균(모평균)에 대한 신뢰구간 추정은 표본의 사례 수에 따라 모집단의 집중경향치(평균)와 범주의 비율을 추정하는 방법이 다르다. 표본이 30개가 넘는 경우 정규분포로 간주하여 표준정규분포를 활용하여 모평균과 모비율을 추정한다. 다른 한편으로 모평균의 구간추정은 모집단의 표준편차를 알고 있는 경우와 알고 있지 않은 경우를 구분하여 생각할 수 있다.

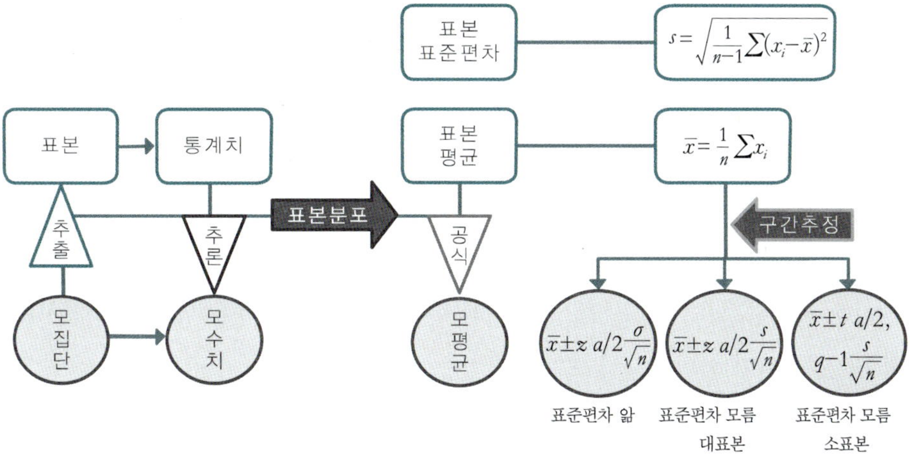

[그림 6-10] 모평균추정의 개요

① 모(집단)표준편차를 알고 있는 경우

모집단이 정규분포를 따르고 평균 μ이고 표준편차 σ인 경우, n개 표본의 표본평균 $\bar{X}$는 중심극한정리에 의하여 평균이 μ이고 표준편차가 $\sqrt{\frac{\sigma^2}{n}}$인 정규분포를 형성한다.

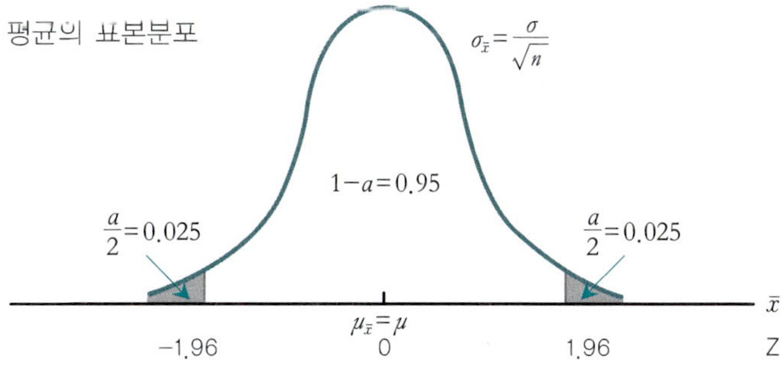

[그림 6-11] 표본평균의 분포

모집단의 평균 μ에 대한 95%의 신뢰구간은 다음과 같이 유도된다.

$$P\left[-1.96 \le \frac{\overline{X}-\mu}{\frac{\sigma}{\sqrt{n}}} \le 1.96\right]=0.95$$

$$P\left[-1.96\frac{\sigma}{\sqrt{n}} \le \overline{X}-\mu \le 1.96\frac{\sigma}{\sqrt{n}}\right]=0.95$$

$$P\left[\overline{X}-1.96\frac{\sigma}{\sqrt{n}} \le \mu \le \overline{X}+1.96\frac{\sigma}{\sqrt{n}}\right]=0.95$$

이때 신뢰구간이 모평균 μ를 포함시킬 확률은 95%라는 의미이다. 100번을 시도할 경우, 95번이 신뢰구간에 포함된다는 뜻이다.

표본집단평균이 μ에 대한 100(1−α)%의 신뢰구간은 $\overline{X}\pm Z_{\frac{\alpha}{2}}\times\frac{\sigma}{\sqrt{n}}$이다. 여기서 100(1−α)%의 오차한계는 $z_{\frac{\alpha}{2}}=\frac{\sigma}{\sqrt{n}}$이다. 예를 들어, 모표준편차가 $\sigma=10$인 정규모집단에서 n=25인 표본을 추출하여 $\overline{X}=40$을 얻었다. 90%의 오차한계와 90%의 신뢰구간을 구하려면, 90%의 오차한계는 $z_{\frac{\alpha}{2}}=1.645\times\frac{10}{\sqrt{25}}=3.29$이다. 90%의 신뢰구간은 $40-1.645\times\frac{10}{\sqrt{25}}$, $40+1.645\times\frac{10}{\sqrt{25}}=(36.71\leqq p\leqq 43.29)$이다.

② 모(집단)표준편차를 모르고 있는 경우

첫째, 모집단이 정규분포를 이루고, n이 작은 경우(30 이하) 평균값을 추정하는 방법은 t−분포, $t=\frac{\overline{X}-\mu}{\frac{s}{\sqrt{n}}}$이다. 여기서 $\frac{s}{\sqrt{n}}$은 $s_{\bar{x}}$이므로, $t=\frac{\overline{X}-\mu}{s_{\overline{X}}}$로 표현이 가능하다. 자유도 n−1인 t분포를 형성한다. 모집단의 분산과 표준편차를 모르는 경우에 t분포로부터 모평균의 추정은 다음과 같다.

$$P\left[-t\left(n-1;\ \frac{\alpha}{2}\right) < \frac{\overline{X}-\mu}{\frac{s}{\sqrt{n}}} < +t\left(n-1;\ \frac{\alpha}{2}\right)\right]=1-\alpha$$

$$P\left[\overline{X}-t\left(n-1;\ \alpha\frac{\alpha}{2}\right)\frac{s}{\sqrt{n}} < \mu < \overline{X}+t\left(n-1;\ \frac{\alpha}{2}\right)\frac{s}{\sqrt{n}}\right]=1-\alpha$$

따라서 모평균 100(n−1)%의 신뢰구간은 $\left[\overline{X}-t\left(n-1;\ \frac{s}{\sqrt{n}}\right), \overline{X}+t\left(n-1;\ \frac{s}{\sqrt{n}}\right)\right]$이다.

예를 들어, 사회복지사의 초과근무시간을 알기 위하여 18명을 무작위추출하여 조사한 결과, 평균 13.56, 표준편차가 7.8시간이었다. 초과근무시간이 정규분포를 따른다고 할 때, 신뢰도가 95%인 신뢰구간을 구해 보면, 평균 $\bar{x}=13.46$, 표준편차 s=7.8일 때, 점추정 $\overline{X}=13.56$이 된다. 그러므로 $\bar{x} \pm t_{a/2,\, n-1}\frac{s}{\sqrt{n}} = 13.56 \pm 2.11\frac{7.8}{\sqrt{18}}$ $= 13.56 \pm 3.88 = 10.7 \leq \mu \leq 16.3$이 된다. 여기서 $t_{a/2,n-1} = 2.11$은 t–분포표(부록 참고)에 근거하여 제시한다.

t–분포의 특징을 간단하게 설명하면 다음과 같다.

첫째, 표준정규분포와 같이 평균 0을 가지며, 확률밀도함수는 평균을 중심으로 종모양을 형성한다. 그러나 t–분포의 밀도함수는 표준정규분포보다 큰 분산을 형성하며 표본수가 증가할수록 표준정규분포에 접근한다.

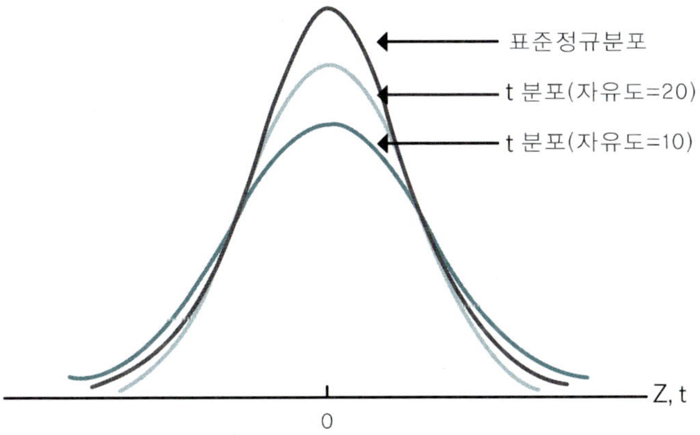

[그림 6–12] t–분포의 특징

둘째, 표본의 크기가 대표집(30 이상)인 경우, 표본표준편차 s를 모표준편차 σ를 대신 사용할 수 있다. 따라서 모평균에 대한 100(1−α)의 신뢰구간은 다음과 같다.

$$P\left[\overline{X}-Z_{a/2}\frac{s}{\sqrt{n}},\ \overline{X}+Z_{a/2}\frac{s}{\sqrt{n}}\right]$$

예를 들어, 노인병원에서 노인암수술환자 60명을 표본추출 한 결과, 평균입원기간은 90일, 표준편차가 10일로 조사되었다. 전체 노인암수술환자의 입원기간의 평균을 신뢰수준 95%로 구간추정 하면, 평균입원기간 $\bar{x}=90$일, 표준편차 $s=10$일로, $\bar{X}\pm z_{a/2}\frac{s}{\sqrt{n}}=90\pm1.96\frac{10}{\sqrt{60}}=90\pm2.5=87.5\le\mu\le92.5$가 된다.

(2) 모(집단)비율의 구간추정

전체 모집단을 조사연구하지 않고 표본을 추출하여 표본비율값을 가지고 모집단비율(p)을 추정하는 것을 '모집단비율(π)추정'이라고 한다. 점추정이 표본비율값을 통하여 모집단비율값을 추정하는 반면, 구간추정은 특정한 구간을 설정하여 추정하는 방법이다. 표본비율로 모집단의 비율을 추정하는 과정은 표본평균으로 모평균을 추정하는 것과 같은 방법을 취한다.

모집단비율의 추정을 위하여 모집단비율의 평균(π) 대신에 분산($\pi(1-\pi)$)을 알고 있어야 한다. 이때 모집단의 분산비율을 아는 것이 불가능하기 때문에 표본비율의 분산($p(1-p)$)을 활용한다. 이때에 허용오차수준에 따라 신뢰수준이 정해지고 신뢰수준과 표준오차에 따라 신뢰구간이 정해져, 모집단비율에 대한 구간추정이 수행된다.

모집단비율의 구간추정 계산공식을 유도하는 과정을 전개하면 다음과 같다. 표본비율($\hat{p}$)$=\frac{X}{n}$의 기댓값(평균), 분산, 표준편차는 각각 $E(\hat{p})=p$, $V(\hat{p})=\frac{p(1-p)}{n}$, $\sigma_{\hat{p}}=\sqrt{\frac{p(1-p)}{n}}$이다. $np\ge5$, $np(1-p)\ge5$이면 정규분포를 수렴함으로써 모집단 비율의 $100(1-a)\%$ 신뢰구간은 $\hat{p}-Z_{\frac{a}{2}}\sqrt{\frac{\hat{p}(1-\hat{p})}{n}}\le p\le\hat{p}+Z_{\frac{a}{2}}\sqrt{\frac{\hat{p}(1-\hat{p})}{n}}$이며, 신뢰 한계는 $\hat{p}\pm Z_{\frac{a}{2}}\sqrt{\frac{\hat{p}(1-\hat{p})}{n}}$이다.

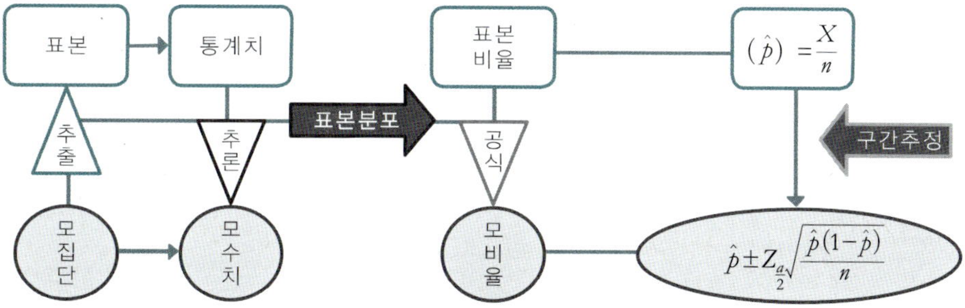

[그림 6-13] 모집단비율의 구간추정

예를 들어, ○○대학교 전교생을 대상으로 500명을 무작위표집 하여, 이성교제 유무를 조사하였다. 그 결과, 150명이 이성교제를 하고 있다. 전교생의 이성교제에 대한 95%의 신뢰구간을 구해 보면, $(\hat{p}) = \frac{X}{n} = \frac{150}{500} = 0.3(30\%)$, $\hat{p} \pm Z_{\frac{\alpha}{2}}\sqrt{\frac{\hat{p}(1-\hat{p})}{n}}$ $= 0.3 \pm 1.96\sqrt{\frac{0.3(1-0.3)}{500}} = 0.3 \pm 0.04$, 신뢰구간은 $0.26 \leq p \leq 0.34$가 된다.

(3) 모(집단)분산의 구간추정

모집단분산에 대한 추정도 모집단평균 또는 모집단비율의 추정과 같이 표본의 분산(S^2)을 활용한다. 그러나 분산은 항상 양(+)의 값만을 취하기 때문에 표본분산 역시 양의 값을 취하게 되어, 정규분포가 아닌 다른 분포를 활용하여 추정한다.

예를 들어, 자유도 n−1에 표본분산 S^2을 곱하고, 모집단의 분산 σ^2으로 나눈 카이자승분포 $\left(\frac{(n-1)S^2}{\sigma^2}\right)$를 활용할 수 있다.

신뢰구간을 수식으로 표시하면 $P\left[x^2\left(\frac{1-\alpha}{2},\ n-1\right) \leq \frac{(n-1)s^2}{\sigma^2} \leq x^2\left(\frac{\alpha}{2},\ n-1\right)\right]$ $= 100(1-\alpha)\%$가 된다. 이 계산식에서 모분산 σ^2에 대하여 정리하면 신뢰구간이 얻어진다. 즉, 모분산의 구간추정은 $P\left[\frac{(n-1)s^2}{x^2\left(\frac{\alpha}{2},\ n-1\right)} \leq \sigma^2 \leq \frac{(n-1)s^2}{x^2\left(\frac{1-\alpha}{2},\ n-1\right)}\right] = 100(1-\alpha)\%$ 이다.

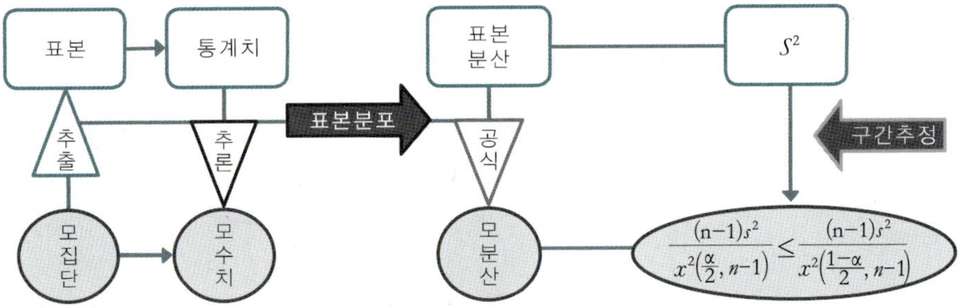

[그림 6-14] 모분산의 구간추정

예를 들어, 사회복지자료분석론 학생들의 수업 집중력 지속시간의 분산을 알고자 한다. 20명의 학생을 표본추출 하여 조사한 결과, 지속시간의 분산이 90분이었다. 모분산을 구간추정 해 보면, $P\left[\frac{(n-1)s^2}{x^2\left(\frac{\alpha}{2}, n-1\right)} \leq \sigma^2 \leq \frac{(n-1)s^2}{x^2\left(\frac{1-\alpha}{2}, n-1\right)}\right] = \frac{(20-1)90}{32.85} \leq \sigma^2 \leq \frac{(20-1)90}{8.91} = 52.05 \leq \sigma^2 \leq 191.91$이 된다. 여기서, $x^2\left(\frac{\alpha}{2}, n-1\right) = 32.85$, $x^2\left(\frac{1-\alpha}{2}, n-1\right) = 8.91$은 x^2-분포표(부록 참고)에 근거하여 제시된다.

제2절 가설검정(증)

1. 가설검정(증)의 개념

가설검정(증)은 앞에서 언급한 추정과는 표본평균과 Z-점수를 이용한다는 점에서 유사하나 파악하고자 하는 내용과 목적에서 엄격한 차이가 존재한다. 예를 들어, 복지관 방과 후 학습 프로그램의 효과성 조사연구에 대한 결과의 신뢰성에 대한 검정(증)은 가설검정(증)을 통하여 파악되지만, 효과성이 얼마나 있는지는 추정에 의하여 파악된다.

가설검정(증)의 개념을 알아보기 전에 '검정(examination)'과 '검증(test)'의 개념적인 차이를 알아보면 다음과 같다. 검정(examination)이란 자격이나 조건을 일정

한 규정에 따라 검사·결정하는 행위를 하는 것을 의미하나 검증(test)은 어떠한

사건, 현상에 대하여 조사·증명하는 것이다. 그러나 출판된 대부분의 통계학 교재에서는 혼용하여 사용하고 있다.

가설검증(hypothesis test)은 이론 또는 논리(가설, 공리, 경험적 일반화)에서 연구가설과 영가설을 설정하고 이를 검증하기 위하여 자료를 수집하여 통계적으로 분석하는 통계적 절차이다. 즉, 수집된 자료로 연구가설이 이론 또는 논리를 지지하는지를 판단하는 것이 '가설검증'이다. 이러한 논리적인 지지를 위한 판단을 위하여 Z-점수, 확률, 표본평균분포의 개념들이 조합되어 활용된다. 그런데 가설검증을 시도하기 위한 반증을 위하여 연구가설을 '통계적 가설'이라고 하는 '영가설'로 전환해야 한다.

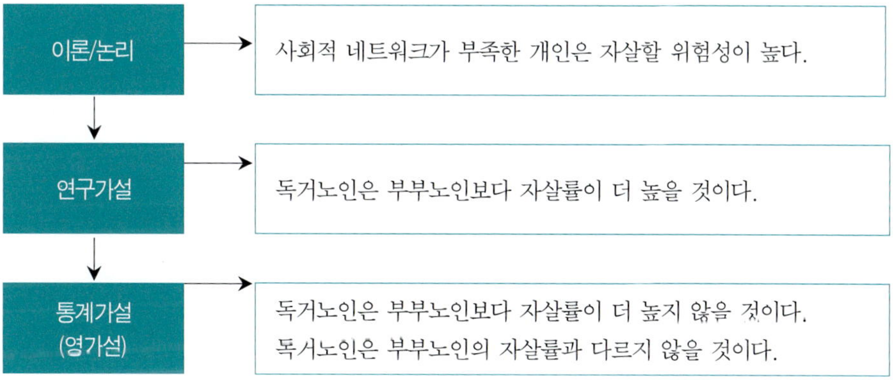

[그림 6-15] 통계적 가설 설정 과정

요약하면, 가설은 모집단의 성격에 대하여 독립변인과 종속변인 간의 관계를 구체적으로 예측하여 진술하는 것이며, 가설검증은 표본자료를 이용하여 모집단의 성격파악과 관련된 가설의 신뢰도를 평가, 즉 표본을 통하여 얻은 사실을 근거로 모집단에 대한 가설이 '맞는지? 틀리는지?'를 분석하는 통계적 추론방법이라고 할 수 있다.

가설검증은 모집단의 평균, 모집단의 비율, 또는 모집단의 분산에 대한 검증으로 나눌 수 있다.

2. 가설검증의 구성요소 및 과정

모집단의 성격규명을 위한 가설검증의 구성요소는, 가정(assumption)점검, 가설(hypothesis)설정, 검증통계량(test statistic)과 임계치, 결과해석(conclusion)으로 간주되며, 가설검증의 진행과정은 위에 열거한 순으로 진행된다.

1) 가정

통계분석의 결과가 유의한 근거를 갖기 위해서는 몇 가지 조건을 충족시켜야 하므로 가설검증 과정에 들어가기 전에 네 가지의 가정을 점검해야 한다.

- 표본크기: 적용하고자 하는 통계방법에서 요구하는 최소한 표본의 크기를 확보해야 한다.
- 표본추출방법: 가능하면 무작위에 의한 추출(random sampling)을 시도한다.
- 척도와 측정: 통계방법에 적합한 척도와 측정이 이루어져야 한다.
- 모집단분포: 모집단은 정규분포를 이룬다는 것을 가정해야 한다.

2) 가설

가설검증에서 모집단의 성격을 두 개의 가설, 즉 영가설과 연구가설로 표현한다. 두 가설에 대하여 일반적으로 적용되는 지침은 다음과 같다.

- 영가설: 귀무가설(null hypothesis)로 검증의 대상이 되는 가설(H_0)이다.
- 연구가설: 대안가설(alternative hypothesis)로 영가설이 기각될 경우 받아들이게 되는 가설(H_i)로서, 조사연구자가 궁극적으로 증명하고자 하는 가설이다.

이렇게 영가설과 연구가설, 동시에 두 개의 가설을 설정하는 이유는 영가설이 기각될 경우, 연구가설을 받아들여야 하기 때문이다.

최성재(2005)는 영가설의 필요성을 다음과 같이 세 가지로 정리하였다. 첫째,

가설은 증명되는 것이 아니라 반증되는 것이다. 둘째, 가설의 논리적 필요성, 즉 참 가설을 받아들이기보다 거짓가설을 제거하기 위함이다. 셋째, 영가설을 전제로 한 표집을 만들어 기각여부를 판단하여, 최종적으로 연구가설을 판단하기 위함이다.

가설은 기각영역이 확률분포의 양쪽에 존재하는 '양방검증 형태'와 기각영역이 확률분포 한쪽에 존재하는 '단방검증 형태'가 있다. 양방검증은 독립변인과 종속변인 간에 관계가 있다고 진술하는 반면, 단방검증은 두 변인 간의 관계를 구체적으로 진술하여 방향성을 예측할 수 있도록 한다. 양방검증과 단방검증의 예는 아래와 같다.

양방검증 H_0: 남녀 간 노인학대에 대한 인식도에 차이가 없을 것이다.
H_1: 남녀 간 노인학대에 대한 인식도에 차이가 있을 것이다.
단방검증 H_0: 여자는 남자보다 노인학대에 대한 인식도가 높을 것이다.
H_1: 여자는 남자보다 노인학대에 대한 인식도가 높지 않을 것이다.

이와 같이 가설은 어떠한 변인 간 특성의 변화가 있다는 사실만 파악이 가능하고 어떠한 효과에 의하여 얼마만큼 증가 또는 감소했는지는 알 수 없다. 단지 방향적 가설의 설정을 통하여 효과의 방향을 파악할 수 있다.

3) 검증통계량과 임계치

표본조사의 결과인 통계치를 근거로 모집단에 대한 가설을 검증한다. 가설검증과 관련된 주요 용어를 정리하면 다음과 같다.

- 검증통계량(test statistic): 영가설의 기각여부를 판단하는 통계량을 검증통계량이라고 한다.
- 기각역(rejection region): 영가설을 기각할 수 있는 검증통계량값의 영역을 의미한다.

▣ 수용역(acceptance region): 영가설을 기각할 수 없는 검증통계량값의 영역을 채택(수용)영역이라고 한다.

▣ 임계치(critical value): 기각역과 수용역을 구분해 주는 경계값이다. 임계치는 주어진 유의수준(significance level)(p=0.01, 0.05, 0.001)에서 영가설의 기각 또는 채택을 결정하는 데 사용하는 값을 말한다. 이와 같이, 임계치와 유의수준은 동시에 결정되게 된다. 이론적으로 유의수준(p)−값의 범위는 표집오차 때문에 결코 발생하지 않을 것을 의미하는 0.00에서 표집오차 때문에 명백하게 발생할 수 있는 1.00까지이다.

사회과학에서는 정밀한 유의도 수준을 관례적으로 0.05로 간주한다. 일단 유의도에 따른 수준이 결정되면 결정규칙을 형성하는 데 사용된다. 즉, 영가설을 기각할지 아니면 받아들일지를 결정하는 것이다. 결정규칙의 공식은 Z−점수에 의하여 결정되며 $-1.96 \leq z \leq +1.96$이면 영가설을 기각하지 않고 $z \leq -1.96$, $+1.96 \leq z$이면 영가설을 기각한다. 이와 같이 가설의 평가에 필요한 준거를 결정한다.

정리하면, 유의수준은 영가설이 참이라면 발생 가능성이 희박한 확률(영역)을 의미하며 '기각영역'이라고 한다. 기각영역은 처치 효과가 없다면 발생하기 어려운 표본값에 의하여 정의된다. 다시 말해, 처치효과가 있기 때문에 발생하는 영역이다. 그러나 기각영역에 대한 검증임계치는 양방검증 또는 단방검증 때 서로 다르게 나타난다. 두 검증방법의 기각영역 차이를 그래프로 나타내면 [그림 6−17]과 같다.

[그림 6−17]과 같이 양방검증과 단방검증의 기각영역을 토대로 검증방법과 유의수준에 따른 기각영역을 제시하면 다음과 같다.

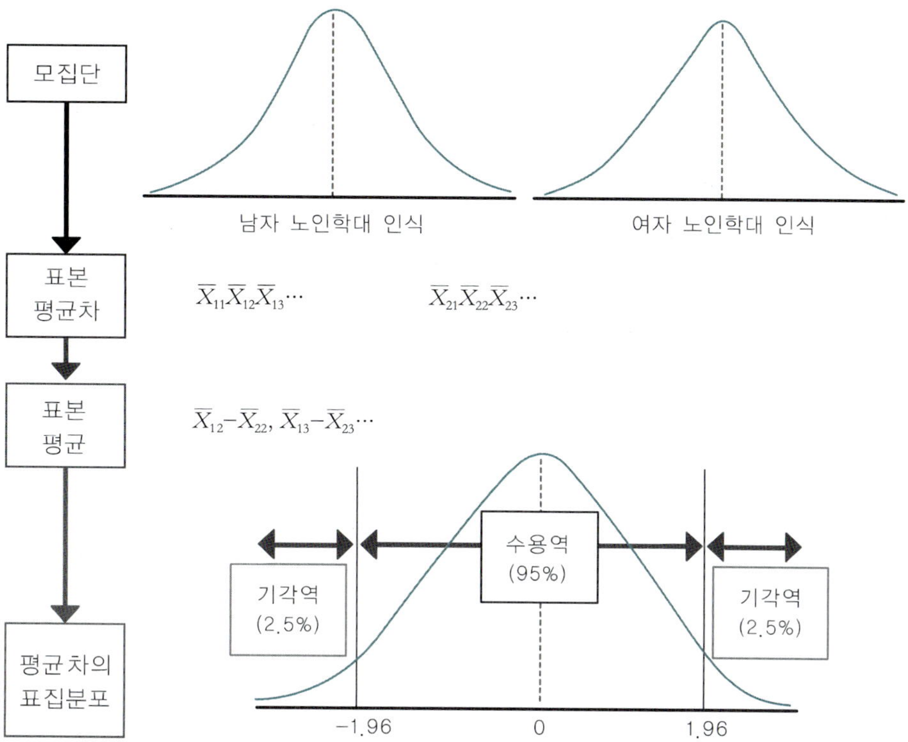

[그림 6-16] 평균점수차의 표집분포 구성절차

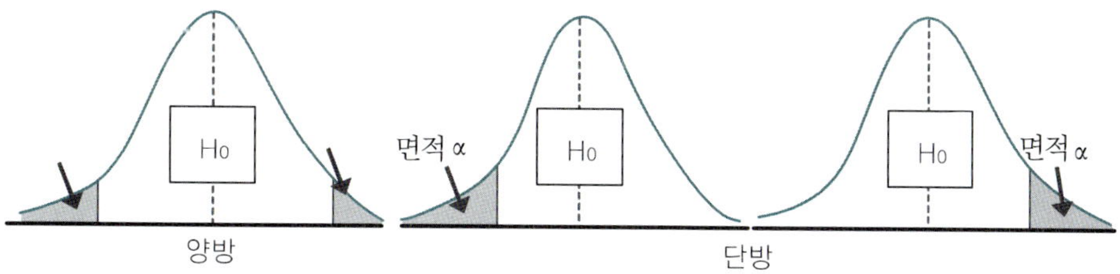

[그림 6-17] 양방검증과 단방검증의 기각영역

〈표 6-4〉 유의수준과 검정(증)의 기각영역

검증방법/α	.10	.05	.01
양방검증	1.65	1.96	2.58
단방검증	+1.28 혹은 −1.28	+1.64 혹은 −1.64	+2.33 혹은 −2.33

예를 들어, 성인 남녀를 무작위로 표집 하여 노인학대에 대한 인식도를 조사연구하여 통계치로 요약하면, 통계치와 가설의 비교가 가능하다. 앞에서 가시적으로 설명하였듯이, 통계와 가설의 비교는 표본에서 얻은 평균이 가설에서 설정한 평균에 대한 상대적인 위치가 어디인지는 Z-점수를 계산함으로써 알 수 있다. 표본평균을 위한 Z-점수 계산공식을 다시 한 번 제시하면 다음과 같다.

$$z = \frac{\text{표본평균}-\text{가설화된 모집단평균}}{\text{표본평균과 모집단평균 사이의 표준오차}} = \frac{\text{획득된 차이}}{\text{우연에 의한 차이}}$$

예를 들어, Z-값이 +2라면 조사연구에 의하여 "획득된 차이가 우연에 의한 차이의 2배 크다."는 의미이다. 여기에서 '통계검증의 일반적인 목적이 연구결과가 우연에 의한 차이보다 크다는 것을 밝혀냄'이라는 것을 인지할 수 있다. 유의수준과 연관시켜 생각해 보면 유의수준(p)=(0.01, 0.05, 0.001)은 Z-점수(±1, ±2, ±3)으로 변환이 가능하며 유의수준에 따라 기각영역을 만족시키기 위해서는 획득된 차이가 우연에 의한 차이의 1~3배 정도를 요구한다는 것을 알 수 있다.

4) 결과의 해석

결과의 해석에서 통계적 유의도를 파악하기 위하여 p-값을 활용하며 영가설은 p-값의 크기에 따라 평가된다. 다시 말해, p-값이 매우 작으면 영가설이 기각되고 연구가설이 채택된다. p-값은 일반적으로 '유의수준'이라고 하며 영가설이 참일 때, 검증통계치가 이러한 값의 영역에 발생할 확률을 의미한다. p-값은 영가설이 참일 때, 연구가설을 지지하는 검증통계치를 얻을 확률을 의미한다. p-값이 작으면 작을수록, 표본분석의 결과는 영가설과 상반된다. p-값이 0.05 또는 0.001이면, 영가설이 참일 때 분석되고 있는 표본과 같은 표본을 얻는 것이 쉽지 않다는 것이 '일반적이다.'는 의미이다.

다시 말해, '통계적으로 유의도가 있다.'는 의미는 '표본을 근거로 파악된 변인 간의 관계성이 표집오차에 의한 것이 아니고 수학적 증명(확률의 법칙)에 의한 것이다.'라는 것이다.

통계적 유의도란 독립변인이 종속변인에 주는 영향력이라고 할 수 있는데, 구체적인 의미는 다음과 같다. 첫째, 종속변인의 변화가 독립변인 이외의 다른 변인에 의한 영향이 아니라는 것이다. 둘째, 조사연구과정, 실험과정에 의하여 발생한 문제점이 없다는 것이다. 셋째, 표본조사연구의 결과는 모집단에서도 동일한 결과로 나타날 것이다. 넷째, 그러므로 조사연구결과는 의미 있고 가치 있는 것이다.

3. 가설검증의 오류

1) 일종오류와 이종오류

표본으로부터 모집단의 특성을 추론한다는 것은 표본에 대한 제한된 정보의 활용 한계 때문에 항상 잘못된 결론(오류)을 도출할 가능성이 상존한다. 가설검증 과정에서도 이와 같은 오류를 범할 가능성이 있다고 할 수 있다.

조사연구자들은 종종 영가설을 검증 · 해석과정에서 영가설이 '참'임에도 불구하고 기각하고, '거짓'임에도 불구하고 채택하는 경우가 있다. 이러한 오류를 일종오류(type I error)와 이종오류(type II error)라고 한다. 일종오류는 영가설이 참임에도 불구하고 기각하는 경우를 말하며, 오류의 확률은 알파(α)로 표시한다. 이종오류는 영가설이 거짓임에도 불구하고 기각하지 않고, 채택하는 경우를 말하며 오류의 확률은 베타(β)로 표시한다.

〈표 6-5〉 영가설의 기각 · 수용과 오류

	영가설	
	참	거짓
영가설 기각	일종오류: 알파(α)	정확한 결정: 1－베타(β)
영가설 수용	정확한 결정: 1－알파(α)	베타(β)

이와 같이 일종오류와 이종오류의 확률인 알파와 베타는 서로 역의 관계임을

알 수 있다. 즉, 알파오류를 줄이기 위하여 기각역을 좁히면, 베타오류가 늘어나고 베타오류를 줄이기 위하여 기각역을 넓히면, 알파오류가 늘어난다. 조사연구자는 역의 관계인 알파오류와 베타오류 사이에서 절충을 위해 노력하며 허용할 수 있는 알파오류를 0.001, 0.01, 0.05 등으로 정한다.

알파수준을 '유의도(significance level)'라고 하며, 알파수준이 정해지면 기각역이 확정된다. 조사연구자가 알파수준을 .05로 한다면, 영가설이 참일 때 기각할 확률이 .05라는 의미이다. 다시 말해, 가설검증을 위한 유의수준은 일종오류를 일으키는 확률이라고 할 수 있다. 유의수준은 영가설이 참일 때, 기각영역 안에서 표본의 통계치를 획득할 확률을 결정하는 것이다.

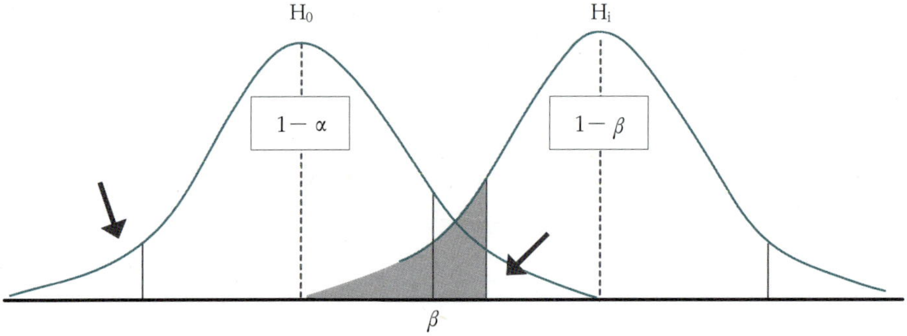

[그림 6-18] 일종오류(α), 이종오류(β)와 검증력(1−β)의 관계

2) 오류가 발생하는 이유

(1) 일종오류의 발생

일종오류는 표집과정에서 극단점수가 표집 되었을 때 발생하는 경우가 일반적이다. 또한 실험처치과정에서 표본에 영향을 주기보다 표집의 오류로 인하여 초기부터 평균이 달라서 오류가 발생하는 경우이다. 결과적으로 표본은 영가설에서 예측했던 것과 다르게 나타날 수밖에 없다. 일종오류가 발생할 경우, 조사연구자는 처치효과가 없음에도 불구하고 효과가 있다고 보고할 것이다. 예를 들어, □□

복지관 방과 후 프로그램으로 어린이 음악프로그램을 진행하였다고 하자. 그런데 표집과정에서 음악에 재능이 있는 어린이들이 주로 표집 되었다면 당연히 프로그램의 성과는 모집단의 어린이들보다 좋을 것이다. 이때 조사연구자는 표본조사 결과를 근거로 프로그램의 효과가 크다고 결론을 내린다면 일종오류를 범하게 된다.

요약하면, '프로그램의 효과가 없다.'는 것이 영가설이라면 표본통계치가 기각영역 안에 위치하면 영가설은 기각된다. 기각영역에 통계치가 위치한다는 것은 프로그램의 효과가 있다는 것을 의미한다. 그런데 프로그램의 효과가 없는데도 통계치가 기각영역에 포함되는 경우 일종오류가 된다. 이때 조사연구자는 프로그램이 효과가 없는데도 있다고 결론을 도출할 수 있다.

일종오류가 일어나는 것을 최소화할 수 있는 방법은 다음과 같다. 첫째, 표집오차가 작게 작용된다고 알려진 p-값을 0.05 대신에 0.01, 0.001을 선택한다. 둘째, 표본의 크기를 크게 하여 표집오차를 작게 한다. 셋째, 조사연구를 반복하여 진행한다.

(2) 이종오류의 발생

표본에 가해진 실험처치의 효과가 너무 작아 인식할 수 없든지 또는 표본에 대한 실험처치로 아무런 영향을 받지 않은 것으로 인식할 때 발생한다. 이종오류가 발생할 경우, 조사연구자는 처치효과가 있음에도 불구하고 없다고 결론을 낼 것이고, 다른 처치방법이 효과를 낼 것이라는 새로운 가설을 설정하게 될 것이다. 이종오류는 프로그램의 효과가 발생했음에도 불구하고 표본의 통계치(표본평균)가 기각영역 안에 위치하지 않을 때 발생한다.

4. 모수의 가설검증

1) 모평균검증

모평균의 가설검증은 모집단인 연속확률분포에서 무작위추출 한 표본을 통하여 이루어진다. 즉, 모평균 가설검증은 모집단에서 표본을 추출하여 표본평균과 표본표준편차를 활용하여 모집단의 평균에 대하여 검증하는 것이다. 때문에 모집단의 평균에 대한 가설검증은 모집단의 표준편차를 알고 있을 때와 모를 때로 나누어 다른 방법으로 진행된다.

(1) 모집단의 표준편차(σ) 알고 있을 경우

모평균에 μ_0대한 가설 H_0: $\mu=\mu_0$(양방검증), H_i: $\mu>\mu_0$(단방검증) 할 때, 모집단평균에 대한 가설검증에서 모집단의 표준편차를 알고 있을 경우, Z-분포를 이용하게 된다. 즉, 모집단의 평균을 알고 있을 경우 검증통계량으로 Z-값(표준화 값)을 이용한다. 모평균의 차이를 검증하는 과정은 다음과 같다.

▣ 1단계: 가설설정

영가설 H_0: $\mu=\mu_0$

연구가설 H_i: $\mu>\mu_0$

▣ 2단계: 검증통계량 $(Z_0)=\dfrac{\overline{X}-\mu_0}{\frac{\sigma}{\sqrt{n}}}$

▣ 3단계: 영가설 평가

H_i: $\mu<\mu_0$ 일때, $Z_0\leq -z_\alpha$이면 H_0는 기각한다.

H_i: $\mu>\mu_0$ 일때, $Z_0\geq z_\alpha$이면 H_0는 기각한다.

H_i: $\mu\neq\mu_0$ 일때, $|Z_0|\geq z_{\frac{\alpha}{2}}$이면 H_0는 기각한다.

예를 들어, 장애인보호작업장에서 낚싯줄을 생산하는데, 표시된 인장강도의 평균이 80kg/(mm)^{2}와 표준편차가 5kg/(mm)^{2}인 낚싯줄을 50개 표집 하여 평가한 결과, 평균인장강도가 78kg/(mm)^{2}로 나타났다. 유의도를 1%로 검증하면 다음과 같다.

▣ 1단계: 가설설정

영가설 H_0: $\mu = 80kg$

연구가설 H_1: $\mu \neq 80kg$

유의수준: 1%

▣ 2단계: 검증통계량 $(Z_0) = \dfrac{\overline{X}-\mu_0}{\dfrac{\sigma}{\sqrt{n}}}$, $Z < -z_{0.005} = -2.576$, $Z > z_{0.005} = 2.576$

$$= \frac{78-80}{\dfrac{2}{\sqrt{50}}} = -2.828$$

▣ 3단계: 영가설 평가

$Z = -2.828 < -2.576$이므로 영가설을 기각한다. 장애인보호작업장에서 생산되는 낚싯줄의 실제 인장강도가 표시된 평균인장강도보다 약하다는 결론의 도출이 가능하다.

(2) 모집단의 표준편차(σ) 모를 경우

모집단평균에 대한 가설검증에서 모집단의 분산 또는 표준편차를 알고 있는 경우는 그렇게 많지 않다. 조사연구자가 수행한 유사한 모집단에 대한 조사연구결과를 통하여 조사연구를 하고자 하는 분산 또는 표준편차를 알 수 있으나 이런 상황은 예외적인 경우이다. 대부분의 조사연구에서 모집단의 분산 또는 표준편차를 모르기 때문에 추정을 하곤 하는데, 표본의 표준편차(S)를 통하여 모집단표준편차(σ) 추정하게 된다.

① n>30 경우

이러한 과정에서 만일 표본의 수가 $n>30$이면, 모집단표준편차(σ)대신에 표본의 표준편차(S)를 활용한다. 즉, 정규분포를 이용하여 가설을 검증하게 되며 그 과정은 다음과 같다.

▣ 1단계: 가설설정

가설 $H_0 = \mu = \mu_0$

▣ 2단계: Z-값을 계산 = 검증통계량 = $Z_0 = \frac{\overline{X} - \mu_0}{\frac{S}{\sqrt{n}}}$

▣ 3단계: 영가설 평가

H_i: $\mu < \mu_0$ 일때, $Z_0 \leq -z_\alpha$이면 H_0는 기각한다.

H_i: $\mu > \mu_0$ 일때, $Z_0 \geq z_\alpha$이면 H_0는 기각한다.

H_i: $\mu \neq \mu_0$ 일때, $|Z_0| \geq z_{\frac{\alpha}{2}}$이면 H_0는 기각한다.

예를 들어, 인구주택 총조사에서 노인동거 가구당 평균 가구원수는 평균 2.67명이었다. 올해 1,000가구를 표본추출 하여 조사한 결과 가구당 평균 2.69명, 표준편차가 0.548이었다. 올해의 평균 가구원수가 인구주택조사와 같은지 유의수준 1%에서 검증하면 다음과 같다.

▣ 1단계: 가설설정

가설 $H_0 = \mu = 2.67$명

유의수준: 1%

▣ 2단계: Z-값을 계산 = $Z_0 = \frac{\overline{X} - \mu_0}{\frac{S}{\sqrt{n}}}$, $Z < -z_{0.005} = -2.576$, $Z > z_{0.005} = 2.576$

$$\overline{X} = 2.69,\ S = 0.548,\ \frac{2.69 - 2.67}{\frac{0.584}{\sqrt{1,000}}} = 1.083$$

▣ 3단계: 영가설 평가

Z=1.083<2.576이므로 영가설을 채택한다. "두 번의 조사 결과가 다르다는 강력한 증거는 없다."는 결론이 가능하다.

② n<30 경우

n<30인 경우에는 t-분포(자유도 n-1)를 이용하여 가설을 검증한다. 모평균 μ에 관한 검증의 과정은 다음과 같이 요약이 가능하다.

▣ 1단계: 가설설정

가설 $H_0 = \mu = \mu_0$

▣ 2단계: 표본자료를 수집하여 t-값을 계산한 검증통계량 $t_0 = \dfrac{\overline{X} - \mu_0}{\dfrac{S}{\sqrt{n}}}$

▣ 3단계: 영가설 평가

H_1: $\mu < \mu_0$ 일때, $t_0 \leq -t(n-1;\ \alpha)$이면 H_0는 기각한다.

H_1: $\mu > \mu_0$ 일때, $t_0 \geq t(n-1;\ \alpha)$이면 H_0는 기각한다.

H_1: $\mu \neq \mu_0$ 일때, $|t_0| \geq t\left(n-1;\ \dfrac{\alpha}{2}\right)$이면 H_0는 기각한다.

예를 들어, 노인일자리사업으로 운영하는 커피자판기에서 커피의 양은 100g, 표준편차는 1g이 되도록 세팅되었다. 어느 날 자판기에서 커피 10잔을 뽑아 커피의 양을 조사한 결과, 평균이 103.3, 표준편차가 1.125였다. 평균이 100g인지를 유의수준 5%에서 검증하면 그 과정과 결과는 다음과 같다.

▣ 1단계: 가설설정

가설 $H_0 = \mu = 100\text{g}$

유의수준: 5%

▣ 2단계: 검증통계량 $t_0 = \dfrac{\overline{X} - \mu_0}{\dfrac{S}{\sqrt{n}}}$, $t < -t_{0.025} = -1.96$, $t > t_{0.025} = 1.96$

$$\overline{X} = 103.3,\ S = 1.125,\ \frac{103.3 - 100}{\dfrac{1.125}{\sqrt{10}}} = 9.276$$

▣ 3단계: 영가설 평가

t=9.276>1.96이므로 영가설을 기각하고 연구가설을 채택한다. 자판기가 커피 100g을 벗어난 양을 제공한다는 증거는 없기 때문이다.

2) 모분산 검증

모집단분산에 대한 차이검증은 모평균의 차이검증과 그 원리가 유사하다. 모집단의 분산값(σ^2)표본분산값(S^2)으로 대치하여 영가설 H_0: 를 $\sigma^2=\sigma_0^2$설정하게 된다. 일반적으로 모분산에 대한 불편추정량으로 표본분산(S^2)$=\frac{\sum(X_i-\overline{X})^2}{n-1}$이 모분산에 대한 검증통계량으로 이용된다. 그런데 표본분산은 표본평균($\overline{X}$) 같이 자유도에 의하여 확률분포의 형태가 변하게 되어, 자유도(df=n−1)가 되며 분 x^2를 따르게 된다. 그런데 확률분포 X가 정규분포를 따르게 될 때, Z−분포는 표준정규분포를 따르게 된다.

$$x^2\text{는 } +Z_1^2+Z_2^2+Z_3^2\cdots+Z_n^2(\text{분산들의 합})$$
$$=\sum_1^n Z_n^2=\sum_1^n\frac{(X-\mu_x)}{\sigma^2}=\frac{(n-1)S^2}{\sigma^2}$$

H_0에서 검증통계량 $x_0^2=(n-1)\frac{S^2}{\sigma_0^2}$은 자유도 n−1인 x^2분포가 된다. 검증과정은 다음과 같다.

▣ 1단계: 가설설정

가설 H_0: $\sigma^2=\sigma^2{}_0$

▣ 2단계: x_0^2−값을 계산, 검증통계량 $x_0^2=(n-1)\frac{S^2}{\sigma_0^2}$

▣ 3단계: 영가설 평가

H_i: $\sigma^2<\sigma_0^2$ 일때, $x_0^2\leq x^2(n-1;\ 1-\alpha)$이면 H_0는 기각한다(좌측검증).

H_i: $\sigma^2>\sigma_0^2$ 일때, $x_0^2\geq x^2(n-1;\ \alpha)$이면 H_0는 기각한다(우측검증).

H_i: $\sigma^2\neq\sigma_0^2$ 일때, $x_0^2\geq x^2\left(n-1;\ \frac{\alpha}{2}\right)$는 $x_0^2\leq x^2\left(n-1;\ 1-\frac{\alpha}{2}\right)$이면
H를 기각한다(양방검증).

예를 들어, 장애인보호작업장에서 수도꼭지를 생산하는데, 두께의 분산이 1.25mm를 초과하면 불량품으로 간주한다. 수도꼭지 20개를 무작위로 표집 하여 측정한 결과 표본분산이 2.16mm였다. 유의수준 5%로 모분산이 1.25를 초과하는지를 검증하면 다음과 같다.

▣ 1단계: 가설설정

가설 H_0: $\sigma^2 < 1.25$

유의수준: 5%

▣ 2단계: x검증통계량 $x_0^2 = (n-1)\frac{S^2}{\sigma_0^2}$, $x^2 > 30.144$

$$S^2 = 2.16,\ x^2 = \frac{(20-1)(2.16)}{1.25} = 32.832$$

▣ 3단계: 영가설 평가

$x^2 = 2.832 > 30.144$이므로 영가설을 기각한다. "수도꼭지 두께의 분산이 기준을 초과하여 불량품이 발생할 가능성이 있다."는 결론이 가능하다.

3) 모비율 검증

비연속(이항)모집단비율에 대한 가설검증은 모집단비율에 대한 가설을 세우고 모집단으로부터 추출된 표본비율이 차이가 있는지를 검증하는 방법이다.

모비율 p에 대한 가설 H_0: $p = p_0$ (양방검증), Hi: $p > p_0$ (단방검증)을 검증할 때, 모비율 $p = \frac{X}{n}$의 추정량은 $\hat{p} = \frac{X}{n}$으로 중심극한원리에 의하여 정규분포를 형성한다. 표본의 크기가 작은 경우, t-분포를 활용하여 표본비율에 대한 가설을 검증하게 된다.표본의 표준오차가 이$\sqrt{\frac{p_0(1-p_0)}{n}}$로 t($\hat{p}$)-값은 $\frac{\hat{p}-p_0}{\sqrt{\frac{p_0(1-p_0)}{n}}}$이 된다.

표본의 크기가 큰 경우 z($\hat{p}$)로 계산한다. 그 계산과정은 다음과 같다.

▣ 1단계: 가설 세우기

가설 H_0: $p=p_0$

▣ 2단계: $z(\hat{p})$-값을 계산

$$z(\hat{p})_0=\frac{\hat{p}-p_0}{\sqrt{\frac{p_0(1-p_0)}{n}}}$$

▣ 3단계: 영가설 평가

H_1: $p<p_0$ 일때, $Z_0 \le -z_\alpha$이면 H_0는 기각한다.

H_1: $p>p_0$ 일때, $Z_0 \ge z_\alpha$이면 H_0는 기각한다.

H_1: $p\neq p_0$ 일때, $|Z_0| \ge z_{\frac{\alpha}{2}}$이면 H_0는 기각한다.

예를 들어, 전국의 사회복지사 1,000명을 무작위추출 하여 직무만족도를 조사연구한 결과, 120명이 불만족으로 대답하였다. 전국의 사회복지사 직무불만족비율(모비율)이 10%를 넘는지 유의수준 5%로 검증하면, 그 과정과 결과는 다음과 같다.

▣ 1단계: 가설 세우기

가설 H_0: $p<0.1$, $H_1>0.1$

알파(유의)수준: 5%

▣ 2단계: $z(\hat{p})$-값을 계산

$$z(\hat{p})=\frac{\hat{p}-p_0}{\sqrt{\frac{p_0(1-p_0)}{n}}},\ Z>1.645$$

$$\hat{p}=\frac{x}{n}=\frac{120}{1,000}=0.12,\ Z=\frac{\hat{p}-p_0}{\sqrt{\frac{p_0(1-p_0)}{n}}}=\frac{0.12-0.1}{\sqrt{\frac{0.1(1-0.1)}{1,000}}}=1.054$$

▣ 3단계: 영가설 평가

Z=1.054<1.645이므로 영가설을 기각할 수 없다. 즉, 영가설을 수용한다. "전국사회복지사의 직무불만족비율이 10%를 넘는다."는 주장을 입증할 만한 증거가 없기 때문이다.

03

P·A·R·T

통계방법의 이해

CHAPTER 07 | 빈도분석과 교차분석

CHAPTER 08 | 평균분석: t검증

CHAPTER 09 | 분산분석

CHAPTER 10 | 상관관계분석

CHAPTER 11 | 회귀분석

CHAPTER 12 | 비모수검증

07 CHAPTER > 빈도분석과 교차분석

제1절 빈도분석

1. 빈도분석의 개념

빈도(frequency)란 한 변인의 값 또는 범주에 포함된 사례 수를 의미한다. 예를 들어, 사례관리 대상(자)의 성별 구분에서 남자가 50명, 여자가 40명이라면, 남자의 빈도가 50, 여자의 빈도가 40이라고 할 수 있다. 이러한 빈도는 자체적으로 의미를 부여하는 데는 한계가 있기 때문에 다른 빈도와 상대적인 관계 속에서 의미를 찾을 수 있다.

위의 예에서 남자의 빈도가 단지 50이라고 한다면 의미를 부여하기가 쉽지 않을 것이다. 그러나 여자의 빈도가 40이고, 남자의 빈도가 10이 많다고 한다면, 남자와 여자 간의 차이에 대한 의미를 부여할 수 있을 것이다. 그러므로 빈도는 일목요연하게 빈도분포표로 정리하여 활용되며, 그 속에서 의미를 찾을 수 있다.

빈도분석(frequency analysis)은 일반적으로 명목 또는 서열척도로 구성된 변인 분석에 많이 사용하나 등간척도와 비율척도의 경우, 구간으로 코딩하여 사용할 수 있다. 빈도분석은 고난도 분석을 하기 전에 자료의 경향을 파악하기 위한 '기초 분석방법'이라고 할 수 있다. 빈도분석은 빈도분포를 통하여 특정 의문에 대한 가치, 내용의 파악 또는 표본의 특성을 파악하기 위한 목적에 활용된다. 기술분석의 대표적인 방법 중의 하나이다.

2. 빈도분포와 빈도분포표(도)

빈도분석을 시도하기 위해서는 빈도분포를 만드는 작업이 선행되어야 한다. 일반적으로 빈도분포는 표 또는 그림으로 나타내며, 이를 '빈도분포표' 또는 '빈도분포도'라고 한다. 빈도분포표 또는 빈도분포도에는 변인 각각의 값 또는 범주에 속한 빈도를 표시하고 동시에 비율을 표시한다. 다시 말해, 빈도는 원자료의 특성을 나타내는 일정한 분포를 형성하게 되는데, 이것을 '빈도분포'라고 한다. 빈도분포는 빈도분포표를 통하여 나타나며, 조사연구자는 빈도분포표를 활용하여 '빈도분석'을 시도한다.

빈도분포(표)의 특성은 크게 세 가지 방법으로 나타낼 수 있다. 첫째, 빈도, 상대적 백분율, 누적빈도와 같은 빈도분포표로 나타낼 수 있다. 둘째, 최빈값(mode), 중앙값(median), 산술평균(mean)과 같은 중심경향치의 형태로 나타낼 수 있다. 셋째, 범위, 평균편차, 분산, 표준편차의 분산도(산포도) 형태로 나타낼 수 있다. 이 같은 특성들을 하나의 막대그래프(bar chart), 히스토그램(histogram), 파이차트(pie chart) 등으로 도식화하여 나타내기도 한다.

빈도분포표를 만드는 데 일정한 규칙은 없으나 일반적인 관례를 소개하면 다음과 같다. 첫째, 표의 경우에는 위에 표 번호와 제목을 붙이고, 그림의 경우 아래에 그림번호와 제목을 붙인다. 둘째, 변인 값은 세로 형식으로 나열하되, 위에서 아래로 빈도가 높은 순에서 낮은 순으로 나열한다. 셋째, 묶음빈도표에서는 급간의 크기를 같게 하고, 급간의 수는 20개를 넘지 않도록 한다.

3. 빈도분석

빈도분석은 체계적이지 않은 설문조사 결과를 요약 및 정리하는 기능으로, 가장 간편하게 읽고 해석할 수 있는 방법이다.

빈도분석을 좀 더 구체적으로 활용하는 목적은 다음과 같다. 첫째, 자료를 입력한 후, 오류를 찾아내기 위하여 활용한다. 둘째, 응답자의 특성을 요약하기 위하여 활용한다. 셋째, 고급통계를 적용하기 전에 각 변인의 단순응답 분포를 파악하기 위하여 활용한다.

빈도분석에서 제시되는 자료분석값과 결과는 빈도표(빈도, 백분율, 누적백분율), 중심경향치(평균치, 중앙값, 최빈값), 분산도(범위, 분산, 표준편차), 그리고 그래프(막대, 원, 히스토그램) 등이 있다.

앞에서 언급하였듯이, 빈도분석은 척도에 상관없이 적용이 가능하다. 명목척도(〈표 7-1〉)와 비율척도(〈표 7-2〉)를 활용한 빈도분석의 예를 들기로 한다. 명목척도를 활용한 빈도분석의 예를 사회과학대학의 전공학부선택을 통하여 알아보면 아래와 같다.

귀하가 전공으로 선택하고자 하는 학부는?

① 사회복지학부( ) ② 행정학부( ) ③ 신문방송학부( ) ④ 경영학부( )

설문의 결과를 빈도분포표로 만들고, 학생들의 전공 선호도에 대한 빈도(원자료)를 나열하면, 한눈에 해석할 수 있다. 또한 상대적인 비율을 표시함으로써, 원자료에 대한 이해를 도울 수 있다.

〈표 7-1〉 전공학부 선택의 선호도 조사결과

단위: 빈도, %

구분(항목)	빈도(도수)	비율	누적빈도	누적백분율
사회복지학부	50	33.3	50	33.3
행정학부	40	26.7	90	60.0
신문방송학부	30	20.0	120	80.0
경영학부	30	20.0	150	100.0
합 계	150	100.0		

다음은 비율척도가 활용된 빈도분석의 예로, 일자리프로그램에 참여한 노인의 연령별 빈도를 알아보면 다음과 같다.

귀하의 연령은?

① 65~69 ( ) ② 70~74 ( ) ③ 75~79 ( ) ④ 80~ ( )

설문의 결과를 빈도분석을 위한 빈도분포표로 만들면 〈표 7-2〉와 같다.

〈표 7-2〉 일자리프로그램에 참여한 노인의 연령별 빈도

단위: 빈도, %

구분(항목)	빈도(도수)	비율	누적빈도	누적백분율
65~69	40	40.0	40	40.0
70~74	30	30.0	70	70.0
75~79	20	20.0	90	90.0
80~	10	10.0	100	100.0
합 계	100	100.0		

빈도분석에서 해석할 때 3가지를 유의해야 한다. 첫째, 극단적인 해석을 피해야 한다. 둘째, 지나친 추론을 하지 말아야 한다. 셋째, 자의적인 해석을 피해야 한다.

빈도분석과 교차분석의 차이는, 빈도분석은 한 집단 내의 질적 척도(명목척도나 서열척도)의 분포를 도수나 비율로 나타내는 반면에, 교차분석(cross-tab analysis)은 빈도분석과 같은 기법이나 집단이 둘 이상일 때 적용한다는 것이다. 집단 간의 빈도분포를 비교하고자 할 때 사용한다.

제2절 교차분석

1. 교차분석의 개념

교차분석(cross-tabulation analysis)은 넓은 의미로는 변인의 수준에 관계없이 두 변인을 교차시켜서 분석하는 방법을 말한다. 좁은 의미로는 교차분석은 명목척도(예: 성별)나 서열척도(예: 교육수준)와 같은 범주형 변인(categorical variables)들을 한 변인의 범주와 다른 변인의 범주를 교차시킨 교차집계표(cross-table)의 작성을 통해, 두 변인 간의 상관관계-상호독립성(관련성 정도 또는 독립성)을 분석하는 기법이다.

교차분석을 이용한 범주는 다음과 같은 원리를 바탕으로 한다. 만일 두 변인이 각각 2개 및 3개의 범주를 갖는다면, 교차집계표는 2×3개, 즉 6개의 셀(cell)을 이룬다. 이때 이들 두 변인이 갖는 빈도분포표에 의하여 (2×3)개의 각 셀에 두 변인이 결합된 빈도를 구하고, 실제 측정된 빈도를 비교함으로써 두 변인이 상호 독립적인지 아니면 관련성을 가지는지 판단할 수 있다.

2. 교차분포

과학적 조사연구의 단순빈도분석에서는 단순통계(자료)분석을 통한 기초 자료만의 제공이 가능하다. 그러므로 사회과학에서는 좀 더 상세한 정보를 얻기 위하여, 둘 또는 그 이상의 변인 간 교차표(cross-tabulation)를 만들어 사용한다. 교차표를 통하여 변인 간의 관계 또는 관련성 정도를 파악할 수 있다. 예를 들어, 남녀 간의 전공 선호도를 알아보기 위하여 다음과 같은 교차표를 사용할 수 있다.

교차표를 만드는 순서는 다음과 같다. 첫 번째 단계에는 독립변인과 종속변인을 결정한다. 남녀 간에 전공학부 선택에 차이가 있을 것이라고 예측한다. 두 번째 단계에는 독립변인에 해당되는 남녀의 빈도와 퍼센트를 계산한다. 세 번째 단계에는 독립변인의 남녀를 종속변인인 학부와 비교한 빈도와 퍼센트를 근거로 교차표를 만든다.

〈표 7-3〉 남녀 간 전공학부 선택의 선호도 조사결과

단위: 빈도, %

구분(항목)	남	여	계
사회복지학부	25(50.0)	25(50.0)	50(100)
행정학부	20(66.7)	10(33.3)	30
신문방송학부	13(43.3)	17(56.7)	30
경영학부	30(75.0)	10(25.0)	40
합 계	88(58.7)	62(41.3)	150

제3절 SPSS-빈도분석과 교차분석

1. SPSS 이용한 빈도분석

다음은 사회참여 노인들을 대상으로 삶의 질을 조사한 자료이다. 본 자료로 SPSS를 이용한 빈도분석을 시도하면 다음과 같다.

1) 파일 열기

파일(F) – 열기(O) – 데이터(D)를 클릭([그림 7–1])하고 찾는 위치와 파일 이름을 입력하고 열기를 클릭하면 [그림 7–2]와 같은 창이 뜬다.

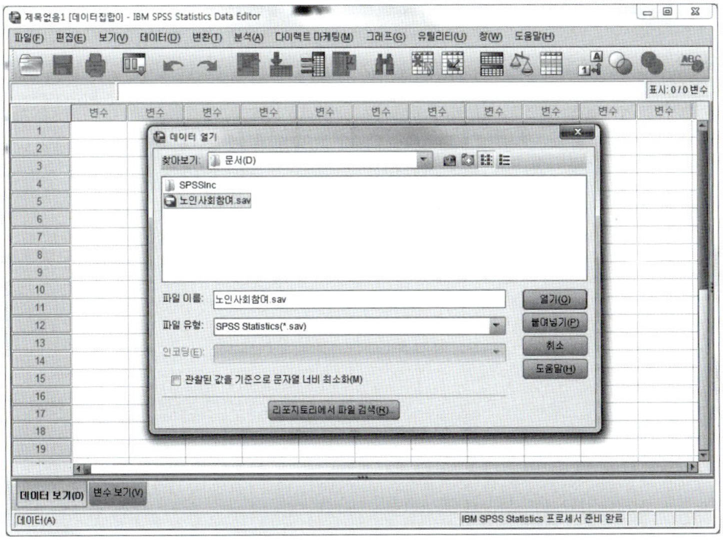

[그림 7-1] 파일(F)–열기(O)–데이터(D)

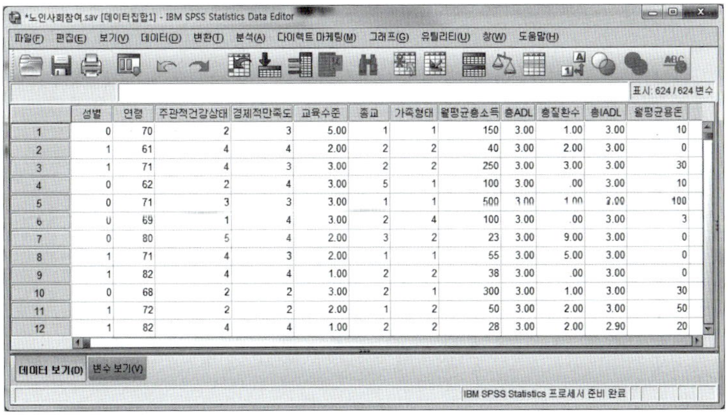

[그림 7-2] 파일(F)–열기(O)–데이터(D)–클릭 결과

2) 데이터 분석 과정

[그림 7-2]에서 제시된 데이터를 빈도분석 하기 위하여 분석(A)–기술통계량(E)–빈도분석(F)을 클릭하면 [그림 7-3]과 같은 창이 뜬다.

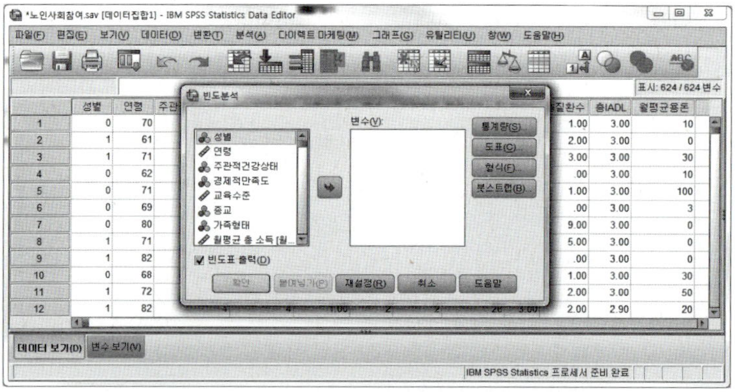

[그림 7-3] 분석(A)–기술통계량(E)–빈도분석(F)

이때에 빈도표 출력(D)이 체크되었는지를 확인하고 분석하고자 하는 변인을 변수(V)로 이동시킨다. 본서에서는 연령에 대한 빈도분석을 하고자 변수(V)로 이동시킨다([그림 7–4]).

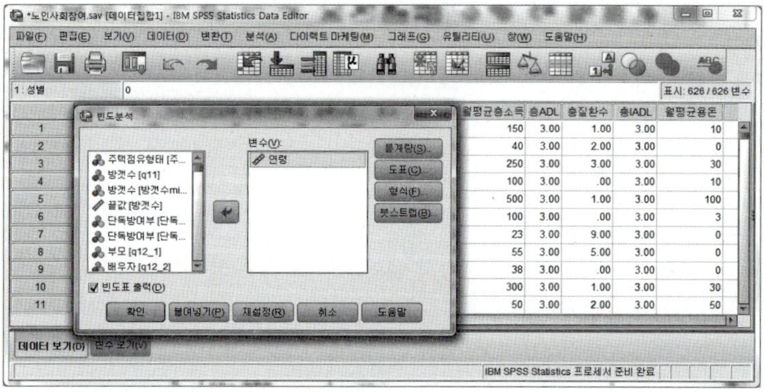

[그림 7-4] 분석(A)–기술통계량(E)–빈도분석(F)–변수이동(연령)

[그림 7–4]에서 확인을 클릭하면 빈도분석 실행결과로 빈도분석 결과표([그림 7–5])가 도출된다. 가장 먼저 통계량을 확인할 수 있는데, 전체 584명 중 유효가 584명으로, 결측치는 없는 것으로 나타난다. 연령 빈도분포표에서 60세에서 높은 순으로 빈도, 퍼센트 등이 나타난다.

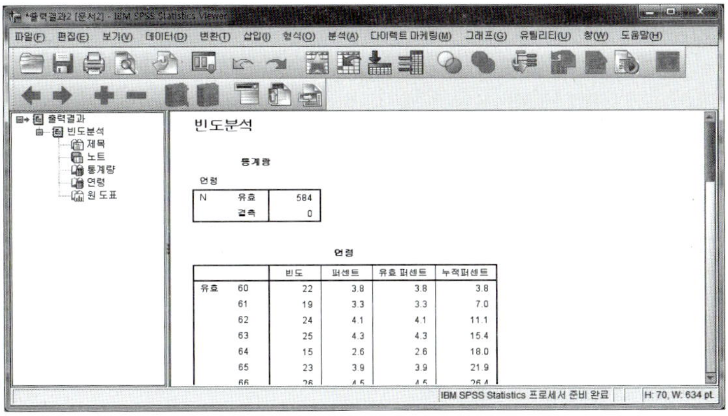

[그림 7-5] 빈도분석 결과표

2. SPSS를 이용한 교차분석

1) 파일 열기

파일(F)－열기(O)－데이터(D)를 클릭([그림 7－6])하고 찾는 위치와 파일 이름을 입력하고 열기를 클릭하면 [그림 7－7]과 같은 창이 뜬다.

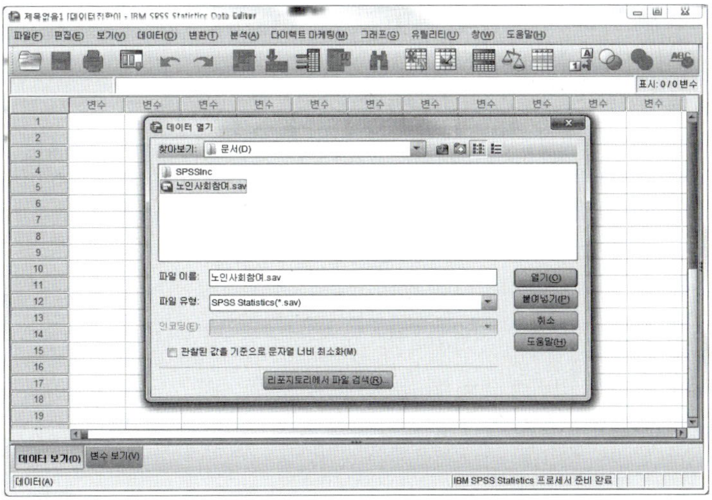

[그림 7-6] 파일(F)-열기(O)-데이터(D)-데이터 열기

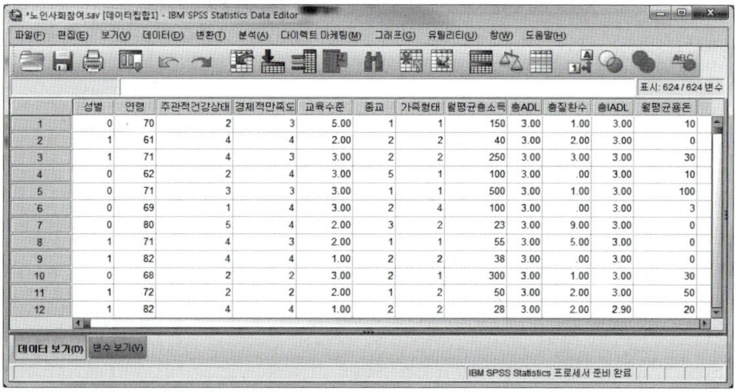

[그림 7-7] 파일(F)–열기(O)–데이터(D)–데이터 열기 결과

2) 데이터 분석 과정

[그림 7-7]에서 제시된 데이터를 교차분석 하기 위하여 분석(A)-기술통계량(E)-교차분석(C)을 클릭하면 [그림 7-8]과 같은 교차분석 창이 뜬다.

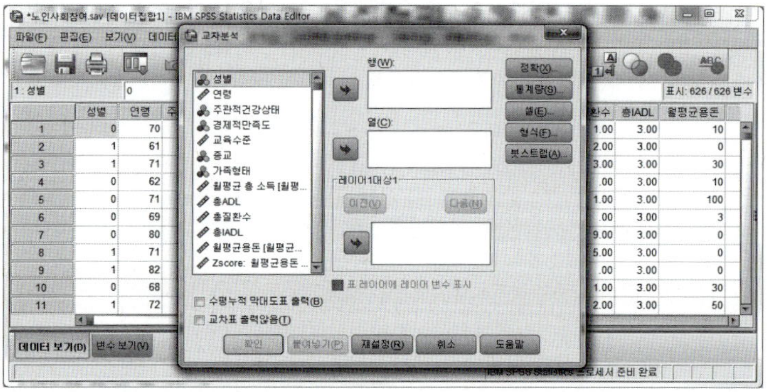

[그림 7-8] 파일(F)–열기(O)–데이터(D)–데이터 열기–교차분석

이때에 교차분석 창에서 분석하고자 하는 변인을 왼쪽 칸에서 오른쪽 행(W)과 열(C)로 이동시킨다. 일반적으로 독립변인을 행에 위치시키고 종속변인을 열에 위치시킨다. 예를 들어, 성별에 따른 행복감을 교차분석 하고자 한다면 성별을 행으로 이동시키고 행복감을 열로 이동시키면 [그림 7-9]와 같은 교차분석 창이 완성된다.

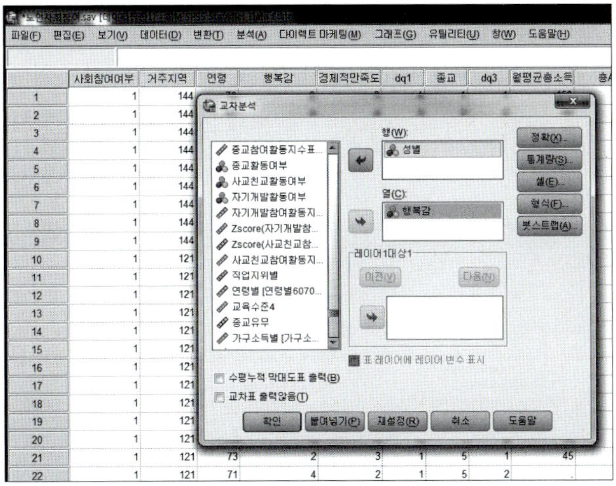

[그림 7-9] 파일(F)-열기(O)-데이터(D)-데이터 열기-교차분석-교차분석: 통계량

교차분석 창에서 다시 하단 오른쪽 상단의 셀을 클릭하면 [그림 7-10]과 같은 교차분석: 셀 출력 창이 뜨는데, 이때 빈도에서 관측빈도(O)를 선택하고 퍼센트에서는 행(R)을 선택하고 왼쪽 하단의 계속을 클릭한다.

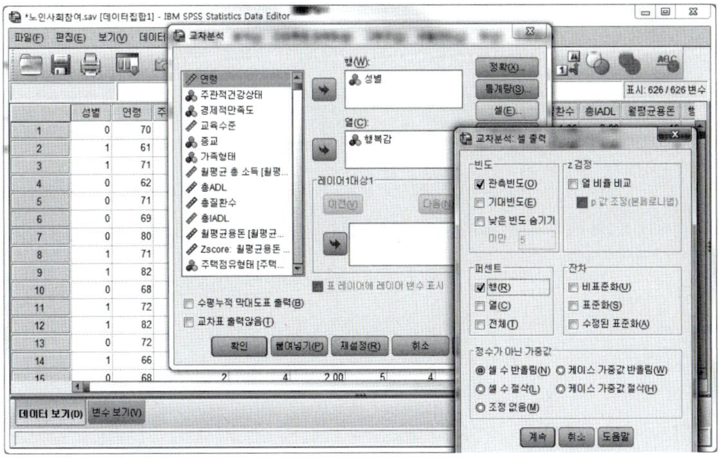

[그림 7-10] 파일(F)-열기(O)-데이터(D)-데이터 열기-교차분석-교차분석: 셀 출력

계속을 클릭하면 교차분석 창이 남는데 확인을 클릭하면 결과표가 산출된다([그림 7-11]). 물론 빈도에서는 기대빈도(E), 퍼센트에서는 열(R)과 전체(T)를 동시에 선택하기도 한다.

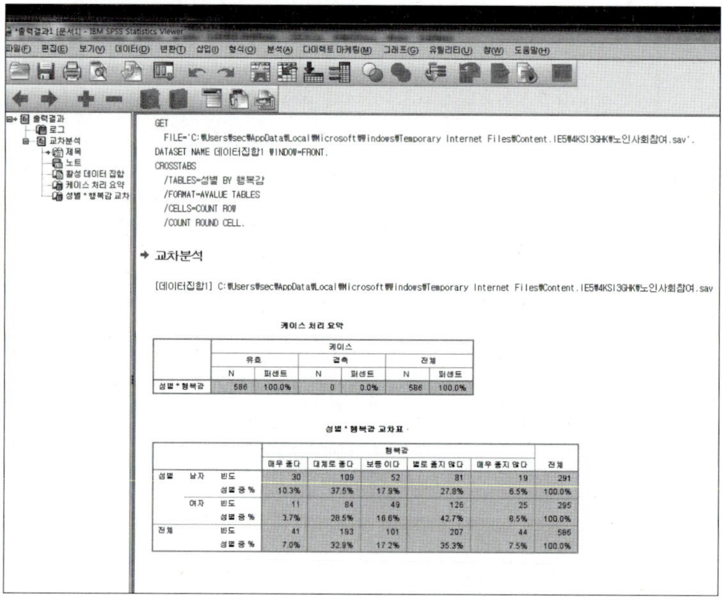

[그림 7-11] 교차분석 결과표

[그림 7-11]의 교차분석의 결과표 상단에 케이스 처리 요약 테이블을 확인한다. 그 다음 하단에 위치한 카이제곱검정을 확인하고 유의성이 있다고 결론이 나면 중간에 위치한 성별 · 행복감 교차표를 보고 항목별 비율로 결론을 내린다.

08
CHAPTER

평균분석: t-검증

제1절 평균분석

1. 평균분석의 개념

평균에 대한 분석은 집단 혹은 변인의 특성을 파악하는 데 중요한 수단이 된다. 변인 간의 평균 차이는 변인 간의 특성이 다르다는 것을 의미한다. 이렇게 두 변인간의 평균이 다를 때, 통계적으로 유의미한지 판단하기 위하여 평균분석을 시도한다.

평균분석은 분석이라기보다 비교의 의미를 가진 방법으로, 집단 간의 평균 차이가 얼마인지를 확인한다. 평균분석에 사용되는 독립변인은 집단구분을 가능하게 하는 명목 또는 서열수준으로 구성되나 종속변인의 경우 연속변인이어야 한다. 이러한 평균분석의 대표적인 방법으로는 z-검증과 t-검증, 분산분석(ANOVA)이 있다.

z-검증은 모집단과 표본의 표본분포가 정규분포를 형성하고 있다는 것(모집단의 표준편차를 알고 있을 때)을 전제로 한다. 표본의 크기가 30개 이상인 것을 의미한다. 반면에 t-검증은 표본의 크기가 30 미만이고, 표본이 정규분포의 가정이 어려울 경우(모집단의 표준편차를 알 수 없을 때) 사용되며, 점수의 계산은 z-점

수 계산과 동일하고, 표준편차를 이용하여 평균 차이를 계산한다. "어느 정도 표본의 크기가 되어야 정규분포곡선을 형성할 수 있는가?"는 논쟁의 소지가 있다. 일반적으로 표본의 크기가 30을 이야기하지만 보다 정확하게 30~120을 기준으로 한다.

t-분포는 정규분포가 아니고, t-통계치가 z-점수의 근삿값인 것과 마찬가지로 정규분포의 어림치이다. t-분포가 얼마나 정규분포에 가까운가는 자유도에 의하여 결정된다. 꼭지가 하나이고 종모양으로 좌우대칭이며 양 끝이 약간 올라가고 중앙부는 정규분포보다 납작하게 형성된다.

〈표 8-1〉 표본크기에 따른 t-검증과 z-검증

모집단표준편차	표본의 크기	
	n≦30	n≧30
알 수 있을 때	Z-검증	Z-검증
알 수 없을 때	T-검증	Z-검증

분산분석(ANOVA)은 세 집단 또는 세 변인 이상의 평균분석에 활용된다. 분산분석에 대한 내용은 제9장에서 자세하게 다루기로 한다.

평균분석은 유형에 따라 다르게 진행되나 일반적인 절차는 다음과 같다.

- 1단계: 영가설과 연구가설을 설정하고, 유의수준을 결정한다.
  양방 또는 단방검증인지를 결정한다. 양방검증은 통계적 차이의 여부를 검증하기 위하여 사용하지만 단방검증은 어떠한 정점을 기준으로 크기를 검증하기 위하여 사용한다.
- 2단계: 검증통계량의 값을 계산하고, 조사연구결과에 대한 유의확률(p값)을 계산한다.
- 3단계: 사전에 결정된 유의수준과 유의확률을 비교하여, 조사연구결과의 통계적 유의성을 판단한다. 유의확률이 유의수준보다 작거나 같으면, 연구가설이 수용된다.

2. 평균분석의 특징

1) 두 표본의 평균 차이

사회과학 영역의 조사연구자는 종종 두 집단의 비교에 대하여 충분한 이해를 필요로 하는 경우가 있다. 두 집단의 비교는 성별에 따른 남·여 간의 비교, 지역에 따른 도·농 간의 비교, 지능지수(IQ)가 높은 학생과 낮은 학생의 비교 등 다양한 경우가 있다. 예를 들어, 사회복지사의 성별 간 최초와 현재의 임금 차이를 알아보려면, 독립변인은 성별(남·여)이고, 종속변인은 최초와 현재의 임금일 것이다.

〈표 8-2〉 사회복지사의 성별에 따른 임금 차이

단위: 원, 명

구분		최초 임금	현재 임금
여자	평균	1,309,197	2,603,192
	N	216	216
	표준편차	293,560	755,802
남자	평균	2,030,140	4,144,178
	N	258	258
	표준편차	911,178	1,949,921
합계	평균	1,701,609	3,441,957
	N	474	474
	표준편차	787,064	1,707,566

2) 두 평균 차이의 표본분포

표본분포와 관련된 내용은 본서 제5장 제4절에서 자세하게 설명되었다. 표본분포는 정규분포를 형성하게 되고, 평균 차이를 설명하기 위하여 정규분포의 특성이 활용되어 약 68%, 약 95%, 약 99%로 나누어 설명되었다. 그 이유는 정규분포 내 면적이 68%인 경우 표준점수 ±1이 되고, 95%인 경우 ±1.96, 99%인 경우 ±2.58이 되기 때문이다.

두 평균 차이의 표본분포를 다루기 위하여 일반적인 표본분포를 도입하면 다음과 같다. 첫째, 두 집단 간의 평균 차이 값이 $\overline{D}_{\overline{X}} \pm 1z$ ($\overline{D}_{\overline{X}} \pm 1S$) 사이에 있을 확률은 68%이다. 둘째, 두 집단 간의 평균 차이 값이 $\overline{D}_{\overline{X}} \pm 1.96z$ ($\overline{D}_{\overline{X}} \pm 2S$) 사이에 있을 확률은 95%이다. 셋째, 두 집단 간의 평균 차이 값이 $\overline{D}_{\overline{X}} \pm 2.58z$ ($\overline{D}_{\overline{X}} \pm 3S$)사이에 있을 확률은 99%이다.

예를 들어, A대학교 사회과학대학에서 신입생들 남·여 각각 120명을 표집 하여 영어시험을 치른 결과, 남학생 평균이 88.74, 여학생의 평균이 89.53을 얻었다. 남학생과 여학생 두 집단의 평균 차이는 89.53−88.74=0.79이다. 이러한 작은 차이는 표본오차 때문에 생긴 것이라고 판단해도 무방할 것이다. 그러나 남학생과 여학생의 평균 차이가 89.53−86.74=2.79 차이가 난다면, 조사자는 그것이 표본오차의 차이인지 아니면 남·여 간 영어실력의 차이인지를 판단하기 어려울 것이다. 여기서 조사연구자는 이 결과가 남·여 간의 실력 차이인지, 실력 차이라면 120명의 표집이 모집단을 대표할 수 있는지가 궁금해질 것이다. 이러한 궁금증을 해결하기 위하여, 조사자는 영가설 "남·여 간 두 집단의 영어실력 평균은 차이가 없을 것이다(95% 유의수준)."라고 설정할 수 있다.

그런데 남학생과 여학생 각각 120명을 표집 및 계산하는 과정에서 평균 차이 +와 −값을 얻는다. 이때 두 집단 간의 평균 차이는 하나의 분포, 즉 정규분포를 형성하게 될 것이고, 이러한 분포의 평균($\overline{D}_{\overline{X}}$)은 0이 되고, 표준편차는 1이 된다. 두 집단의 평균 차이가 $z=\pm 1.96$ 사이에 위치한다면, 두 집단의 평균 차이는 표본오차 때문에 생긴 것으로 판단이 가능하여 영가설을 받아들인다.

〈표 8-3〉 남학생과 여학생의 영어성적 차이

표집	남학생	여학생	차이
1	83.4	87.4	−4.0
2	84.3	85.4	−1.1
3	90.3	89.5	0.8
:	:	:	:

3) 두 평균의 차이검증

두 표본평균의 차이가 일정한 분포를 형성한다면, 평균과 표준편차가 존재할 것이라는 예측이 가능하다. 앞에서 설명하였듯이, 표본분포표의 정규분포에서 '표준편차'라고 하는 것은 '표준오차'라고 한다. 표준편차와 표본오차는 같은 속성을 가지고 있으나 표준편차는 한 집단 내의 점수분포에 국한되지만 표준오차는 무작위표집 된 두 집단의 평균들 간 차이분포에서의 표준편차를 의미한다.

두 평균의 차이검증에서 표준오차의 역할은 두 평균의 차이와 일치하는 표준점수(z−점수)를 알게 하며, 분포상에서 그 차이에 해당되는 점수의 위치를 알게 한다. 결과적으로 두 평균 차이가 표본오차인지 아니면 실제 오차인지를 판단할 수 있는 근거를 제시한다. 두 집단의 평균 차이검증은 z−점수 공식을 변형하여 사용한다.

한 집단 내의 점수분포로 계산되는 z−점수공식은 $\frac{(X-\overline{X})}{S}$이므로, 두 집단의 평균 차이(X)는 $(\overline{X}_1-\overline{X}_2)$, $\overline{X}$는 $\overline{D}_{\overline{X}}=0$, S는 $sD_{\overline{X}}$가 된다. 공식을 정리하면 다음과 같다.

$$z=\frac{X-\overline{X}}{S}=\frac{(\overline{X}_1-\overline{X}_2)-0}{sD_{\overline{X}}}$$

앞의 예에서 신입생 영어성적 평균이 여학생 평균=89.53, 남학생 평균=86.74였고, 이러한 차이가 표본오차인지 실제 실력 차이인지 궁금하다면 계산이 가능하다. 가상적인 표준오차라고 가정하고 위의 공식에 대입하면 $z=\frac{(89.53-86.74)-0}{3.99}$

$=\frac{2.79}{3.99} \fallingdotseq 0.699 < 1.96$이 된다. 그러므로 남학생과 여학생의 두 집단의 점수 차이는 단순히 표본오차에 의하여 발생한 것이라고 결론을 내릴 수 있으며, 따라서 영가설을 받아들일 수 있다.

제2절 평균분석과 t-검증

1. t-검증의 개념 및 가정

t-검증은 한 개의 독립변인과 종속변인 관계를 분석하는 통계방법이다. 독립변인은 명목수준으로, 두 개의 유목 또는 집단의 분류체계를 유지해야 한다. 독립변인은 성별의 남녀, 소득의 유무 등과 같은 경우이다. 종속변인은 등간 또는 비율척도인 매출액, 자료분석론 성적 등이 해당된다. 때로는 서열수준의 변인을 등간으로 간주하고 활용하기도 한다. 일반적으로 t-검증은 가설검증과 모평균의 추정에 활용된다.

다른 검증과 마찬가지로 t-검증 역시 활용을 위한 특정조건, 가정들이 존재한다.

첫째, 모집단의 점수들이 정규분포를 형성한다는 가정이다. 모집단이 정규분포를 형성해야 한다는 것은 경험적 근거에 의한 것이며, 여기서 표본분포가 정규분포를 형성한다는 것과는 별개의 문제이다. 다시 말해, 모집단이 정규분포를 형성한다고 하더라도 표본이 30 미만인 경우 정규분포를 형성하기 어렵기 때문이다.

둘째, 표본형성이 우선적으로 이루어진다는 가정이다. 이것은 표본을 근거로 모집단에 대한 타당성과 일반화를 측정하기 때문이다. 흔히 학생들은 z-검증과 t-검증에 대하여 혼란을 겪는 경우가 자주 있다. z-검증과 t-검증은 모두 평균분석방법이며, 평균분석에서 해석에 필요한 요소는 평균과 표준편차이다. 표본평균과 표본표준편차는 항상 알 수 있지만 모집단평균과 모집단표준편차는 모르는 경우가 대부분이다. 그러므로 표본평균과 표본표준편차를 활용하여 모집단평균과 모집단표준편차에 대한 가설검증과 추정을 하게 된다.

앞에서 언급하였듯이, t-검증은 표본의 크기가 작기(30 미만) 때문에 정규분포의 가정이 어려울 경우에 사용되며, t-점수의 계산은 z-점수 계산과 동일하다. 즉, 표본이 작은 경우, t-검증과 z-검증 공식 모두 가설검증과 모평균추정에 이용된다.

z-값 또는 t-값은 표본평균을 모평균으로 빼고 (추정)표준오차로 나눈 값 $\left(\frac{\overline{X}-\mu}{s_{\overline{X}}}\right)$이 된다.

t-검증 공식과 z-검증 공식의 차이점은 z-검증 공식은 실제 모집단의 표준편차(σ)를 이용한다는 것이고, t-검증은 모집단의 표준편차를 모를 때 추정치인 표본 표준편차(S)를 이용한다는 것이다. 즉, 모집단의 표준편차(σ)를 알 때는 z-점수(통계치)를 활용하고, 모집단의 표준편차를 모를 때에는 t-점수(통계치)를 이용한다. 차이점을 공식으로 표현하면 다음과 같이 분모는 다르지만 분자는 동일한 것을 볼 수 있다.

$$Z = \frac{\overline{X}-\mu}{\frac{\sigma}{\sqrt{n}}}, \quad t = \frac{\overline{X}-\mu}{\frac{s}{\sqrt{N-1}}}$$

〈표 8-4〉 z-검증과 t-검증의 전제조건

구분	z-검증	t-검증
종속변수	양적변인	양적변인
독립변수	질적변인	질적변인
모집단분포	정규분포	정규분포
모분산	등분산	등분산
모표준편차	알려짐	알려지지 않음

2. t-분포와 z-분포

일반적으로 t-검증은 소표본으로 진행되기 때문에 정규분포곡선이 아니지만 연속적이고 단봉이며 종모양의 분포를 형성한다. t-분포는 평균이 0인 좌우대칭형으로, 얼마나 정규분포에 가까운가는 자유도(df=n-1)에 의하여 결정된다.

자유도란 통계치를 계산하는 과정에서 자유롭게 변할 수 있는 성분의 수를 의미한다. 표본의 자유도값이 커질수록 모집단표준편차는 모집단의 대표성이 커진다. t−분포는 정규분포곡선과 유사하나 중앙이 정규분포곡선보다 납작하며, 양끝이 약간 치켜 올라가 있다([그림 8−1]).

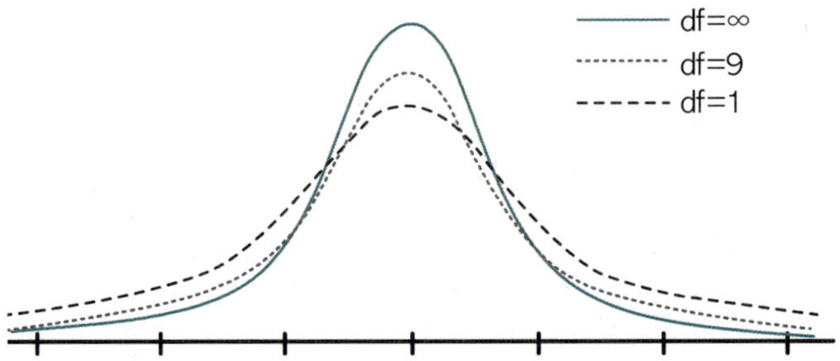

[그림 8−1] 자유도에 따른 t−분포

위의 그림에서 확인할 수 있듯이, t−분포는 자유도에 따라 여러 가지 형태로 나타난다. t−분포는 정규분포보다 더 많은 변량(분산)을 가진다는 것을 의미한다. t−분포의 특성은 통계적 추리과정에서 고려한다. 통계적 추리과정에서 분포의 해석은 책의 부록에 수록된 수표를 이용하듯이, t−분포 역시 t−분포표를 활용한다.

〈표 8−5〉의 t−분포표를 설명하면 다음과 같다. 첫째, 도표의 맨 위쪽, 종으로 두 줄은 검증 방향, 단방과 양방검증으로, t−분포의 비율을 나타낸다. 둘째, 종으로 첫 줄은 t−통계치의 자유도를 나타낸다. 나머지 도표에 표시된 숫자들은 t−분포의 나머지와 꼬리 간의 경계를 표시하는 t−값이다. 예를 들어, 자유도(df)가 4, 단방검증 5%의 정확도, t=2.132 이상의 꼬리 영역에 있다. 셋째, 값을 구하는 과정은 종렬의 자유도 4와 횡렬에서 단방검증 5%(0.05)가 만나는 점을 찾으면, t−값 2.132를 찾을 수 있다. 여기서 t−값은 양의 값 2.132(5%)라는 것을 인식해야 한다.

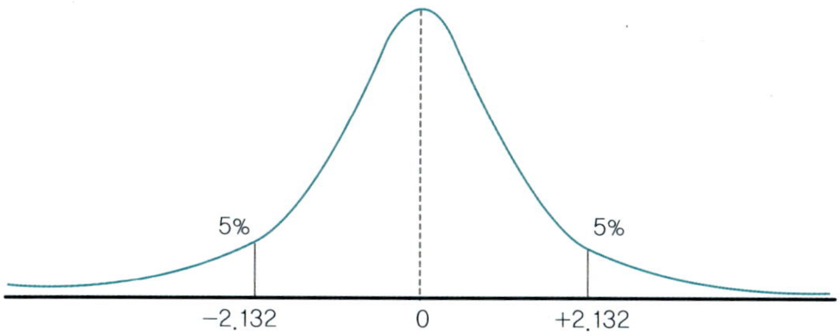

[그림 8-2] df=4인 t-분포

〈표 8-5〉 부록에 제시된 t-분포의 일부

df	1개의 꼬리 비율(단방검증)					
	0.25	0.10	0.05	0.025	0.01	0.005
	2개의 꼬리 비율(양방검증)					
	0.50	0.20	0.10	0.05	0.02	0.01
1	1.000	3.078	6.314	12.706	31.821	63.657
2	0.816	1.886	2.920	4.303	6.965	9.925
3	0.765	1.638	2.353	3.182	4.541	5.841
4	0.741	1.533	2.132	2.776	3.747	4.604
5	0.727	1.476	2.015	2.571	3.365	4.032
6	0.718	1.440	1.943	2.447	3.143	3.707

z-분포와 t-분포의 두 분포의 공통점은 평균 0을 중심으로 좌우대칭을 형성한다. 두 분포의 차이점은 z-분포는 자유도(df)에 영향을 받지 않지만 t-분포는 자유도에 따라 분포 형태가 달라진다. 즉, z-분포는 항상 정규분포곡선을 유지하지만 t-분포는 자유도가 클 때 정규분포곡선에 가까워진다. 또한 z-분포의 표준편차는 1이지만, t-분포의 표준편차는 1보다 크다.

3. 자유도와 t-값

앞장에서 설명했듯이 t-값은 z-값과 다르게 자유도의 영향을 받는다. t-검증은 표본평균을 활용하고, z-검증은 모집단평균을 활용하기 때문에, t-값은 z-값과 다르게 자유도에 영향을 받는다.

자유도를 다시 설명하면, 표본평균 편차의 합이 0을 충족하며, 표본에서 평균을 유지하면서 자유롭게 변할 수 있는 점수의 수를 의미하고 df 또는 v로 표기한다. 그런데 표본평균은 표본에서 한 점수에 제한을 두기 때문에, 표본의 자유도는 n이 아닌 n−1로 한다. 표본의 자유도가 n−1이었다면, 두 집단의 차이검증에서 자유도는 집단 1은 n_1-1, 집단 2는 n_2-1이 되고, 두 집단을 합하게 되면 n_1+n_2-2가 된다. 예를 들어, 남녀 사회복지사 간 경제생활만족도에 대한 차이검증을 위한 표집에서 남자는 10명, 여자는 8명이 표집 되었다면, 자유도는 10+8−2=16이 될 것이다(t−값은 부록 t−분포표에서 자유도 16에서 0.05의 t−값을 확인하면 된다).

사례 수가 30 미만인 경우, 사례 수가 증가할 때마다 t−값은 현격하게 줄어든다. 그러나 사례 수가 30이 넘게 되면, t−값의 변화는 미미하게 되고 정규분포와 비슷하게 된다([그림 8−1] 참고).

제3절 t−검증의 유형

앞에서 언급되었듯이, t−검증이란 한 개의 독립변인과 한 개의 종속변인 간의 관계를 분석하는 방법이다. 그러므로 t−검증을 두 집단의 평균 차이검증이라고도 한다. 일반적으로 t−검증은 단일표본 t−검증, 독립표본 t−검증, 대응표본 t−검증의 세 가지 형태가 있다(〈표 8−6〉).

〈표 8−6〉 t−검증의 유형 및 특징

t−검증 유형	집단 A	집단 B	평균차 비교
대응표본 t−검증	선 시험 평균값	후 시험 평균값	선 시험−후 시험
독립표본 t−검증	A집단 평균값	B집단 평균값	집단A−집단B
단일표본 t−검증	선행연구 평균값	현행연구 평균값	선행연구−현행연구

1. 단일표본 t-검증

단일표본 t−검증(one−sample t−test)은 30 미만의 표본평균이 모집단의 평균과 차이가 있는지를 확인하는 데 유용한 검증방법이다. 선행연구에 의하여 모집단의 평균이 알려진 경우, 표본의 평균과 비교하여 차이가 유의하지 않다면 동일한 집단의 특성을 나타낸다고 할 수 있지만 유의한 차이가 있다면 특성이 서로 다르다고 해석할 수 있다.

t−검증에 들어가기 전에, z−검증에 대한 이해가 필요하다.

1) z-검증

(1) 모집단의 표준편차를 알 때

모집단의 표준편차가 알려져 있는 경우 z−검증을 시도하게 되는데, 분포는 정규분포를 가정한다. 따라서 표본의 집중경향치와 분산도의 지표들이 표본분포의 평균에서 표준오차 단위로 계산이 가능하므로, 두 값의 차이에 대하여 판단한다. 모집단의 표준편차가 알려진 경우, 검증치는 다음과 같이 계산한다.

$$Z = \frac{\overline{X} - \mu_0}{\sigma_{\overline{X}}} = \frac{\overline{X} - \mu_0}{\frac{\sigma}{\sqrt{n}}}$$

양방검증에서 유의수준 $\alpha = 0.05$ 수준인 경우, z−값이 $-1.96 < z < +1.96$ 사이에 존재한다면 영가설이 수용된다.

z−검증의 단계와 가정은 다음과 같다.

- 1단계: 가설을 세우고 알파수준을 결정한다.
- 2단계: 검증통계량 z−값을 계산한다.
- 3단계: 영가설을 평가한다.

예를 들어, 한 달 용돈의 평균이 40만 원이고, 표준편차가 20인 학생모집단에서 100명의 학생을 표집 한 결과, 한 달 용돈 평균이 35만 원이었다. 표본이 평균 용돈 40만 원인 모집단에서 추출되었는지 검증을 시도한다면 다음과 같다.

▣ 1단계: 가설을 세우고, 알파수준을 결정한다.

영가설 H_0: $\mu = \mu_0 = 40$

연구가설 H_1: $\mu = \mu_0 \neq 40$

알파수준: $p < 0.05$

▣ 2단계: 표준편차가 알려져 있으므로 표본을 활용하여 z-값을 계산하면 다음과 같다.

$$z = \frac{\overline{X} - \mu_0}{\frac{\sigma}{\sqrt{n}}} = \frac{35-40}{\frac{20}{\sqrt{100}}} = \frac{-5}{2} = -2.5$$

▣ 3단계: 영가설을 평가한다.

z-값의 계산결과 −2.5는 양측검증에서 유의수준 $\alpha = 0.05$ 수준인 경우, z-값이 $-1.96 < z < +1.96$ 사이에 존재하지 않으므로, 영가설을 기각하고 연구가설을 채택한다.

(2) 모집단의 표준편차를 모를 때

만약 표본의 크기가 30 이상이지만 모집단의 표준편차를 모를 경우, z-검증에서 모집단의 표준편차로 불편추정을 시도한다. 이때의 z-검증 공식은 다음과 같다.

$$Z = \frac{\overline{X} - \mu_0}{\frac{s}{\sqrt{N-1}}}$$

위의 공식에서 표본의 표준편차로부터 모집단의 표준편차를 추정해야 됨이 문제가 될 수 있다. 통상적으로 모집단의 표준편차가 알려진 경우가 거의 없기 때문에 z-검증은 논쟁의 소지가 있다. 특히, 표본이 30 미만인 경우에 문제가 될 수 있다. 앞에서 언급되었듯이, 표본의 통계치가 모수치의 불편추정치(모집단에서 가능한 모든 표본을 추출하여 표본들의 표준편차와 분산을 평균하면, 모집단의 표준편차와 분산이 같아진다)를 활용하기 때문에, 그대로 모집단 추정치로 활용하기에는 부적합하다. 왜냐하면 표본의 크기가 작은 불편추정치를 활용할 경우, 정규분포를 형성하지 못하기 때문이다. 이러한 약점을 보완하기 위하여, t-검증이 개발되었다.

2) 단일표본 t-검증

단일표본 t-검증은 표본의 크기가 30 미만의 소표본에 적용되며, 표본의 평균이 사전에 추정한 모집단의 평균(선행연구)과 일치하는지를 판단하기 위한 검증에 활용된다. 만약 모집단의 표준편차가 알려지지 않았다면, 평균이 μ_0이고 표준편차가 $\sigma_{\overline{X}}$인 t-분포를 이용한다. 결국 영가설은 "처치의 효과가 없다."라고 진술하여, 모집단의 평균이 변하지 않는다고 암시한다. 영가설은 알려지지 않은 특정 모집단평균값을 제공하고, 표본에서는 표본평균값을 제공한다. 이때 표본에서 계산된 분산과 추정표준오차를 활용한다.

$$t = \frac{\overline{X} - \mu_0}{\sigma_{\overline{X}}} = \frac{\text{표본평균} - \text{영가설에서 가정된 모집단평균}}{\text{추정표준오차}} = \frac{\overline{X} - \mu_0}{\frac{s}{\sqrt{n-1}}}$$

위의 공식에서 분자는 표본평균과 가정된 모집단평균의 차이를 파악한다. 분모는 표본에서 기대되는 추정표준오차를 측정하게 된다. 이때 분자가 분모보다 클수록 t-값은 커진다. 즉, 추정된 표준오차보다 표본평균에서 가정된 모집단평균이 클수록 t-값은 커지고, 영가설의 기각 가능성은 높아진다. 구체적인 것은 단일표본 t-검증의 일반적인 틀과 가설검증 진행 단계를 통하여 설명하기로 한다.

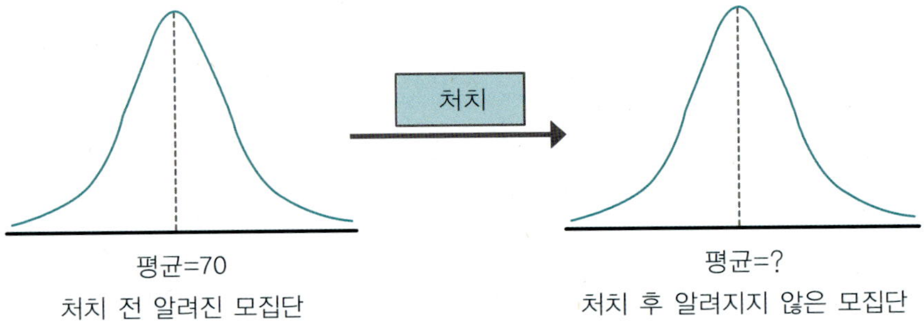

[그림 8-3] t-검정의 일반적인 틀

▣ 1단계: 가설을 세우고, 알파수준을 결정한다.

영가설: '처치효과가 없다.'

연구가설: '효과가 있다.'

유의(알파)수준의 결정 시, 양방검증 또는 단방검증을 시도할 것인지 결정한다. 일반적으로 연구학술지에 기고할 경우 위하여 양방검증을 시도하고, 예비연구용으로 사용할 경우 단방검증을 시도한다.

▣ 2단계: 검증통계량 t-값을 계산하고, 임계치(영역)를 정한다.

임계영역은 영가설 기각을 위한 영역으로, 자유도에 의하여 변한다. 표본자료를 통하여 t-값을 계산하고, 기각영역은 t-분포표에 의해 정한다. 표본자료를 구하고 가설통계치를 정함에 있어 □(표준편차)를 모를 경우, 가설통계치로 t-통계치를 사용한다. 단일표본 t-검증은 한 표본을 연구 대상으로 하지만 의도적으로 선행의 사례 수와 동일하게 만들어(간주하여) 대응표본 t-검증과 같은 형식의 결과표를 만들어 낸다.

▣ 3단계: 영가설을 평가한다. 2단계에서 도출된 t-값이 임계치 t-값을 넘어 기각영역에 포함된다면 영가설을 기각한다. 연구가설을 받아들임으로써 처치 효과가 있다고 판단한다.

예를 들어, 사회복지학부 100명의 학생 중 10명을 상대로 조사연구한 결과, 사회복지자료분석론의 평균 성적이 90점이었다. 사회복지자료분석론은 평균이 70점, 표준편차가 30점으로 설계되었다. 이 학생들의 성적이 전체 시험응시자 평균보다 높은지 알아보면 다음과 같다.

▣ 1단계: 가설을 세우고, 알파수준을 결정한다.

영가설(H_0): $\mu_1 < \mu_0$ 또는 $\mu_1 = \mu_0$

연구가설(H_i): $\mu_1 > \mu_0$ 또는 $\mu_1 \neq \mu_0$

유의수준: $p < .05$(일방검증 또는 양방검증)

▣ 2단계: 검증통계량 t-값을 계산하고, 임계치(영역)를 정한다.

$$Z = \frac{\overline{X} - \mu}{\frac{s}{\sqrt{N-1}}} = \frac{90-70}{\frac{30}{\sqrt{10-1}}} = \frac{20}{\frac{30}{3}} = \frac{20}{10} = 2.00$$

자유도는 10−1=9, $p < 0.05$에서는 1.833이 된다.

t−분포표를 참고하여 임계치(영역)를 정한다. t−분포와 임계치는 자유도에 따라 달라진다. 그러므로 자유도를 정하는 것이 우선이다.

▣ 3단계: 영가설을 평가한다. t−통계치가 임계영역 내에 있으면, 영가실이 기각된다. 자유도 9, 유의도 $p < 0.05$에서는 1.833이 된다. 계산된 t−값은 2.00이므로 영가설을 기각하고, 연구가설을 채택한다. 결론은 표집 된 10명의 학생은 사회복지자료분석론 성적에서 다른 응시자에 비하여 우수하다.

2. 독립표본 t−검증(independent−sample t−test)

앞에서 설명한 단일표본 t−검증은 단일표본을 이용하여 모집단의 특성에 대한 결론을 도출하지만 대부분의 사회과학 연구에서는 2개 이상의 집단표본을 활용하는 경우가 많다. 예를 들어, 장애인에 대한 남녀의 의식 차이, 두 가지(토론식과 강의식) 수업방식에 대한 차이 등은 두 집단의 차이검증이다. 이러한 두 집단의 차이검증을 위한 설계를 '독립측정조사설계(independent measures research design)'라고 한다.

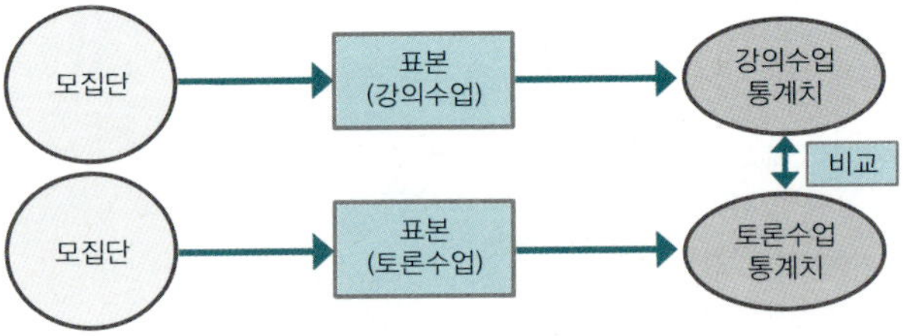

[그림 8-4] 독립측정조사설계

독립표본 t-검증은 하나의 변인에 서로 독립된 두 집단이 나누어지고 두 집단의 평균을 구한 다음 두 집단 간에 평균이 통계적으로 유의미한 차이를 보이는지 검증하는 방법이다. 여기서 독립표본이란 표집과정에서 두 표본이 상호 관련성이 없이 독립적으로 선정된 경우를 의미한다.

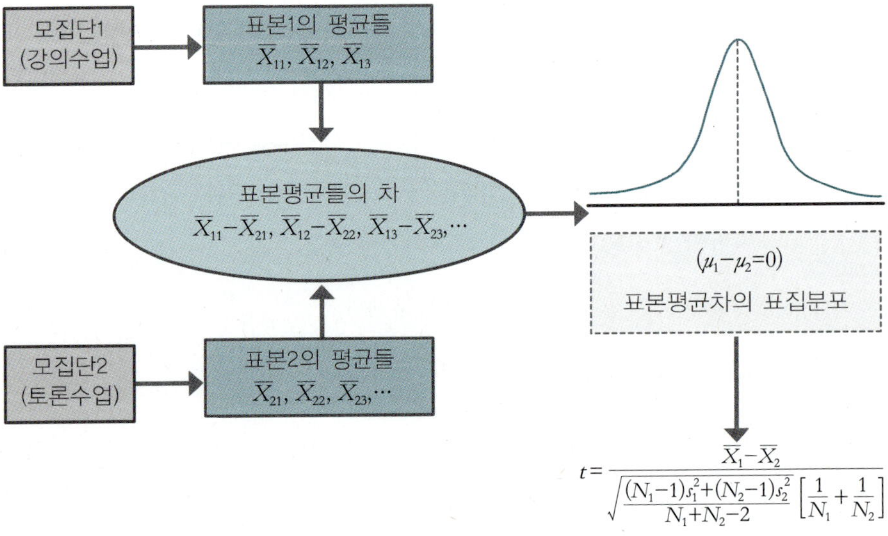

[그림 8-5] 독립 2표본 t-검증

독립표본 t-검증은 단일집단 t-검증의 원리를 그대로 적용한 것으로, 두 공식의 비교는 아래와 같다.

$$\text{단일집단 t-검증: } \frac{\text{표본통계치}-\text{가설화된 모집단모수치}}{\text{추정표준오차}}$$

$$= \frac{\text{표본평균점수}-\text{모집단평균점수}}{\text{모집단표준편차 추정치}} = t = \frac{\overline{X}-\mu_0}{\frac{s}{\sqrt{N-1}}}$$

$$\text{독립표본 t-검증: } \frac{\text{표본평균차}-\text{모집단평균차}}{\text{추정표준오차}}$$

$$= \frac{\text{표본평균차}-\text{모집단평균차}}{\text{모집단평균편차의 표준편차추정치}}$$

$$t = \frac{\overline{X}_1-\overline{X}_2}{\sqrt{\frac{(N_1-1)s_1^2+(N_2-1)s_2^2}{N_1+N_2-2}\left[\frac{1}{N_1}+\frac{1}{N_2}\right]}}$$

독립표본 t-검증은 단일집단 t-검증 공식의 모든 요소를 2배씩 늘려 놓은 것으로 간주할 수 있다. 단일집단 t-검증에서는 표본통계치와 가설화된 모집단의 모수치 차이를 측정하지만 독립표본 t-검증에서는 두 표본평균 차이를 활용한다. 여기서 표본평균차는 표본에서 파악된 것이고, 모집단평균차는 영가설에서 도출된 것이다. 그런데 영가설에서 모집단의 평균 차이는 0과 같다고 설정된 것이다. 따라서 독립표본 t-검증은 단순하게 $\frac{\text{표본평균차}}{\text{추정표준오차}}$라고 볼 수 있다. 독립표본 t-검증의 과정은 아래와 같다.

▣ 1단계: 가설을 세우고, 알파수준을 결정한다.

▣ 2단계: 검증통계량 t-값을 계산하고, 임계치(영역)를 정한다.

두 표본의 공통분산(변량)을 구한다. 공통분산을 이용해 표준오차를 계산하고, t-통계치를 계산한다.

▣ 3단계: 영가설을 평가한다.

예를 들어, 사회복지자료분석론 수업에 참여한 학생 중 토론식 수업(10명)과 강의식 수업(10명) 참여 학생을 대상으로 자료분석용어 30개의 기억에 대한 시험을 보았다. 그 결과는 〈표 8-7〉과 같다.

〈표 8-7〉 두 집단의 시험결과

수업방식	참여 학생	참여자 수, 평균
토론식 수업	19, 20, 32, 30, 24, 27, 30, 22, 31, 25	n=10, $\overline{X}$=26, SS=200
강의식 수업	23, 22, 15, 12, 16, 19, 16, 18, 14, 25	n=10, $\overline{X}$=18, SS=160

출처: 김광재 · 김효동 역(2009). 사회과학 통계방법론의 핵심 이론. p.384. 재구성.

▣ 1단계: 가설을 세우고, 알파수준을 결정한다.

영가설(H_0): $\mu_1 = \mu_2$ 또는 $\mu_1 > \mu_0$, 두 가지 수업방식이 차이가 없다.

연구가설(H_i): $\mu_1 \neq \mu_2$ 또는 $\mu_1 < \mu_2$, 두 가지 수업방식이 차이가 있다.

유의수준: $P < .05$(양방검증)

▣ 2단계: 검증통계량 t-값을 계산하고, 임계치(영역)를 정한다.

$$t = \frac{\overline{X}_1 - \overline{X}_2}{\sqrt{\frac{(N_1-1)s_1^2 + (N_2-1)s_2^2}{N_1+N_2-2}\left[\frac{1}{N_1}+\frac{1}{N_2}\right]}},\ t = \frac{26-18}{2}$$

t-값은 4가 된다.

자유도(df)=$(n_1-1)+(n_2-1)=10+10-2=18$

자유도 18, $p<0.05$의 t-값은 ±2.101이다(부록 t-분포표 참고).

두 집단 분산을 비교하여, 동질성(등분산) 검증을 시도한다. SPSS에서 집단의 레벤(Levene's) 검증으로, 두 집단이 같은 모집단에서 추출되었는지를 알아본다. 두 집단이 같은 모집단에서 추출되지 않았다면, 정확한 t-값의 계산이 어렵기 때문에 추정치를 활용한다. 같은 모집단에서 추출되었다면 동질성이 가정된 t-값을 사용한다. 같은 모집단에서 추출되지 않아 추정치를 활용할 때는 등분산의 동질성이 가정 안 된 t-값을 사용한다.

▣ 3단계: 영가설을 평가한다.

자유도 18, 유의도 $p<0.05$에서는 t-값은 2.101이 된다. 계산된 t-값은 4이므로, 표본평균의 차이는 우연에 의한 차이의 4배가 되므로 영가설을 기각하고, 연구가설을 채택한다. 결론은 토론식 수업이 강의식 수업에 비하여, 용어에 대한 기억의 차이가 있음이 통계적으로 유의미하다.

3. 대응(상관)표본 t-검증

대응표본 t-검증(paired-sample t-test)은 종속·상관적인 두 개의 변인 간의 평균 차이가 통계적으로 유의미한지를 검증하는 방법이다. 예를 들어, 음악치료 프로그램의 효과성에 대하여 실행 전과 실행 후를 비교하는 형태나 노인일자리 프로그램에 참여한 노인의 보수교육·훈련프로그램이 일자리 만족도에 차이를 산출하는지 알고자 할 때 활용한다. 사전사후 대응표본 t-검증은 '반복측정조사설계(repeated measures research design)'를 활용한다.

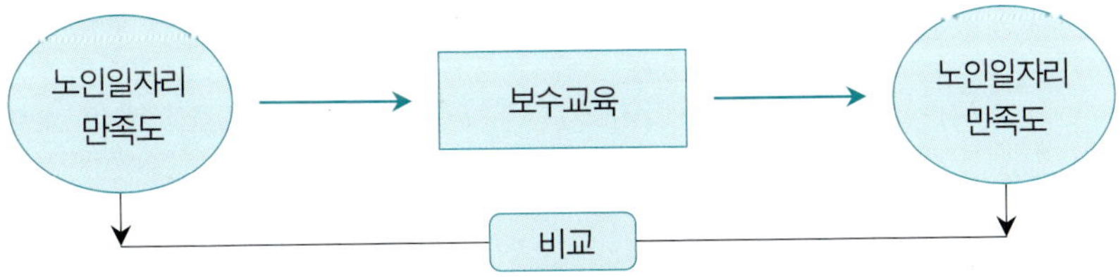

[그림 8-6] 반복측정조사설계

대응표본 t-검증의 과정은 다음과 같다.

▣ 1단계: 가설을 세우고, 유의수준을 결정한다.

▣ 2단계: 검증통계량 t-값을 계산하고, 임계치(영역)를 정한다.

▣ 3단계: 영가설을 평가한다.

예를 들어, 노인일자리 프로그램에 참여한 노인(10명)의 보수교육·훈련프로그램이 일자리 만족도에 영향을 미치는 연구를 수행할 경우, 단일집단을 구성하고 사전·사후검사를 한 후에 비교한다. 사전에 만족도 검사를 하고 보수교육·훈련을 실시한 다음, 다시 만족도 검사를 하고 비교하여 통계적으로 유의미한 차이를 보이는지를 검증한다.

〈표 8-8〉 일자리 참여노인의 만족도 차이(보수교육 참여 전후)

번호	1	2	3	4	5	6	7	8	9	10	계(Σ)
사전검사(X_1)	3	3	3	2	2	2	3	2	2	2	24
사후검사(X_2)	4	2	4	3	3	4	4	2	1	4	31
차이(D)	1	−1	1	1	1	2	1	0	−1	2	7
차이제곱(D^2)	1	1	1	1	1	4	1	0	1	4	15

▣ 1단계: 가설을 세우고, 유의수준을 결정한다.

영가설(H_0): $\mu_{\overline{D}}=0$(변화가 없다) 보수교육·훈련프로그램이 노인일자리 만족도 증가에 효과가 없다.

연구가설(H_1): $\mu_{\overline{D}}\neq 0$(변화 있다)

유의수준: 0.5

▣ 2단계: 자료로부터 검증통계량을 계산하고, 임계치(영역)를 정한다.

$\overline{D}=\frac{\sum D}{N}$(두 표본 점수차의 평균치) $=\overline{D}=\frac{7}{10}=0.7$

$\mu_{\overline{D}}=$두 표본의 모집단의 평균차의 평균

$\sum d^2=\sum D^2-\frac{(\sum D)^2}{N}=15-\frac{7^2}{10}=10.1$

$$s_{\overline{D}}=\sqrt{\frac{\sum d^2}{N(N-1)}}(d=\overline{D}-D)=S_{\overline{D}}=\sqrt{\frac{10.1}{10(10-1)}}=\sqrt{\frac{10.1}{90}}≒0.33$$

$$t=\frac{\overline{D}-\mu_D}{s_{\overline{D}}}(\text{대응표본 t-검증})=\frac{0.7}{0.33}=2.12$$

자유도 9, $p<0.05$, 양방검증에서 t-값의 임계영역은 ±2.26이 된다(부록 t-분포 참고).

▣ 3단계: 영가설을 평가한다.

t-값(2.12)이 임계영역 내(±2.26)에 위치하기 때문에 영가설은 채택된다. 그리고 보수교육 · 훈련은 효과가 없다고 결론을 내릴 수 있다.

제4절 SPSS-평균분석(t-검증)

1. SPSS를 이용한 일표본 t-검증

1) 파일 열기

파일(F) – 열기(O) – 데이터(D)를 클릭하고 찾는 위치와 파일 이름을 입력하고, 열기를 클릭하면 [그림 8-7]과 같은 창이 뜬다.

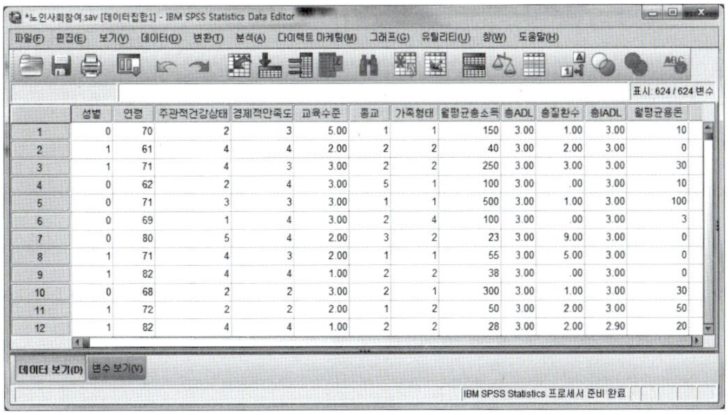

	성별	연령	주관적건강상태	경제적만족도	교육수준	종교	가족형태	월평균총소득	총ADL	총질환수	총IADL	월평균용돈
1	0	70	2	3	5.00	1	1	150	3.00	1.00	3.00	10
2	1	61	4	4	2.00	2	2	40	3.00	2.00	3.00	0
3	1	71	4	3	3.00	2	2	250	3.00	3.00	3.00	30
4	0	62	2	4	3.00	5	1	100	3.00	.00	3.00	10
5	0	71	3	3	3.00	1	1	500	3.00	1.00	3.00	100
6	0	69	1	4	3.00	2	4	100	3.00	.00	3.00	3
7	0	80	5	4	2.00	3	2	23	3.00	9.00	3.00	0
8	1	71	4	3	2.00	1	1	55	3.00	5.00	3.00	0
9	1	82	4	4	1.00	2	2	38	3.00	.00	3.00	0
10	0	68	2	2	3.00	2	1	300	3.00	1.00	3.00	30
11	1	72	2	2	2.00	1	2	50	3.00	2.00	3.00	50
12	1	82	4	4	1.00	2	2	28	3.00	2.00	2.90	20

[그림 8-7] 파일(F)–열기(O) – 데이터(D)

2) 데이터 분석 과정

[그림 8－7]과 같은 창이 뜬 후 일표본 t－검증의 진행을 위하여 분석(A)－평균비교(M)－일표본 t－검증(S)순으로 클릭하면, [그림 8－8]과 같이 일표본 t－검증 창이 뜬다.

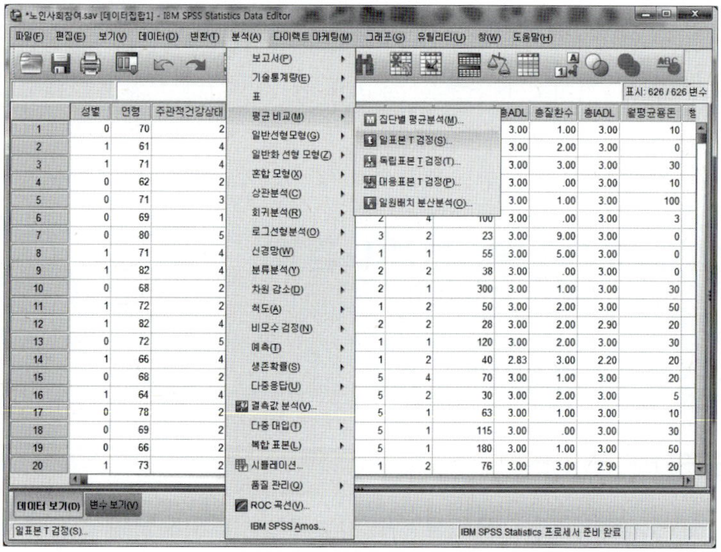

[그림 8-8] 분석(A)-평균비교(M)-일표본 t-검증(S)

일표본 t－검증 창이 뜨면, 창의 왼쪽에 배열된 변인 중 t－검증을 시도하고자 하는 변인(들)을 창의 중간 검증변수(T)로 옮긴다. 이후 창 오른쪽의 옵션을 클릭하면, 일표본 t－검증: 옵션 창이 뜬다.

일표본 t－검증: 옵션 창이 뜨면, 창의 왼쪽 상단에 신뢰구간에 95% 또는 99%를 기입한 다음, 결측값에 해당사항을 클릭하고 계속을 클릭한다. 다음에 일표본 t－검증 창 오른쪽 상단의 확인을 클릭하면 [그림 8－10]과 같이 t－검증 결과표가 뜬다.

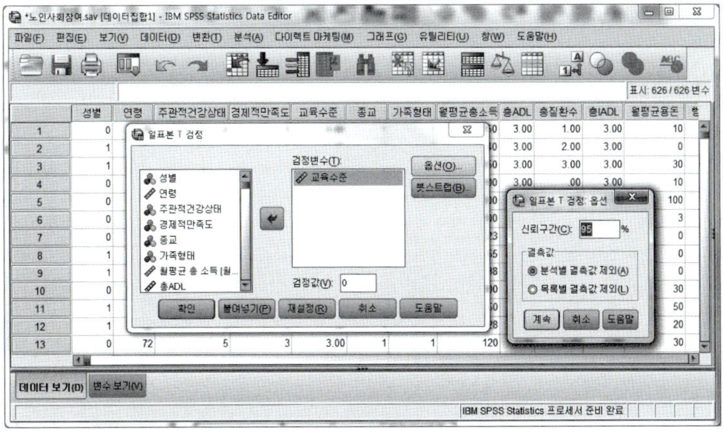

[그림 8-9] 변수 옮기기, 옵션, 및 확인

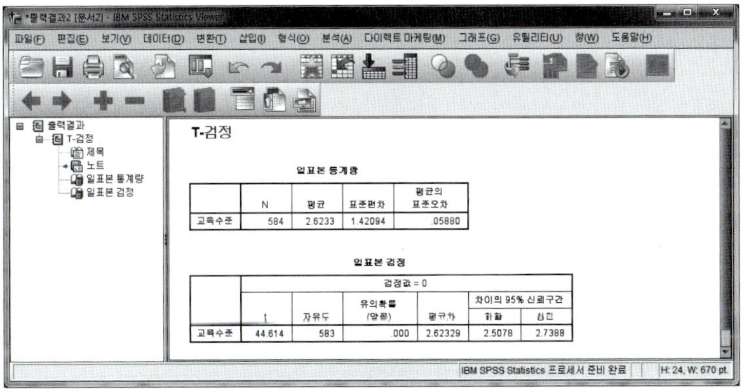

[그림 8-10] 일표본 t-검증 결과

2. SPSS를 이용한 독립표본 t-검증

1) 파일 열기

파일(F) - 열기(O) - 데이터(D)를 클릭하고, 찾는 위치와 파일 이름을 입력한 다음에 열기를 클릭하면 [그림 8-11]과 같은 창이 뜬다.

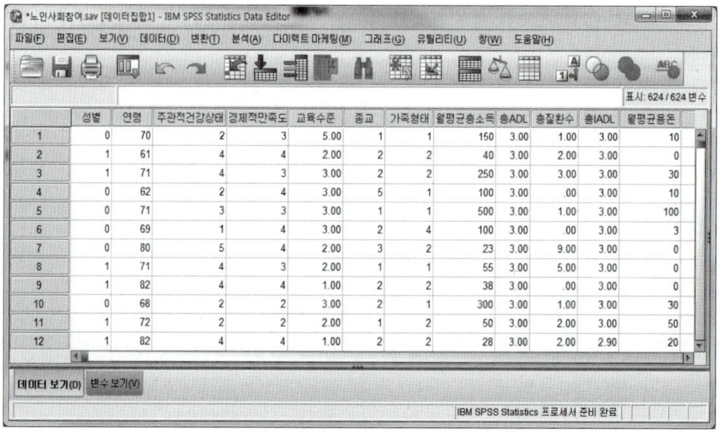

[그림 8-11] 파일(F)-열기(O)-데이터(D)

2) 데이터 분석 과정

데이터 열기를 통하여 데이터 편집기([그림 8-8])와 같은 창이 뜨고, 분석(A)-평균비교(M)-독립표본 t-검증(T)을 차례로 클릭하면([그림 8-12]), 독립표본 t-검증 창이 뜬다([그림 8-13]).

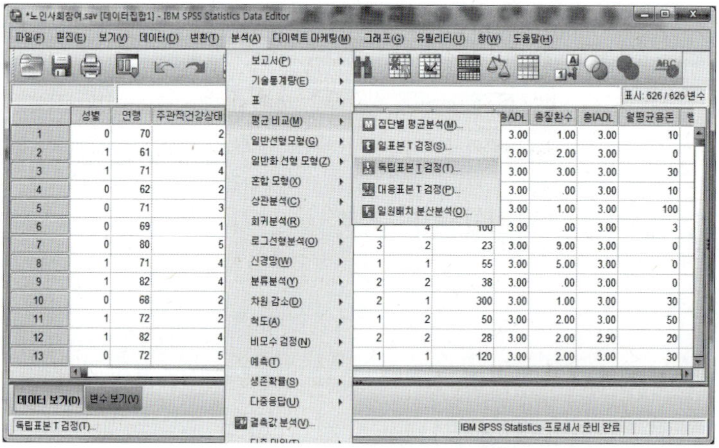

[그림 8-12] 분석(A)-평균비교(M)-독립표본 t-검증(T)

[그림 8−13]과 같이 독립표본 t−검증 창이 뜨면, 창의 왼쪽에 명시된 변인 중 독립표본 t−검증을 시도하고자 하는 변인을 창의 중간 검증변수(T)란으로 이동시킨 후, 창 중간 하단의 집단정의를 클릭하면, 집단정의 창이 뜬다([그림 8−13]). 집단정의 창에서 지정값 사용(U)의 집단 1과 집단 2에 지정값을 표기한다. 집단정의 창([그림 8−13])에서 집단 1의 0은 남성, 집단 2의 1은 여성을 의미한다. 왜냐하면 검증변수에서 성별에 따른 차이검증을 시도하기 때문이다. 집단정의가 마무리되면 [그림 8−12] 독립표본 t−검증 창 왼쪽 하단의 옵션을 클릭한다. 그러면 [그림 8−14]와 같이 독립표본 t−검증: 옵션 창이 뜬다.

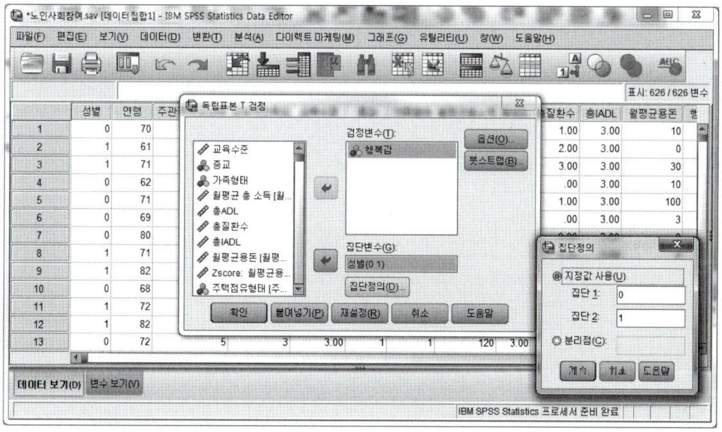

[그림 8−13] 변수 옮기기(검증/집단변수)

독립표본 t−검증: 옵션 창의 왼쪽에 신뢰구간 95% 또는 99%를 입력하고, 결측값을 클릭한 다음, 계속을 클릭한다. 이후 독립표본 t−검증 창의 왼쪽 하단에 위치한 확인을 클릭하면, [그림 8−15]와 같이 독립표본 t−검증 결과표 창이 뜬다.

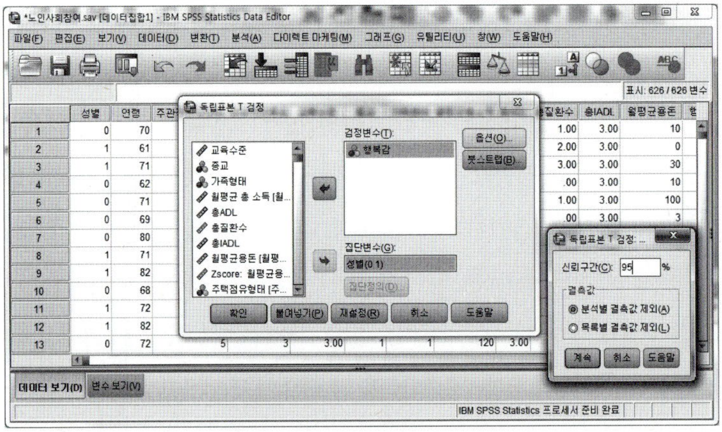

[그림 8-14] 옵션 및 확인

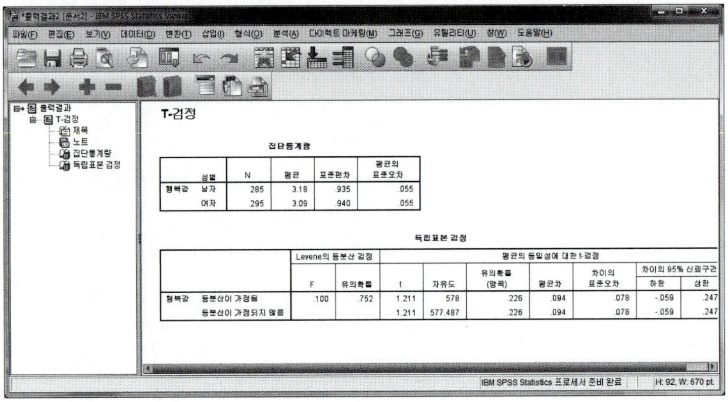

[그림 8-15] 독립표본 t-검증 결과표

3. SPSS를 이용한 대응표본 t-검증

1) 파일 열기

파일(F) - 열기(O) - 데이터(D)를 클릭하고, 찾는 위치와 파일 이름을 입력한 후 열기를 클릭하면 [그림 8-16]과 같은 창이 뜬다.

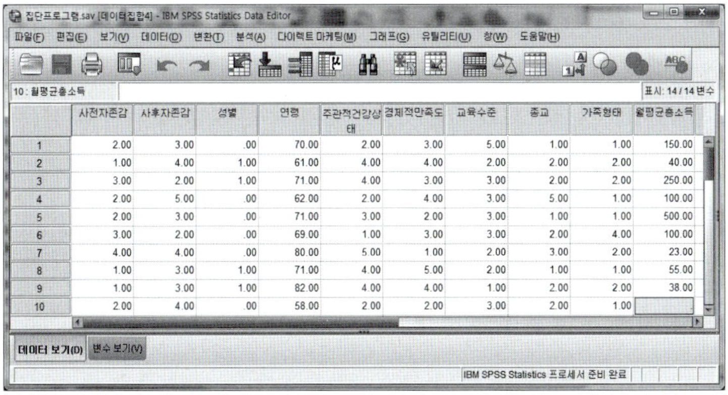

[그림 8-16] 파일(F)-열기(O)-데이터(D)

2) 데이터 분석 과정

데이터 열기를 통하여 데이터 편집기([그림 8-16])와 같은 창이 뜨고, 분석(A)-평균비교(M)-대응표본 t-검증(P)([그림 8-17])을 차례로 클릭하면, 대응표본 t-검증 창이 뜬다([그림 8-18]).

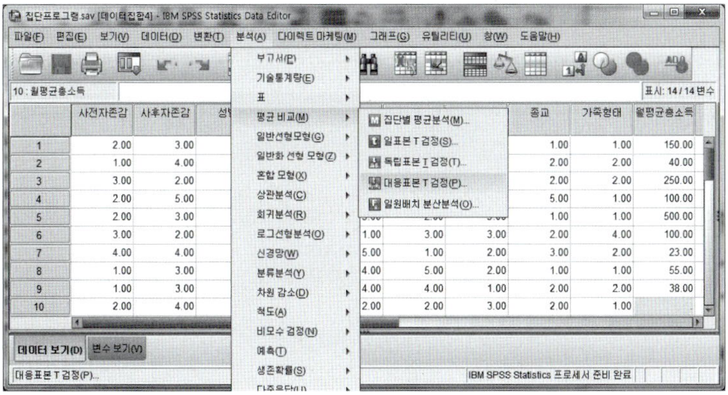

[그림 8-17] 분석(A)-평균비교(M)-대응표본 t-검증(P)

[그림 8-18]과 같이 대응표본 t-검증 창이 뜨면, 창의 왼쪽에 명시된 변인 중 대응표본 t-검증을 시도하고자 하는 변인을 창 중간의 대응변수(Y)란으로 이동시

킨다. 그리고 창 오른쪽 상단의 옵션을 클릭하면, 대응표본 t-검증: 옵션 창이 뜬다([그림 8-18]).

대응표본 t-검증: 옵션 창이 뜨면, 창의 왼쪽 상단에 신뢰구간에 95% 또는 99%를 기입한 다음, 결측값에 해당사항을 클릭하고 계속을 클릭한다. 다음 다시 대응표본 t-검증 창 왼쪽 하단의 확인을 클릭하면, [그림 8-19]와 같이 대응표본 t-검증 결과표가 뜬다.

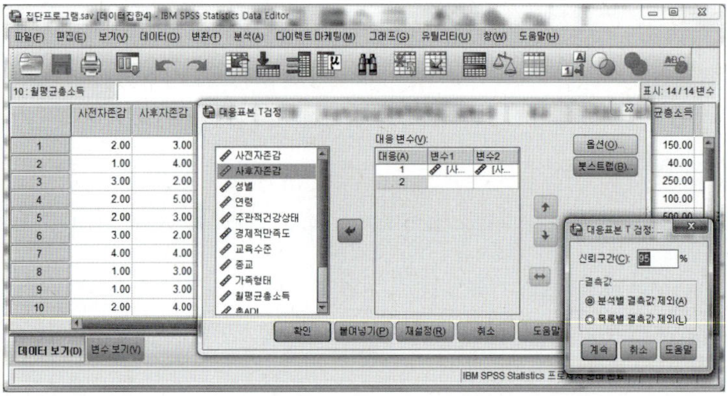

[그림 8-18] 변수 옮기기와 옵션

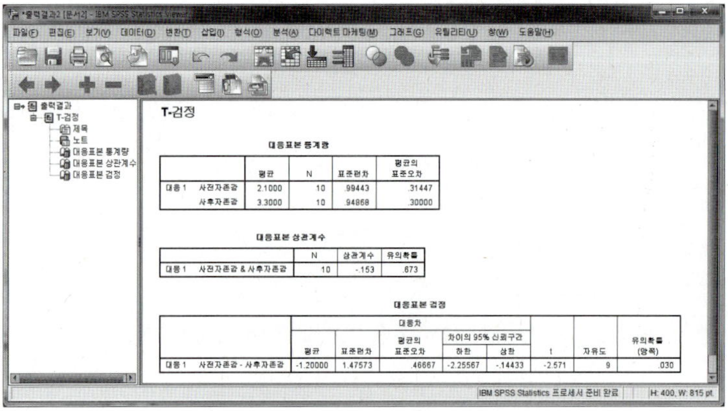

[그림 8-19] 대응표본 t-검증 결과표

09 CHAPTER 분산분석

제1절 분산분석의 개요

1. 분산분석의 개념

분산이란 변인(수)의 개별 점수들이 평균으로부터 벗어나 있는 정도를 나타내는 수치이다. 분산은 기술통계에서는 집단의 동질성을 파악하는 데 활용하지만 추리통계에서는 독립변인과 종속변인의 관계를 분석하는 데 활용한다.

분산분석(Analysis of Variance: ANOVA)은 개별 점수들이 평균으로부터 벗어나게 된 이유를 집단요인에 의한 것과 오류에 의한 것으로 구분하여 분석함으로써 둘 이상의 표본이 같은 모집단에서 추출되었는지 추론하는 검증방법이다. 즉, 분산분석은 세 집단 또는 그 이상 변인의 평균 차이 분석으로, '변량분석'이라고도 하며, 통계를 이용한 검증 중 가장 강력한 검증방법 중의 하나로 인정된다.

분산분석은 t-검증과 유사하나, 차이점은 t-검증은 독립변인이 하나이고 분산분석은 독립변인이 두 개 이상이라는 점이다. 분산분석이 독립변인이 두 개 이상이고 종속변수가 하나라는 측면은 회귀분석과 유사하나, 차이점은 분산분석은 독립변인이 명목수준이고 종속변인이 등간수준이지만 회귀분석은 독립변인이 명목수준, 서열수준, 등간수준 모두를 사용할 수 있다는 점이다.

분산분석은 독립변인이 종속변인에 주는 영향의 차이를 검증하기 위하여, 전체 자승합은 집단요인에 의한 의미 있는 분산(집단 간 자승합)과 측정오차에 의한 무의미한 분산(집단 내 자승합)의 합으로 값을 산출한다(오택섭 · 최현철, 2003).

전체 자승합(분산) = 집단 간 자승합(분산)+집단 내 자승합(분산)
= Between group variance+Within group variance
= 설명된 분산+설명되지 않는 분산
= Explained variance+Unexplained variance

이때, 집단 간 분산이 집단 내 분산보다 큰 정도가 우연에 의해 발생할 수치로 간주된다. 이와 같이, 분산분석의 목표는 표본의 평균을 활용하여 3개의 모집단 간의 평균치의 차이가 있다고 결론을 내릴 수 있을 만큼의 근거를 표본들에서 확인하기 위함이다.

확인과정에서는 다음의 두 가지 중 하나를 결정해야 한다. 첫째, 모집단 간에 모수치의 차이가 없다. 그런데 표본에서 차이가 발견되었다면 우연에 의한 것이다. 둘째, 모집단 간 다른 모수치를 가지고 있다면, 모집단의 모수치 차이는 표본들 간에 다른 통계치를 가지고 있다는 근거가 된다.

분산분석의 개념을 정리하면, 독립변인에 의하여 구분된 세 개 이상의 집단이 동일한 집단에서 추출된 것인지 또는 아닌지를 분산의 개념을 활용하는 검증방법이다. 세 집단 이상의 집단 평균치 차이를 검증할 때 표본 집단내 분산과 표본 집단간 분산의 비율을 활용한 검증하는 방법으로 F-분포를 활용함으로 F-검증이라고도 한다. 집단간 차이 유무를 결정하기 위하여 집단간 분산이 집단내 분산보다 크면 집단간 차이가 있다고 판단하게 된다. 즉, 동일 집단에서 추출되었다면 집단간 분산과 집단내 분산이 유사할 것이라는 논리를 활용한 검증방법이다.

1) 분산

분산(variance)은 변량이라고도 하며, 평균편차를 자승하고 합하여 자유도로 나눈 값이다. 즉, 분산이란 편차 자승의 평균값이다. 분산은 평균을 중심으로 점수들이 어떻게 (편)분포되어 있는지를 알려 준다. 분산값이 클수록 점수들이 멀리 퍼져서 분포되고, 분산값이 작을수록 평균이 중심으로 집중된다.

분산은 집단 간 분산과 집단 내 분산으로 나누어진다. 집단 간 분산은 설명이 가능한 분산을 의미하며, 집단 내 분산은 설명이 불가능한 분산(오차분산 또는 잔차)을 말한다. 즉, 집단 간 분산은 전체 분산 중, 독립변인에 의하여 설명이 될 수 있는 분산을 말하며, 집단 내 분산은 전체 분산 중, 독립변인으로 설명할 수 없는 분산을 의미한다.

2) 집단 간 분산

집단 간 분산(between group variance)은 실험처치 후, 각 집단의 평균들이 전체 평균에서 얼마나 떨어져 있는지를 알아보기 위한 것이다.

만약 두 가지 처치 조건을 대표하는 두 표본을 비교할 때, 표본평균 간 차이에 대한 세 가지 설명이 가능하다. 첫째, 실험처치가 다르면 결과도 다르다(처치효과). 둘째, 다른 표본을 비교할 때마다 표본 간의 차이가 단지 개인차로 인한 것이다(개인차). 표본을 구성하는 개인은 태도, 능력 등 모든 면에서 다를 수밖에 없다. 셋째, 비통제와 설명할 수 없는 오차(실험오차)는 두 표본을 다르게 만든다.

측정과정에서 오차의 발생은 필연적이다. 그러므로 집단 간 분산(처치효과+개인차+실험오차)을 계산할 때, 이 세 가지 요인 중에 어느 하나 또는 세 가지의 연합 형태의 차이를 측정하게 된다.

3) 집단 내 분산

집단 내 분산(within group variance)은 실험처치 후, 각 집단의 평균치를 중심으로 집단요소들의 평균치가 얼마나 퍼져 있는지 살펴볼 수 있다.

집단 내 분산(개인차+실험오차)에 대한 두 가지 설명이 필요하다. 첫째, 점수는 서로 다른 사람들로부터 수집되므로, 변화를 설명할 수 있다(개인차). 둘째, 실험상의 실수로 언제든지 차이가 발생할 가능성이 높다(실험오차).

집단 내 분산을 측정하기 위하여, 개인차와 실험오차를 측정하게 된다.

4) 전체 분산

전체 분산은 집단 내 분산과 집단 간 분산을 더하여 각 요소들의 측정치가 전체 평균에서 얼마나 떨어져 있는가를 나타낸다. F-값을 나타내는 것의 의미는 같지만 표현들은 다르게 기술한다. 그 예는 아래와 같다.

전체 분산=집단 내 분산+집단 간 분산

$$F\text{-값} = \frac{\text{집단 간 분산}}{\text{집단 내 분산}},\quad F\text{-값} = \frac{\text{처치 간 분산}}{\text{처치 내 분산}},\quad F\text{-값} = \frac{\text{처치효과+개인차+실험오차}}{\text{개인차+실험오차}},$$

$$F\text{-값} = \frac{\text{표본평균 간 분산(차이)}}{\text{우연에 의해 기대될 수 있는 분산(차이)}},$$

$$F\text{-값} = \frac{\text{처치 간 실제 효과 차이}}{\text{처치효과가 없을 경우 기대할 수 있는 차이}}$$

전체 분산이 4.0이라면, 기술통계에서는 동질성의 정도가 4.0이라는 의미이다. 그러나 추리통계에서는 동질성의 파악보다는 왜 이러한 현상이 나타났는지를 설명하는 데 목적이 있다. 즉, 독립변수가 종속변수를 설명할 수 있는 설명력이라고 이해할 수 있다.

5) F-값과 F-분포

F-값은 전체 분산에서 집단 간 분산이 집단 내 분산보다 얼마나 큰가를 판단한 것이다. 이때 집단 내 분산은 무작위오차에 의한 것으로 해석되고, 집단 간 분산은 실험처리에 의한 효과로 해석된다. 집단 간 차이분석을 위하여, 집단 내 분산

과 집단 간 분산을 자유도로 나누어 분산을 구한다.

$$\text{F-값} = \frac{\text{집단 간 분산}}{\text{집단 내 분산}} = \frac{\text{처치효과+개인차+실험오차}}{\text{개인차+실험오차}}$$

만약 처치효과가 없다면, F-값은 1.0이 될 것이다. F-값의 분자는 분모보다 크게 되므로, F-값은 항상 1보다 크다. 산출된 F-값이 표집오차의 범위 안에 있는지의 여부를 F-값으로 판단하며, 영가설의 기각여부를 결정한다.

F-값(비)의 특징은 두 가지로 요약이 가능하다. 첫째, F-값은 두 개의 분산추정치(분자와 분모의 비)로 계산되기 때문에 항상 양의 값을 갖는다. 둘째, 영가설이 참일 때, 집단 내 분산과 집단 간 분산이 같아져 F-값은 1이 된다.

위와 같은 근거로 F-분포를 추정해 보면, 0에서 시작하여 1 주변을 중심으로 높이 올라가고, 오른쪽으로 진행하면서 점점 낮아진다([그림 9-1] 참고).

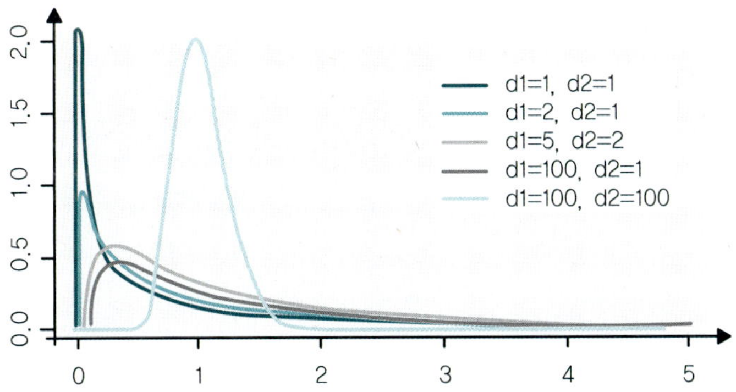

[그림 9-1] 자유도에 따른 F-분포

F-분포의 특징을 좀 더 구체적으로 살펴보면 다음과 같다. 첫째, F-분포는 연속형확률분포로, 항상 양(+)의 값만을 가진다. 이것은 두 모분산비(분산은 편차의 제곱)를 활용하기 때문이다. 둘째, F-분포는 오른쪽 꼬리를 갖는 비대칭분포이지만 자유도가 커지면 분포의 모양이 변하여, 1을 중심으로 정규분포에 가까워진다.

자유도가 달라져도 분포 내의 면적은 항상 1을 유지한다.

[그림 9-1]에서 확인할 수 있듯이, F-분포의 모양은 분산추정치의 자유도에 따라 달라진다. 예를 들어, 유의도 0.05와 0.01에서 분자의 자유도(df)가 2일 때 3.88, 분모의 자유도가 12일 때 6.93이며, 임계경계가 3.88과 6.93이라는 것을 의미한다(부록 F-분포).

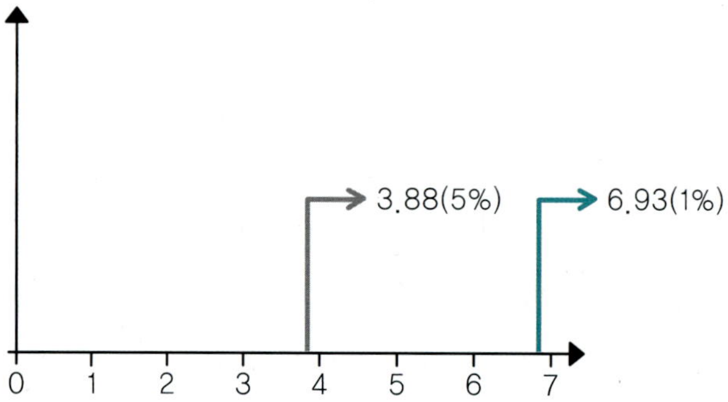

[그림 9-2] F-분포와 F-점수

〈표 9-1〉 F-분포표의 비율 일부

자유도: 분모	자유도: 분자					
	1	2	3	4	5	.
10	4.96	4.10	3.71	3.48	3.33	.
	10.04	7.56	6.55	5.99	5.64	.
11	4.84	3.98	3.59	3.36	3.20	.
	9.65	7.20	6.22	5.67	5.32	.
12	4.75	3.88	3.49	3.26	3.11	.
	9.33	6.93	5.95	5.41	5.06	.
13	4.67	3.80	3.41	3.18	3.02	.
	9.07	6.70	5.74	5.20	4.86	.
.	.	.	.	.	.	.
	.	.	.	.	.	.

6) 사후검증

분산분석은 각 변인(요인)이 갖는 평균이 동일한지를 검증하는 것이다. 분산분석 이후에 변인의 평균이 같지 않다고 판정되면, 어느 변인의 평균들이 서로 같지 않은지 가려내야 하는데, 이것을 '사후검증(post hoc tests)'이라고 한다.

사후검증의 종류는 다음과 같이 분류한다. 첫째, 단일 값을 계산하여 유의함에 필요한 처치 평균 간의 최소차이를 결정하는 터키(Tukey)의 실제유의차이검증(Honestly Significant Difference: HSD), 최소유의차이검증(Least Significant Difference: LSD) 등이 있다. 둘째, F-비를 이용한 두 처치 간의 유의한 차를 검증하는 쉐페(Scheffe)검증, 그리고 던칸(Duncan)검증 등이 있다.

사후검증 방법 중 LSD와 던칸검증은 집단분리성향이 강한 반면에, 터키와 쉐페검증은 집단분리성향이 약한 것이 특징이다.

〈표 9-2〉 사후검증과 집단분리성향

진보적(채택 꺼림) ◀	───	───	▶ 보수적(기각 꺼림)
LSD	Duncan	Tukey	Scheffe

출처: 이종환(2008). SPSS를 이용한 조사방법 및 통계분석의 이해와 적용. p.223, 재구성.

7) 기타

분산분석에서 자주 사용하는 용어 중의 하나는 '요인(factor)'인데, 이것은 독립변인을 의미한다. 요인수준은 요인(독립변인)에 영향을 주는 각각의 처치 조건들을 의미한다.

2. 분산분석의 가정 및 기본 논리

분산분석은 평균분석 중의 하나이므로, 평균분석에 준하는 네 가지 기본 가정이 요구된다. 네 가지 기본 가정은 다음과 같다. 첫째, 각 집단 간의 모집단의 분포는 서로 독립적이다(독립성). 둘째, 각 모집단들은 정규분포를 이룬다(정규성). 셋째, 각 모집단의 분산과 표준편차는 동일하다(등분산성). 넷째, 종속변인이 양적변인이다. 여기서 정규성과 등분산성은 모집단에 해당되고 표본집단에는 해당되지 않는다.

1) 모집단분산의 동일성

분산분석은 표본의 평균비교를 통해 이루어지지만 궁극적으로 모집단평균의 분산을 비교한다. 표본의 평균으로부터 모집단의 평균을 추정하여 비교가 이루어지기 때문에 모집단에서 종속변인의 분포상태가 매우 중요하게 고려된다.

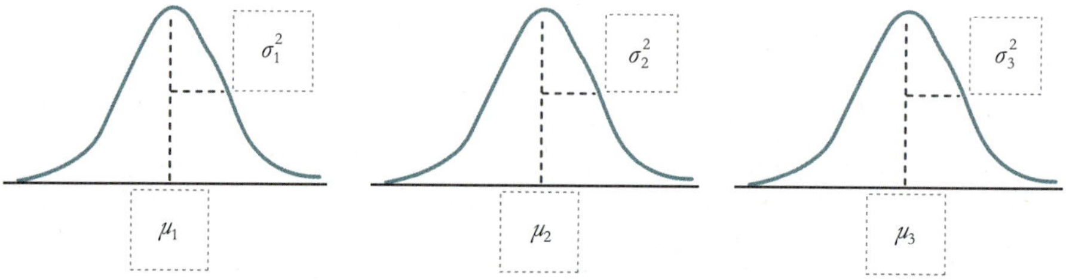

[그림 9–3] 비교모집단의 분산 동일성

집단의 평균을 비교하려면 비교대상이 되는 모집단의 분산이 같아야 한다. 만약 모집단의 분산이 같지 않다면, 집단 간의 평균차가 평균차에 의한 것인지 또는 분산에 의한 것인지를 판단하기가 쉽지 않다.

이러한 것은 일원분산분석에서는 크게 영향받지 않지만, 이원 또는 다원분산분석에서는 많은 영향을 받는다. 분산의 동일성은 레벤의 분산동일성 검증(Levene's test of equal variance)을 활용한다.

2) 모집단의 정규분포곡선

분산분석의 두 번째 가정은 비교집단의 모집단에서 종속변인의 분포가 정규분포를 형성해야 하는데, 모집단의 정규분포성은 표본으로 추정한다. 사례 수가 아주 적거나 무작위표집이 아닌 경우에는 정규분포성을 확보하기 쉽지 않다. 모집단의 분산동일성이 확보되면, 모집단의 정규분포성은 자연스럽게 확보된다고 볼 수 있다. 정규분포성은 SPSS에서 분석－기술통계량－기술통계－옵션－왜도를 클릭하면 확인할 수 있다.

3) 모집단에서 표집·관찰의 독립성

분산분석의 세 번째 가정은 표본이 각 모집단에서 상호 독립적으로 추출되어야 한다는 것이다. 독립성을 확보하기 위하여 확률표집 중의 하나인 층화표집을 실시하는 경우가 많다.

4) 분산분석의 기본 논리

분산분석의 기본 원리를 설명하기 위하여, 세 집단 평균을 비교하는 예를 들기로 한다. 영가설은 세 집단(A, B, C) 간 평균과 표준편차의 차이가 없다는 것이다. 이러한 영가설이 참이라면, 두 가지 방법으로 추정한 모집단의 분산이 같아야 한다.

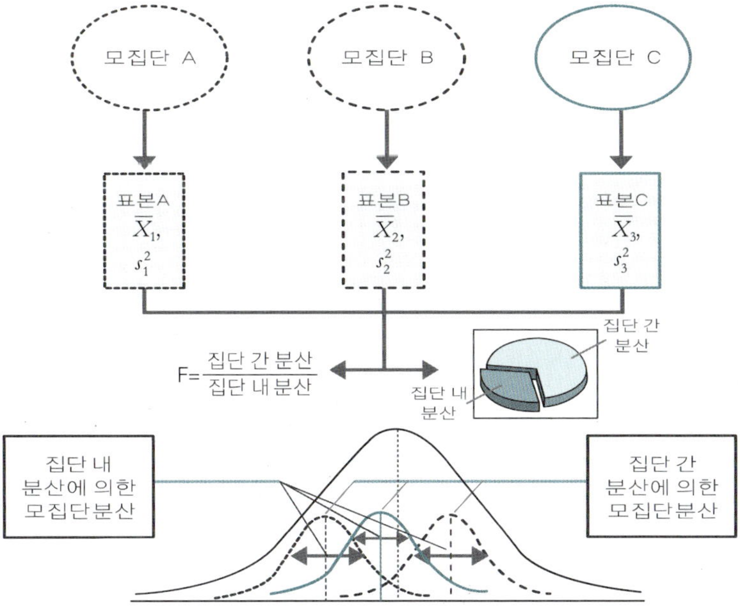

[그림 9-4] 분산분석의 기본 원리

[그림 9−4]의 세 집단 각각의 사례점수에서 계산 및 추정한 분산(집단 내 분산)이 세 집단의 평균점수로 계산 및 추정한 분산(집단 간 분산)과 동일해야 한다(최성재, 2005).

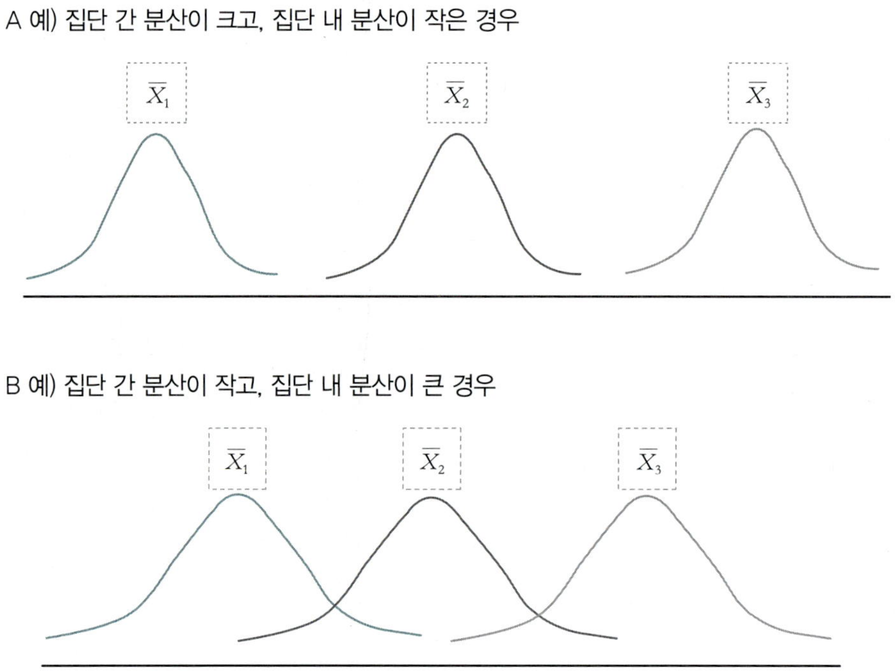

[그림 9–5] 집단 내, 집단 간 분산의 크기

[그림 9−5]는 집단 내 분산의 크기와 집단 간 분산의 크기 관계의 예를 그림으로 나타낸 것이다.

예를 들어, 도시, 도농, 농촌 세 지역의 월 소득에 차이가 없을 것이라는 가설을 설정한 연구결과에서, A예의 경우, 세 지역 간의 차이는 큰 반면에, 세 지역 내의 차이는 크지 않은 경우이다. 그러나 B예의 경우, 세 지역 간의 차이가 작은 대신에, 세 지역 내의 차이가 큰 경우이다.

3. 분산분석의 기호 및 공식

분산분석의 유형에서 일원분산분석, 이원분산분석이라는 용어를 접하게 된다. 여기서 '일원' 혹은 '이원'은 독립변인의 수를 대신하여 사용되는 용어이다. 일원분산분석이란, 독립변인이 하나라는 의미이다. 분산분석은 둘 이상의 표집을 다루기 때문에 개별 점수와 합계 점수를 구분하는 기호가 요구된다(〈표 9－3〉).

〈표 9-3〉 분산분석의 기호 체계(학생들의 컴퓨터 게임 시간)

A반	B반	C반	
0 1 3 1 0	4 3 6 3 4	1 2 2 0 0	$\sum X^2$=106 G=30 N=15 k=3
T1=5 SS1=6 n_1=5 $\overline{X}_1$=1	T2=20 SS2=6 n_2=5 $\overline{X}_2$=4	T3=5 SS3=4 n_3=5 $\overline{X}_3$=1	
기호	*k=독립된 표본(집단)의 수 *N=전체 집단의 점수의 수 *G=전체 집단 점수의 합(ΣT)	*n=집단 내 점수의 수 *T–각 집단의 점수의 합	

출처: 송인섭(2001). 통계학의 기초. p.339. 재구성.

1) 분산분석의 공식

분산분석은 각 개별 점수가 평균점수에서 벗어난 정도의 자승화(Sum of Square: SS)를 사례 수로 나눈 값인데, 분산을 최종적으로 계산하기 전에 개별 점수와 평균점수의 차이를 제곱한 것의 합($\Sigma(X-\overline{X})^2$)을 구할 필요가 있다. 분산분석에서 분산은 표본자료에서 모집단의 분산을 추정한 것이기 때문에 자승화를 사례 수로 나눈 것이 아니라 자유도로 나눈 값이 된다.

$$\text{모집단의 추정분산=표본분산}(s^2) = \frac{SS}{df}$$

여기서 분산분석 F−값$\left(\frac{\text{집단 간 분산}}{\text{집단 내 분산}}\right)$을 계산하기 위하여, 집단 내 분산과 집단 간 분산에서 자승합(SS)과 자유도(df)를 알아야 한다. 그러므로 먼저 전체 자승합과 전체 자유도를 계산 및 분석하고 집단 내와 집단 간의 자승합과 자유도를 계산하고 분석한다.

〈표 9-4〉 분산분석의 구조와 계산 결과

1단계	최종목표는 F−값	$F\text{−값} = \frac{\text{집단 간 분산}}{\text{집단 내 분산}}$
2단계	F−값의 각 분산은 $\frac{SS}{df}$	$\text{집단 간 분산} = \frac{\text{집단 간 SS}}{\text{집단 내 df}}$ $\text{집단 내 분산} = \frac{\text{집단 간 SS}}{\text{집단 내 df}}$
3단계	각각의 SS와 df를 얻기 위한 전체 분산성	전체 SS(집단 간 SS, 집단 내 SS) 전체 df(집단 간 df, 집단 내 df)

출처: 김광재 · 김효동 역(2009). 사회과학 통계방법론의 핵심 이론. p.510, 재구성.

2) 자승화의 분석(SS)

분산분석은 전체 분산을 계산하고, 이 값을 두 구성요소인 집단 간과 집단 내로 나눈다. 때문에 전체 자승화, 집단 내 자승화, 그리고 집단 간 자승화로 구분한다.

(1) 전체 자승화(SSt)

전체 자승화(SSt)는 N점수들 전체 집합의 자승합이다. 이 값은 SS 계산공식을 사용하여 구한다.

$$SS_t = \sum X^2 - \frac{(\sum X)^2}{N},\ = \sum X^2 - \frac{G^2}{N}(\text{〈표 9−3〉기호 참고})$$

예를 들어, 〈표 9-3〉의 자료를 공식에 대입하여 구하면 $SS_t = 106 - \frac{30^2}{15} = 46$이 된다.

(2) 집단 내 자승화(SS_w)

세 개의 각 집단 내 자승화 공식(SS_w)은 ΣSS가 되며, 〈표 9-3〉의 자료를 공식에 대입하면 6+6+4=16이 된다.

(3) 집단 간 자승화(SS_b)

전체 분산은 집단 내 분산+집단 간 분산이므로, 집단 간 분산은 전체 분산-집단 내 분산이라고 할 수 있다. 위의 예에서 전체 분산(46)=집단 내 분산(16)+집단 간 분산이 된다. 그러므로 집단 간 분산은 30이 된다.

3) 자유도 분석

(1) 전체 자유도(df_t)

전체 분산과 관련된 자유도를 찾으려면, SS값이 N점수들 전체 집합의 분산을 측정해야 한다. 전체 자유도는 N-1이다. 예를 들어, 〈표 9-3〉의 자료를 공식에 대입하여 구하면 15-1=14가 된다.

(2) 집단 내 자유도(df_w)

집단 간 자유도를 찾으려면, 먼저 SS값이 어떻게 계산되는지 이해해야 한다. 각 집단 내에서 SS를 구하고, 이 값들을 모두 합(Σ(n-1))하였다. 예를 들어, 〈표 9-3〉의 자료를 공식에 대입하여 구하면 (5-1)+(5-1)+(5-1)=12가 된다.

(3) 집단 간 자유도(df_b)

집단 간 자유도는 T값(평균)을 세어서 1을 빼면 된다. 집단수를 k로 표시하기 때문에 집단 간 자유도는 k-1이 된다. 예를 들어, 〈표 9-3〉의 자료를 공식에 대입하여 구하면 3−1=2가된다.

4) 분산추정치(MS)와 F-값의 계산

분산추정치(MS)의 공식 $\frac{SS}{n-1}=\frac{SS}{df}$를 기억하고, 〈표 9−3〉의 자료를 공식에 대입하면 $MS_b=\frac{SS_b}{df_b}=\frac{30}{2}=15$, $MS_w=\frac{SS_w}{df_w}=\frac{16}{12}=1.33$, $\mathrm{F}=\frac{MS_b}{MS_w}=\frac{15}{1.33}=11.28$이 된다.

제2절 분산분석과 실험디자인

분산분석은 실험디자인(설계)의 분석방법으로 개발되었다. 그러므로 분산분석을 이해하기 위해서는 실험디자인과의 관계에 대한 이해가 우선시되어야 한다.

분산분석의 실험설계는 독립변인 범주집단의 수를 정하는 방법, 독립변인의 수, 독립변인의 실험처치방법, 그리고 동질성의 정도에 따라 달라진다. 가장 일반적으로 분산분석은 실험처치(독립)변인, 종속변인, 그리고 고려되는 외생변인의 수에 의하여 결정된다. 실험처치(독립)변인이 하나인 경우를 일원(One−way), 두 개인 경우를 이원(Two−way) 분산분석이라고 한다. 실험디자인과 실험변인의 수, 외생변인의 수, 그리고 종속변인의 수와 관계가 있다.

1. 일원디자인과 요인디자인

1) 일원디자인

일원디자인(one−way design)은 하나의 변인이 실험 대상이나 그 변인이 여러 개의 유목으로 구성되어 일원분산분석을 적용하기 위하여 사용된다. 예를 들어, 노인들에게 자살예방프로그램을 10회 실시하기 위하여 무작위로 세 집단(집단1, 집단2, 집단3)을 표집 하고, 집단1은 1시간, 집단2는 2시간, 집단3은 3시간 동안 프로그램에 참여시킨 이후, 자살에 대한 태도변화를 측정하기로 하였다.

〈표 9-5〉 일원디자인

구분	노인		
	집단1(1시간)	집단2(2시간)	집단3(3시간)
자살예방프로그램(10회)	10회	10회	10회
태도변화 평균	$\overline{X_1}$	$\overline{X_2}$	$\overline{X_3}$

2) 요인디자인

요인디자인(factorial design)은 두 개 이상의 실험처치변인의 영향을 동시에 고려한 디자인으로, 실험처치변인이 2개 이상인 경우에 사용한다. 요인디자인은 독립변인의 주 효과와 교차된 독립변인 간의 상호작용 효과를 동시에 검증하는 데 목적이 있다. 아래의 〈표 9-6〉에서 독립변인 노인의 수준에 따라서 종속변인의 차이가 있다면 주 효과가 있는 것이고, 독립변인인 노인의 효과가 성별에 따라서 종속변인과 차이가 있다면, 상호작용 효과가 있다고 할 수 있다. 이러한 경우, 이원분산분석이 적용된다.

〈표 9-6〉 요인디자인

구분		노인			
		집단1(1시간)	집단2(2시간)	집단3(3시간)	평균
성별	남	X_{11}	X_{12}	X_{13}	$\overline{X_{1..}}$
	여	X_{21}	X_{22}	X_{23}	$\overline{X_{2..}}$
평균		$\overline{X_{.1.}}$	$\overline{X_{.2.}}$	$\overline{X_{.3.}}$	$\overline{X_{...}}$

일반적으로 다른 디자인과 통합하여 몇 개의 외생변인을 통제하는가에 따라 요인무작위디자인(Factorial CRD), 요인무작위구획디자인(Factorial RBD), 요인라틴스퀘어디자인(Factorial LSD) 등을 사용한다. 요인디자인의 장점은 변인 간의 상호작용 효과를 파악할 수 있다는 것이다.

일원디자인에서 제시된 예를 활용하여 요인디자인을 설명하기로 한다. 프로그램에 참여했던 노인들의 자살에 대한 태도변화를 성별에 따라 구체적으로 알고 싶을 때, 2요인디자인을 활용할 수 있다.

여기에 연령을 구분하는 연령요인이 추가된다면, 3요인디자인(다요인디자인)이 된다. 예를 들어, 연령 65~74, 75~84, 85+집단으로 나누어 디자인에 추가된다면, 3(프로그램 제공시간)×2(성별)×3(연령별)이 되어 18셀이 구성된다.

2. 독립집단디자인과 구획·반복측정디자인

1) 독립집단디자인

독립집단디자인(independent-group design)은 연구자의 의도에 의하여 분류된 것이 아니라 이미 분류되어 있는 변인의 한 분류방법을 지칭한다. 예를 들어, 성별(남, 여), 중학교의 학년(1, 2, 3), 지역(도시, 농촌) 등은 조사자의 의도와 관계없이 이미 분류체계를 구성하고 있는 경우이다.

〈표 9-7〉 독립집단디자인

구분		지역		
		도시	농촌	평균
성별	남	X_{11}	X_{12}	$\overline{X_{1..}}$
	여	X_{21}	X_{22}	$\overline{X_{2..}}$
평균		$\overline{X_{.1.}}$	$\overline{X_{.2.}}$	$\overline{X_{...}}$

2) 구획디자인

구획(블록)디자인(block design)은 하나의 독립변인과 하나의 외생변인이 종속변인에 미치는 영향을 파악하기 위한 것으로, 종속변인의 전체 변화에서 종속변인에 영향을 미치는 외생변인의 효과를 제거하여, 순수한 독립변인의 효과를 측정하는 것이다.

외생변인을 통제하기 위하여 외생변인에 대하여 동질적인 표본을 구역(block)으로 묶어서, 구역에 의한 효과를 구획디자인의 독립변인에 의한 효과와 무작위 오차의 효과에서 분리한다. 예를 들어, 시간에 따른 3종류의 자살예방프로그램의 효과를 알아보기 위하여 30명의 노인집단을 통하여 조사해 보려고 한다. 조사연구자는 기존의 자살에 대한 태도검사결과를 활용하여, 최상위 점수 3인, 차상위 점수 3인, 최하위 점수자 3인씩 짝을 지은 30명을 대상으로, 짝 내에서(구역 내) 무작위로 집단1(10명), 집단2(10명), 집단3(10명)에 배정한다.

〈표 9-8〉 구획디자인

구분		프로그램			
		1시간	2시간	3시간	평균
집단	집단1	X_{11}	X_{12}	X_{13}	$\overline{X_{1..}}$
	집단2	X_{21}	X_{22}	X_{23}	$\overline{X_{2..}}$
	집단3	X_{31}	X_{32}	X_{33}	$\overline{X_{3..}}$
평균		$\overline{X_{.1.}}$	$\overline{X_{.2.}}$	$\overline{X_{.3.}}$	$\overline{X_{...}}$

구획디자인은 일반적으로 구획변인의 성격에 따라 세 가지로 구분된다(김재철, 2008; 박용권, 2010). 첫째, 무작위구획디자인(randomized block design)은 구획변인이 무작위변인이면서, 구획×처치 조건에 피험자를 한 명씩 무작위로 배치하는 경우이다. 둘째, 고정구획디자인(fixed block design)은 구획변인이 고정변인이 되고, 구획×처치 조건에 피험자를 무작위로 배치하는 경우이다. 셋째, 처치-구획디자인(treatment-block design)은 구획×처치 조건에 피험자를 두 명 이상씩 무작위로 배치하는 디자인이다.

3) 반복측정디자인

반복측정디자인(repeated-measure design)은 동일한 대상자에게 여러 가지 처치가 시행되면서 나오는 결과를 측정하기 위한 디자인이다. 이 디자인에서는 연구 대상자에게 어떠한 처치수준을 적용시킬 것인지를 결정하는 것이 매우 중요하며, 일반적으로 무작위로 순서를 정하여 적용하곤 한다. 반복측정에 따른 학습효과의 경우를 간과해서는 안 될 것이다. 가장 간단한 반복측정디자인으로는 어떠한 프로그램 또는 변인에 대하여 시행 전·후를 측정하기 위하여, 대응표본 t-검증이 적용되는 경우이다. 예를 들어, 자살태도에 관한 연구에서 집단의 피험자를 점수순위에 근거하여 짝을 지어 놓고, 이들에게 3종류의 프로그램에 참여하게 한다. 그리고 자살태도에 대한 점수 차이를 계산한다.

〈표 9-9〉 반복측정디자인

구분		프로그램 종류			
		1시간	2시간	3시간	평균
피험자	피험자1	X_{11}	X_{12}	X_{13}	$\overline{X}_{1..}$
	피험자2	X_{21}	X_{22}	X_{23}	$\overline{X}_{2..}$
	피험자3	X_{31}	X_{32}	X_{33}	$\overline{X}_{3..}$
	피험자4	.	.	.	.
	피험자5	.	.	.	.
	피험자6	.	.	.	.
평균		$\overline{X}_{.1.}$	$\overline{X}_{.2.}$	$\overline{X}_{.3.}$	$\overline{X}_{...}$

3. 교차디자인과 지분디자인

1) 교차디자인

교차디자인(crossed design)은 요인디자인의 일종으로, 한 요인의 수준이 다른 요인의 수준과의 조합에 의하여 교차되는 것이다.

〈표 9-10〉 교차디자인

구분		지역		
		도시	농촌	평균
학년	1학년	X_{11}	X_{12}	$\overline{X_{1..}}$
	2학년	X_{21}	X_{22}	$\overline{X_{2..}}$
	3학년	X_{31}	X_{32}	$\overline{X_{3..}}$
평균		$\overline{X_{.1.}}$	$\overline{X_{.2.}}$	$\overline{X_{...}}$

2) 지분디자인

지분디자인(nested design)은 교차디자인과 다르게 한 요인의 수준이 다른 요인의 수준과 일치하지 않게 디자인된다. 하나의 독립변인의 처치 조건이 다른 독립변인의 처치 조건에 일부 지분이 인정되는 디자인이다. 시간과 경비를 절약할 수 있다는 장점이 있지만 두 변인 간의 상호작용 효과가 없다는 것을 전제로 한다. 예를 들어, □□대학교 사회복지학부에서 학년별로 강의 방법을 다르게 적용하고 효과성을 검증하려 한다. 1, 2학년은 방법1(강의식), 3, 4학년은 방법2(토론식)를 도입하여 실시하기로 하였다. 이때 지분설계를 활용하면 도식은 〈표 9-11〉과 같다.

〈표 9-11〉 지분디자인

구분		학년				
		1학년	2학년	3학년	4학년	평균
강의방법	방법1	X_{11}	X_{12}	–	–	$\overline{X_{1..}}$
	방법2	–	–	X_{23}	X_{24}	$\overline{X_{2..}}$
평균		–	–	–	–	$\overline{X_{...}}$

제3절 분산분석의 유형

분산분석은 독립변인의 수에 따라 일원분산분석(one-way ANOVA), 이원분산분석(two-way ANOVA), 다원분산분석(multivariate analysis of variance: MANOVA)으로 구분된다.

1. 일원분산분석

1) 일원분산분석의 개념

일원분산분석은 명명척도인 독립변인과 등간척도 또는 비율척도로 구성된 종속변인의 수가 하나일 때, 가설을 검증하는 방법이다. 이때 독립변인은 여러 유목으로 구성된다. 예를 들어, 종교에 따른 삶의 질 만족도를 조사연구 한다면, 독립변인인 종교에 여러 유목(불교, 기독교, 천주교 등)의 종교가 있을 수 있다.

일원분산분석은 독립변인의 여러 집단이 독립적으로 선정되었기 때문에, 이 집단들이 같은 모집단에서 추출되었는지 알아야 한다. 즉, 동일성(등분산) 검사를 해야 한다. 동일성 검사는 Levene's의 수치를 활용한다. 동일성 검사 후, 여러 집단이 같은 모집단에서 추출되었다면 문제되지 않지만, 여러 집단이 다른 모집단에서 추출되었다면 집단표본수의 동일성 여부에 따라 분석방법이 달라진다. 일원분산분석의 과정은 다음과 같다.

▣ 1단계: 가설을 세우고, 알파수준을 결정한다.

▣ 2단계: 검증통계량(F−값)을 계산하고, 임계치(영역)를 정한다.
자승화(변동)를 계산하고, 자유도(df)를 구한다. 마지막으로 표본분산을 계산한 후, 분산분석표를 작성한다.

▣ 3단계: 영가설을 평가한다.

2) 일원분산분석의 과정

(1) 표본수가 동일한 경우

분산분석에서 F-값의 계산은 변이(차이), 편차제곱의 합, 자유도, 분산(평균제곱)에 의하여 결정된다. 예를 들어, ○○대학교 사회복지학부 사회복지자료분석론 A반, B반, C반 수업에 참여한 학생의 점수를 무작위로 추출하여, 12명의 점수를 정리하였다. 다음 학기에 학생들의 수강신청을 돕기 위하여 학생들이 받은 평균 점수가 현격하게 다른지, 다르다면 그 원인이 우연에 의한 것인지, 다른 요인에 의한 것인지 정보를 제공할 필요가 있다.

〈표 9-12〉 사회복지자료분석론 수강학생 점수 무작위추출 결과(동일수)

A반	B반	C반
72	72	75
73	74	78
71	75	79
76	75	80

▣ 1단계: 가설을 세우고, 알파수준을 결정한다.

H_0: $\mu_1 = \mu_2 = \mu_3$(세 집단의 평균은 같다)

H_1: 세 집단에서 적어도 한 집단의 평균은 다르다.

유의수준: 0.05

▣ 2단계: 검증통계량을 계산하고, 임계치(영역)를 결정한다.

〈표 9-13〉 일원분산분석 계산공식(표본수가 동일한 경우)

변이의 종류	제곱의 합	자유도	평균제곱	F값
집단 간(차이)	SS_b	$df_b=n-1$	$MS_b=\frac{SS_b}{n-1}$	$\frac{MS_b}{MS_w}$
집단 내(오차)	SS_w	$df_w=n(k-1)$	$MS_w=\frac{SS_w}{n(k-1)}$	
합계	SS_t	$n(k-1)$		

집단 간 자유도(df_b)=n−1=(3−1)=2, 집단 내 자유도(df_w)=n(k−1)=3(4−1)=9이므로 임계치는 α=0.05에서 4.26이다(부록의 분산분포표 참고). 세 집단의 표본평균은 $\frac{73+74+78}{3}=75$이며, 열에 대한 제곱의 합 $SS_b=4[(73-75)^2+(74-75)^2+(78-75)^2]$이다. 열에 대한 평균제곱의 합 $MS_b=\frac{SS_b}{n-1}=\frac{56}{2}=28$이다.

〈표 9-14〉 사회복지자료분석론 수강학생 점수의 합계와 평균

구분	A반	B반	C반	합계
	72	72	75	
	73	74	78	
	71	75	79	
	76	75	80	
합계	292	296	312	900
평균	73	74	78	75

오차에 대한 제곱의 합(SSe)을 계산하면 다음과 같다.

A반: $(72-73)^2+(73-73)^2+(71-73)^2+(76-73)^2=14$

B반: $(72-74)^2+(74-74)^2+(75-74)^2+(75-74)^2=6$

C반: $(75-78)^2+(78-78)^2+(79-78)^2+(80-78)^2=14$

$$SS_w=14+6+14=34$$

$$MS_w=\frac{SS_w}{n(k-1)}=\frac{34}{9}=3.78$$

$$F=\frac{MS_b}{MS_w}=\frac{28}{3.78}=7.41$$

▣ 3단계: 가설을 평가한다.

F=7.41 > Fα = 4.26이므로, 영가설을 기각하고, 연구가설을 수용한다. 즉, A, B, C, 세 반에 대한 평균점수 간에는 통계적으로 유의한 차이가 있다.

(2) 표본수가 다른 경우

독립변인의 표본수가 다른 경우는 표본수가 같은 경우와 유사하나 합계와 표본내(오차)에 대한 자유도가 다를 뿐이다. 표본수가 다를 경우, 보정계수를 구한다. 보정계수 $k=\frac{T^2}{N}$으로, 여기서 N은 모든 표본의 관찰값들의 총 개수이고($N = n_1 + n_2 + n_3 + \cdots + n_i$), T는 각 집단 점수의 합이다(〈표 9-3〉참고).

$$SS_b=\frac{\sum T^2}{n_i-k}$$

예를 들어, ○○ 대학교의 사회복지학부 사회복지자료분석론 A반, B반, C반, D반, E반의 평균점수차가 우연인지 아니면 수업방법의 차이인지를 알아보기 위하여 다음과 같이 학생들을 표집 하였다.

〈표 9-15〉 사회복지자료분석론 수강학생 점수 무작위추출 결과(표집수가 다른 경우)

	A반	B반	C반	D반	E반	합계
.. ..	72 80 78 70	82 80 84	86 83 82 80 79	70 73 70 75 ..	80 80	
N	4	3	5	4	2	18
평균	75	82	82	72	80	78.2
표준편차	4.76	2.00	2.74	2.45	00	5.09
표준오차	2.38	1.15	1.22	1.22	00	1.20

▣ 1단계: 가설을 설정하고, 알파수준을 결정한다.

영가설: $H_0 = \mu_1 = \mu_2 = \mu_3 = \mu_4 = \mu_5$

연구가설: H_i 적어도 두 개 이상의 μ는 다르다.

알파수준: 0.05

▣ 2단계: 검증통계량을 계산하고, 임계치(영역)를 결정한다.

$df_d = n-1 = 4$, $df_w = N-k = 18-5 = 13$이므로, 임계치는 α=0.05에서 3.18 이다(부록의 분산도표 참고).

자료를 정리하고, 각각의 값을 구한다.

〈표 9-16〉 일원분산분석 계산 공식(표본수가 다른 경우)

변이의 종류	제곱의 합	자유도	평균제곱	F값
집단 간(변이)	SS_b	$df_b=n-1$	$MS_b = \frac{SS_b}{n-1}$	$\frac{MS_b}{MS_w}$
집단 내(오차)	SS_w	$df_w=N-1$	$MS_w = \frac{SS_w}{n-1}$	
합계	SS_t	$N-1$		

위의 자료〈표 9－16〉를 정리 및 계산하면 아래와 같다.

$$k = \frac{T^2}{N} = \frac{(1350)^2}{18} = \frac{1,822,500}{18} = 101,250$$

$$SS_b = \frac{\sum T^2}{n_i - k} = \frac{300^2}{4} + \frac{246^2}{3} + \frac{410^2}{5} + \frac{288^2}{4} + \frac{106^2}{2} - 101,250 = 1,396$$

$$SS_t = \Sigma\Sigma x^2 ij - k = 109,952 - 109,512 = 440$$

$$SS_w = SS_t - SS_b = 440 - 316 = 124$$

$$MS_b = \frac{SS_b}{k-1} = \frac{316}{4} = 79$$

$$MS_w = \frac{SS_w}{N-1} = \frac{124}{18-1} = 7.29$$

$$F값 = \frac{79}{7.29} = 10.84$$

▣ 3단계: 영가설을 평가한다.

F값=10.84>Fα=3.18이므로 영가설을 기각하고, 연구가설을 수용한다. 5개 반의 수업 간에는 통계적으로 유의하다.

2. 이원분산분석

1) 이원분산분석의 개념

앞의 일원분산분석에서 각기 다른 반의 수업의 질에 따른 차이를 보았는데, 5개 반의 평가자가 다르다면 평가가 달라질 수도 있고, 그 결과는 알 수가 없게 된다. 수업의 질 차이인지, 평가자의 차이인지를 알기 위해서는 이원분산분석을 해야 한다.

사회과학의 조사연구과정에서 2개 이상의 변인을 다루게 되는 경우, 변인의 열(column)과 행(row)의 효과를 파악하게 된다. 이원분산분석은 개별 독립변인이 종속변인에 영향을 주는 주 효과(main effect)뿐만 아니라 상호작용 효과(interaction effect)를 분석한다. 상호작용 효과는 이원분산분석의 두 가지 독립변인 각 범주의 특성이 상호교차를 하는 집단이라는 의미에서 두 독립변인의 상호교차가 종속변인에 미지는 효과이다. 이원분산분석의 과정은 다음과 같다.

▣ 1단계: 가설을 세우고, 알파수준을 결정한다.

▣ 2단계: 검증통계량(F-값)을 계산하고, 임계치(영역)를 정한다.

자승화(변동)를 계산하고, 자유도를 구한 후, 표본분산을 계산한다.

마지막으로 분산분석표를 작성하고, 상호작용 효과를 평가한다.

▣ 3단계: 영가설을 평가한다.

2) 이원분산분석의 과정

예를 들어, 사회복지자료분석론의 학습시간과 집중력이 성적에 미치는 영향에 대한 연구에서 독립변인이 학습시간(많다, 적다)과 집중력(높다, 중간, 낮다)으로 각각 2개와 3개의 범주로 구성되었다면, 2×3 요인설계에 6개의 셀로 구성될 것이다. 여기서 주 효과는 학습시간이 성적에 미치는 영향과 집중력이 성적에 미치는 영향으로 2개가 될 것이다. 상호작용 효과는 '학습시간과 집중력의 상호작용이 성적에 미치는 영향이 얼마나 되는가?'일 것이다.

〈표 9-17〉 학습시간과 집중력과의 관계

구분		집중력			
		높다	중간	낮다	평균
학습시간	많다	70 76 78	76 77 78	69 67 66	73.00
	적다	80 82 85	79 78 77	63 62 67	74.78
	평균	78.50	77.50	65.67	73.89

(1) 1단계: 가설을 세우고, 알파수준을 결정한다

첫째, 행의 평균에 대한 가설을 검증한다.

H_0: 행의 평균은 동일하다.

H_i: 행의 평균은 동일하지 않다.

둘째, 열의 평균에 대한 가설을 검증한다.

H_0: 열의 평균은 동일하다.

H_i: 열의 평균은 동일하지 않다.

유의수준: 0.05%

(2) 2단계: 검증통계량(F-값)을 계산하고, 임계치(영역)를 정한다

〈표 9-18〉 분산분석 결과표

변이의 종류	제곱의 합	자유도	평균제곱	분산비율
열간	SS_c	df.1=c−1	$MS_c = \frac{SS_c}{c-1}$	$Fc = \frac{SS_c}{MS_e}$
행간	SS_r	df.1=r−1	$MS_r = \frac{SS_r}{r-1}$	$Fr = \frac{MS_r}{MS_e}$
오차	SS_e	df.1=(c−1)(r−1)	$MS_e = \frac{SS_e}{(c-1)(r-1)}$	
합계	SS_t	cr−1		

① 자승화(변동)를 계산한다.

가. 전체 자승합(SS_t)

$=\Sigma$(전 관찰자료−전체 평균)^2

$=(70-73.89)^2+(76-73.89)^2+(78-73.89)^2+(76-73.89)^2+(77-73.89)^2$

$+(78-73.89)^2+\cdots+(63-73.89)^2+(62-73.89)^2+(67-73.89)^2 \fallingdotseq 787.78$

나. 열자승합(SS_b)

$=\Sigma$(학습시긴−진체 평균)$^2\times$각 집난의 관찰지수

$=(73.00-73.89)^2\times 9+(74.78-73.89)^2\times 9 \fallingdotseq 14.26$

다. 행자승합(SS_b)

$=\Sigma$(집중력−전체 평균)$^2\times$각 집단의 관측치수

$=(78.5-73.89)^2\times 6+(77.5-73.89)^2\times 6+(65.67-73.89)^2\times 6 \fallingdotseq 611.12$

※ 625.98=611.12+14.26

라. 집단 내 자승합(SS_w)

$=\Sigma$(전 관찰자료−학습시간 평균−집중력 평균+전체 평균)^2

$=(70-73-78.5+73.89)^2+(76-73-78.5+73.89)^2+(78-73-78.5+73.89)^2$

$+(76-73-77.5+73.89)^2+(77-73-77.5+73.89)^2+(78-73-77.5+73.89)^2$

$$+\cdots+(63-74.78-65.67+73.89)^2+(62-74.78-65.67+73.89)^2$$
$$+(57-74.78-65.67+73.89)^2 \fallingdotseq 162.11$$

② 자유도를 계산한다.

가. 전체 자유도: 17(18−1)

나. 행자유도: 2(3−1)

다. 열자유도: 1(2−1)

라. 오차자유도: 15(18−3)

③ 표본분산(F−값)을 계산한다.

$$\text{F−값}=\frac{\text{집단 간 평균자승합}}{\text{집단 내 평균자승합}}=\frac{\dfrac{\text{집단 간 자승합}(SS_w)}{\text{집단 간 자유도}(df)}}{\dfrac{\text{집단 간 자승합}(SS_w)}{\text{집단 내 자유도}(df)}}=\frac{\dfrac{625.98}{2}}{\dfrac{162.11}{15}}=\frac{312.99}{10.80}=28.98$$

④ 임계치(영역)는 자유도(3,14)인 F 분포에서 임계치는 4.24이다.

(3) 3단계: 영가설을 평가한다

$F=28.98>F_{0.05}=4.24$이므로, 영가설을 유의수준 $\alpha=0.05$에서 기각한다.

3. 사후분석

분산분석에 의한 가설검증에서 영가설이 기각될 경우, 조사연구자는 적어도 표본평균의 몇 개 사이에 유의한 차이가 있다고 결론을 내릴 수 있다. 그러나 어디에서 그러한 차이가 나는지는 알려 주지 않는다. 이때 차이의 정도를 알기 위하여 추가적인 가설검증을 시도하게 되는데, 이를 '사후검증'이라고 한다.

이러한 차이가 어디서 나는지를 알 수 있는 사후검증의 몇 가지 방법은 다음과 같다. 첫째, 표본의 수가 같다면 최소 유의차 검증(Lease Significant Difference: LSD)을 사용한다. 둘째, F값에 대한 판정의 요인(인자)에 대한 비교가 사전에 설계되지 않은 채 측정되었다면 F-값만으로 유의한 정도를 판단하기 어렵다. 이때 터키(Tukey)의 실제유의차이검증(Honestly Significant Difference: HSD)을 실시한다. 셋째, 쉐페(Scheffe)방법은 표본의 수가 다르거나 두 개 이상의 표본을 비교할 때 사용한다.

〈표 9-19〉 사후검증방법의 선택

짝짓기인가?	예	모든 I에 대하여 ni = n인가?	예	Tukey
			아니요	Scheffe
	아니요	사전에 계획되었나?	예	LSD

1) 터키의 HSD

터키의 실제유의차이검증은 사회과학에서 가장 많이 활용되고 있는 방법 중의 하나이다. 터키검증은 단일값을 계산하여, 유의함에 필요한 집단평균 간의 최소 차이를 결정하게 되는데, 이 값을 HSD라고 한다.

$$HSD = q\sqrt{\frac{MS_w}{n}}$$

*q=Tukey 검증 수표(부록) *MS_w=집단 내 분산 *n=집단수

터키(Tukey)검증은 집단 간의 표본의 크기(n)가 같아야 한다. q의 적당한 값을 찾기 위해서는, 전체 집단 내의 개수(k)와 MS_w의 자유도를 알아야 하고, 알파수준을 선택하여야 한다.

좀 더 구체적으로 HSD의 계산과정은 다음과 같다. 첫째, 유의수준 집단의 수와 집단 내 자유도를 이용하여 부록에서 q값을 찾는다. 둘째, HSD를 계산한다 $\left(HSD = q\sqrt{\frac{MS_w}{n}}\right)$. 셋째, 집단 간의 차이 값이 계산되면, 통계적으로 유의미한지를 결정한다.

2) 쉐페검증

쉐페(Scheffe)검증은 엄격한 평균비교를 위한 검증에 활용되며, 집단의 사례 수가 다른 경우에 적용된다. 쉐퍼검증은 F-비율을 활용하여, 두 집단 간의 유의한 차이를 검증한다. 여기서 F-비의 분자는 처치 간 분산추정치(MS_b)이며, 분모는 처치 내 분산추정치(MS_w)가 된다. 쉐페검증은 일종오류를 줄이기 위하여 사용하는 경우가 대부분이다. 그러므로 쉐페검증은 가능한 모든 집단을 비교하는 것이 아니고, 조사연구자가 비교하고자 하는 집단을 선택하여 비교한다. 비록 조사연구자가 비교하고자 하는 집단만을 비교하지만 원실험의 k를 이용하여 처치 간 자유도(df)를 계산하며, F-비율의 분자는 k-1이 된다.

제4절 SPSS-분산분석

1. SPSS를 이용한 일원분산분석(동질성 검증)

1) 데이터 열기

SPSS 프로그램의 파일(F)-열기(O)-데이터(D)를 클릭하고, 찾는 위치와 파일 이름을 입력하고 열기를 클릭하면 [그림 9-6]과 같은 창이 뜬다.

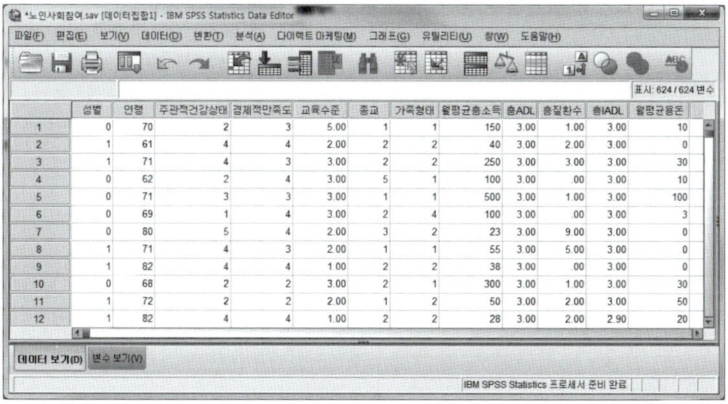

[그림 9-6] 파일(F)-열기(O)-데이터(D)

2) 데이터 분석 과정(일원분산 분석)

데이터 열기를 통하여, 데이터 편집기([그림 9-6])와 같은 창이 뜨면 분석(A)-평균비교(M)-일원배치 분산분석(O)([그림 9-7])을 차례로 클릭한다.

[그림 9-7]과 같이 분석(A)-평균비교(M)-일원배치 분산분석(O)을 차례로 클릭하면, 일원배치 분산분석 창이 뜬다([그림 9-8]). 일원배치 분산분석 창에서 변수 옮기기(종속변수/요인)를 시도한다.

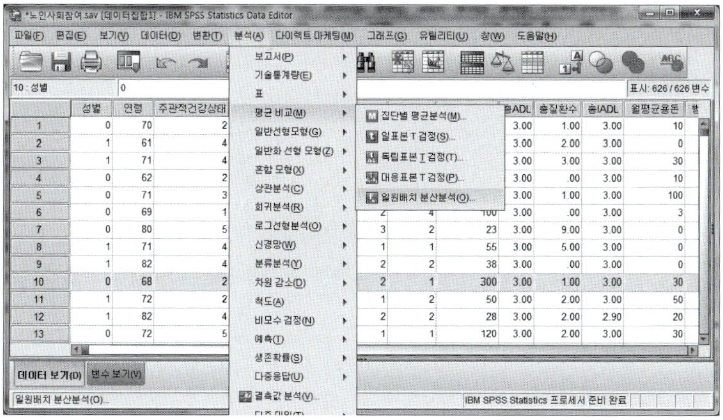

[그림 9-7] 분석(A)-평균비교(M)-일원배치 분산분석(O)

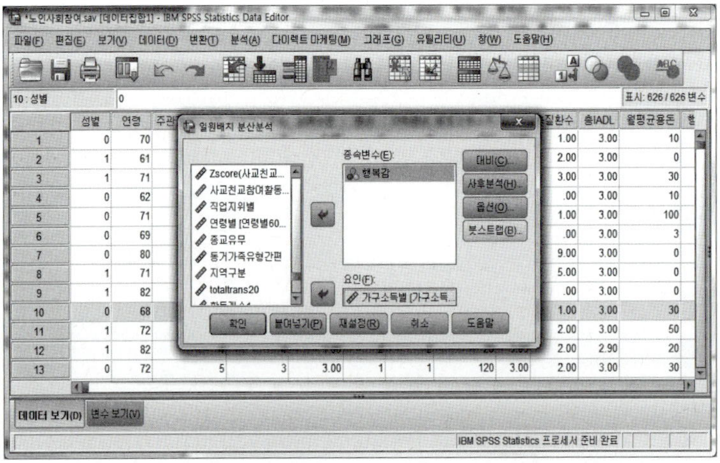

[그림 9-8] 분석(A)-평균비교(M)-일원배치 분산분석 창

노인들의 가구소득수준에 따른 행복감을 살펴보기 위하여 독립변인인 경제수준을 요인(F)으로 이동시키고, 종속변인인 행복감을 종속변수(E)로 이동시킨다. 그리고 일원배치 분산분석 창 오른쪽 위의 옵션을 클릭하면 일원배치 분산분석: 옵션 창이 뜬다([그림 9-9]).

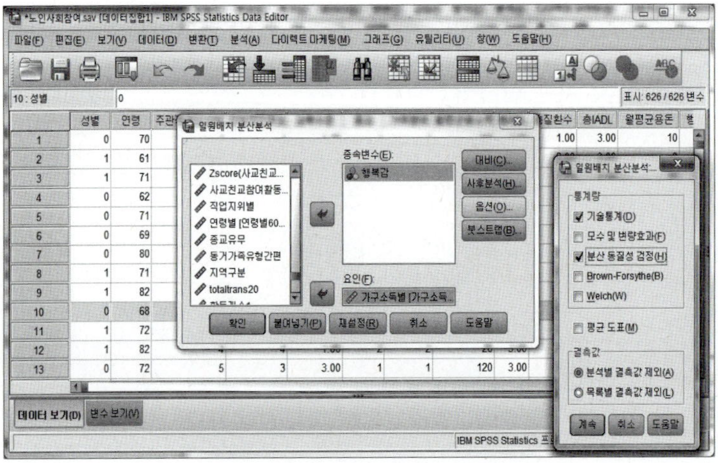

[그림 9-9] 일원배치 분산분석: 옵션

일원배치 분산분석: 옵션 창에서 왼쪽에 기술통계와 동질성 파악을 위하여 기술통계(D)와 분산 동질성 검증(H)을 클릭하고, 결측값에서 결측값 제외를 클릭한 다음, 계속을 클릭한다. 이후 일원배치 분산분석: 옵션 창의 왼쪽 하단에 위치한 확인을 클릭하면 [그림 9-10]과 같이 일원배치 분산 독립표본 t-검증 결과표 창이 뜬다.

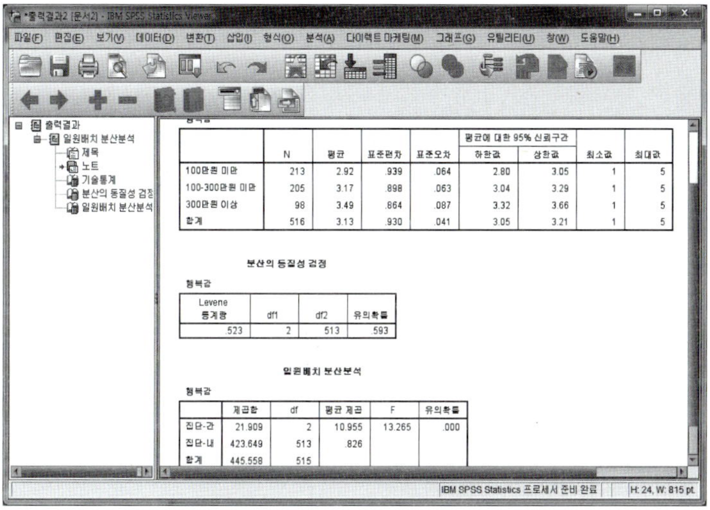

[그림 9-10] 일원배치 분산분석 결과표

2. SPSS를 이용한 일원분산분석(정규성 검증)

정규성 검증을 위하여 데이터 창을 열고, 분석(A)-일반선형모형(G)-일변량(U) [그림 9-11]과 같은 순으로 클릭하면 [그림 9-12]와 같이 일변량(U) 창이 뜬다.

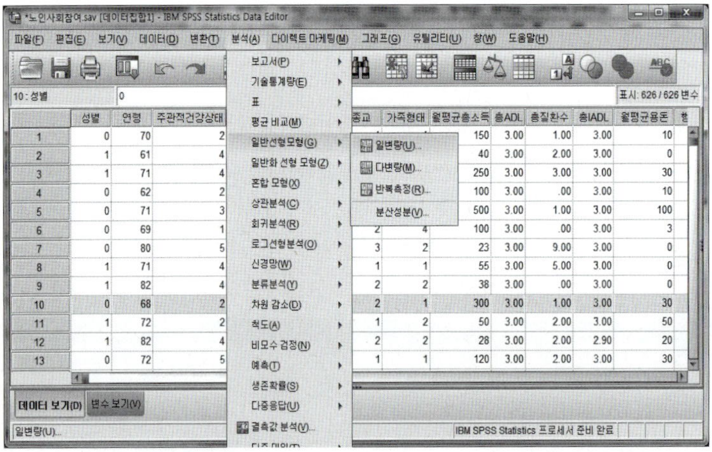

[그림 9-11] 분석(A)-일반선형모형(G)-일변량(U)

일변량 분석이 뜨면 종속변수(D)에 행복감과 독립변인을 모수요인(F)에 경제 수준(가구별 소득)을 이동시킨다.

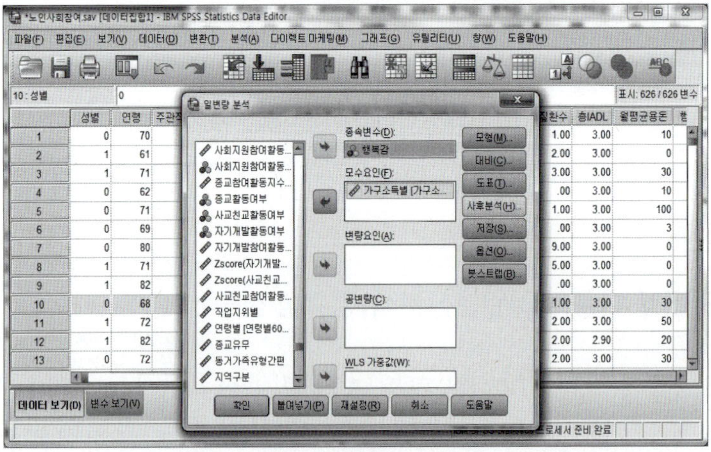

[그림 9-12] 분석(A)-일반선형모형(G)-일변량 분석

[그림 9–13] 분석(A)–일반선형모형(G)–일변량(U)–저장(S)

이후 일변량(U) 창 오른쪽 중간의 저장(S)을 클릭하면 [그림 9－13]과 같이 일변량: 저장 창이 뜬다. 다음 단계로 일변량: 저장 창 오른쪽의 잔차에서 표준화하지 않음(N)을 클릭하고, 창의 하단에 있는 계속을 클릭한다. 다시 일변량 창이 나타나고, 확인을 클릭하면 잔차(res_1)가 생성된다([그림 9－14]).

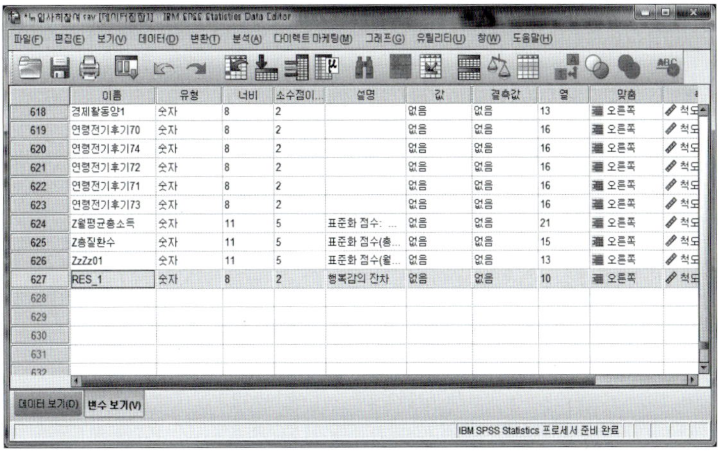

[그림 9–14] 잔차(res_1) 생성

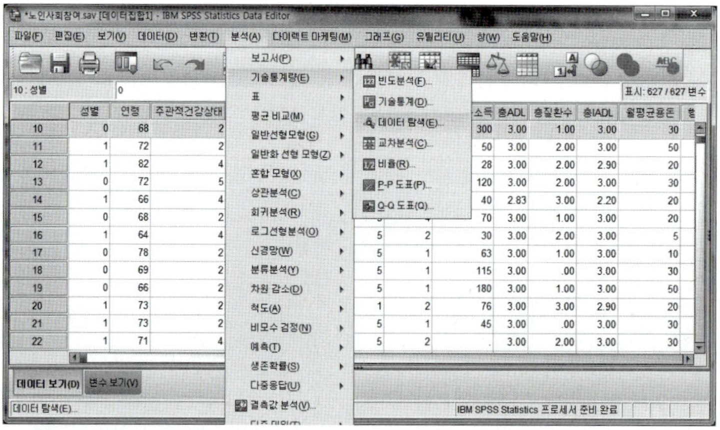

[그림 9-15] 분석(A)-기술통계량(E)-데이터 탐색(E)

잔차가 생성되면, 정규성 검증을 시도하게 되는데, [그림 9-15]와 같이 분석(A)-기술통계량(E)-데이터 탐색(E)을 클릭하면 데이터 탐색 창이 뜬다([그림 9-16]).

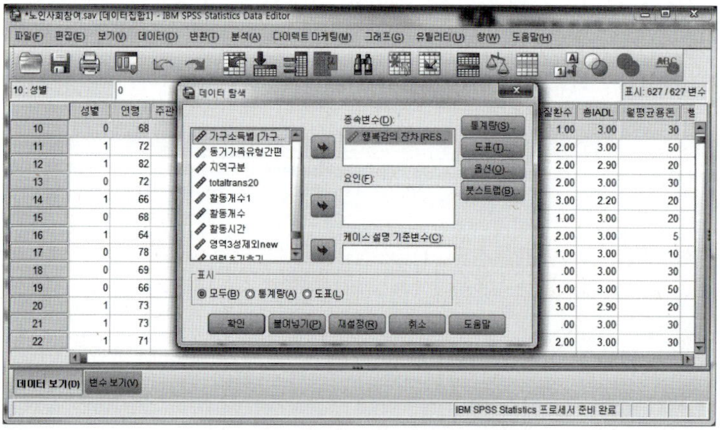

[그림 9-16] 데이터 탐색(E) 창

데이터 탐색(E) 창의 왼쪽 리스트에서 생성된 잔차(res_1)(행복감의 잔차)를 오른쪽 종속변수란으로 이동시킨다. 이후 데이터 탐색 창의 오른쪽 아래에 위치한 도표를 클릭하면, [그림 9-17]과 같은 창이 뜬다.

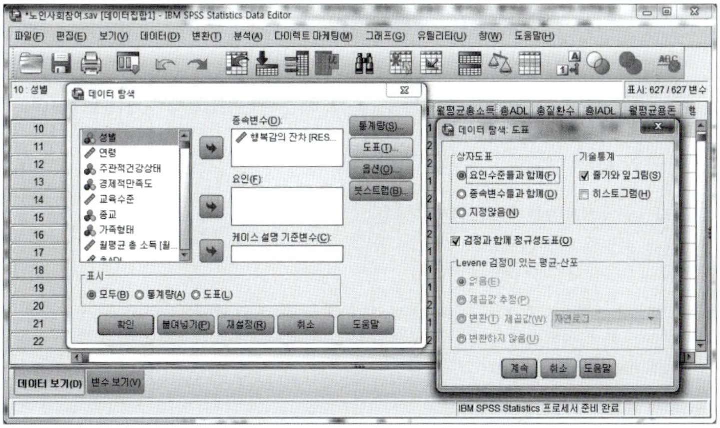

[그림 9-17] 데이터 탐색(E): 도표

[그림 9-17]과 같이 데이터 탐색(E): 도표 창에서 상자도표의 요인수준들과 함께 기술통계의 줄기와 잎그림, 그리고 검증과 함께 정규성 도표(O)를 클릭한 후, 데이터 탐색 창 왼쪽 하단의 확인을 클릭하면 정규성 검증 창이 뜬다([그림 9-18]). 정규성 검증은 Kolmogorov-Smirnov(통계량과 유의도 참고)와 정규 Q-Q 도표를 이용한다.

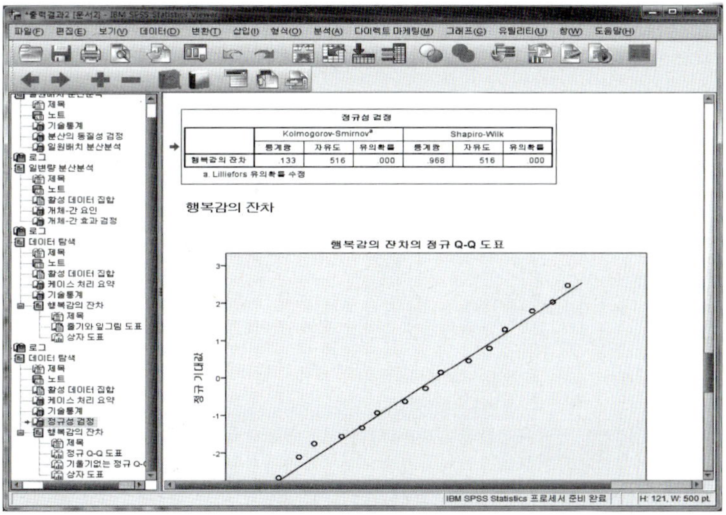

[그림 9-18] 정규성 검증

3. SPSS를 이용한 일원산분석(독립성 검증)

독립성 검증을 하기 위하여 분석(A)－분기술통계(E)－데이터 탐색(E)에서 생성된 잔차가 포함된 창에서 [그림 9－19]와 같이 분석(A)－비모수 검증(N)－레거시 대화 상자(L)－런(R)순으로 클릭하면 [그림 9－20]과 같이 검증 창이 뜬다.

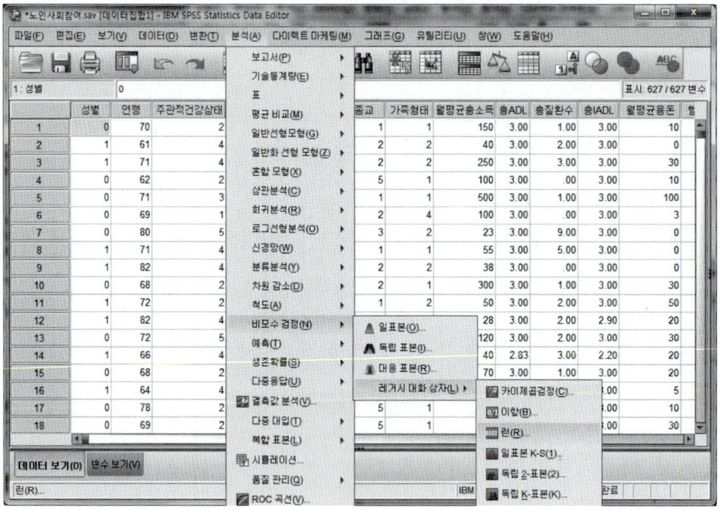

[그림 9–19] 분석(A)–비모수 검증(N)–레거시 대화 상자(L)–런(R)

[그림 9–20] 런(R) 검증 창

이런 검증 창이 뜨면, 검증변수(T)란에 잔차(행복감)를 이동시킨 후, 하단의 절단점에서 사용자 정의(C)를 선택하고, 값으로 0을 부여한다. 다음 단계로 확인을 클릭하면 [그림 9-21]과 같이 런(R) 독립성 검증 결과 창이 뜬다.

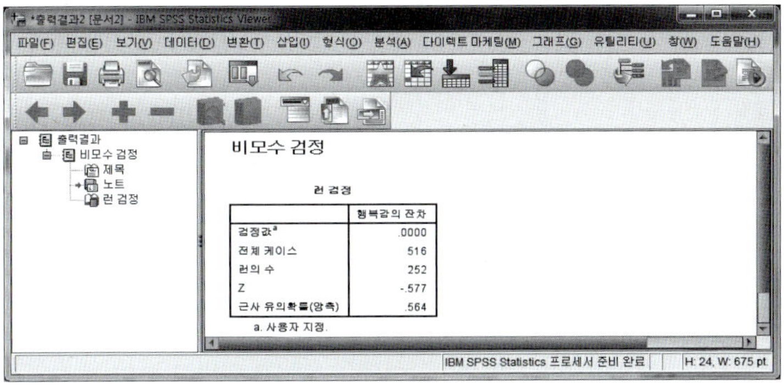

[그림 9-21] 런(R) 독립성 검증 결과

4. SPSS를 이용한 이원분산분석과 사후분석

SPSS 프로그램의 파일(F)-열기(O)-데이터(D)를 클릭하고, 찾는 위치와 파일 이름을 입력한 후 열기를 클릭하면 앞에서 제시된 [그림 9-6]과 같은 창이 뜬다. 그 이후 분석(A)-일반선형모형(G)-일변량(F)을 차례로 클릭한다([그림 9-22]).

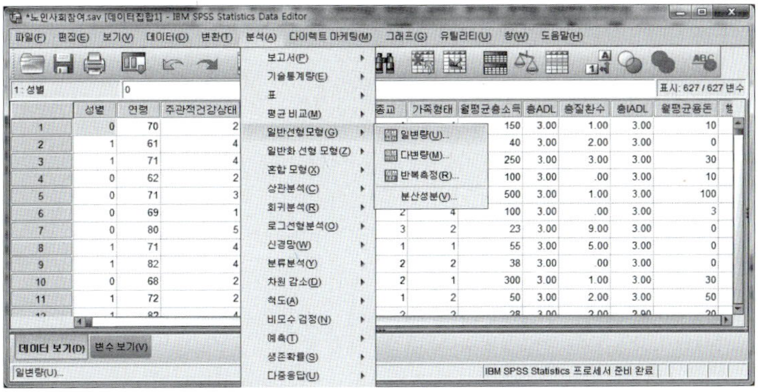

[그림 9-22] 파일(F)-열기(O)-데이터(D)-일반선형모형(G)-일변량(U)

분석(A)－일반선형모형(G)－일변량(F)을 차례로 클릭하면 일변량 분석 창이 뜬다([그림 9－23]). 일변량 분석 창에서 변수 옮기기(종속변수/모수요인)를 시도한다.

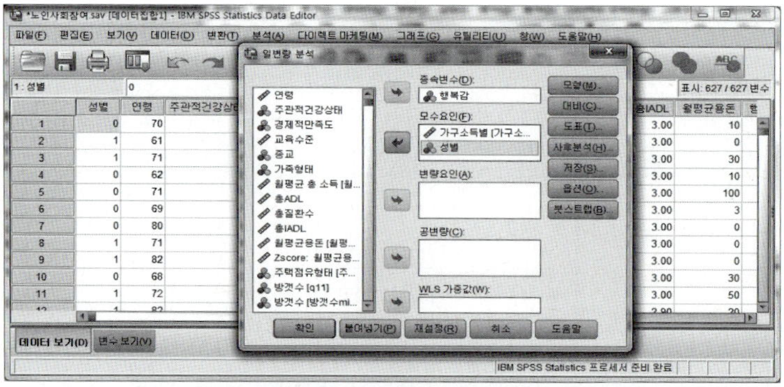

[그림 9-23] 분석(A)-일반선형모형(G)-일변량 분석

노인들의 성별과 경제수준(가구별 소득)에 따른 행복감을 살펴보기 위하여 독립변인인 성별과 경제수준을 모수요인(F)으로 이동시키고, 종속변인인 행복감을 종속변인(D)으로 이동시킨다. 그리고 일변량 분석 창 오른쪽 상단의 모형을 클릭하면 일변량: 모형 창이 뜬다([그림 9－24]).

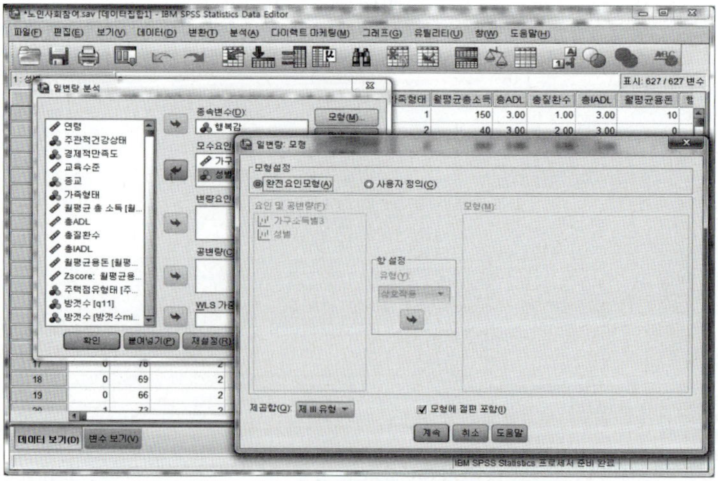

[그림 9-24] 일변량: 모형(M)-완전요인모형(A)

일변량: 모형 창의 왼쪽 위 모형설정에서 완전요인모형(A)을 선택한다. 완전요인모형에서 유의하지 않은 결과가 있을 경우 사용자 정의(C)를 활용한다.

다음은 사후분석을 시도한다. [그림 9－23]의 일변량 분석 창에서 오른쪽 중간의 사후검증을 클릭하면 [그림 9－25]와 같이 일변량: 사후검증 창이 뜬다. 사후분석이 요구되는 변수를 사후검증변수(P)란으로 이동시킨 후, 하단의 사후분석 방법을 선택한다.

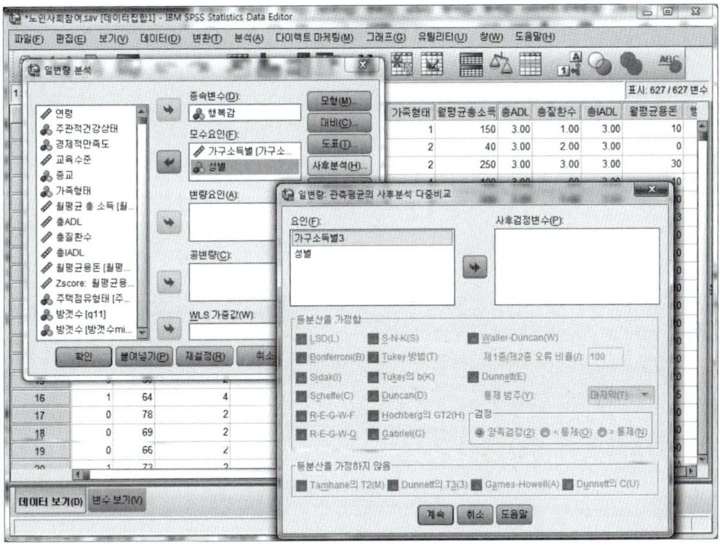

[그림 9–25] 일변량: 사후검증(H)

상호작용이 유의한 경우, 다음으로 도표를 활용하여 사후분석을 시도한다([그림 9－26]). 일변량: 프로파일 도표 창에서 수평축 변수(H)와 선구분 변수(S)에 독립변인 2개를 이동시킨 후, 일변량 창 왼쪽 하단의 확인을 클릭하면 [그림 9－27]과 같이 이원분산분석 결과표가 생성된다.

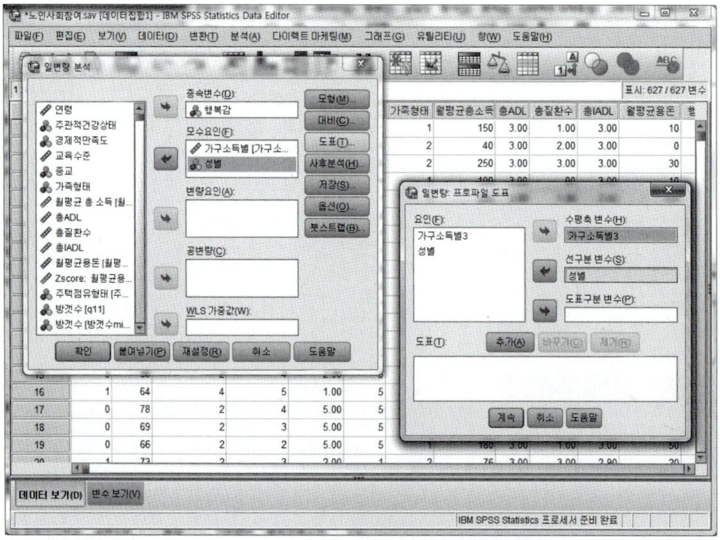

[그림 9-26] 일변량: 프로파일 도표(T)

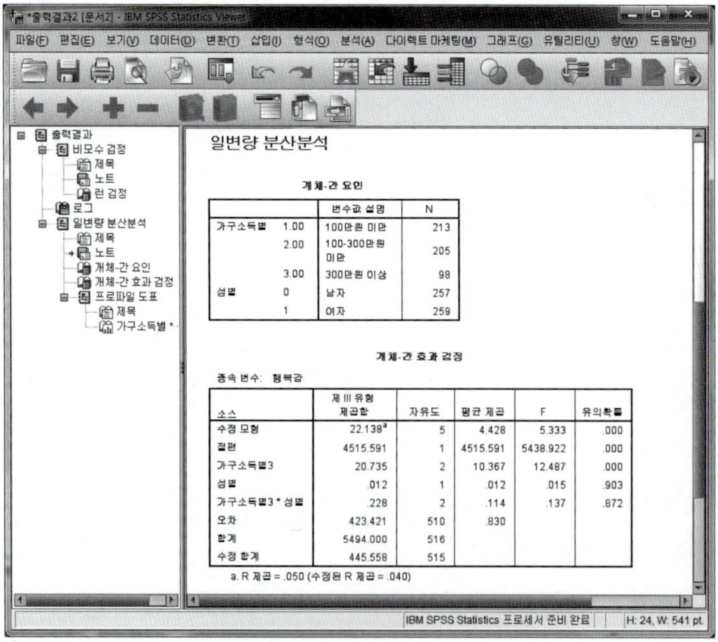

[그림 9-27] 이원분산분석 결과표

10
CHAPTER

상관관계분석

제1절 상관관계분석의 개요

1. 상관관계의 개념

두 변인 간(X, Y)의 관계를 설명하는 일반적인 방법은 공분산분석(ANCOVA), 상관관계분석(correlation analysis), 단순회귀분석(regression analysis)이 활용된다.

공분산분석은 두 확률변인의 관계를 측정하는 척도인 공분산을 활용하여 변인 관계를 설명하고, 단순회귀분석은 독립변인과 종속변인 사이의 관계를 수학적 함수로 표현하는 방법이다. 즉, 회귀분석은 두 변인 간의 인과관계를 설명하는 방법 중의 하나인 것이다.

상관관계분석은 두 변인 사이의 선형관계를 나타내는 상관계수를 활용하여 한 변수가 변할 때 다른 변수가 어떻게 변하는가를 나타낸다. 좀 더 구체적으로 상관관계(correlation)란 둘 또는 그 이상의 변인들 간 관계의 정도나 유무를 의미하며, 변인 간에 인과관계의 의미로 해석하지는 않는다. 예를 들어, 사회복지사의 소득액과 지출액 사이에 관련성이 있는지, 관련성이 있다면 어느 정도인가를 분석하고자 할 때 사용한다. 그러므로 상관관계는 독립변인을 체계적으로 조작·통제하기 어려운 조사(실험)설계에서 활용된다. 즉, 독립변인과 종속변인의 구분이 명확하지 않은 경우에 사용한다는 것이다. 예를 들어, 독립변인 X와 종속변인 Y가 필요충분조건일 경우, X는 Y에 의하여 Y는 X에 의하여 서로 영향을 받을 수 있고, X와 Y에 영향을 줄 수 있는 Z가 있을 수 있다는 것이다.

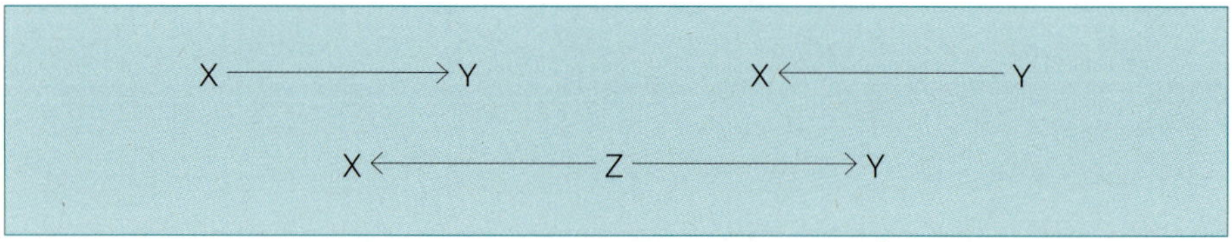

[그림 10-1] 관계성에 관한 설명

출처: 홍성열(1999). 사회과학도를 위한 기초통계. p.206. 재구성.

앞서 상관관계분석은 두 변인, 독립변인과 종속변인 간에 상호 선형관계를 갖는 정도를 분석하는 방법이라고 설명하였다. 그런데 상관관계분석은 변인의 측정수준에 따라 상관관계를 측정하는 방법이 다르게 적용된다. 측정수준에 따른 상관계수는 아래 표와 같다.

〈표 10-1〉 측정수준과 상관계수

측정수준	상관계수
명목변인 간 상관관계	• 거트만 예언계수 • 파이계수 및 람다계수 • 줄의 Q계수 • 줄의 Y계수 • 피어슨의 C계수
서열변인 간 상관관계	• 굿맨과 크루스칼의 순위상관계수 • 스피어만의 (순위차)상관계수 • 감마계수
등간변인 간 상관관계	• 피어슨의 적률상관계수 • 상관비 • 곡선상관계수

본서에서는 측정수준에 따른 상관관계 중 등간·비율수준의 상관관계를 중심으로 전개하도록 한다. 등간·비율수준의 상관관계분석은 회귀분석 전에 실시하는 중요한 분석이다. 상관관계분석은 변인들 간 상호관계의 정도에 관심이 있지만

회귀분석은 하나의 변인이 나머지 다른 변인들과의 선형함수이며 선형관계를 갖는가에 관심이 있다.

2. 상관관계의 특징 및 활용

상관관계는 변인들 간의 관련성과 관련 정도를 파악하기 위한 방법으로 공변관계의 상대적 크기를 자의적으로 판단하지 않기 위하여, 일정 기준을 제공하여 준다. 즉, 두 변인 간의 관련 정도(상관관계)는 한 변인(독립)의 분산이 다른 변인과 같이 변하는 분산(공분산) 정도에 의하여 결정된다. 그러므로 상관계수는 공분산을 표준화시킨 값이라고 할 수 있다. 여기서 두 변인 간의 관계의 정도는 확률적 근거이기 때문에 관계의 원인과 결과가 아닌 단지 정확성을 의미한다. 다시 말해, 측정치가 아닌 하나의 지수이기 때문에 상관관계 간의 가감승제가 불가능하다. 상관관계를 기술적 목적(기술통계)으로 사용할 때, 두 변인 간의 관계를 산점도로 나타낸다.

산점도의 기능은 다음과 같다. 첫째, 변인들 간의 가능한 관계를 제시한다. 둘째, 이미 나타난 변인들의 관계를 그래프로 보여 준다. 셋째, 표본 내에 존재하는 변인들 간 가능한 관계의 형태를 모두 보여 준다. 또한 산점도는 x축에 예측변인(독립변인) 값을 y축에 기준변인(종속변인) 값을 제시한다. 이와 같은 산점도를 통하여 상관관계의 기본 가정인 첫째, 두 변인간의 선형성을 확인하게 된다. 둘째, 두 변인을 대표하는 직선을 그어 독립변인의 특정 지점에서 종속변인의 흩어진 정도가 유사한 등분산성을 확인하게 된다.

일반적으로 상관관계의 세 가지의 특징으로, 상관의 방향, 상관의 정도, 상관의 형태를 거론한다.

1) 상관의 방향

상관의 방향은 −1(음)~+1(양)까지의 값을 가지게 되는데, 양의 상관은 두 변인(x, y)이 같은 방향으로 변하고, 음의 상관은 두 변인(x, y)이 서로 다른 방향으로 변함을 의미한다([그림 10−2]).

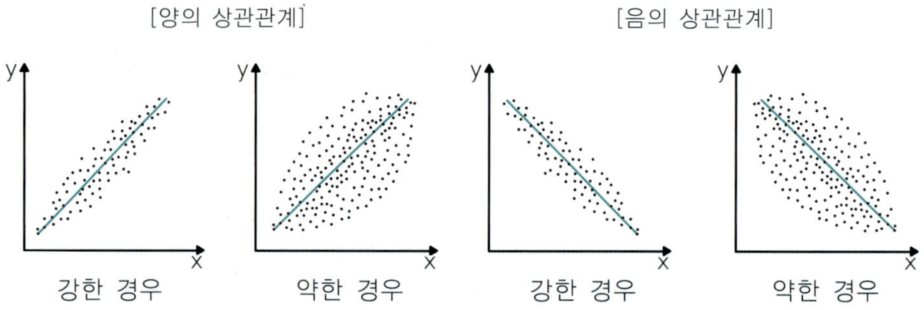

[그림 10-2] 정적 상관과 부적 상관

2) 상관의 정도

상관의 정도는 0.9 이상은 매우 높은 상관관계, 0.6~0.9는 높은 상관, 0.4~0.6은 낮은 상관, 0.2~0.4는 매우 낮은 상관관계라고 할 수 있다([그림 10-2] 참고). 일반적으로 사회과학에서 0.6 이하는 신중한 해석이 요구되며, 특히 0.4 미만은 매우 신중한 해석을 필요로 한다. 영의 상관인 경우는 [그림 10-3]과 같다.

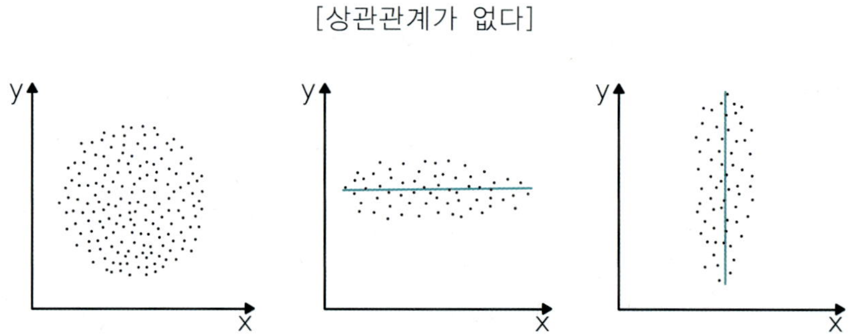

[그림 10-3] 영의 상관정도

3) 상관의 형태

상관의 형태는 일반적으로 직선이나 특별한 상관의 경우 곡선도 있을 수 있다.

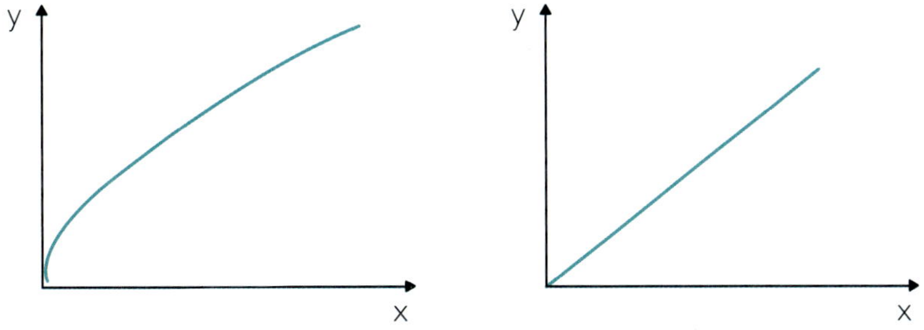

[그림 10-4] 상관의 형태

4) 상관관계의 활용

조사연구자들이 많은 영역에서 상관관계를 활용하지만 가장 흔하게는 이론검증, 타당성 검증, 그리고 예측을 위하여 활용한다.

첫째, 상관관계는 이론 검증 측면에서 활용한다. 사회복지영역에 적용되는 많은 이론들은 두 변인 간의 관계에 관한 상관성에 대하여 설명해 왔다. 예를 들어, 사회복지 조직심리 조사자는 직원의 인성 유형과 복지기관 내 동료관계는 밀접한 관계가 있다는 이론을 주장하곤 한다. 사회복지 사회심리 조사자들은 성인의 가정폭력과 어린 시절 폭력경험은 밀접한 관계가 있다는 이론을 주장하기도 한다. 이러한 이론들에서 두 변인 간의 높은 상관성에 대하여 검증되지 않는다면 이론으로서 가치의 존속은 어려울 것이다.

둘째, 상관관계는 타당성 검증 측면에서 활용한다. 사회복지영역의 학자들은 서비스 제공과 관련된 척도를 개발한다. 개발된 척도가 보편적으로 활용되기 위해서는 타당성에 대한 검증이 필요하다. 일반적으로 이러한 타당성 검증에 상관관계를 활용한다. 예를 들어, 사회복지조직에서 업무추진능력의 측정을 위한 척도가 개발되었다면 업무분석, 업무수행, 문제해결능력 등과도 상관성이 입증되어야 타당성을 인정받게 될 것이다.

셋째, 상관관계는 예측 측면에서 활용한다. 변인 중의 하나를 이용하여 다른 변인들과의 상관성에 대하여 예측이 가능하다. 예를 들어, 복지관의 직원모집에 지원하게 되면 대학교 성적과 함께 다양한 개인정보의 제출을 요구받는데, 이것은 대학교에서 학업성취능력이 좋은 학생이 복지관에서도 성취능력이 뛰어날 것이라는 상관성에 대한 예측 때문이다. 물론 학업성취능력만이 절대적이지 않기 때문에 기타 개인정보의 제출을 요구하기도 한다.

넷째, 상관관계는 기술적인 용도로 널리 활용하지만 추리적인 용도로도 활용한다. 즉, 상관관계는 기술적인 통계분석방법과 추리통계방법을 이어주는 교량역할을 한다. 그러므로 회귀분석에서 상관분석표는 기술분석표와 회귀분석표 사이에 위치한다.

3. 상관관계의 원리

명목변인의 상관관계는 카이스퀘어원리, 서열변인의 상관관계는 순위차원리, 그리고 등간변인의 상관관계는 공분산원리, 그리고 명목변인, 서열변인, 등간변인 모두에 적용이 가능한 오차의 비례적 감소원리(proportional reduction of error: PRE)를 이용한 계산 등이 있다. 그러나 본서에서는 가장 많이 활용되고 있는 공분산의 원리와 오차의 비례적 감소원리(PRE)를 이용한 방법을 중심으로 설명하도록 한다.

1) 공분산원리

앞에서 설명하였듯이 분산(variance)은 변인의 개별 값이 평균을 중심으로 변화하는 정도이다.

공분산(covariance)이란 두 변인이 같이 변하여 공유하는 분산이라는 의미이다. 두 변인이 각각 얼마만큼 변하는지를 알기위해서는 중심이 되는 점이 있어야하며, 두 변인의 평균점을 중심으로 변하는 정도를 계산할 수 있다. 동시에 2개의 변인 값을 갖는 개별 점수들이 각 변인의 평균으로부터 어느 정도 분산(변산)되었는지를 나타내는 지표이며, 점수들이 평균으로부터 분산되어 있는 정도를 나타낸 값이다. 즉, 두 개의 변인 사이에 상관관계를 나타내는 측정치 중의 하나가 공분산이라고 할 수 있다.

공분산에 대해 요약하면 첫째, 한 변이니 그 평균으로부터 변할 때 다른 변인이 그 평균으로부터 변하는 정도를 의미한다. 둘째, 두 변인이 각기 얼마만큼 변하는지를 알기 위해서는 그 기준점이 언급되어져야 한다. 그런데 그 기준점은 두 변인들의 평균점이 $\overline{X}$와 $\overline{Y}$점이며, 이점을 중심으로 변하는 정도의 계산 결과이다.

두 변인 간에 상관관계가 있다면, X의 개별값이 평균에서 벗어난 정도$(X-\overline{X})$와 Y의 개별값이 평균에서 벗어난 $(Y-\overline{Y})$의 곱에 대한 합을 사례 수로 나누어 볼 수 있다. 이것을 바로 공분산 $S_{XY}=\frac{\sum(X-\overline{X})(Y-\overline{Y})}{n}$라고 한다.

여기서 공분산값이 크면 상관관계도 크고, 공분산값이 작으면 상관관계가 작음을 알 수 있다. 또한 공분산은 양의 공분산과 음의 공분산이 존재할 수 있음도 알 수 있다. 이러한 공분산은 모집단에서의 결과가 아니고 표본에서의 결과이기 때문에 사례 수를 n으로 하지 않고 n−1로 한다. 표본분산의 공식을 활용하여 표본공분산을 도출하면 다음과 같다.

$$\text{표본분산 } S^2=S_{XX}=\frac{\sum_{i=1}^{n}(X_i-\overline{X})(X_i-\overline{X})}{n-1}$$

$$\text{표본공분산 } S_{XY}=\frac{\sum_{i=1}^{n}(X_i-\overline{X})(Y_i-\overline{Y})}{n-1}$$

공분산의 계산결과를 상관관계에 그대로 적용하는 것은 무의미할 수 있다. 왜냐하면 공분산 값은 측정된 척도의 크기(예, cm, m, mm)에 따라 변하는 문제점을 갖고 있기 때문에 상관계수로 그대로 쓸 수 없다. 이렇게 척도의 영향을 받지 않도록 공분산을 그 변인의 표준편차로 나누어 표준화한 값이 바로 '상관계수(correlation coefficient)'가 된다.

상관계수는 첫째, 두 변인이 관계되어 있는 정도를 지수로 나타낸 것으로, 두 변인이 동시에 변하는 정도를 나타낸다. 둘째, 두 변인의 관계가 정적이든 부적이든 공분산의 값과 비례한다. 공분산의 절대값이 크면 상관계수가 크고, 공분산이 0에 가까우면 상관계수도 0에 가까워진다. 이때에 모집단의 상관계수는 ρ(rho), 표본의 경우 r로 표시를 하게 되며 공식은 다음과 같다.

$$\text{모집단 상관관계 추정}(\rho) = \frac{Cov_{XY}}{S_X S_Y} = \frac{\frac{\sum(X-\overline{X})(Y-\overline{Y})}{N-1}}{S_X S_Y} = \frac{\frac{\sum xy}{N-1}}{S_X S_Y}$$

$$\text{표본의 상관계수}(r) = \frac{\frac{\sum xy}{N}}{S_X S_Y}$$

이때 표본상관계수(r)는 X와 Y의 선형관계의 지표로 범위는 $-1 < r < +1$값을 갖게 되며, X와 Y 두 변인의 분산을 설명하여 주기 위하여, 상관계수를 제곱한 $r^2(R^2)$을 '결정계수'라고 한다.

2) 오차의 비례적 감소원리

오차의 비례적 감소는 두 변인 간에 상관관계가 있다고 가정하고, 한 변인의 값을 알고 있다면 다른 변인의 값을 더 잘 예측 할 수 있다는 원리이다. 즉, 한 변인의 값만 알고 다른 변인 값의 예측에서 발생하는 오차는 그 변인과 관계가 있는 다른 변인을 알고 있다면 줄일 수 있다는 것이다. 한 변인으로 변인 값을 예측할 때보다 다른 변인을 도입하여 변인 값을 예측함으로써 오차를 줄일 수 있는 비율을 '오차의 비례적 감소(PRE)'라고 한다. 그 공식은 다음과 같다.

$$\text{PRE} = \frac{b-a}{b}$$

*a=독립변인(다른 변인)을 도입하여 예측했을 때의 예측오차
*b=종속변인(한 변인)만으로 예측했을 때의 예측오차
*b–a=독립변인의 정보로 감소시킬 수 있는 예측오차

좀 더 구체적으로 독립변인의 정보를 도입하여 예측오차를 감소시킬 수 있다는 것은 독립변인이 종속변인과 관계가 있음을 나타내는 것이다. 여기서 종속변인의

정보만으로 종속변인을 예측하는 경우를 '규칙 1', 독립변인과 종속변인의 두 가지 정보로 종속변인을 예측하는 경우를 '규칙 2'라고 하면, 다음과 같이 표현이 가능하다.

$$\text{PRE} = \frac{\text{규칙 1 적용오류}(b) - \text{규칙 2 적용오류}(a)}{\text{규칙 1 적용오류}(b)}$$

'규칙 1'과 '규칙 2'는 변인의 수준에 따라 적용이 달라진다(〈표 10-2〉).

〈표 10-2〉 PRE원리에 적용하는 종속변인 값의 추정 규칙

변 인	규칙 1(b)	규칙 2(a)
명목변인	• 각 사례값은 그 변인분포의 최빈치를 예측치로 활용	• 독립변인과 범주형 종속변인의 분포에서 각 범주별 최빈치를 예측치로 함
서열변인	• 전체 사례 중 무작위로 선정된 두 사례로 사례짝을 만듦 –그 사례짝들이 종속변인의 값에서 순위예측(순위는 무작위확률로 예측)–모든 사례짝 중 높거나 낮은 순위가 될 확률은 50%임	• 독립변인 값에서 사례짝이 위치하는 순위를 아는 것이 종속변인 값에서 사례의 순위를 아는 데 얼마나 도움이 되는가로 판단함. 이때 독립변인 값에서 사례의 순위와 종속변인 값에서 사례의 순위가 서로 일치하는 짝과 상반되는 짝 중 수적으로 많은 짝의 비율로 전반적 상관관계 정도와 방향을 예측함
등간 또는 비율변인	• 각 사례값은 종속변인의 평균으로 예측	• 독립변인 값에 따른 종속변인 값의 오차를 가장 적게 예측하는 회귀선을 긋고, 회귀등식을 산출한 후 회귀등식으로 독립변인 값에 따른 종속변인 값을 예측함 • 독립변인의 각 값을 범주로 보고 각 범주별 평균을 예측치로 함

출처: 최성재(2005). SPSS이용 분석방법 포함 사회복지자료분석론. p.205, 재인용.

이와 같이 등간·비율변인 간의 상관관계를 계산하는 오차비례감소(PRE)에서는 선형회귀모형의 개념을 활용하였다. 선형회귀모형은 x값과 y값의 관계를 좌표상의 직선으로 나타내는 일차방정식 모형($y=ax+b$)을 말한다. 그런데 사회현상에

서 변인 X에 대한 변인 Y값은 여러 개가 존재하기 때문에 하나의 직선으로 나타내는 것은 불가능하다. 다만 독립과 종속변인 값이 분포되어 있는 형태에 가장 근사하게 직선을 긋는데, 이것을 '회귀선(regression line)'이라고 한다. 이에 대한 자세한 내용은 제11장 회귀분석에서 다루기로 한다.

제2절 상관관계분석의 유형

1. 피어슨 상관관계

1) 피어슨 상관관계의 개념

피어슨(Pearson) 상관관계는 피어슨 적률상관관계(product−moment correlation)라고도 하는데, 이는 직선관계를 형성하는 두 변인 간의 상관성을 계량화하는 방법이다. 피어슨 상관관계(r) 혹은 (r_{xy})는 두 변수 X와 Y 간의 관계성의 존재 여부를 나타내는 동시에 관계의 방향성과 관계의 정도를 나타낸다.

이와 유사한 개념으로 상대적인 위치를 나타내는 z−점수에 대하여 알아보면, z−점수와 상관관계는 모두 분포 내에서 개인의 위치를 알려 준다는 점에서 유사하다(제5장 참고). z−점수가 개인의 위치를 알려 준다면, 상관관계는 X분포에서의 개인의 위치와 Y분포에서의 개인의 위치 간의 관계를 알게 한다. 이와 같이 피어슨 상관관계는 위치 사이의 관계를 측정하고, z−점수의 위치를 구체화한다. 피어슨 상관관계를 z−점수로 표현하면 다음과 같다.

$$r = \frac{\sum Z_X \sum Z_Y}{n}$$

이 공식에서 Z_X는 X분포에서 개인의 위치를 표시하고, Z_Y는 Y분포 내의 위치를 나타낸다. 그리고 z−점수의 교적(X와 Y의 곱)의 합은 상관관계의 방향과 강도를 결정한다. 그러나 이 공식은 계산이 복잡하여 거의 사용되지 않는다. 일반적으로 활용되는 피어슨 상관에 대한 개념을 도식화하면 다음과 같다.

$$\frac{\text{X와 Y가 함께 변하는 정도}}{\text{X와 Y가 따로 변하는 정도}} = \frac{\text{X와 Y의 공분산}}{\text{X와 Y의 각분산}} = \frac{S_{xy}}{S_x S_y}$$

앞의 공식에서 확인할 수 있듯이, 두 변인 간의 연관성 정도인 상관계수(r)는 특정 변인의 분산 중에서 다른 변인과 같이 변하는 공분산에 의하여 결정됨을 알 수 있다. 변인(X)의 모든 변화에 대응되는 변인(Y)의 모든 변화가 일치한다면, r=1 또는 r=−1이 되고, 완벽한 직선관계를 유지한다. 그러나 변인(X)의 변화에 대응되는 변인(Y) 변화가 전무하다면 r=0이 되고, 또한 공분산이 존재하지 않는다.

피어슨 상관관계를 계산하기 위하여 먼저 편차 교적(편차의 곱)의 합에 대하여 이해해야 한다. 다시 말해, 편차교적의 합(SP)은 두 변인의 공분산을 측정하는 절차이다. 편차교적의 합을 내는 공식은, 첫째, 편차교적의 합의 정의공식(SP), 둘째, 편차교적의 합의 계산공식(SP)이 있으며, 둘 중의 하나를 활용하면 된다.

$$\text{편차교적의 합의 정의공식(SP)} = \sum(X-\overline{X})(Y-\overline{Y})$$

$$\text{편차교적의 합의 계산공식(SP)} = \sum XY - \frac{\sum X \sum Y}{n}$$

*n은 점수쌍의 개수

피어슨 상관계수(r)는 두 변인의 공분산을 표준편차의 곱으로 나누어 구할 수 있다. 상관계수(r)는 두 변인의 편차를 곱한 합 $\sum_{i=1}^{n}(X_i-\overline{X})(Y_i-\overline{Y})$을 각 변인의 편차 제곱합을 변인별로 구한 다음, 서로 곱한 값의 제곱근값 $\sqrt{\sum_{i=1}^{n}(X_i-\overline{X})^2(Y_i-\overline{Y})^2}$ 으로 나눈 값이 된다.

$$r = \frac{\text{X와 Y의 공분산}}{\sqrt{\text{X의 분산} \times \text{Y의 분산}}} = \frac{Cov(X \cdot Y)}{\sqrt{(S_X)^2(S_Y)^2}} = \frac{SP}{\sqrt{SS_X SS_Y}}$$

2) 피어슨 상관관계의 적용

피어슨 상관계수를 계산하는 과정은 다음과 같다.

▣ 1단계: 편차교적의 합(SP)을 계산한다.

▣ 2단계: 변인 X, Y의 각 각 분산을 구하여 곱한 후, 제곱근을 구한다.

▣ 3단계: 피어슨 상관계수를 계산하고 평가한다.

예를 들어, 4명의 학생을 대상으로 사회복지조사론(X)과 사회복지자료분석론(Y)에 대한 10점 만점의 퀴즈시험을 보고, 두 과목 성적(X−1, 2, 4, 5, Y−3, 6, 4, 7) 간의 상관관계를 알아보도록 한다.

▣ 1단계: 교적의 합(SP)을 계산한다.

교적의 합을 계산하는 공식은 '편차교적의 합의 정의공식'과 '편차교적의 합의 계산공식'이 있다. 본서에서는 두 가지 방법을 동시에 적용한 예를 제시한다.

첫째, 공식인 편차교적의 합의 정의공식(SP)을 활용하면, 아래 〈표 10−3〉에서 확인할 수 있듯이, 편차교적의 합(SP)=+6이 된다.

〈표 10−3〉 점수, 교적, 편차, 편차교적의 계산

사례	점수		교적	편차		편차교적
	X	Y	XY	$(X-\overline{X})$	$(Y-\overline{Y})$	$(X-\overline{X})(Y-\overline{Y})$
1	1	3	3	−2	−2	+4
2	2	6	12	−1	+1	−1
3	4	4	16	+1	−1	−1
4	5	7	35	+2	+2	+4
합	12	20	66			+6=SP

둘째, 편차교적의 합의 계산공식은 다음과 같다.

$$SP=\sum XY-\frac{\sum X\sum Y}{n}=66-\frac{12(20)}{4}=66-60=6$$

*n은 점수쌍의 개수

이와 같이 두 공식 모두 편차교적의 합은 6인 결과를 보여 주고 있다.

▣ 2단계: 변인 X와 변인 Y의 각 분산을 구하고, 곱한 다음 제곱근을 취한다.

변인 X값과 관련된 편차 및 편차제곱(SS)의 계산은 아래 〈표 10-4〉와 같다. 변인 X의 편차$(X-\overline{X})=-2,\ -1,\ +1,\ +2$, 변인 X의 편차제곱$(X-\overline{X})^2=4,\ 1,\ 1,\ 4=10$이다. 변인 Y의 편차 $(Y-\overline{Y})=-2,\ -1,\ +1,\ +2$, 변인 Y의 편차제곱$(Y-\overline{Y})^2=4,\ 1,\ 1,\ 4=10$이다.

〈표 10-4〉 X값, Y값을 위한 계산

X	$(X-\overline{X})$	$(X-\overline{X})^2$	Y	$(Y-\overline{Y})$	$(Y-\overline{Y})^2$
1	−2	4	3	−2	4
2	−1	1	6	+1	1
4	+1	1	4	−1	1
5	+2	4	7	+2	4
		SS=10(X)			SS=10(Y)

▣ 3단계: 피어슨 상관계수를 계산하고 평가한다.

이들 값을 근거로, 피어슨 상관계수를 계산하면 아래와 같다.

$$r=\frac{6}{\sqrt{10(10)}}=\frac{6}{\sqrt{100}}=\frac{6}{10}=0.6$$

여기서 r=0.6에 대한 이해와 해석을 하는 데 주의해야 할 몇 가지 사항은 다음과 같다.

첫째, r=0.6과 인과관계에 대한 문제이다. r=0.6은 두 변인 X(사회복지조사론)와 Y(사회복지자료분석론)의 관계만을 의미한다. 두 변인 X와 Y가 왜 관련이 있는지에 대하여는 설명하지 못한다. 때로는 X를 통하여 Y의 예측이 가능한 경우도 있지만 인과관계에 대한 추론은 제한적일 수밖에 없음을 의미한다.

둘째, r=0.6과 해석범위이다. 여기서 r=0.6은 자료에 제시된 범위 안(X, Y값의 범위)에서 영향을 받는다. 흔히 조사연구자들은 조사범위는 표집과정과 같은 조사방법의 적용과정에서 지역적 요인, 인구사회학적 요인 등에 의하여 제한적일 수밖에 없다.

셋째, r=0.6과 관계의 강도와의 관계이다. 상관관계가 1.0이라 함은 변인 X와 변인 Y의 관계가 완전상관인 100%가 예측이 가능하지만, 여기서 r=0.6은 60%를 설명할 수 있는 것이 아니고 상관을 자승해야 한다. 즉, r=0.6이기 때문에 r^2 =0.36이므로 36%에 대한 관계만이 설명 가능하다. r^2의 값은 한 변인(X)이 다른 변인(Y)과의 관계로부터 결정될 수 있는 한 변인 내의 분산의 비율로 '결정계수(coefficient of determination)'라고 한다.

2. 스피어만 상관관계

1) 스피어만 상관관계의 개념

스피어만 상관관계(Spearman correlation)는 비모수검증방법 중의 하나로, 두 변인 사이의 독립성뿐만 아니라 관계의 방향성까지 판단할 수 있는 순위의 상관관계(rank correction)를 활용한다. 이때 등간 이상의 척도가 아니기 때문에 비모수상관관계라고도 하며, 스피어만 상관계수를 r_s로 표시한다. 서열 수준의 변인 간의 상관관계는 순위점수(1, 2, 3, 4)가 매겨진 경우와 원점수를 순위점수로 전환(예, 급여가 높은 순)시키는 경우가 있다. 즉, 서열수준에서 측정된 2개의 변인 X와 변인 Y 간의 연관성을 파악하기 위한 것으로, 공식(r_s)은 다음과 같다.

$$r_s = 1 - \frac{6\sum D^2}{N(N^2-1)}$$

*d=대상자 i가 두 변인 X와 Y 간에 부여되는 순위 차이
*n=총 관측치 개수

이와 같이, 순위차의 기본 개념을 활용한 분석을 '스피어만 상관관계분석'이라고 하며, 중복순위가 없거나 적은 경우와 중복순위가 많은 경우로 나누어 계산한다.

2) 스피어만 상관관계의 적용

(1) 중복순위가 없거나 적은 경우

중복순위가 없거나 적은 경우에 스피어만 상관계수의 계산과정은, 첫째, 개별 관측치들이 가진 서로 다른 특성에 대하여 순위를 매긴다. 둘째, 개별 관측치의 두 변인 X와 Y값의 차이(서열 차이)를 구한다. 셋째, 서열 차이를 제곱한다.

상관계수는 −1과 +1 사이의 값을 가지며, 순위일치도가 높으면 상관계수 값이 커지고, 일치도가 낮으면 상관계수 값이 작아진다.

스피어만 상관계수의 계산과정에서는 먼저 분자인 $\sum_{i=1}^{n} D_i^2$최댓값과 최솟값에 대하여생각해 볼 필요가 있다. 최솟값은 변인 X값과 Y값의 순위가 일치하는 정적관계일 때 D2의 합이 0이 되고, 최댓값은 부적 관계로 $\frac{N(N^2-1)}{3}$이 된다(〈표 10−5〉).

〈표 10−5〉 $\sum_{i=1}^{n} D_i^2$의 최댓값과 최솟값

최솟값의 경우				최댓값의 경우			
X	Y	D	D^2	X	Y	D	D^2
1	1	0	0	1	3	−2	4
2	2	0	0	2	2	0	0
3	3	0	0	3	1	−2	4

이때에 문제는 완전 정적 관계는 0.00, 완전 부적 관계일 때는 +1.00, 전혀 관계가 없을 때는 +.50이 된다. 최댓값에 대한 관찰값의 비율은 $\frac{\sum_{i=1}^{n} D_i^2}{\frac{N(N^2-1)}{3}} = \frac{3\sum_{i=1}^{n} D_i^2}{N(N^2-1)}$이 된다.

위에서 제기된 문제 완전 정적 관계는 0.00, 부적 관계는 +1.00을 해결하기 위하여 관찰값의 비율에 2배를 곱해 주고, 이 비율을 1에서 빼 주면, 즉 $1-\frac{6\sum_{i=1} d^2}{N(N^2-1)}$이 되어, 완전 정적 관계는 +1.00, 완전 부적 관계는 −1.00이 된다.

예를 들어, 복지정책 개발을 위한 다섯 가지 사업에 대한 지역주민과 전문가의 의견을 청취해서 우선순위별로 나열하였다.

〈표 10-6〉 복지정책 개발에 대한 전문가와 지역주민의 의견 차이

정책사업	지역주민(X)	전문가(Y)	d=X-Y	d^2
1	1	5	−4	16
2	2	3	−1	1
3	3	1	2	4
4	4	4	0	0
5	5	2	3	9
				$\Sigma d^2=30$

스피어만의 상관계수$(r_s)=1-\frac{6\sum d^2}{n(n^2-1)}=1-\frac{6\times 30}{5(5^2-1)}=1-\frac{180}{120}=-.500$이다. 즉, $r_s=-.500$으로 복지정책 개발에 대한 지역주민과 전문가의 의견은 비슷한 것으로 결론을 내릴 수 있다.

가설검증을 위한 다른 예를 들면, 사회복지학부 학생 12명을 무작위로 추출하여 사회복지조사론과 사회복지자료분석론 성적순위를 다음과 같이 얻었다. 순위상관을 구하고, 과목 간의 평가순위가 관련성이 있는지 5% 수준으로 검증하라.

〈표 10-7〉 사회복지학부 학생의 성적순위

학생	사회복지조사론(X)	사복자료분석론(Y)	d	d^2
1	7	8	−1	1
2	1	3	−2	4
3	3	2	1	1
4	8	7	1	1
5	6	5	1	1
6	5	4	1	1
7	4	6	−2	4
8	2	1	1	1
9	10	9	1	1
10	9	12	−3	9
11	11	11	0	0
12	12	10	2	4
합계				28

▣ 1단계: 가설을 설정한다.

H_0: σrank=0(전공 간의 성적순위는 무관함)

▣ 2단계: 스피어만 상관계수를 계산한다.

〈표 10－7〉의 계산에서 총합(di^2)은 28이다. 그러므로 공식에 적용하면,

$r_s=1-\frac{6\times 28}{12(12^2-1)}=0.9$가 된다.

▣ 3단계: 검증통계량을 계산한다.

스피어만 상관계수의 통계적 유의도 검증 사례 수(N)가 10개가 넘으므로 정상분포의 형성으로 간주되어, 표준편차가 $\frac{1}{\sqrt{N-1}}$인 z－검증=$\frac{r_s-0}{\frac{1}{\sqrt{N-1}}}$을 활용한다. 그러므로 검증통계량을 계산하는 공식은 $-\sqrt{N-1}\,(r_s)$ $=\sqrt{12-1}\,(0.9)=2.99$가 된다.

▣ 4단계: 영가설의 기각여부를 결정한다.

여기서 $z=2.99>1.99$이므로, 영가설을 기각한다. 두 전공의 성적순위는 관련성이 있다고 결론을 내릴 수 있다.

(2) 중복순위가 많은 경우

중복순위가 많은 경우는 수정공식(최성재, 2005: 221, 재인용)을 활용하는지 아니면 피어슨 상관관계를 활용하는 것이 바람직하다.

3. 부분(편)상관관계

부분상관관계(partial correlation)는 편상관관계라고도 하며, 제3의 변인의 영향을 배제한 상태에서 두 변인 간의 순수한 상관관계를 나타내는 분석방법이다. 어떠한 경우에는 독립과 종속변인 사이에 무시할 수 없을 만큼의 영향력을 미치는 변인이 있을 수 있다. 예를 들어, 학력과 복지기관에 기부행위와의 상관관계를 알아보고자 할 때, 연간수입은 또 다른 영향력 있는 제3의 변인으로 볼 수 있다. 이때에 물리적인 통제는 쉽지 않지만 통계적인 통제를 시도할 수 있다. 간편하게

적용이 가능한 방법은 부분상관계수를 활용하는 것이다. 제3의 다른 변인들과 같이 상호작용으로 변인 X와 변인 Y간의 상관관계에 영향을 주는 것을 '선형효과(linear effect)'라고 한다. 이와 같이 변인을 통제하고 순수하게 변하는 두 변인 간의 상관관계만을 다룬다. 변인 간의 상관관계는 특정변인이 변할 때 같이 변하는 공분산이 어느 정도이냐에 따라 결정된다. 즉, 공동으로 변하는 부분이 많을수록 상관도가 높게 나타난다. 상관도의 강도를 나타내는 것이 상관계수로서, 상관관계의 제곱을 '결정계수'라고 하며 결정계수는 바로 '설명력'이다.

$$\text{부분상관계수 } r_{xyz} = \frac{r_{XY} - (r_{XZ})(r_{YZ})}{\sqrt{1-r^2{}_{XZ}}\sqrt{1-r^2{}_{YZ}}}$$

4. 카이스퀘어를 이용한 상관관계

1) 파이계수(ϕ)

파이계수(phi coefficient)는 명목수준의 변인 2×2 형태의 교차분석의 상관관계를 측정하는 데 활용된다. 파이계수는 각 칸의 빈도가 동일한 빈도의 두 분포에서 사례 수가 많아지면 카이스퀘어의 값도 비례하여 커진다는 문제점을 개선하기 위하여 카이스퀘어를 사례 수로 나누어 표준화한 것이다. 그 공식은 다음과 같다.

$$\Phi^2 = \frac{x^2}{N},\ \phi = \sqrt{\frac{x^2}{N}} = \frac{|ad-bc|}{\sqrt{(a+b)(c+d)(b+d)(a+c)}}(2\times 2\text{표에서})$$

그러나 파이계수는 2×2형태의 교차분석에서만 사용이 가능하다. 그 이유는 파이계수가 1 이상이 되는 문제점에 있다. 카이스퀘어의 최댓값=N(k−1)인데, 이외의 r×c의 교차표에서는 카이스퀘어 최댓값은 N보다 커지고, Φ^2의 값도 1보다 커진다.

2) 유관계수(C)

유관계수(contingency coefficient)는 '개연성 계수'라고도 하며, 명목변인의 상관관계가 2×2보다 큰 교차분석에 활용된다. 유관계수는 (ϕ)의 최댓값이 1보다 커지는 문제점을 개선하기 위하여 고안되었다. 그러므로 파이에서 분모값을 조정하기 위하여, 사례 수에 카이스퀘어 값을 더해 준다. 그 공식은 다음과 같다.

$$C=\sqrt{\frac{x^2}{N+X^2}}$$

그러나 유관계수는 상관관계가 형성되지 않으면 계수가 0.00이 되지만 완전상관일 때 1.00이 되지 못하는 한계가 있다.

3) 크레이머 V

파이계수나 유관계수의 최댓값이 1.00 이상 또는 1.00 이하인 문제점을 해결하기 위하여 크레이머 V계수가 고안되었다. 크레이머 V는 카이스퀘어 값을 N×(r−1과 c−1 중의 적은 수)로 나누어 제곱근을 구한 것이다. 그 공식은 다음과 같다.

$$V=\sqrt{\frac{x^2}{Nt}}=\sqrt{\frac{\phi^2}{t}}\left(\sqrt{\frac{\frac{x^2}{N}}{t}}\right)$$

*N=사례 수 t=(r−1) 또는 (c−1) 중 작은 값

5. 오차의 비례적 감소원리를 이용한 상관관계

1) 람다(L: Lambda)

람다(λ)는 오차의 비례적 감소원리,

$$PRE=\frac{\text{독립변인을 모를 때 범하는 오류}-\text{독립변인을 알 때 범하는 오류}}{\text{독립변인을 모를 때 범하는 오류}}$$ 를 그대로 적용

한 상관계수이다. 람다($\lambda_{y.x}$)는 Y가 종속변인이고, X가 독립변인임을 표시하는 것이다. 람다의 기본 계산공식은 다음과 같다.

$$\lambda_{y.x} = \frac{b-a}{b} = \frac{(N-F_d)-(N-\sum f_i)}{N-F_d} = \frac{\sum f_i - F_d}{N-F_d}$$

*y=종속변인 *x=독립변인 *N=사례 수
*f_i=독립변인의 각 범주 중 가장 큰 빈도
*F_d=종속변인의 각 범주 합계 중 가장 큰 빈도

2) 굿맨과 크루스칼의 타우(T_y, 타우y)

굿맨과 크루스칼의 타우는 람다계수가 안고 있는 엄격성의 문제점을 개선한 명목측정의 상관계수이다. 즉, 람다에서는 각 범주의 최빈치만을 고려했는데, 타우에서는 새로 도입되는 독립변인의 모든 범주에서 칸의 오류를 다 고려하여 계산한다. 타우-y의 일반화된 계산공식은 다음과 같다.

$$T_y = \frac{\sum_{i=1}^{k}\left[\frac{N-f_i}{N}(f_i)\right] - \sum_{i=1}^{c}\sum_{i=1}^{k}\left[\frac{N_j-n_i}{N_j}(n_i)\right]}{\sum_{i=1}^{k}\left[\frac{N-f_i}{N}(f_i)\right]}$$

*N=전체 사례
*N_j=독립변인의 사례의 합
*f_i=종속변인의 범주별 사례의 합
*n_i=각 칸의 사례 수

3) 불확실성계수(U)

불확실성계수(uncertainty coefficient)는 명목 간의 상관관계를 파악하는 비대칭 측정계수이다. 그 공식은 다음과 같다.

$$U_{y.x} = \frac{\text{전반적 불확실성}-\text{독립변인 } X \text{ 도입 후의 불확실}}{\text{전반적 불확실성}} = \frac{h_y - h_{y \cdot x}}{h_y}$$

*$h = -\sum p_i \log_2 p_i$(추측의 가중치 합)(p_i=추측하는 범주의 전체 사례 중 1번째 칸의 사례비율)
*h_y=종속변인의 범주별 추측의 가중치 합
*$h_{y.x}$=독립변인 각 범주의 추측의 가중치 합

제3절 SPSS-상관관계분석

SPSS를 이용한 상관관계분석

1) 데이터 열기

파일(F) - 열기(O) - 데이터(D)를 클릭하고, 찾는 위치와 파일 이름을 입력하고 열기를 클릭하면 [그림 10-5]와 같은 창이 뜬다.

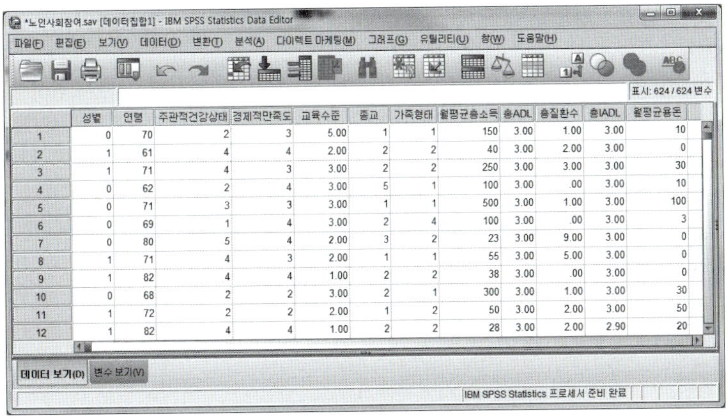

	성별	연령	주관적건강상태	경제적만족도	교육수준	종교	가족형태	월평균총소득	총ADL	총질환수	총IADL	월평균용돈
1	0	70	2	3	5.00	1	1	150	3.00	1.00	3.00	10
2	1	61	4	4	2.00	2	2	40	3.00	2.00	3.00	0
3	1	71	4	3	3.00	2	2	250	3.00	3.00	3.00	30
4	0	62	2	4	3.00	5	1	100	3.00	.00	3.00	10
5	0	71	3	3	3.00	1	1	500	3.00	1.00	3.00	100
6	0	69	1	4	3.00	2	4	100	3.00	.00	3.00	3
7	0	80	5	4	2.00	3	2	23	3.00	9.00	3.00	0
8	1	71	4	3	2.00	1	1	55	3.00	5.00	3.00	0
9	1	82	4	4	1.00	2	2	38	3.00	.00	3.00	0
10	0	68	2	2	3.00	2	1	300	3.00	1.00	3.00	30
11	1	72	2	2	2.00	1	2	50	3.00	2.00	3.00	50
12	1	82	4	4	1.00	2	2	28	3.00	2.00	2.90	20

[그림 10-5] 파일(F)-열기(O)-데이터(D)

2) 데이터 분석 과정

[그림 10-5]와 같이 창이 뜬 후, 상관관계분석을 위하여 [그림 10-6]과 같이 분석(A) - 상관분석(C) - 이변량 상관계수(B)를 클릭하면 [그림 10-7]과 같은 이변량 상관계수 창이 뜬다. 이후 이변량 상관계수 창의 변수(V)에 변수(경제수준과 행복감)를 이동시킨다.

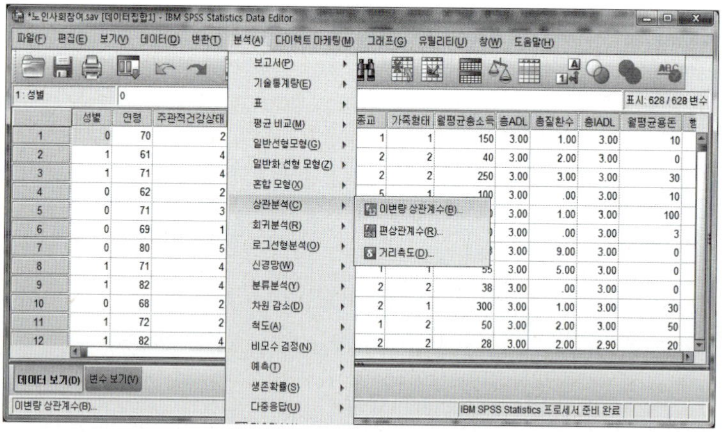

[그림 10-6] 분석(A)–상관분석(C)–이변량 상관계수(B)

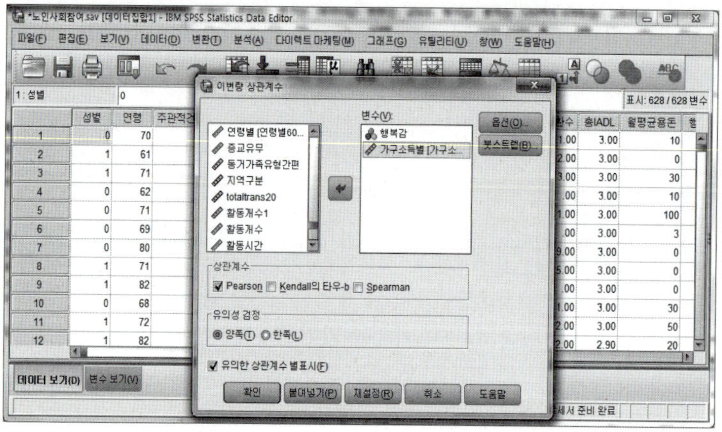

[그림 10-7] 이변량 상관계수(변수 옮기기)

이변량 상관계수 창 왼쪽 하단의 상관계수에서 Pearson(N)을 선택하고 상단 오른쪽의 옵션을 클릭하면 이변량 상관계수: 옵션 창([그림 10−8])이 뜬다. 이변량 상관계수: 옵션 창의 통계량에서 평균과 표준편차(M)를 선택한 후, 결측값에서 대응별 결측값 제외를 선택한다. 최종적으로 왼쪽 하단의 확인을 클릭하면 [그림 10−9]와 같이 이변량 상관계수 결과표가 산출된다.

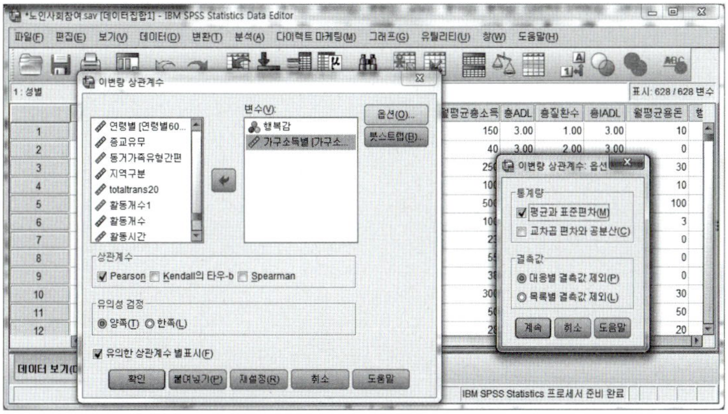

[그림 10-8] 이변량 상관계수: 옵션

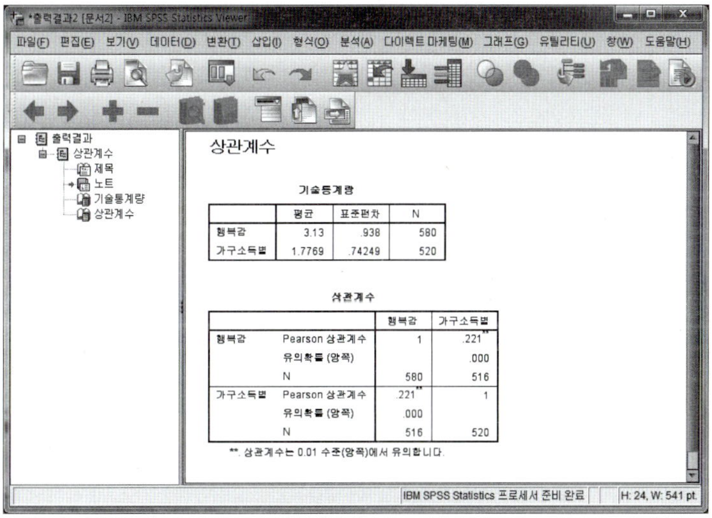

[그림 10-9] 이변량 상관계수 결과표

11
CHAPTER

회귀분석

제1절 회귀분석의 개요

1. 회귀의 개념

사회과학의 조사연구에서는 조사연구자의 관심이 두 변인 간의 관계 자체를 넘어, 미래에 대한 예측에 중점을 두어야 하는 경우가 있다. 두 변인이 일관된 관계를 유지할 때, 이미 일려진 한 변인의 값을 이용하여 다른 대응변인의 값에 대하여 예측·예언이 가능한 것을 '회귀(regression)'라고 한다.

회귀라는 용어는 영국의 유전학자 프란시스 갈톤이 그의 논문에서 "아들의 키는 인류의 평균키에 회귀하려는 경향이 있다."고 언급함으로써 시작되었다. 이후, 칼 피어슨이 아버지의 키(독립변수)와 아들의 키(종속변수)를 1차 함수로 표현하면서 발전하였다.

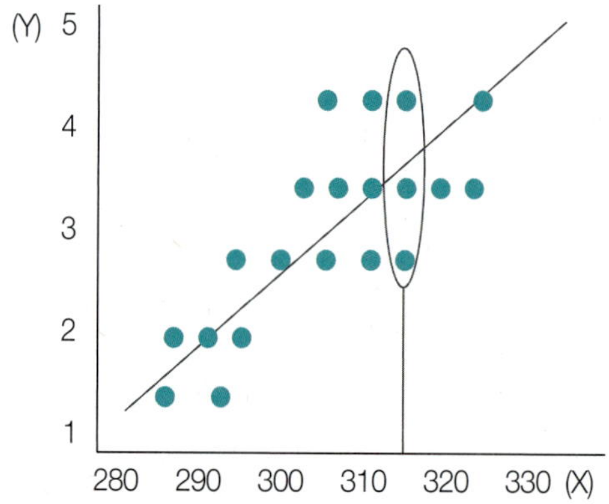

[그림 11-1] 입학성적과 평균성적과 관계의 산포도

회귀의 기본 개념을 대입수능(X)과 대학성적(Y)과의 관계의 예를 통하여 설명하면 다음과 같다. ㅇㅇ대학교 사회복지학과에 입학한 학생 20명을 대상으로 1학년 평균학점(GPA)을 조사하였다. ㅇㅇ대학교의 사회복지학과에는 대입수능성적이 280~320점대의 학생이 입학한 것을 알 수 있다. 그리고 대입수능성적과 대학 1년 동안의 GPA(학부성적의 총점)와는 양의 상관이 있음을 보여 주고 있다. 이러한 자료를 통하여 다음 해 지원자의 대입수능성적과 1년 후의 학과성적의 예측이 가능해진다.

그러나 이러한 예측이 완벽한 것이 되지 못한다는 것이다. 위의 [그림 11-1]에서 볼 수 있듯이 대입수능성적 310점에 3명이 입학하였으나 1년 후 세 사람은 각기 GPA 성적이 3점, 4점, 5점의 다른 성적을 받았다는 사실이다. 그러므로 입학성적이 310점으로 상위권인 학생들이 비교적 학과성적도 상위권에 포함되었다는 사실을 통하여 다음 해 신입생도 비슷한 현상을 보일 것이라는 예측이 가능하다.

회귀의 목적은 예측의 과정을 간단하고 명료하게 만드는 데 있다. 이러한 목적을 달성하기 위하여 우리는 자료의 중간점을 통과시키는 회귀선을 활용한다. 회귀선은 X와 Y의 관계를 집중경향으로 보여 줌으로써, 간단하게 관계를 설명한다. 그리고 회귀선은 X와 Y의 직선방정식으로 전환이 가능하며, 직선방정식을 활용하여 예측이 가능하다. 이러한 회귀를 활용하여 어떠한 현상에 대한 인과관계를 분석하는 것을 '회귀분석(regression analysis)'이라고 한다.

2. 회귀분석의 개념

회귀분석은 변인들 간의 관계를 나타내는 수학적 모형(회귀식)을 만들고, 변인들로부터 측정된 값을 이용하여 모형을 추정하며, 이를 기초로 변인들 간의 관계를 설명·예측하는 통계방법이다. 즉, 회귀분석은 두 개 이상(X, Y)의 변인 간의 회귀함수를 통하여 회귀관계를 추정하는 것이다.

앞서 상관관계에서는 두 변인(X, Y) 간의 연관성만을 파악하였다. 그런데 사회과학의 많은 현상에서 변인 간의 상관관계뿐만 아니라 인과관계를 가지는 것이 대부분이다. 사회과학 분야의 조사연구자들은 종속변인에 영향을 주는 독립변인(들)에 관심을 가질 수 있고, 더 나아가 실제로 어떠한 독립변인이 종속변인에 영향을 미치며, 얼마만큼 미치는가에 대하여 분석·예측할 필요가 있다. 그러므로 회귀분석을 적용하기 위한 연구문제는 "독립변인을 통해 종속변인을 얼마나 예측할 수 있는가?"가 될 것이다. 예를 들어, 대입수능성적을 통하여 학생들의 대학평점(GPA)을 얼마나 예측할 수 있는가의 형태가 될 것이다.

좀 더 구체적인 회귀분석의 목적은 독립과 종속변인의 선형관계를 근거로, 첫째, 두 변인 간의 상관관계 여부를 알아보기 위함이다. 둘째, 상관관계가 있다면 어느 정도인지와 유의도를 알아보기 위함이다. 셋째, 두 변인 간의 관계가 양의 방향인지 또는 음의 방향인지 관계의 성격을 알아보기 위함이다.

회귀분석은 인과관계를 분석·예측하기 위하여 평균과 표준편차, 정규분포, 상관관계를 기초로 하며, 고급 통계방법인 경로분석, 요인분석, 로지스틱분석 등의 기초가 된다고 할 수 있다.

제2절 회귀분석의 유형

회귀분석에서는 종속변인을 예측하기 위하여 하나 이상의 독립변인을 활용한다. 하나의 독립변인을 활용하는 경우를 단순회귀모형(simple regression model): $Y=a+bX$, 두 개 이상의 독립변인을 활용하는 경우를 다중회귀모형(multi regression model): $Y=a+b_1X_1+b_2X_2+\cdots b_nX_n$라고 한다.

종속변인의 수준에 따라서 종속변인이 연속변인인 경우 선형회귀모형(linear regression model), 범주형 변수인 경우 범주의 수에 따라 이항로지스틱모형(binary logistic regression model)과 다항로지스틱모형(multinomial logistic regression model)으로 분류한다.

1. 단순회귀분석

1) 회귀선

회귀선(regression line)은 두 변인 간의 관계를 하나의 선으로 표현되는 방법으로 '최적선(line of best fit)'이라고도 한다. 회귀선은 방정식의 형태로 표시가 가능하며, 두 변인이 선형이라면 $Y=a_1+b_1X_1$이 되고, 독립변인 X_1은 종속변인 Y를 완벽하게 설명할 수 있다. 즉, 오차는 0이 된다. 예를 들어, $Y=5+2X$수식에서 X값이 1, 2, 3, 4라면 Y=7, 9, 11, 13이 된다.

회귀선의 특징을 좀 더 구체적으로 정리하면 다음과 같다. 첫째, 종속변인과 독립변인은 선형이다. 둘째, 독립변인은 명목, 서열, 등간, 비율이 사용되며, 종속변인은 등간 및 비율 척도를 사용한다. 이때 독립변인이 명목수준인 경우, 가변인(dummy variable)으로 바꾸어 사용한다. 셋째, 표본의 독립변인과 종속변인의 각 평균을 회귀선이 통과한다. 넷째, 추정된 $\hat{Y}$값의 평균은 실제 Y값의 평균과 동일하다. 다섯째, 잔차의 평균값은 0이다. 여섯째, 잔차는 독립변인과 상관관계가 없다.

사회과학과 관련된 현상에서 변인 간의 관계가 완전선형(완전상관)인 경우는 그렇게 많지 않다. 어떠한 독립변인으로 종속변인의 값을 완벽하게 예측하기가 쉽지 않다는 의미이다. 그러므로 회귀선으로 만들어지는 회귀식은 예측되는 예측치(predicted value)와 실제로 관찰되는 관찰치(observed value), 그리고 예측치와 관찰치의 차이인 오차(error) 또는 잔차(residual)가 있을 수 있다(오차=관찰치−예측치). 관찰치와 예측치가 완벽하게 일치하지 않는 회귀식은 오차를 포함하고 있기 때문에, $Y=a+bX+e$와 같이 오차항(e)을 포함하여 식으로 표현된다.

회귀식($Y=a+bX+e$)에서 조사연구자의 관심은 오차를 얼마나, 어떻게 줄일 수 있느냐 하는 것이고, 적용되는 방법은 오차제곱(자승)합이다. 여기서 오차는 음(−) 또는 양(+)으로도 나올 수 있기 때문에 오차를 모두 더한다면 전체의 오차량을 알 수 없다. 이러한 문제를 해결하기 위하여 오차를 제곱하여 양수(+)로 만들고 합하여 '오차제곱(자승)합(sum of squares error: SSE)'을 한다. 이렇게 오차를 최소화하는 것을 '최소제곱(자승)추정의 원리'라고 하며, 회귀방정식은 이러한 원리가 적용된 선형방정식이다.

2) 회귀방정식: 최소자승추정원리

모든 예측은 오차가 발생하기 마련이다. 예측을 위한 회귀선을 찾기 위하여 오차를 최소한으로 만드는 선을 찾음으로써 예측의 효과를 극대화시킬 수 있다. 그러나 오차의 합은 0이기 때문에 오차제곱의 합을 이용한다. 이러한 원리를 '최소자승추정(least squares)'이라고 한다.

좀 더 구체적으로 설명하면 표본으로부터 추정한 단순회귀식(방정식) $Y_i=a+b_1X_1$에서 n개의 관찰치를 확보했다면 n개의 잔차가 존재하고, 잔차의 총합은 $\sum_{i=1}^{n}(e_i^2)=\sum_{i=1}^{n}(Y_i-\overline{Y})^2$이 된다.

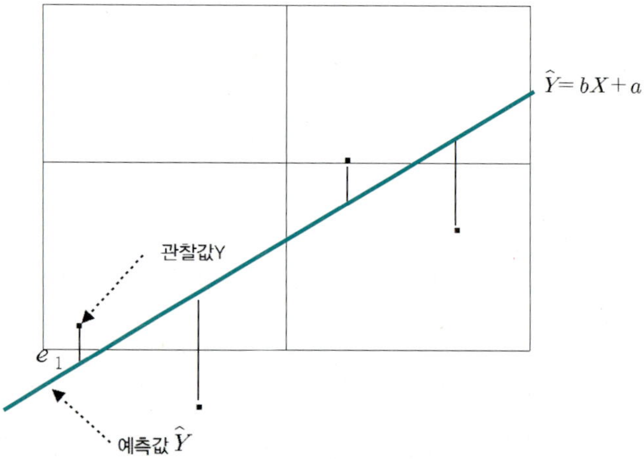

[그림 11-2] 관찰값 Y와 회귀선에 의한 예측값 $\hat{Y}$의 차이

최소자승추정원리를 이용하여 회귀선의 기울기와 y축이 어느 지점에서 교차하는지를 나타내는 방정식 산출이 가능하다. 좌표상의 모든 직선들은 $\hat{Y} = a + bX$라는 일차식이 형성된다. 따라서 회귀선은 주어진 자료를 바탕으로 a와 b의 값을 구하는 것을 의미한다. 최소자승기준을 만족시키는 a(y절편)와 b(회귀계수)를 구하는 방법은 다음과 같다.

(1) 회귀계수(b)

회귀방정식에서 회귀계수(b)는 기울기이다. 즉, 회귀계수(b)는 X값이 한 단위 변할 때마다 Y값의 단위변화를 의미한다. 회귀계수(b)가 양수이면 Y는 상수비율로 상승하고, 음수이면 Y는 상수비율로 감소한다. 회귀계수는 두 변인의 상관계수와 밀접한 관계가 있다. 상관계수가 양이면 회귀계수도 양이 되고, 상관계수가 음이면 회귀계수도 음이 된다. 그러나 상관계수의 범위가 +1.00~−1.00인 반면에 회귀계수는 어떠한 값도 가질 수 있다. 회귀계수(b)를 계산하는 공식은 다음과 같다.

$$b=\frac{SP}{SS_X}=\frac{\sum(X-\overline{X})(Y-\overline{Y})}{\sum(X-\overline{X})^2}=r\frac{S_y}{S_x}$$

*SP=교적의 합　　*SSx=X점수들에 대한 자승합

(2) Y절편(a)

회귀선의 시작점인 Y절편은 양수도 될 수 있고, 음수도 될 수 있다. 양수의 Y절편 a값은 회귀선이 0 위에서 Y축을 만나게 된다는 것을 의미하고, 반대로 음의 값은 회귀선이 0 아래에서 Y축을 통과한다는 것을 암시한다. Y절편(a)을 계산하는 공식은 다음과 같다.

$$a=\overline{Y}-b\overline{X}$$

*$\overline{Y}$, $\overline{X}$는 X, Y의 평균

(3) 예측된 Y($\hat{Y}$)

$\hat{Y}$는 독립변인(예측변인)의 주어진 값에 대한 종속변인(기준변인)의 예측된 값이라고 할 수 있다. 즉, 회귀방정식을 구성하는 데 활용된 점수들의 범위 내에 포함된 X값에 대하여 $\hat{Y}$를 계산함으로써 종속변인 값을 예측할 수 있다. 위의 a와 b를 $\overline{X}$=a+bX에 대입하면, $\hat{Y}$는 아래와 같다.

$$\hat{Y}=r\left(\frac{S_y}{S_x}\right)X-r\left(\frac{S}{S_x}\right)\overline{X}+\overline{Y}\ \text{(회귀방정식)}$$

*$\hat{Y}$=예측된 Y값　*r=X와 Y의 상관관계　*Sx=X의 표준편차

*Sy=Y의 표준편차　*$\overline{X}$=X분포의 평균값　*$\overline{Y}$=Y분포의 평균값

앞의 내용에 대한 구체적인 과정을 설명하면 다음과 같다.

- 첫 번째 단계에서는 그래프상의 실제점(자료점)과 회귀선과의 거리를 수학적으로 계산하여 오차를 측정한다.

▣ 측정된 오차가 정적일 수도 있고, 부적일 수도 있다. 그러므로 두 번째 단계에서 오차를 일률적으로 자승화한다.

▣ 세 번째 단계에서는 회귀선과 실제점(자료점)들과의 전체 오차를 결정하기 위하여, 자승화된 오차를 합하여 전체 자승오차의 측정치를 산출한다. 이와 같이 오차들의 합이 최소가 되게 하는 일차방정식(Y=a+bX)을 구한다. 일차방정식 Y=a+bX에서 Y값을 구하기 위하여, a와 b의 값을 구해야 한다. 여기서 $b=\frac{\sum(X-\overline{X})(Y-\overline{Y})}{\sum(X-\overline{X})^2}=r\frac{S_y}{S_x}$, 또는 $b=\frac{SP}{SS_x}$로 나타날 수 있으며, SP는 교적의 합이고, SSx는 X점수들에 대한 자승의 합이 된다. 그러므로 a를 구하는 공식은 $a=\overline{Y}-b\overline{X}$이 된다. 절편 a와 기울기 b가 실제값 Y들로부터 가장 가까운 직선이 되도록 결정한다. 이러한 방법에 의하여 얻어진 직선방정식 $\hat{Y}=a+bX$를 '회귀방정식'이라고 한다.

3) 회귀방정식의 계산

회귀방정식의 계산의 예로, 다음의 〈표 11-1〉은 4명의 학생으로 구성된 X, Y 점수를 나타낸 것이다. 이 자료를 사용하여 Y값을 예측하는 회귀방정식을 구하는 과정은 다음과 같다.

〈표 11-1〉 학생 4명의 X, Y점수, 편차, 교적

점수		편차		교적	
X	Y	$(X-\overline{X})$	$(Y-\overline{Y})$	$(X-\overline{X})(Y-\overline{Y})$	$(X-\overline{X})^2$
1	3	−2	−2	+4	4
2	6	−1	+1	−1	1
4	4	+1	−1	−1	1
5	7	+2	+2	+4	4
$\Sigma=12$, $\overline{X}=3$	$\Sigma=20$, $\overline{Y}=5$			$6=SP$	$10=SS_x$

〈표 11−1〉의 자료에서 X값의 합은 12, 평균은 3, Y값의 합은 20, 평균은 5가 된다. 또한 편차점수의 곱인 SP는 6, X의 자승편차는 10이 된다. 기울기 b와 절편 a를 구하는 공식 $b=\frac{SP}{SS_x}=\frac{6}{10}$, b=0.6, $a=\overline{Y}-b\overline{X}=5-0.6(3)=3.2$이 된다. 그러므로 회귀방정식은 $\hat{Y}=0.6+3.2X$가 된다.

회귀방정식을 활용하여 X값에 대응되는 예측값 Y를 구할 수 있다. 예를 들어, X=4인 X점수를 가진 사람은 $\hat{Y}=0.6+3.2X$에 X=4를 대입하면, $\hat{Y}=0.6+12.8=12.8$이 되므로, $\hat{Y}$점수 12.8을 가지게 될 것으로 예측할 수 있다.

4) 회귀방정식의 통계적 유의도

(1) 추정의 표준오차

회귀방정식($\hat{Y}=a+bX$)은 X값에 대응하는 Y값의 예측이 가능하지만 그 정확도에 대하여는 알 수 없다. 이때에 회귀의 정확성을 추정하려면 종속변인 추정의 표준오차(standard error, 예측모형의 예측오차)를 계산해야 한다. Y값에 대한 예측의 정확성은 직선상(회귀선)의 점들이 실제 점들에 얼마나 대응하느냐에 달려 있다. 즉, 예측값 $\hat{Y}$와 실제값 Y 사이의 오차량에 의하여 결정된다고 보면 된다. 개념상으로 종속변인 추정의 표준오차는 분산도의 표준편차와 매우 유사하다. 종속변인 표준의 추정오차는 회귀선과 실제 자료점들 사이에 표준거리의 측정치를 제공하기 때문이다. 종속변인 추정의 표준오차를 구하는 데는 다음과 같은 절차를 거친다.

▣ 첫 번째 단계, 편차의 자승합을 구한다.
편차는 실제값 Y와 예측값 $\hat{Y}$사이의 거리를 측정하고, 자승합(SS_e)을 계산한다. SS_e는 $\sum(Y-\hat{Y})^2$으로 구분한다.

▣ 두 번째 단계, 분산의 측정치를 구하기 위하여, SS_e값을 자유도로 나눈다.
분산추정치는 $\frac{SS_e}{df}$이고, 추정의 표준오차에 대한 자유도(df)는 n−2이다. 이것은 평균치 대신 직선의 편차를 추정함으로 n−2를 활용한다.

▣ 세 번째 단계, 표준거리의 측정치를 얻기 위하여 분산의 자승근을 구한다.

$$종속변인\ 추정의\ 표준오차 = \frac{\sqrt{SS_e}}{df},\ \frac{\sqrt{\sum(Y-\hat{Y})^2}}{df}$$

이와 같이, 표준오차는 독립변인의 값을 통하여 종속변인의 값을 얼마나 정확하게 예측할 수 있는지에 대한 추정치라고 할 수 있다. 상관계수 r=+1.0 또는 r=−1.0일 경우, 모든 산점도를 반영하는 가장 정확한 회귀선이 될 것이다. 다시 말해 상관계수(r)가 +1.0 또는 −1.0에 가까울수록 회귀방정식에서 Y값을 예측하는 데 좀 더 적은 오차를 발생한다는 것이다. 상관계수 r=0.0이라는 것은 표준오차가 극대화되고, 독립변인을 통하여 종속변인의 예측은 무의미하다는 것을 의미한다.

(2) 결정계수(R^2)

회귀방정식은 오차제곱합을 최소화하여 주어진 자료를 가장 잘 설명할 수 있는 선형식이라고 밝혀 왔다. 오차제곱합이란 회귀방정식으로 설명할 수 없는 부분을 의미한다. 그러나 '주어진 자료를 가장 잘 설명한다.'는 것이 X와 Y의 관계를 잘 설명한다는 것은 아니라는 것이다. 왜냐하면 선형이 아닌 자료에서도 회귀식을 도출할 수 있기 때문이다. 그러므로 통계학자들은 회귀방정식의 설명력, X와 Y의 관계에 대한 설명을 위하여 결정계수의 개념을 고안해 냈다. 결정계수(R^2)는 회귀선이 자료를 설명할 수 있는 정도를 구체적으로 수치화하는 방법을 말한다. 즉, 독립변인(X)이 종속변인(Y)의 변화를 어느 정도를 설명하는가를 나타내는 값(예측모형의 설명력)으로, X와의 관계에 의하여 예측된 Y의 분산비율을 결정한다. 결정계수(R^2)는 회귀선에 기초한 오차제곱합과 종속변인의 평균에 기초한 오차제곱합을 비교한 것이다. 앞에서 설명하였듯이, 회귀선에 기초한 오차제곱합은 회귀선으로부터 각각의 관찰치들이 떨어져 있는 거리를 제곱한 것이다([그림 11−3]). 종속변인의 평균에 기초한 오차제곱합은 종속변인의 평균으로부터 각각의 관찰치들이 떨어져 있는 거리의 제곱의 합([그림 11−4])으로, "상관관계가 전혀 없다."라는 가정하에 두 변인의 회귀식으로부터 계산된 것이다.

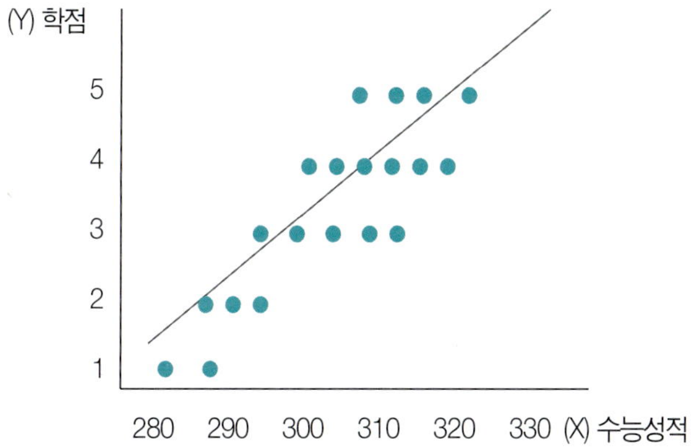

[그림 11-3] 회귀선에 기초한 오차

결정계수(R^2)를 좀 더 쉽게 설명하면, 오차제곱합이 회귀방정식으로 설명할 수 없는 부분을 의미하고, 회귀식의 오차제곱합이 종속변인에 기초한 오차제곱합보다 얼마만큼 감소하는지를 측정해서 독립변인의 설명력을 알 수 있게 하는 것이다.

$$\text{결정계수}(R^2) = 1 - \frac{\text{회귀선에 기초한 오차제곱합}(SS_e)}{\text{종속변인의 평균에 기초한 오차제곱합}(SS_t)}$$

$$= 1 - \frac{\text{설명 안 된 분산}}{\text{총분산}} (0 \leq R^2 \leq 1)$$

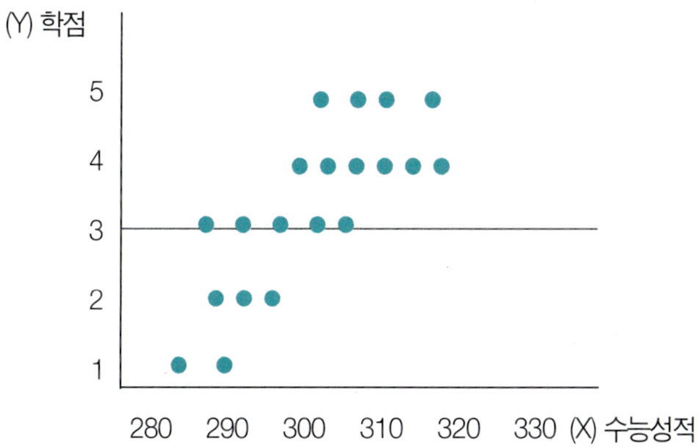

[그림 11-4] 종속변인의 평균에 기초한 오차

출처: 김태근(2006). U Can 회귀분석. p.68, 재구성.

종속변인의 평균에 기초한 오차제곱합(설명되는 부분)이 회귀선에 기초한 오차제곱합(설명되지 않는 부분)보다 항상 크다는 것을 알 수 있다.

결정계수(R^2)의 범위는 0~1까지이며, 결정계수가 0인 경우는 회귀선에 의하여 설명되는 부분이 없는 것을 의미하고, 1인 경우에는 회귀선이 모든 부분을 설명할 수 있음을 의미한다. 예를 들어, (R^2)=.25라면 25%가 회귀선에 의하여 설명할 수 있음을 의미한다.

(3) 단순회귀분석의 유의도 검증

회귀분석의 유의도 검증이란 표본을 근거로 얻은 회귀식을 모집단에 적용하기 적합한지를 판단하는 과정이라고 할 수 있다. 일단 표본에서 얻은 회귀식이 유효한가(설명력이 있는가)에 대한 의문에서 결정계수(R^2)를 활용하는 방법을 학습하였다. 그러나 결정계수는 표본의 크기(사례 수)와 독립변인의 수(자유도)를 고려하지 않고 계산한다. 따라서 결정계수를 구하는 과정에 표본의 사례 수와 독립변인의 수를 고려한다면 유의도를 검증할 수 있다.

결정계수를 구하는 과정에서 회귀식의 오차제곱은 회귀식으로 종속변인의 분산(총분산)을 설명하지 못한 부분임을 설명하였다. 종속변인 분산(총분산)에서 회귀식의 오차제곱합(설명 안 된 분산)을 뺀다면 어떠한 결과가 나올까 생각해 볼 수 있다.

$$총분산(SS_t) - 회귀오차제곱합(SS_e) = 회귀제곱합(SS_r)$$

*총분산(SS_t: sum of squares of totals): 종속변수분산(회귀식으로 설명된+설명 안 된 분산)
*회귀제곱합(SS_r: sum of squares of regression): 회귀식으로 설명된 분산
*오차제곱합(SS_e: sum of squares of error): 회귀식으로 설명 안 된 분산

이러한 개념들로부터 전체 분산 가운데 설명된 분산이 설명되지 않은 분산에 비하여 충분히 큰 것이 유의미한 회귀식이 됨을 알 수 있다. 그런데 이러한 분산의 비율은 사례 수와 독립변인의 수(자유도)에 영향을 받는다. 즉, 분산의 비율과 자유도로 통계적 유의성을 검증한다.

$$F = \frac{\frac{\text{회귀제곱합}(SS_r)}{1}}{\frac{\text{오차제곱합}(SS_e)}{n-2}}$$

*n=사례 수

여기서 분자와 분모가 같으면 F-값=1이 된다. 그러나 분자가 커지면 F-값은 커진다. F-값은 회귀제곱이 큰 경우, 오차제곱합이 작은 경우, 독립변인의 수가 작은 경우, 사례 수가 큰 경우에 커진다고 해석할 수 있다(김태근, 2006). 결국 회귀제곱합과 오차제곱합은 오차의 크기에 직접적인 영향을 받으며, 반비례한다고 볼 수 있다. 또한 F-값이 얼마가 되어야 통계적으로 유의미한가는 자유도를 근거로 한 F-분포표를 찾아보면 알 수 있다.

5) 상관관계와 회귀분석의 차이

상관관계와 회귀분석은 쌍으로 된 두 변인의 움직임을 분석한다는 것과 선으로 연결된 두 변인의 관계를 설명한다는 점에서 유사하다. 그러나 결정적으로 상관계수는 회귀선 주변에 퍼져 있는 정도를 측정한 것이고, 회귀계수는 회귀선의 기울기를 측정한 것이다.

상관관계와 회귀분석의 구체적인 차이점은 다음과 같다. 첫째, 회귀분석은 상관관계와 다르게 두 변인 간의 방향성을 가정하고 있다. 상관관계에서는 독립변인과 종속변인의 방향이 중요하게 작용하지 않지만 회귀분석에서는 독립변인에 의한 종속변인의 변화를 예측하기 때문이다. 둘째, 회귀분석과 상관관계 모두 두 변인의 관계가 직선적이다. 예측오차를 최소화하기 위한 회귀선이 곡선인 경우에 비선형회귀분석(non-linear regression)을 사용한다. 셋째, 회귀분석에서는 변인 X와 Y 모두 정규분포를 이루어야 한다. 두 변인 중 하나가 정규분포를 이루지 못할 경우, 회귀분석을 적용하지 않는다. 넷째, 추정의 표준오차와 관련하여 각각의 변인 X값에서 변인 Y의 예측치인 $\hat{Y}$를 중심으로 하는 실제 Y의 분포는 그 폭이 같아야 한다. 이것은 각각의 변인 X값에 대하여 예측된 예측치 $\hat{Y}$를 중심으로 한 Y의 표준편차가 같아야 함을 의미한다. 즉, 등분산 가정(assumption of homoscedasticity)을 할 수 있어야 한다.

6) 단순회귀분석의 적용(가설검증)

단순회귀분석의 일반적인 가설검증 과정은 6단계로, 아래와 같다. 그러나 단순회귀분석은 선형관계가 가정되기 때문에, 2단계와 3단계는 생략하는 경우가 많다.

▣ 1단계: 영가설과 연구가설을 설정한다.
▣ 2단계: 독립 · 종속변인의 기술통계값(사례 수와 평균값)을 분석한다(산점도로 관계의 양상을 파악).
▣ 3단계: 독립 · 종속변인의 상관관계계수를 분석한다.
▣ 4단계: 분산분석을 통해 회귀모델의 유의도를 검증한다.
▣ 5단계: 회귀계수를 분석하고, 이 계수의 유의도를 검증한다.
▣ 6단계: 비표준화회귀계수의 신뢰구간을 통해 모수치를 추정한다.

예를 들어, "노인의 교육(1. 중졸, 2. 고졸, 3. 대졸) 정도가 일자리 참여시간에 대한 욕구에 영향을 줄 것이다."에 대한 가설의 예로, 단순회귀분석 과정을 설명하면 아래와 같다.

▣ 1단계: 영가설과 연구가설을 설정한다.
영가설: 교육이 일자리 참여시간에 대한 욕구에 영향을 주지 않을 것이다.
연구가설: 교육이 일자리 참여시간에 대한 욕구에 영향을 줄 것이다.

▣ 2단계: 독립 · 종속변인의 기술통계값(사례 수와 평균값)을 분석한다.

예) 사례 수는 25, 교육평균은 2.12로, 고등학교 졸업보다 약간 높다.

〈표 11-2〉 교육과 일자리 참여시간 욕구의 기술통계값

구분	사례 수	평균	표준편차
일자리 참여시간	25	4.2	14.79
교육	25	2.12	0.78

▣ 3단계: 독립 · 종속변인의 상관계수를 분석한다.

상관계수는 음으로, 교육수준이 높을수록 일자리 참여시간에 대한 욕구는 낮다.

〈표 11-3〉 교육과 일자리 참여시간 욕구의 상관관계

구분		일자리 참여시간	교육
상관계수	일자리 참여시간	1.00	
	교육	−.579(p=0.001)	1.00

▣ 4단계: 분산분석을 통해, 회귀모델의 유의도를 검증한다.

설명분산(R^2)은 33.5%가 된다. 그러므로 설명할 수 없는 분산은 66.5%가 된다.Adjusted R^2은 표본수가 작을 때(200 미만) 사용한다.

〈표 11-4〉 분산분석 결과

모형	R	R^2	Adjusted R^2	추정값의 표준오차
1	.579	.335	.307	12.3186

단순회귀분석은 분산분석을 이용하여 유의도를 검증한다. 유의성의 여부는 분산분석표를 활용하여 판단한다. 선형회귀분석은 설명분산으로, 집단 간 분산

(MS_r, 회귀식에 의한 편차제곱의 합)을 의미하고, 잔차는 설명할 수 없는 $\frac{\text{집단 내 분산}}{\text{오차}}$ (MS_e, 잔차에 의한 편차제곱의 합)을 의미한다.

즉, $F = \frac{MS_r}{MS_e}$(회귀분석) $= \frac{MS_b}{MS_w}$(분산분석)이다.

〈표 11-5〉 자유도와 F-값

구분	제곱합	자유도	평균제곱	F	유의확률
선형회귀분석	1761.773000	1	1761.773	11.610	.002
잔차	3490.227	23	151.749		
합계	5252.000	24			

▣ 5단계: 회귀계수를 분석하고, 이 계수의 유의도를 검증한다.

비표준회귀방정식 $\hat{Y}=70.456-10.970X_1$, 학력이 3이라면, 일자리 참여욕구는 $70.456-10.970\times3=37.546$으로 예측할 수 있다. 표준화회귀방정식은 $\hat{Y}=-0.579X_1$로, 독립변인과 종속변인의 상관관계와 동일하다.

〈표 11-6〉 유의도 검증

구분	비표준계수		표준계수	t	유의확률	B에 대한 95%신뢰구간	
	B	표준오차	베타			최솟값	최댓값
상수	70.456	7.256		9.709	.000	55.445	85.467
교육	−10.970	3.220	−.579	−3.407	.002	−17.680	−4.310

회귀분석을 통하여 제시된 모형이 유의미하더라도 설명력이 떨어질 경우, 효용성이 떨어진다. 설명력을 나타내는 결정계수 (R^2)는 $\frac{SS_r}{SS_t}=1-\frac{SS_e}{SS_t}$로 나타낸다. 독립변수의 유의성은 t-값 또는 F-값으로 판단할 수 있다.

▣ 6단계: 비표준화회귀계수의 신뢰구간을 통해 모수치를 추정한다.

상수의 비표준화회귀계수의 최소치(55.445)와 최대치(85.467), 교육의 비표준화회귀계수의 최소치(−17.630)와 최대치(−4.310)이다. 표본수가 200 이상인 경우 Z분포를 활용하고, 200 미만일 경우 t−분포를 활용한다.

2. 다중회귀분석

1) 다중회귀분석의 개념

다중회귀분석(multiple linear regression analysis)의 기본적인 원리는 단순회귀분석과 동일하다. 가장 큰 차이점은 단순회귀분석은 회귀식에 독립변인이 1개인 반면에, 다중회귀분석은 독립변인이 2개 이상 포함된다는 것이다. 일반적으로 사회과학 현상들은 종속변인에 영향을 주는 독립변인이 여러 개 있을 수밖에 없다. 그런데 단순회귀분석을 활용할 경우, 1개의 독립변인 이외의 다른 변인들을 통제해야 하는 번거로움이 있다. 때문에 사회과학 분야의 조사연구자들은 다중회귀분석의 활용을 선호하는 경향이 있다. 오차항을 포함한 다중회귀분석의 기본모형을 좀 더 구체적으로 제시하면 아래와 같다.

$Y = a + \beta_1 X_1 + \beta_2 X_2 + \cdots + \beta_n X_n + e$(모집단에 관한 모형)

$Y = a + b_1 X_1 + b_2 X_2 + \cdots + b_n X_n + e$(표본에 관한 모형)

a = 절편, b_n = 독립변수의 기울기(회귀계수)

다중회귀분석은 단순회귀분석과 같이 절편 a는 하나이지만 회귀계수(b)는 단순회귀분석과 다르게 독립변수의 수에 따라 달라진다. 독립변인이 2개라면 회귀계수(부분상관계수 또는 부분기울기)가 (b_1, b_2) 2개가 된다.

단순회귀분석에서 회귀식은 하나의 직선이지만 다중회귀분석에서 X_1, X_2와 Y 축의 3차원에서 어떠한 값을 가지는 점들로, 회귀식은 이 점들에서 거리가 가장 가까운 어떠한 평면이 된다. 그러므로 다중회귀분석에서는 회귀선 대신에 '회귀면'이라는 용어를 사용한다.

2) 다중회귀분석의 기본 모형

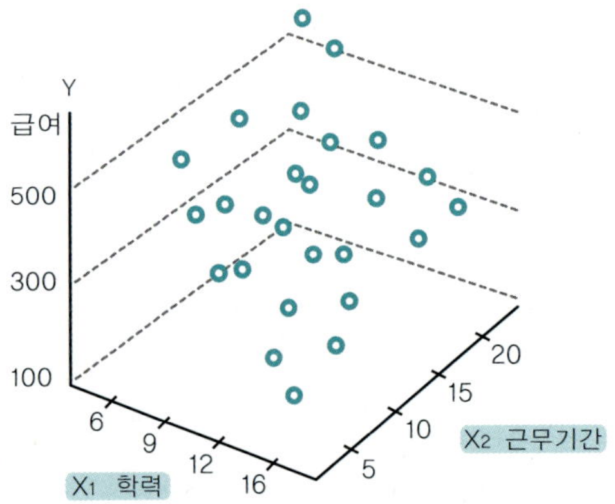

[그림 11–5] 다중회귀분석의 공간적 표현

[그림 11－5]의 예에서 독립변인 학력과 근무기간이 종속변인인 급여에 어떠한 영향을 주는지 알아보고자 한다. 그림에서 근무기간과 연령이 높아질수록 급여가 증가함을 대략적으로 알 수 있다. 여기서 다중회귀모형의 회귀식을 만들면 급여(Y) = a + b_1학력(X_1) + b_2근무기간(X_2)이 된다.

단순회귀분석에서 회귀선은 하나의 기울기(b_1)를 갖게 되나 독립변인이 2개 이상이라면 기울기(b_1, b_2, b_3, …, b_n)도 두 개 이상이 되어야 한다. 다시 말해 기울기가 2개 이상이라는 의미는 선이 아닌 입체면적이 될 수밖에 없다는 것이다. [그림 11－5]에서 절편 a와 기울기인 회귀계수 b_1, b_2를 구하는 공식은 다음과 같다.

$$b_1 = \frac{\sum x_1 y \sum x_2^2 - \sum x_2 y \sum x_1 y_1}{\sum x_1^2 \sum x_2^2 - (\sum x_1 y_2)^2} \qquad b_2 = \frac{\sum x_2 y \sum x_1^2 - \sum x_1 y \sum x_1 x_2}{\sum x_1^2 \sum x_2^2 - (\sum x_1 x_2)^2}$$

$$a = \overline{Y} - b_1 X_1 - b_2 X_2$$

$^*x = X - \overline{X},\ y = Y - \overline{Y}$

3) 다중회귀분석의 해석: 표준화회귀계수

다중회귀분석에서도 단순회귀분석에서와 같이 최소자승(제곱)법(OLS)을 활용하여 회귀계수를 추정한다. 단순회귀분석에서는 회귀계수가 하나이지만 다중회귀분석에서는 독립변인의 수에 따라 회귀계수의 수가 늘어난다. 그런데 중요한 것은 단순회귀분석이든 다중회귀분석이든 간에 회귀계수를 통하여 얻고자 하는 것은 하나의 예측값, 즉 종속변인 값이라는 것이다. 이는 다중회귀분석에서 각 회귀계수를 해석할 때는 다른 회귀계수가 통제되었다는 것을 전제로 한다는 것이다. 다중회귀분석에서 도출되는 독립변인들의 회귀계수는 나머지 독립변인들을 통제하였을 때, 독립변인이 종속변인에 미치는 순수한 영향을 나타내는 것이다. 그런데 여러 개의 독립변인이 종속변인에 영향을 주었다면, 변인들 중에 가장 큰 영향을 준 변인에 대하여 알고 싶을 것이다. 그러나 독립변인들의 분포가 다르기 때문에 단순비교가 쉽지 않다.

예를 들어, 연령과 자격증 취득기간이 급여에 영향을 주는 요인에 관심이 있는데, 독립변인인 연령이 20~65세 분포라면 자격증 취득기간은 1~5년 분포 정도가 될 것이다. 여기서 중요한 것은 연령 45세의 1년과 자격증 취득기간 5년에서 1년의 가치가 전혀 다르다는 것이다. 이렇게 표준화되지 않아 영향력이 다른 독립변인들의 단위와 분푸를 통일된 회귀세수로 변형한다면 비교가 가능할 것이다.

표준화회귀계수와 비표준화회귀계수의 차이를 설명하면 다음과 같다.

(1) 표준화회귀계수

표준화회귀계수(standardized regression coefficient)는 독립변인이 종속변인에 미치는 영향, 즉 독립변인 간의 영향력의 크기 또는 그 크기를 상호 비교·분석할 때 사용한다. 즉, 독립변인과 종속변인의 원점수를 표준점수(z점수)로 환산하여 계산한 값이다. 원점수를 활용한다는 것은 독립변인과 종속변인의 측정단위가 다를 경우에도 두 변인의 비교가 가능하다는 것이다. 표준화회귀계수는 베타(β, beta)라고 부른다.

(2) 비표준화회귀계수

비표준화회귀계수(unstandardized regression coefficient)는 독립변인의 원점수를 가지고, 종속변인의 원점수를 예측하고자 할 때 사용한다. 독립변인이 종속변인에 주는 영향력을 알 수 없고, 그 크기를 상호 비교할 수 없다. 즉, 비교를 위해서는 비표준화회귀계수(b)를 변형시킨 표준화회귀계수(β, beta)를 활용한다.

$$\beta = b\frac{S_x}{S_y}$$

표준화회귀계수(β)는 비표준화회귀계수에 독립변인의 표준편차를 곱하고, 종속변인의 표준편차로 나눈 것이다. 비표준화회귀계수에 독립변인의 표준편차를 곱한 것은 독립변인들 간의 차이에 가중치를 부여하여 표준화 역할을 한다. 종속변인의 표준편차로 나누는 것은 독립변인의 표준편차 1이 증가할 때 종속변인의 변화량도 표준편차로 표시할 수 있게 하기 위함이다.

4) 다중회귀분석의 통계적 유의도

(1) 다중회귀분석에서 결정계수

다중회귀분석에서도 단순회귀분석과 같이 회귀모형의 설명력은 결정계수(R^2)를 활용한다. 다중회귀분석의 결정계수는 단순회귀분석의 결정계수(R^2)를 구하는 공식 $\frac{SS_r(\text{회귀분산})}{SS_t(\text{총분산})}$과 같다. 그러나 한 가지 차이점은 단순회귀분석에서의 결정계수는 독립과 종속변인의 상관관계를 구한 다음 제곱하여 구하나 다중회귀분석에서는 독립변인이 여러 개인 관계로 독립과 종속변인의 상관관계를 간단하게 구할 수 없다. 그러므로 다중회귀분석에서는 다중상관계수를 활용해야 한다.

단순상관계수는 독립변인과 종속변인 간의 상관관계를 의미하지만 다중상관계수는 다중회귀모형의 결정계수(R^2)에 제곱근(root)을 씌운 것으로, 독립변인들을 통한 종속변인 예측값과 실제 관찰된 종속변인 예측값 간의 상관관계를 의미한다. 그러므로 다중상관계수는 $0<r^2<1$이 되고, 다중회귀분석에서, 수정결정계수 (adjusted R^2) $= R^2 - \frac{k(1-r^2)}{n-k-1}$ (*n=표본 수, k=독립변인 수)이 된다.

수정결정계수 공식에서 결정계수와 다른 몇 가지를 유추해 낼 수 있다. 첫째, 수정결정계수란 결정계수에 표본의 수(n)와 독립변인의 수(k)가 반영된 결과이다. 둘째, 수정결정계수는 항상 결정계수보다 작다. 결정계수 R^2은 항상 1보다 작기 때문에 공식에서 $(1-R^2)$은 항상 0 또는 양수값, 그리고 k는 양수값만을 가진다. 셋째, 독립변인의 수(k)가 적을수록, 표본의 수(n)가 많을수록 수정결정계수(adjusted R^2)는 결정계수(R^2)와 가까워진다. 공식에서 계수의 크기에 결정적인 영향을 주는 것은 분모의 사례 수(n)라고 할 수 있다. 사례 수가 증가할수록 분모가 커지기 때문에 계수 자체가 작아진다.

(2) 다중회귀분석의 유의도 검증과 회귀계수의 유의도 검증

다중회귀분석의 유의도 검증은 단순회귀분석의 유의도 검증과 동일하다. 단, 차이점은 독립변인이 여러 개이기 때문에 회귀제곱평균(MSr)을 구하기 위하여 회귀제곱합(SS_r)을 독립변인으로 나누어야 한다는 것이다.

$$F(k, n-k-1) = \frac{\frac{\text{회귀제곱합}(SS_r)}{k}}{\frac{\text{오차제곱합}(SS_e)}{n-k-1}} = \frac{\text{회귀제곱평균}(MS_r)}{\text{오차제곱평균}(MS_e)}$$

*n=표본 수 *k=독립변수의 수

F값의 유의도≤0.05라면,

−하나 이상의 독립변인이 설명력 증가에 기여하였다.

−하나 이상의 독립변인이 통계적으로 유의미하다.

다중회귀분석의 검증과정에서 설명력이 검증되었다면, 여러 개의 독립변인 중 일부만이 설명력을 증가시켰을 수도 있고, 모든 독립변인이 설명력을 증가시켰을 수도 있다. 그러므로 어느 독립변인이 통계적으로 유의미한지를 별도로 개별 검증하는 과정을 거친다. 이러한 과정을 회귀계수의 '유의도 검증'이라고 한다.

다중회귀분석에서 표집 한 자료를 근거로 회귀선을 활용한 예측치는 정확하다고 간주한다. 그러나 이 결과를 모집단에 적용하려면 사전에 고려해야 하는 것들이 있다.

첫째, 표본추출오류라고 할 수 있다. 표본추출과정에서 발생하는 오류는 걸러지지 않고 추정된 회귀계수에 그대로 반영될 것이다. 그러나 모집단에 적용하기 위해서는 반영된 오류의 정도를 파악해야 한다.

둘째, 통제 안 된 분산이 있을 수 있다. 종속변인에 영향을 미치는 모든 독립변인을 고려하는 것은 불가능하다. 이는 종속변인에 영향을 주는 통제되지 않은 독립변인(분산)이 포함되는 오류를 항상 범한다는 것이다. 이러한 오류를 확인하기 위한 일반적인 방법은 '신뢰구간(confidence interval)을 통한 검증'과 '가설검증(hypothesis test)'이 있다.

전자는 일정한 확률하에서 모집단의 회귀계수가 가질 수 있는 값의 범위를 알 수 있게 한다. 앞에서 언급하였듯이, 회귀계수에는 일정의 오류들이 포함되어 있기 때문에, 이러한 오류의 정도가 측정되어 포함된 회귀계수의 표준오차를 고려해야 한다. 이러한 표준오차에는 표본의 수와 오차의 정도를 동시에 포함시켜 계산하는데, 공식(S.E.b) $= \frac{\sqrt{\frac{\text{오차제곱합}(SS_e)}{n-2}}}{\Sigma(X-\bar{X})^2}$이 된다. 이와 같이 신뢰구간이란 표본의 회귀계수와 표준오차를 함께 고려하여 모집단의 회귀계수가 위치함 직한 범위를 확률로 표현한 것이다.

후자는 모집단의 회귀계수가 0인지 아닌지를 판단하게 해 준다. 일반적으로 회귀분석을 사용한 논문에서는 신뢰구간보다는 가설검증을 활용하여 회귀계수의 유의도를 확인하는 경우를 많이 볼 수 있다. 회귀계수가 0이라는 것은 어떠한 독립변인이 종속변인에 영향을 미치지 못했다는 것을 의미한다. 실제 표본의 회귀계수는 아주 작게 나올지라도 0이 나오는 경우는 거의 없다. 그러나 표본의 회귀계수가 아주 작다면 모집단에 적용했을 때 회귀계수가 0일 가능성이 있다. 그러므로 표본의 회귀계수가 0으로부터 멀리 떨어져 있다면, 표준오차를 고려하더라도 모집단의 회귀계수도 0이 아니라고 할 수 있다. 이러한 결과는 표준오차를 고려한 표준화된 값인 t-값$=\frac{\text{회귀계수}(b)}{\text{표준오차}(SE)}$를 구하고, t-분포에서 유의도를 확인하면 된다.

신뢰구간을 통한 유의도 검증과 가설검증을 통한 유의도 검증은 매우 밀접한 관련이 있다. 만약 95% 신뢰구간에 0이 포함되어 있다면 t-값의 유의도는 0.05보다 크게 나오고, 0이 포함되지 않는다면 t-값의 유의도는 0.05보다 작게 나온다. t 값이 0.05보다 작게 나온다는 것은 통계적으로 유의미하다는 것을 의미한다.

5) 다중회귀분석 적용

다중회귀분석은 독립변인이 여러 개 이고, 종속변인이 하나인 경우에 사용하는 선형모형이다. 다중회귀분석의 기본 모형 $Y=a+b_1X_1+b_2X_2+\cdots+b_nX_n$이다. 다중회귀분석의 절차는 다음과 같다.

- ▣ 1단계: 영가설과 연구가설을 설정한다.
- ▣ 2단계: 독립과 종속변인의 기술통계값(사례 수와 평균값)을 분석한다.
- ▣ 3단계: 독립과 종속변인의 상관관계계수를 분석한다.
- ▣ 4단계: 분산분석을 통해 회귀모델의 유의도를 검증한다.
- ▣ 5단계: 회귀계수를 분석하고, 이 계수의 유의도를 검증한다.
- ▣ 6단계: 비표준화회귀계수의 신뢰구간을 통해 모수치를 추정한다.

"노인의 교육과 연령이 일자리 참여시간에 대한 욕구에 영향을 준다."에 대한 가설 검증을 위하여, 김태근(2006) 데이터를 활용하여 다중회귀분석의 적용과정을 단계별로 설명하면 아래와 같다.

▣ 1단계: 영가설과 연구가설을 설정한다.

영가설: 노인의 교육과 연령이 일자리 참여시간에 대한 욕구에 영향을 주지 않을 것이다.

연구가설: 노인의 교육과 연령이 일자리 참여시간에 대한 욕구에 영향을 줄 것이다(교육(3점 척도): 1. 중졸, 2. 고졸, 3. 대졸).

▣ 2단계: 독립/종속변인의 기술통계값(사례 수와 평균값)을 분석한다.

예) 사례 수는 25, 교육평균은 2.12로, 고등학교 졸업보다 약간 높고, 연령은 68.000세로 비교적 젊다. 일자리 참여시간에 대한 욕구는 47.2000이다.

〈표 11-7〉 일자리 참여시간, 교육, 연령 욕구의 기술통계값

구분	사례 수	평균	표준편차
일자리 참여시간	25	47.2000	14.7930
교육	25	2.1200	.7810
연령	25	68.0000	6.7656

▣ 3단계: 독립과 종속변인의 상관관계계수를 분석한다.

상관계수에서 교육수준과 일자리 참여시간에 대한 욕구는 −.579로 상관관계가 높고, 연령과 일자리 참여시간에 대한 욕구는 .449로 비교적 관계가 있으며, 교육과 연령 간에는 .006으로 상관관계가 매우 낮다.

〈표 11-8〉 교육, 연령과 일자리 참여시간에 대한 욕구의 상관관계

구분		일자리 참여시간	교육	연령
상관계수	일자리 참여시간	1.00		
	교육	−.579(p=0.001)	1.00	
	연령	.449(p=.012)	.006(p=.489)	1.000

▣ 4단계: 분산분석을 통해 회귀모델의 유의도를 검증한다.

예) 연령과 교육 및 일자리 참여시간에 대한 욕구와의 상관관계는 0.735이고, R^2이 .054이므로 설명분산은 54.0%가 된다.

〈표 11-9〉 분산분석을 통해 회귀모델의 유의도

모형	R	R^2	Adjusted R^2	추정값의 표준오차	통계량 변화량				
					R^2 변화량	F 변화량	자유도1	자유도2	유의확률 F변화량
2	.579	.335	.307	12.3186	.335	11.610	1	23	.002
1	.735	.540	.498	10.4760	.205	9.802	1	22	.005

단순회귀분석은 분산분석을 이용하여 유의도를 검증한다. 선형회귀분석은 설명분산(변량)으로 집단 간 분산을 의미하고, 잔차는 설명할 수 없는 집단 내 분산과 오차를 의미한다. 모형 2는 교육만을 회귀모델로 유의도를 검증한 것이다.

모형 1은 교육, 연령을 동시에 고려한 결과이다. F-값은 설명분산(변량) 1418.782를 설명할 수 없는 분산(변량) 109.747로 나눈 12.928이다. 자유도 2와 22 사이에서 F-값은 12.928의 유의도는 0.000으로 통계적으로 유의미하기 때문에 영가설을 기각하고, 연구가설을 수용한다.

〈표 11-10〉 자유도, F-값, 그리고 유의도

모형		제곱합	자유도	평균제곱	F	유의확률
2	선형회귀분석	1761.773	1	1761.773	11.610	.002
	잔차	3490.227	23	151.749		
	합계	5252.000	24			
1	선형회귀분석	2837.564	2	1418.782	12.928	.000
	잔차	2414.436	22	109.747		
	합계	5252.000	24			

▣ 5단계: 회귀계수를 분석하고, 이 계수의 유의도를 검증한다.

비표준화회귀방정식 $\hat{Y}$=42.099−11.019X_1+0.990X_2, 일자리 참여시간에 대한 욕구는 42.099−11.019×3+0.990×25=33.792로 예측 가능하다. 표준화회귀방정식은 $\hat{Y}$=−0.582X_1+0.453X_2이므로, 독립변인 교육은 연령보다 종속변인의 일자리 참여시간에 대한 욕구에 영향을 더 많이 준다.

〈표 11-11〉 회귀계수분석과 계수의 유의도 검증

모형		비표준계수		표준계수	t	유의확률	B에 대한95% 신뢰구간	
		B	표준오차	베타			최솟값	최댓값
교육	상수	70.456	7.256		9.709	000	5.445	85.467
	교육	−10.970	3.220	−.579	−3.407	.002	−17.630	−4.310
연령	상수	42.099	10.960		3.841	.001	19.369	64.828
	교육	−11.019	2.738	−.582	−4.024	.001	−16.697	−5.340
	연령	.990	.316	.453	3.131	.005	.334	1.645

▣ 6단계: 비표준화회귀계수의 신뢰구간을 통해 모수치를 추정한다.

▣ 7단계: 다중 공선성 문제를 해결한다.

다중 공선성은 독립변인 간에 상관관계가 높을 때 발생한다. 독립변인이 많을수록 다중 공선성 문제가 발생할 가능성이 크다. 일반적으로 독립변인 간 상관계수가 0.8 이상일 때, 다중 공선성 문제가 발생한다. 다중공선성 문제를 해결하기 위하여 상관관계가 높은 독립변인을 통합 또는 하나를 제거하여 사용한다. 또는 조사자의 적용 이론에 따라 독립변인 간의 인과관계를 설명하는 경로분석을 활용한다.

제3절 SPSS-회귀분석

1. SPSS를 이용한 단순회귀분석

1) 파일 열기

SPSS 프로그램에서 파일(F) – 열기(O) – 데이터(D)를 클릭하고 찾는 위치와 파일 이름을 입력하고 열기를 클릭하면 [그림 11–6]과 같은 창이 뜬다.

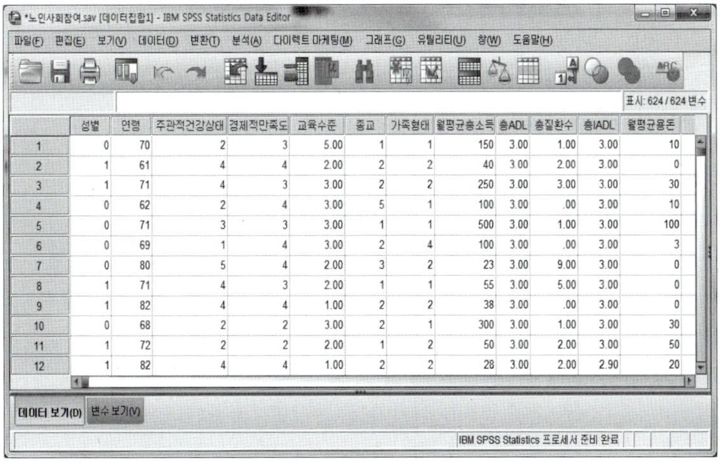

[그림 11–6] 파일(F)–열기(O) – 데이터(D)

2) 데이터 분석 과정(단순회귀분석)

데이터 분석을 위하여 분석(A) – 회귀분석(R) – 선형(L)을 클릭하면([그림 11–7]), 선형 회귀분석 창이 뜬다([그림 11–8]).

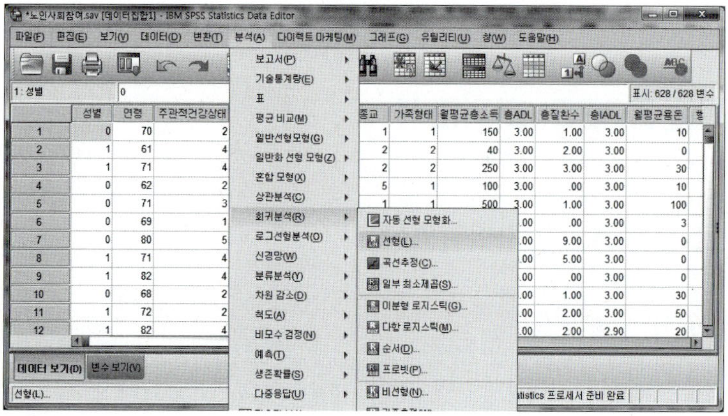

[그림 11–7] 분석(A)–회귀분석(R)–선형(L)

[그림 11–8]과 같이 선형 회귀분석 창이 뜨면 변수 옮기기(종속변수/독립변수)를 시도한다. 종속변수에 행복감, 독립변수에 교육수준을 이동시킨다. 이후 창 상단의 통계량을 클릭하면 [그림 11–9]와 같이 선형 회귀분석: 통계량 창이 뜬다.

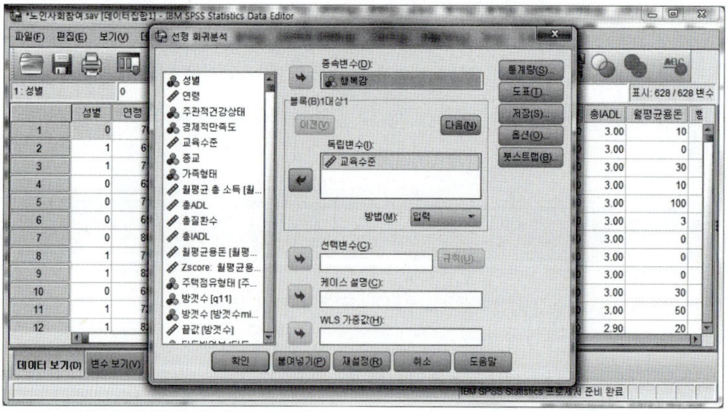

[그림 11–8] 선형 회귀분석과 변수 옮기기(종속변수/독립변수)

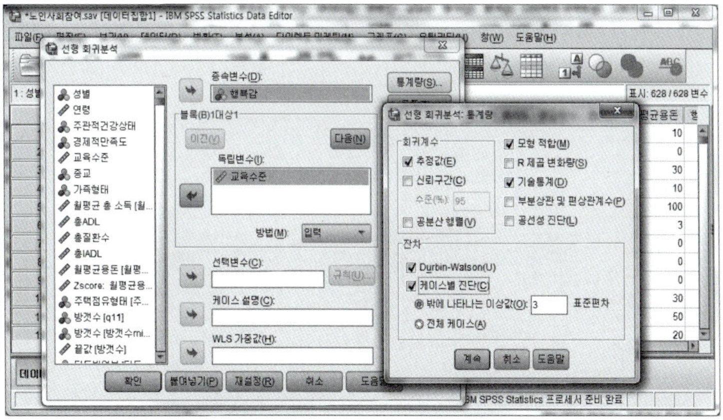

[그림 11-9] 선형 회귀분석: 통계량

[그림 11-9]와 같이 선형 회귀분석: 통계량 창의 회귀계수에서 추정값(E)과 기술통계(D), 그리고 모형적합(M)을 선택하고 독립성 진단을 위한 잔차에서는 Durbin- Watson(U)을 선택한다. 이후 케이스별 진단(C)과 밖에 나타나는 이상값(O)의 박스에 3표준편차를 입력한 후, 창 하단의 계속을 클릭한다. 다시 선형 회귀분석 창에서 도표를 클릭하면 [그림 11-10]과 같은 선형 회귀분석: 도표 창이 뜬다.

[그림 11-10]과 같이 선형 회귀부석: 도표 창에서 등분산성을 검증하기 위하여 Y:에 *ZPRED, X:에는 *ZRESID를 이동시킨 후, 창의 왼쪽 하단에 위치한 계속을 클릭하면, [그림 11-8]과 같이 선형 회귀분석 창으로 돌아간다.

선형 회귀분석([그림 11-8])에서 저장(S)을 클릭하면 [그림 11-11]과 같이 선형 회귀분석: 저장 창이 뜬다. 이 창에서 정규성에 대한 검증을 위하여 잔차란에 비표준화(U)를 선택한 후, 계속을 클릭한다. 이후 다시 선형 회귀분석 창에서 확인을 클릭하면 선형 회귀분석 결과 창이 뜬다([그림 11-12-1~3]).

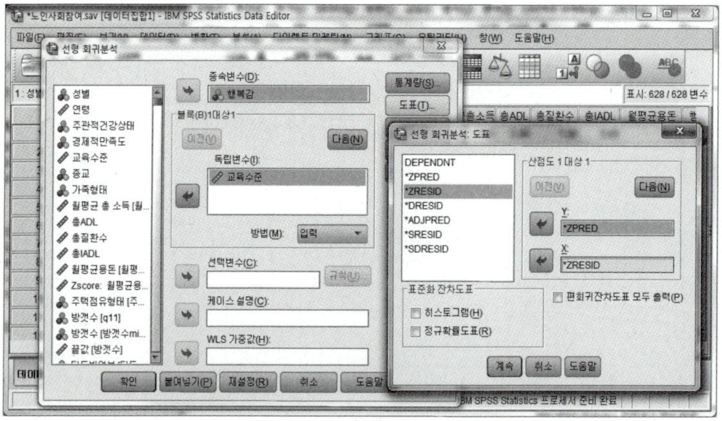

[그림 11-10] 선형 회귀분석: 도표

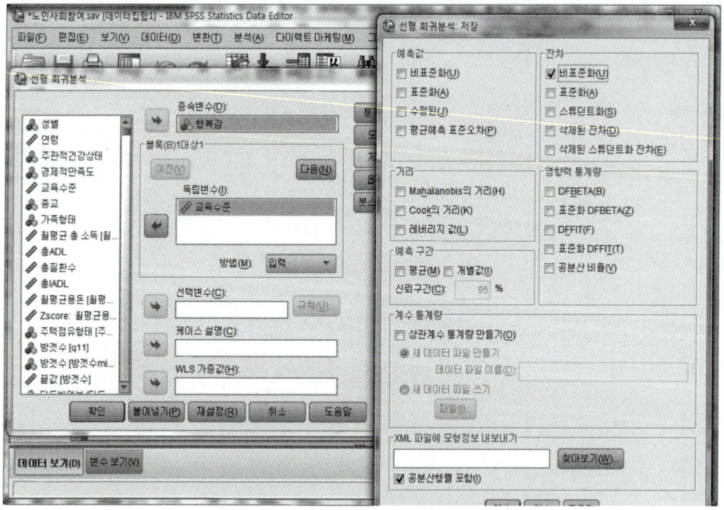

[그림 11-11] 선형 회귀분석: 저장

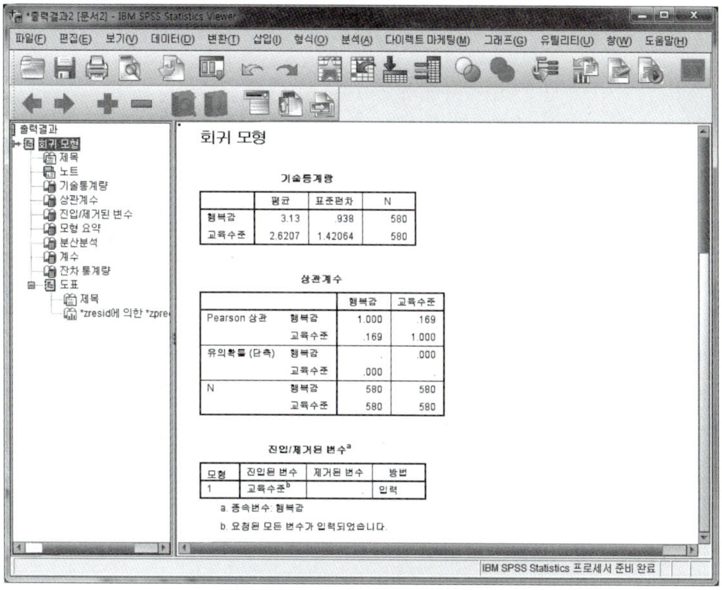

회귀 모형

기술통계량

	평균	표준편차	N
행복감	3.13	.938	580
교육수준	2.6207	1.42064	580

상관계수

		행복감	교육수준
Pearson 상관	행복감	1.000	.169
	교육수준	.169	1.000
유의확률 (단측)	행복감	.	.000
	교육수준	.000	.
N	행복감	580	580
	교육수준	580	580

진입/제거된 변수[a]

모형	진입된 변수	제거된 변수	방법
1	교육수준[b]	.	입력

a. 종속변수: 행복감

b. 요청된 모든 변수가 입력되었습니다.

[그림 11-12-1] 선형 회귀분석 결과표

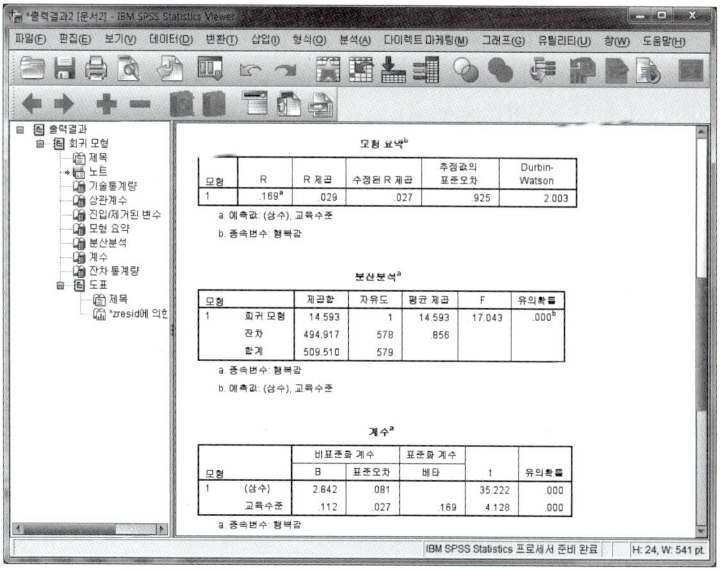

모형 요약[b]

모형	R	R 제곱	수정된 R 제곱	추정값의 표준오차	Durbin-Watson
1	.169[a]	.029	.027	.925	2.003

a. 예측값: (상수), 교육수준

b. 종속변수: 행복감

분산분석[a]

모형		제곱합	자유도	평균 제곱	F	유의확률
1	회귀 모형	14.593	1	14.593	17.043	.000[b]
	잔차	494.917	578	.856		
	합계	509.510	579			

a. 종속변수: 행복감

b. 예측값: (상수), 교육수준

계수[a]

모형		비표준화 계수 B	비표준화 계수 표준오차	표준화 계수 베타	t	유의확률
1	(상수)	2.842	.081		35.222	.000
	교육수준	.112	.027	.169	4.128	.000

a. 종속변수: 행복감

[그림 11-12-2] 선형 회귀분석 결과표

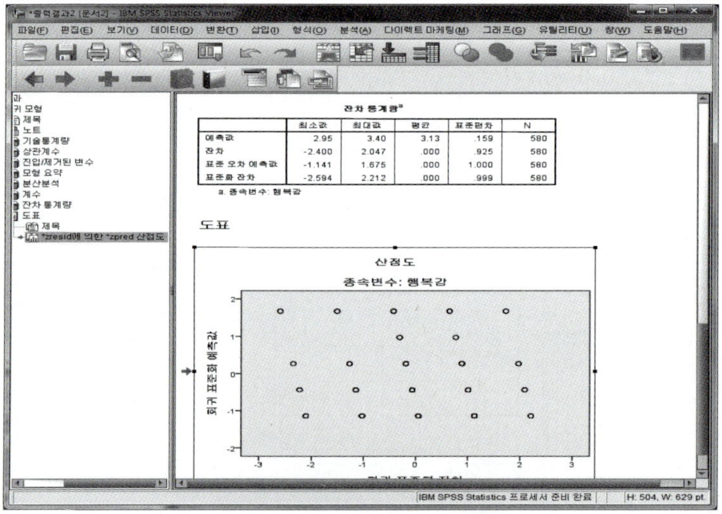

[그림 11-12-3] 선형 회귀분석 결과표

2. SPSS를 이용한 다중회귀분석

1) 파일

SPSS 프로그램에서 파일(F) – 열기(O) – 데이터(D)를 클릭하고 찾는 위치와 파일 이름을 입력하고 열기를 클릭하면 [그림 11 – 13]과 같은 창이 뜬다.

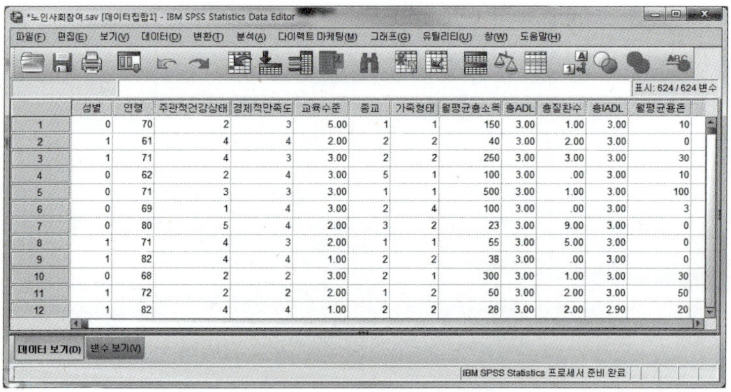

[그림 11-13] 파일(F)–입력/열기(O) – 데이터(D)

2) 데이터 분석 과정(다중회귀분석)

다중회귀분석을 진행하기 이전에 산점도를 파악함으로써 독립변수와 종속변수의 관계를 대략적으로 파악할 수 있다. SPSS 데이터 창에서 그래프(G)−레거시 대화상자−산점도(S)를 선택([그림 11−14])한 후 정의를 클릭하면 산점도 행렬 창이 생성된다([그림 11−15]).

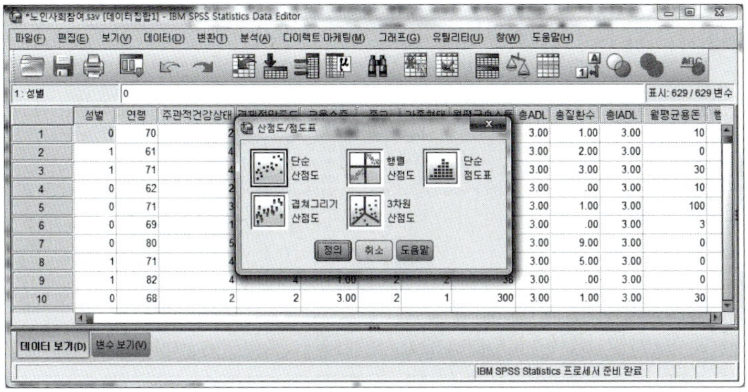

[그림 11−14] 산점도

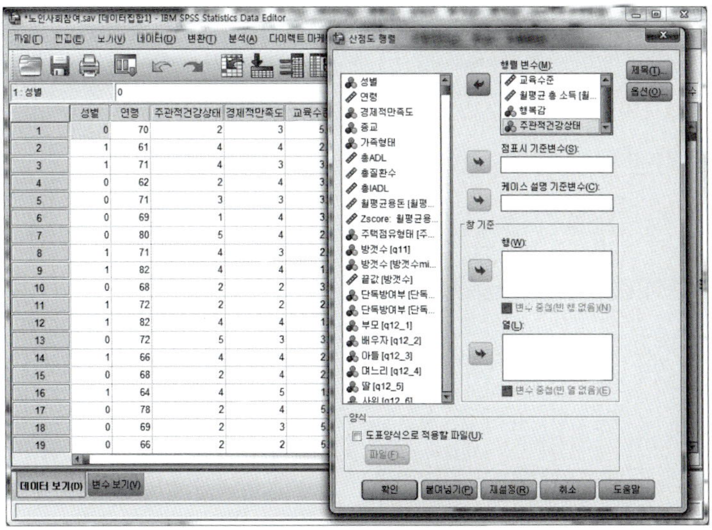

[그림 11−15] 산점도 행렬

[그림 11-15]와 같이 산점도 행렬 창에서 파악하고자 하는 변수들을 행렬 변수(M)로 이동시킨다. 행렬 변수에는 월소득, 주관적 건강상태, 교육수준, 행복감을 이동시킨 후, 왼쪽 하단의 확인을 클릭하면 [그림 11-16]과 같은 산점도 결과표가 생성된다.

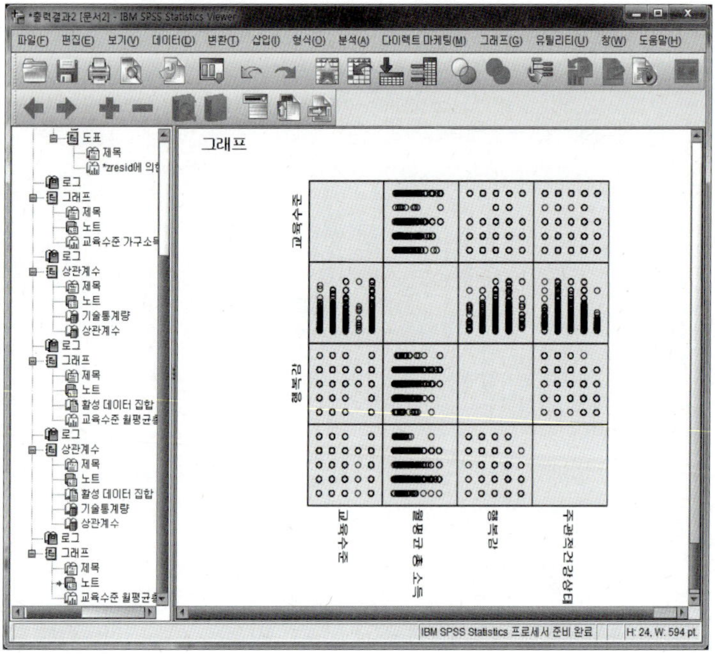

[그림 11-16] 산점도 결과표

다음으로 변인들 간의 상관관계를 알아보기로 한다. [그림 11-17]과 같이 분석(A)-상관분석(C)-이변량 상관계수(B)를 실행한다.

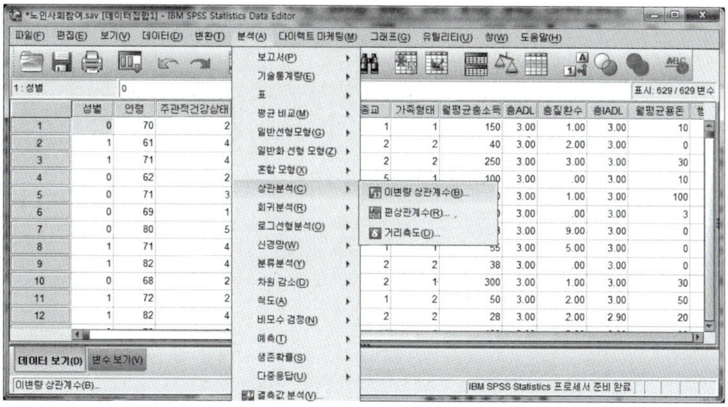

[그림 11-17] 분석(A)-상관분석(C)-이변량 상관계수(B)

이러한 과정을 거치면, 이변량 상관계수 창이 뜨는데, 변수(V)란에 변수(월소득, 주관적 건강상태, 교육수준, 행복감)들을 이동시킨 후, 오른쪽 상단의 옵션을 클릭하면 [그림 11-19]와 같은 옵션 창이 뜬다.

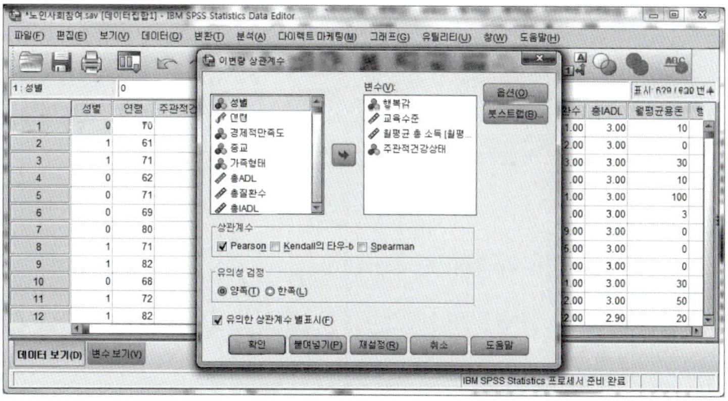

[그림 11-18] 이변량 상관계수-변수 옮기기

[그림 11-19]와 같이 이변량 상관계수-옵션 창의 통계량에서 평균과 표준편차를 선택하고 계속을 클릭한 후 이변량 상관계수 창 왼쪽 하단의 확인을 클릭하면 [그림 11-20]과 같이 상관관계 결과표가 생성된다.

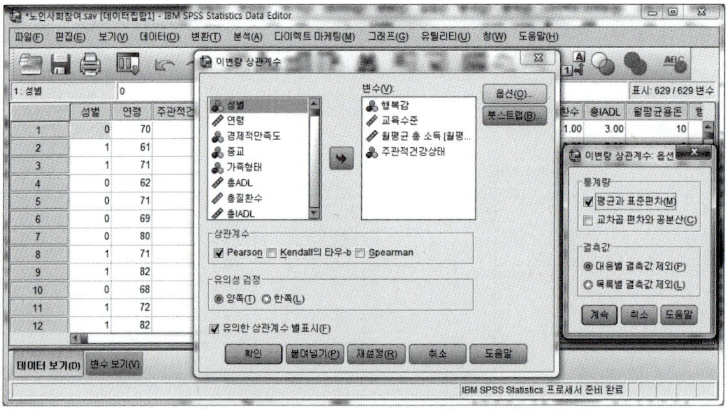

[그림 11-19] 이변량 상관계수-옵션

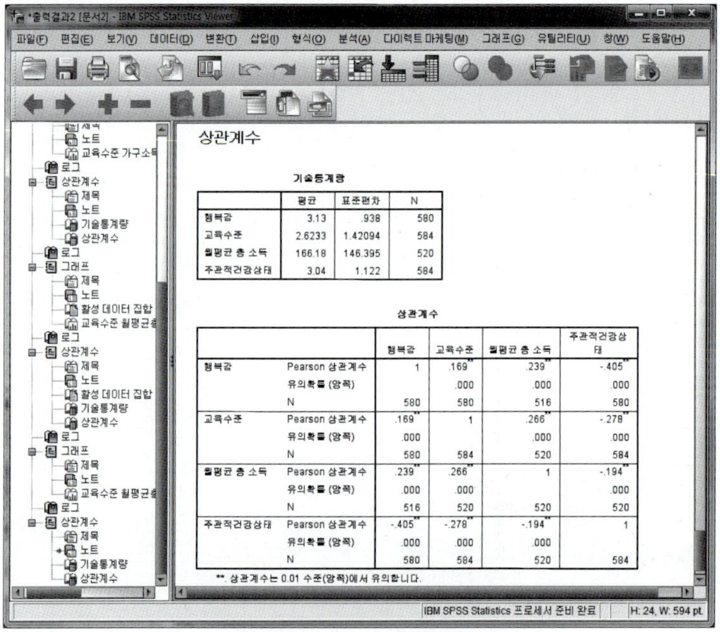

[그림 11-20] 상관관계 결과표

이와 같이 산점도와 상관관계분석을 통하여 변인 간의 선형관계가 나타나면 본격적으로 다중회귀분석을 시도한다. 다중회귀분석을 위하여 SPSS 데이터 창에서 분석(A)－회귀분석(R)－선형(L)을 클릭하면([그림 11－21]), 선형회귀분석 창이 뜬다([그림 11－22]).

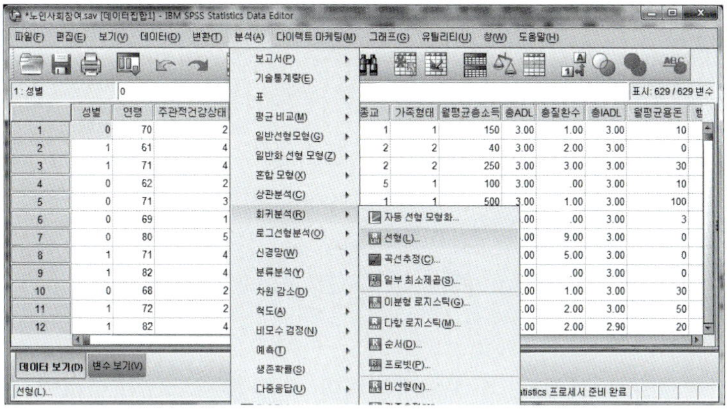

[그림 11–21] 분석(A)–회귀분석(R)–선형(L)

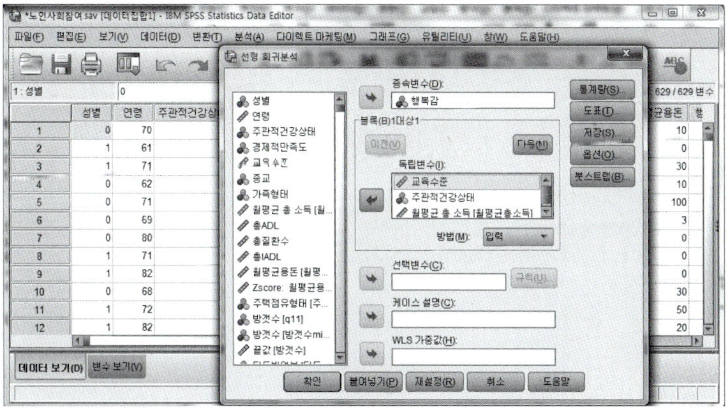

[그림 11–22] 선형 회귀분석(R)

[그림 11－22]와 같이 선형 회귀분석(R) 창에서 종속변수(D)에 행복감을, 독립변수(I)에 교육수준, 월소득, 주관적 건강상태를 이동시킨다. 그리고 방법(M)에는 단계적 선택을 클릭하여, 상관분석에서 유의한 독립변인만을 골라서 입력한다. 선형 회귀분석 창 오른쪽 상단의 통계량을 클릭하면 선형 회귀분석: 통계량 창이 뜬다.

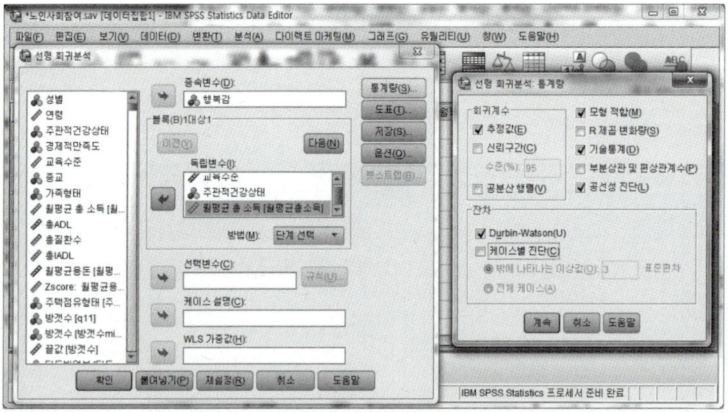

[그림 11-23] 선형 회귀분석(R)-통계량(S)

선형 회귀분석: 통계량 창에서 기술통계와 다중 공선성을 파악하기 위하여, 기술통계(D)와 공선성 진단(L)을 클릭한다. 독립성 진단을 위한 잔차 Durbin-Watson(U)을 클릭한 후, 왼쪽 하단의 계속을 클릭한다.

선형 회귀분석 창 상단 중간의 도표를 클릭하면 [그림 11-24]와 같이 선형 회귀분석(R): 도표(T) 창이 뜬다. 단순회귀분석과 마찬가지로 Y:에 *ZPRED와 X:에 *ZRESID를 이동시킨 후, 오른쪽 하단의 계속을 클릭한다.

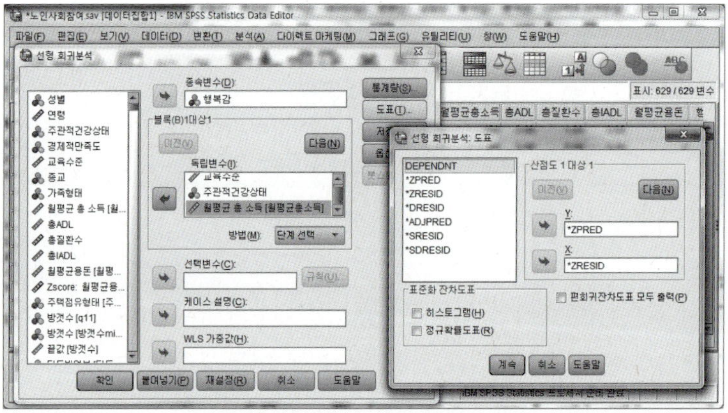

[그림 11-24] 선형 회귀분석(R)-도표(T)

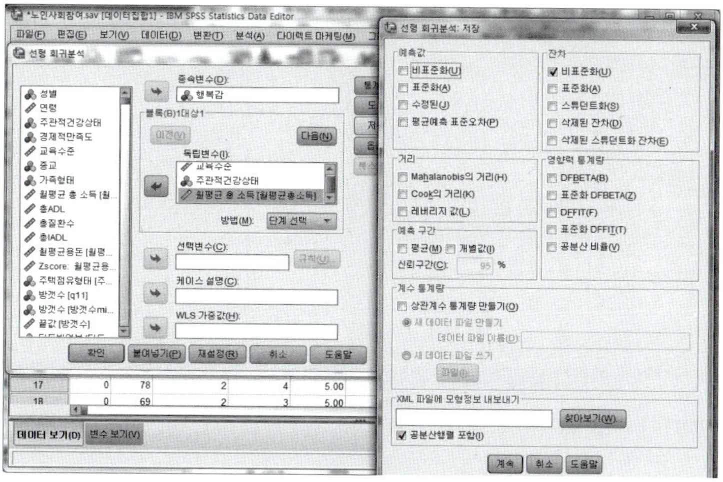

[그림 11-25] 선형 회귀분석(R)-저장(S)

다음 단계로 선형 회귀분석 창 오른쪽 중간의 저장을 클릭하면 선형 회귀분석(R): 저장(S) 창이 뜬다([그림 11-25]). 선형 회귀분석: 저장 창의 잔차에는 비표준화(U)를 선택하고 계속을 클릭한 후, 선형 회귀분석 창([그림 11-26]) 왼쪽 하단의 확인을 클릭하면 다중회귀분석 결과표가 생성된다([그림 11-27-1~4]).

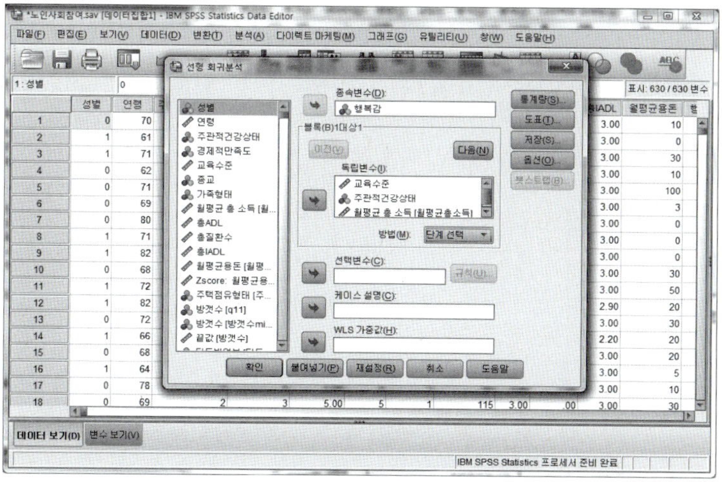

[그림 11-26] 선형 회귀분석(R)-확인

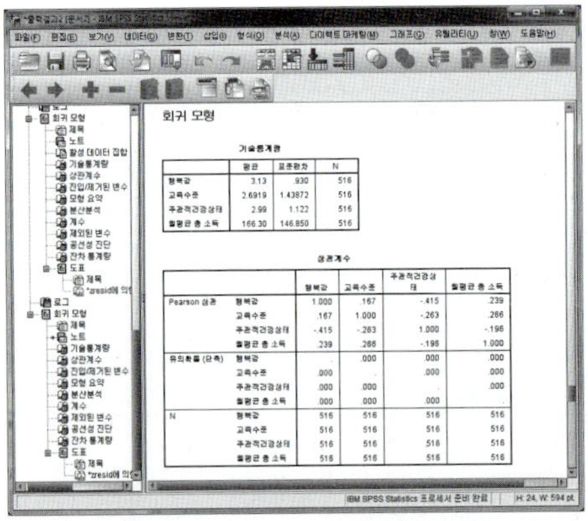

[그림 11-27-1] 선형 회귀분석(R)-결과표

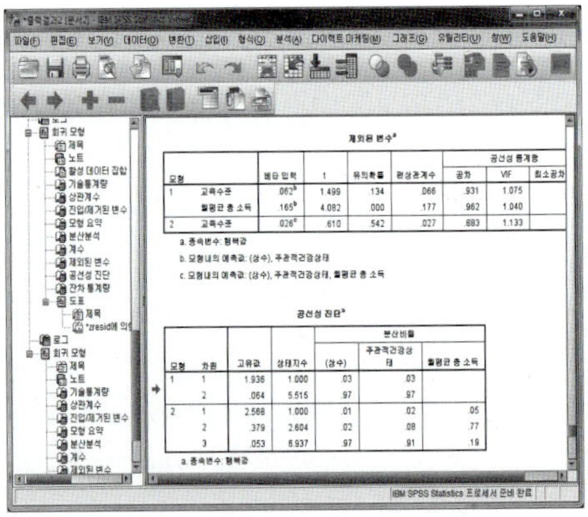

[그림 11-27-1] 선형 회귀분석(R)-결과표

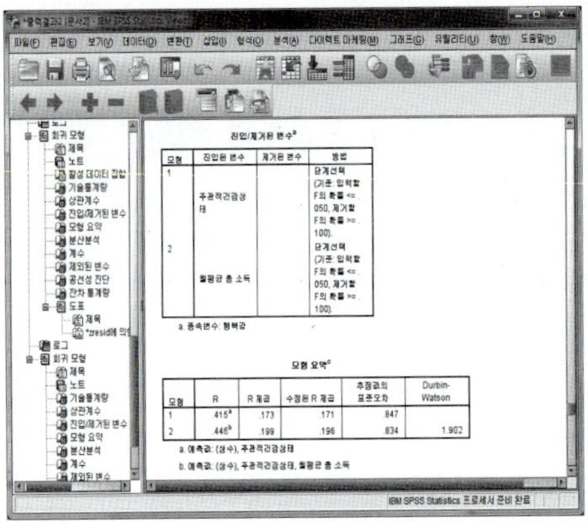

[그림 11-27-3] 선형 회귀분석(R)-결과표

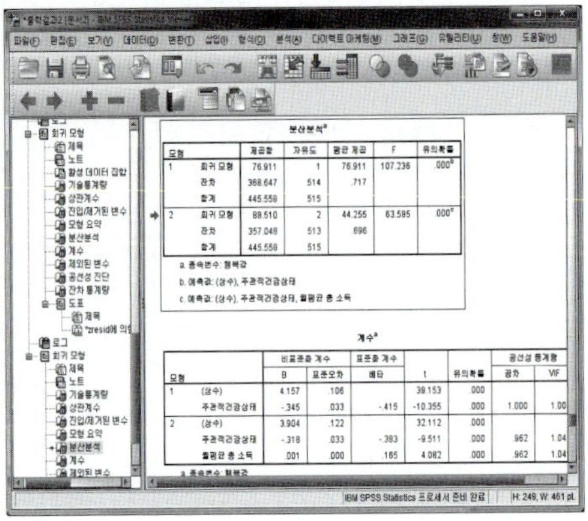

[그림 11-27-4] 선형 회귀분석(R)-결과표

12 CHAPTER

비모수검증

제1절 비모수검증의 개요

1. 비모수검증의 개념

비모수검증은 모수검증에 비하여 검증력이나 분석수준이 떨어지는 것으로 알려져 있다. 그러나 사회과학의 특성상, 비율 또는 등간척도를 활용하기 어려운 경우가 존재한다. 이러한 경우에 명목척도 또는 서열척도 수준에서 비모수검증을 활용한다. 검증방법에 대하여 정확한 이해를 바탕으로 활용한다면 유용한 정보를 획득할 수 있다.

통계적 추정 또는 통계적 검증과정에서 모집단은 정규분포 또는 이항분포를 가정하든지 대표본 또는 중심극한정리를 가정한다. 모집단에 대한 이와 같은 정보가 충분하지 않거나 표본이 추출된 모집단에 대한 가정이 필요하지 않은 명목 · 서열수준의 자료에 적용되는 방법을 '비모수검증방법(nonparametric methods)'이라고 한다. 즉, 비모수검증방법이란 모집단의 분포에 의존하지 않지만 통계적 예측을 하기 위한 통계량의 분포라고 할 수 있으며, 장 · 단점은 다음과 같다.

장점은, 첫째, 모수검증방법에 비하여 상대적으로 적용 및 이해가 쉽다. 모집단에 대한 특정 가정이 필요 없기 때문이다. 상대적으로 계산과 논리가 간단하여 쉽게 학습할 수 있다. 둘째, 비모수검증을 위한 자료는 단순히 서열을 중시하기 때문에 엄격한 수학적 의미를 가지지 않는다. 변인이 꼭 양적 변인일 필요가 없다. 셋째, 비모수검증은 아주 작은 표본(6개 이하)에 적용이 가능하며, 모수통계보다 효율적이다. 그러나 검증력의 효율도가 낮고, 상호작용 효과의 검증이 쉽지 않다는 단점이 있다.

2. 비모수검증방법

사회과학에서 자주 사용하는 비모수검증방법을 김희철과 김평구(2005)는 아래와 같이 정리하였다.

첫째, 중심위치 검증: 중심위치는 모평균을 의미하며, 비모수검증에서는 평균보다는 중앙치를 이용하는 부호검증을 한다.

둘째, 독립적인 두 모집단의 동일성 검증: 두 집단의 동일성은 평균과 분산, 표준편차의 비교를 통하여 이루어지게 되는데, 비모수검증에서는 윌콕슨의 순위검증을 실행한다.

셋째, 독립적인 여러 모집단의 동일성 검증: 크루스칼－왈리스검증을 사용한다.

넷째, 비독립적인 두 모집단의 동일성 검증: 부호검증과 윌콕슨의 부호순위검증을 활용한다.

다섯째, 상관계수 검증: 비모수검증에서는 스피어만 상관계수를 이용하는데, 수치가 아닌 순위로만 표시된다(순위상관 검증).

여섯째, 무작위성 검증: 관찰된 자료가 무작위 여부를 검증하는 방법으로 런(run test)을 한다.

반면에 이종환(2008)은 비모수검증방법을 표본의 수에 따라 〈표 12－1〉과 같이 정리하였다.

〈표 12-1〉 주요 비모수검증방법

표본 수	주요 비모수검증방법	비고
1표본	x^2적합도 검증	
	1표본 Kolmogorovo-Smirnov 검증	정규성 검증
	Run 검증	독립성 검증
독립 2표본	Mann-Whitney의 U검증	독립표본 T-검증
대응 2표본	McNemar 검증	질적 변인의 사전·사후검증
	Wilcoxon 부호순위검증	대응표본 T-검증
독립 k표본	Kruskal-Wallis의 H검증	일원분산분석

출처: 이종환(2008). SPSS를 이용한 조사방법 및 통계분석의 이해와 적용.

두 저자들의 내용을 다시 정리하면, 홍성열(1999)의 내용과 유사하다.

〈표 12-2〉 척도에 따른 비모수검증방법

	명명척도	서열척도
독립표집	카이스퀘어	Mann-Whitney U검증
	중앙치 검증	Kruskal-Wallis 검증
상관표집	McNemar 검증	Wilcoxon 검증
	부호 검증	Friedman 검증

출처: 홍성열(1999). 사회과학도를 위한 기초통계. p.316. 재인용.

제2절 비모수검증의 유형

1. 카이스퀘어

1) 카이스퀘어검증의 기본 원리

카이스퀘어검증은 주로 두 변인 간의 상관관계 유무(상호 연관성)를 확인하여 범주 간의 차이(독립성 검증)를 확인하거나 집단 간의 차이가 유사한가(동질성)를 검증하는 통계적 방법으로도 사용되곤 한다. 카이스퀘어검증은 관찰빈도와 기대빈도와의 차이의 원리를 활용한다.

카이스퀘어검증을 사용하기 위한 기본 조건은 다음과 같다. 첫째, 자료의 결과는 빈도(%)의 형태로 나타내야 하며, 측정을 위한 변인은 명목·서열수준이어야 한다. 둘째, 한 유목에 속해 있는 관찰빈도는 다른 유목에 속해 있는 관찰빈도와 독립적이어야 한다. 셋째, 관찰기대빈도가 5 이상이어야 하며, 2×2표에서 전체 빈도가 20 이하인 경우에는 사용하는 데 어려움이 있다. 이것은 카이스퀘어는 빈도수의 비교를 의미하는 것이다.

2) 카이스퀘어(x^2) 분포

x^2분포는 연속변인의 확률분포를 형성하는 정규분포 또는 t-분포와는 다르게, 비연속변인인 명목변인의 항목별 빈도에서 나오는 차이분석을 위한 분포이다. x^2 분포는 Z분포의 표준점수를 제곱하여 만들어진 분포이다. 그러므로 x^2분포는 항상 양의 값을 가지며, 최빈값은 하나의 값을 갖게 되고 꼬리가 오른쪽으로 긴 분포를 형성한다. x^2분포도 다른 분포와 마찬가지로 자유도에 따라 그 모양이 달라지는데, 일정수의 자유도에서는 정규분포에 가까워진다.

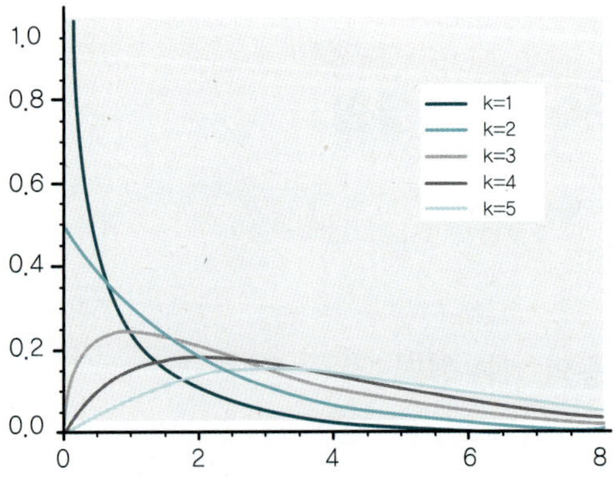

[그림 12-1] 자유도에 따른 x^2분포

3) 카이스퀘어 값의 계산방법

카이스퀘어검증의 계산과정을 한 변인에서 범주(칸) 간의 차이, 기대빈도(E)와 관찰빈도(O)의 차이의 원리를 이용하여 설명하도록 한다.

관찰빈도와 기대빈도의 차이를 활용하는 이유는 다음과 같다. 첫째, 관찰빈도와 기대빈도 차이의 판단 근거가 된다. 둘째, 각 범주(칸)마다 관찰빈도와 기대빈도 차이의 제곱을 표준화하려면, 그 차의 제곱을 기대빈도로 나누면 된다.

관찰빈도와 기대빈도 차의 제곱을 기대빈도로 나눈 값을 합하면, 각 칸의 관찰빈도가 기대빈도로부터 어느 정도 벗어났는지 확인할 수 있다. 이것을 공식으로 표현하면 $\sum\frac{(O-E)^2}{E}$이 되며, 도출된 결과가 카이스퀘어(x^2) 값이 된다. 여기서 기대빈도는 어떠한 본질적인 원인이나 이유가 없을 때, 범주의 빈도가 차이가 없을 때 나타나는 빈도를 말하며, 계산은 해당 칸에 속한 열의 총 빈도와 해당 칸에 속한 행의 총 빈도를 곱하고 전체 빈도로 나눈 값이 된다.

$$\text{기대빈도(E)} = \frac{\text{해당 칸에 속한 열의 총빈도} \times \text{해당 칸에 속한 행의 총빈도}}{\text{전체 빈도}}$$

예를 들어, 〈표 12-3〉은 노인일자리 참여 만족도에 참여한 노인 213명에 대한 성별의 관찰빈도(남=97명, 여=116명)와 기대빈도(남=50%, 106.5명, 여=50%, 106.5명)의 차이를 나타낸 것이다.

〈표 12-3〉 남녀노인 간 관찰 및 기대빈도

	남	여	계
관찰빈도	97	116	213
기대빈도	106.5	106.5	213

〈표 12-3〉의 자료를 토대로 카이스퀘어 값을 계산하는 과정을 정리하면 〈표 12-4〉와 같다.

〈표 12-4〉 카이스퀘어 계산 과정

	O	E	$(O-E)$	$(O-E)^2$	$\frac{(O-E)^2}{E}$	$\sum\frac{(O-E)^2}{E}$
남	97	106.5	−9.5	90.25	0.847	1.695
여	116	106.5	9.5	90.25	0.847	

카이스퀘어 값이 변인의 범주 간의 차이(기대빈도와 관찰빈도)의 합이라고 한다면, 남자의 관찰빈도와 기대빈도의 차는 $97-106.5=-9.5$이며, 여자의 관찰빈도와 기대빈도의 차는 $116-106.5=9.5$이다.

그런데 카이스퀘어 값을 계산하기 위하여, 남녀의 관찰빈도와 기대빈도의 차이를 합하면 0이 된다. 관찰빈도와 기대빈도의 차이값을 제곱하면, 이러한 문제를 해결할 수 있다. 카이스퀘어 값을 계산하기 위하여, 남자의 $(관찰빈도-기대빈도)^2$은 $(-9.5)^2=90.25$가 되고, 여자의 $(관찰빈도-기대빈도)^2$은 $(9.5)^2=90.25$가 된다. 다시 $(관찰빈도-기대빈도)^2$를 기대빈도로 나누어, $\left(\frac{90.25}{106.5}\right)$ 표준화를 시도한 다음, 남자(0.847)와 여자(0.847)의 값을 합하면, $x^2=\sum\frac{(O-E)^2}{E}=1.695$가 된다.

그런데 $x^2=1.695$만으로는 남자(97)와 여자(116)가 본질적인 원인에 의한 것인지 아니면 우연에 의한 것인지 판단하기 어렵기 때문에 유의도를 검토한다.

'유의도가 있다.'는 의미는 본질적인 원인에 의하여 나타난 결과라고 이야기할 수 있다. 또한 카이스퀘어 계산은 관찰빈도−기대빈도의 제곱에 기대빈도로 나누기 때문에, 범주(칸)의 수에 따라 그 값이 달라진다고 할 수 있다. 그런데 정확히 자유도라고 하는 범주(칸의 수−1)에 의하여 달라진다고 할 수 있다. 여기서 자유도(df)란, 하나의 모수치 추정에 사용하는 독립적인 정보의 수를 말한다. 다시 말해 앞의 예에서 213명의 남녀 노인 중 남자의 수가 정해지면, 여자의 수는 자연스럽게 결정된다. 남자, 여자, 노인 범주(칸)의 수 중, 한 범주(칸)의 수는 자유롭게 여러 가지 수를 가질 수 있지만 다른 범주(칸)는 앞의 범주(칸)가 정해지면 자동적으로 결정된다. 이러한 자유도는 카이스퀘어분포에 영향(자유도의 수가 많아지면 정규분포곡선에 가깝게 변함)을 주게 될 뿐만 아니라 통계적 유의도를 만족하는 카이스퀘어 값, 임계치(critical value)가 달라지게 한다.

4) 카이스퀘어검증의 적용(가설검증)

(1) 적합도 검증

적합도 검증(goodness-of-fit test)은 모집단이 특정한 분포를 따른다는 영가설을 표본자료를 이용하여 검증하는 방법이다. 예를 들어, "사회복지서비스의 수요는 계절별로 같은 비율로 발생할 것이다."는 가설을 검증하려면 계절별로 사회복지서비스 수요를 표본추출 하여 조사한 후, 이론적으로 발생하는 수요와의 차이를 비교하면 된다.

표본에 의한 관찰분포도(통계치)와 모집단으로 표현될 수 있는 이론적 분포(기대치)를 비교하였을 때 이론적 분포와 표본분포의 동질성이 매우 높다면, 두 분포 간의 차이는 표본분산의 결과라고 해석할 수 있다. 그러나 두 분포의 이질성이 심하여 그 편차가 매우 크다면, 표본분산의 결과라기보다는 가정했던 모집단분포가 아닌 다른 모집단분포에서 추출되었다는 해석이 가능하다. 그러므로 영가설은 표본이 모집단분포에서 추출되지 않았다고 가정하고, 연구가설은 모집단분포에서 추출되었다고 가정한다.

① 모수가 알려져 있는 경우

자료분석에서 정규분포는 가장 유용한 분포 중의 하나이며, 관찰된 표본의 분포가 정규분포를 이루고 있는 모집단에서 추출되었는지 여부를 검증하기 위하여 카이스퀘어검증을 사용한다. 적합도 검증을 위한 카이스퀘어검증은 표본의 관찰빈도에서 기대빈도를 뺀 결과를 모두 합하여 기대빈도로 나눈다. 계산의 결과가 표집오차인지 실제오차인지 결정하게 되는데, 이는 자유도의 영향을 받게 된다.

가설을 검증하는 과정은 다음과 같다.

▣ 1단계: 가설을 설정하고, 유의수준을 결정한다.

가설 H_0=범주 i에 속할 확률은 p_i이다(i=1, 2, 3, …).

▣ 2단계: 기각영역을 정하고, 검증통계량을 계산한다.

$$x^2=\sum_{i=1}^{k}\frac{(O_i-E_i)^2}{E_i}$$

*k=표에서의 범주의 수 *Oi=범주 i에서의 관측도수 *Ei=범주 i에서의 기대도수

▣ 3단계: 영가설을 평가한다.

예를 들어, 어느 종합사회복지관장의 "사회복지서비스의 수요는 년 4분기 동안 같은 비율로 발생한다."는 주장을 검증하기 위하여, 사회복지서비스 수요자 중에 100명을 임의추출 하여 조사하였다.

〈표 12-5〉 사회복지서비스 수요조사 결과

분기	1분기	2분기	3분기	4분기	계
수요	24	16	28	32	100

관장의 주장이 옳은지를 5% 유의수준에서 적합도 검증을 시도하면 다음과 같다.

▣ 1단계: 가설을 설정하고, 유의수준을 결정한다.

가설 H_0: p_i=0.25(i=1, 2, 3, …) 계절별 사회복지서비스 수요는 같다.

유의수준: 5%

▣ 2단계: 기각영역을 정하고, 검증통계량을 계산한다.

$$x^2=\sum_{i=1}^{k}\frac{(O_i-E_i)^2}{E_i},\quad x^2>x^2_{a,k-1},\ x^2_{0.05,3}=7.815$$

〈표 12-6〉 사회복지서비스 수요의 기대빈도

분기	1분기	2분기	3분기	4분기	계
수요 O_i	24	16	28	32	100
확률 p_i	0.24	0.16	0.28	0.32	1.0
기대빈도 E_i	0.25	0.25	0.25	0.25	1.00

$$x^2 = \frac{(24-25)^2}{25} + \frac{(16-25)^2}{25} + \frac{(28-25)^2}{25} + \frac{(32-25)^2}{25} = 5.6$$

▣ 3단계: 영가설을 평가한다.

$x^2 = 5.6 < 7.817$이므로 영가설을 채택한다. "분기별 사회복지서비스 수요는 일정하다."는 주장이 적합하다고 볼 수 있다.

② 모수가 알려져 있지 않은 경우

모수가 알려져 있지 않은 경우의 적합도 검증의 예로, 사회복지자료분석론 중간시험결과가 정규분포를 따르는지 5% 유의수준으로 검증하면 다음과 같다(단, 모평균과 모표준편차는 $\hat{\mu} = \bar{x} = 55.2$, $\hat{\sigma} = s = 18.7$로 추정된 값임).

〈표 12-7〉 사회복지자료분석론 중간고사 결과

성적구간	20~40	40~60	60~80	80~100	계
학생 수	12	18	15	5	50

▣ 1단계: 가설을 설정하고, 유의수준을 결정한다.

가설 H_0: 사회복지자료분석론 중간고사 성적은 정규분포를 따른다.

유의수준: 5%

▣ 2단계: 기각영역을 정하고, 검증통계량을 계산한다.

$$x^2 = \sum_{i=1}^{k} \frac{(O_i - E_i)^2}{E_i}, \quad x^2 > x^2_{a,k-1-p}, \; x^2_{0.05,1} = 3.841$$

단, O_i=i구간에 속하는 학생 수, E_i=i 구간에 속하는 기대도수

정규분포의 모평균과 모표준편차를 모르기 때문에, $X \sim N(\mu, \sigma^2)$에서 표본추출한 자료에서 모평균(μ)와 모표준편차(σ^2)를 추정해야 하므로 자유도는 추정한 모수의 개수 p=2만큼 빼야 한다. 즉, k−1−p=4−1−2=1이 된다. 각 구간의 확률은 다음과 같이 구한다.

20 미만의 구간확률: $p_1 = P(X < 20)$,

$$P\left(Z < \frac{X-\mu}{\sigma}\right) < P\left(Z < \frac{20-55.2}{18.7}\right) = P(Z < -1.88) = 0.03$$

60~80의 구간확률: $p_4 = P(60 < X < 80)$,

$$P\left(\frac{60-55.2}{18.7} < Z < \frac{80-55.2}{18.7}\right) = P(0.26 < Z < 1.33) = 0.31$$

구간의 기대빈도는 $E_i = np_i$로 구한다. 첫 번째 구간의 기대빈도는 $E_i = np_i = 50 \times 0.03 = 1.5$가 된다. 네 번째 구간의 기대빈도는 $E_3 = np_3 = 50 \times 0.31 = 15.5$가 된다. 기대빈도가 5 미만의 구간은 합하게 되므로 범주는 4개로 변하게 되고 검증통계량의 자유도는 k−1−p=4−1−2=1이 된다.

〈표 12-8〉 각 구간의 기대빈도

<table>
<tr><th>성적구간</th><th>20 미만</th><th>20~40</th><th>40~60</th><th>60~80</th><th>80~100</th><th>100 이상</th><th>계</th></tr>
<tr><td>학생 수(관측)</td><td>0</td><td>12</td><td>18</td><td>15</td><td>5</td><td>0</td><td>50</td></tr>
<tr><td>확률</td><td>0.03</td><td>0.18</td><td>0.39</td><td>0.31</td><td>0.08</td><td>0.01</td><td>1</td></tr>
<tr><td>기대빈도</td><td>1.5</td><td>9.0</td><td rowspan="2">19.5</td><td rowspan="2">15.5</td><td>4</td><td>0.5</td><td>50</td></tr>
<tr><td>5 미만은 합</td><td colspan="2">10.5</td><td colspan="2">4.5</td><td>50</td></tr>
</table>

*100 이상일 때 정규분포 범위는 $-\infty < x < \infty$이기 때문임.

$$\chi^2 = \frac{(12-10.5)^2}{10.5} + \frac{(18-19.5)^2}{19.5} + \frac{(15-15.5)^2}{15.5} + \frac{(5-4.5)^2}{4.5} = 0.395$$

▣ 3단계: 영가설을 평가한다.

$\chi^2 = 0.395 < 3.841$이므로, 영가설을 채택한다. "자료분석론 중간고사

성적은 정규분포를 따른다."고 볼 수 있다.

적합도 검증에서는 측정치가 상호 배타적인 r개의 카테고리로 나누어 관찰한다. 단일표본분석에서 명목척도인 경우 "기대치와 관찰치는 차이가 없다."는 결론을 도출하는 카이스퀘어(Chi-square)를 활용하나 단일표본분석에서 서열척도를 사용하는 경우에는 "분포가 알려지지 않은 모집단에서 무작위추출 된 독립표본으로 구성되고 누적빈도분포를 이용하여 관찰빈도와 이론빈도는 동일하다."는 결론을 도출하는 콜모고로프-스미르노프(Kolmogorov-Smirnov)가 활용된다.

(2) 독립성 검증

독립성 검증은 두 개 또는 그 이상의 변인에서 얻은 유목변인의 비교(이원분류)를 통하여 이루어진다. 독립성 검증을 위하여 카이스퀘어검증을 활용하는 경우 변인 간의 관계 유의미성에 대한 답을 준다. 즉, 독립성 검증은 관계의 질, 정도, 형태 등에 대한 의문의 답은 요구하지 않는다. 교차표에 의한 독립성 검증은 가설이 서로 독립적이라는 원칙에 의하여 설정되기 때문이다.

① 2×2 교차표

교차분석의 독립성 검증에서 가장 흔하게 사용하는 방법은 2×2 교차표 형태이다. 즉, 행과 열이 각각 2개로 만들어진 교차표이다. 예를 들어, 석사학위 논문작성을 위한 우편 설문지 수거에 선물을 제공한 경우와 제공하지 않은 경우에 따른 설문지 수거에 대한 $\alpha = 0.05$ 수준에서 유의미를 알아보면 다음과 같다.

〈표 12-9〉 설문지 수거 시, 선물 동봉과 미동봉의 회수율

선물 동봉 유무	회수	미회수	합계
선물 동봉	20	10	30
선물 미동봉	13	17	30
합 계	33	27	60

▣ 1단계: 가설을 설정하고, 유의수준을 결정한다.

H_0: 설문지 수거에서 선물의 동봉은 수거율과 독립적이다.

H_1: 설문지 수거에서 선물의 동봉은 수거율과 독립적이 아니다.

유의수준: 5%

▣ 2단계: 기각영역을 정하고, 검증통계량을 계산한다.

$$\chi^2 = \sum_{i=1}^{k} \frac{(O_i - E_i)^2}{E_i},\ \chi^2\alpha = 0.05[d.f. = (2-1)(2-1) = 1] = 3.841$$

기대빈도 측면에서 설문지 회수와 미회수의 기대빈도로 나누어 생각해 볼 수 있다.

첫째, 설문지가 회수될 기대빈도는 다시 선물을 동봉한 경우와 동봉하지 않은 경우를 상정할 수 있다. 선물을 동봉한 경우 $\frac{(20+10)\times(20+13)}{60}$=16.5, 선물을 동봉 안 한 경우 $\frac{(13+17)\times(13+20)}{60}$=16.5가 된다.

둘째, 설문지가 미회수 될 기대빈도는 선물을 동봉한 경우 $\frac{(10+20)\times(20+17)}{60}$=13.5, 선물을 동봉하지 않은 경우 $\frac{(13+17)\times(17+10)}{60}$=13.5가 된다.

〈표 12-10〉 독립성 검증

분류		fo	fe	(fo−fe)	(fo−fe)²	(fo−fe)²/fe
선물 동봉	수거	20	16.5	3.5	12.25	0.74
	미수거	10	16.5	3.5	12.25	0.74
선물 미동봉	수거	13	13.5	−0.5	0.25	0.02
	미수거	17	13.5	−0.5	0.25	0.02
합 계		60				1.52

▣ 3단계: 영가설을 평가한다.

χ^2=1.52<3.84이므로 영가설을 수용하고, 연구가설을 기각한다. 즉, "설문지에 선물 동봉은 응답률에 유의한 영향을 주지 않았다."고 결론을 내릴 수 있다.

② r×c 교차표

r×c 교차표에서 카이스퀘어검증은 사회복지사의 직급별 직무만족도 사이에 독립성이 있는지를 조사하기 위하여, 사회복지사 100명을 표본추출 하여 5% 유의수준에서 검증하였다.

〈표 12-11〉 사회복지사 직급과 직무만족도 관계 조사결과

	만족	보통	불만족	합계
관장	5	7	13	25
과장	10	18	12	40
일반	9	15	11	35
합계	24	40	36	100

▣ 1단계: 가설을 설정하고, 유의수준을 결정한다.

H_0: 직급과 직무만족도 사이에는 독립적이다.

H_1: 직급과 직무만족도 사이에는 독립적이지 않다.

유의수준: 5%

▣ 2단계: 기각영역을 정하고, 검증통계량을 계산한다.

$$x^2 = \sum_{i=1}^{r}\sum_{j=1}^{c}\frac{(O_{ij}-E_{ij})^2}{E_{ij}},\ \text{단 } E_{ij} = \frac{i\text{번째 행의 합} \times j\text{번째 행의 합}}{\text{총도수}} = \frac{T_A \times T_B}{n},$$

$$x^2 > x^2_{a,(r-1)(c-1)} = x^2_{0.05(3-1)(3-1)} = x^2_{0.05,4} = 9.488$$

기댓값 E_{32}를 구하는 방법과 검증통계량은 다음과 같다.

$$E_{32} = \frac{T_{A_3} \times T_{B_2}}{n} = \frac{35 \times 40}{100} = 14$$

$$x^2 = \sum_{i=1}^{3}\sum_{j=1}^{2}\frac{(O_{ij}-E_{ij})^2}{E_{ij}} = \frac{(5-6)^2}{6} + \frac{(7-10)^2}{10} + \cdots + \frac{(11-12.6)^2}{12.6} = 39.88$$

〈표 12-12〉 교차표 O_{ij}와 기댓값 E_{ij}

		만족	보통	불만족	계
관장	관찰	5	7	13	25
	기대	6	10	9	25
과장	관찰	10	18	12	40
	기대	9.6	16	14.4	40
일반	관찰	9	15	11	35
	기대	8.4	14	12.6	35
계	관찰	24	40	36	100
	기대	24	40	36	100

▣ 3단계: 영가설을 평가하다.

$x^2 = 39.88 > 9.488$이므로, 영가설을 기각한다.

즉, 직급과 직무만족도 간에는 서로 독립적이 아니다.

독립성 검증에서 서열척도를 활용한 분석방법은 맨-휘트니 U검증, 콜모고로프-스미르노프 검증, 크루스칼-왈리스 검증 등이 있다.

첫째, 맨-휘트니 U-검증(Mann-Whitney U-test)(독립된 2개)은 서열척도를 이용하고, t-test의 가정을 만족하지 못하지만 측정치가 연속적이고 두 집단의 분포 모양은 같고 단지 위치가 다를 때, 영가설을 "모집단은 동일하다."고 가정한다.

둘째, 콜모고로프-스미르노프(Kolmogorov-Smirnov)(두 개 표본분석)는 서열척도를 이용하고, 자료는 두 개의 독립된 집단에서 임의추출 되고, 영가설은 두 집단의 누적분포가 동일한 경우에 활용한다.

셋째, 크루스칼-왈리스(Kruskal-Wallis)는 일원분산분석(one-way variance analysis)과 유사하다. 자료의 크기는 k개로 이루어지고 연속서열척도이며, 측정치는 표본 내에서나 표본 간에서 독립적이라고 가정되고, 영가설은 모집단이 동일한 경우에 활용된다.

(3) 동질성 검증

교차분석에서 동질성 검증은 명목측정과 카이스퀘어를 사용한다는 면에서 독립성 검증과 유사하다. 그러나 독립성 검증은 단일무작위표본에서 추출된 두 개 이상의 표본이 서로 독립적인지에 대한 검증이지만 동질성 검증은 두 개 이상의 표본이 단일모집단에서 추출되었는지 알아보기 위한 검증방법이다. 예를 들어, 사회복지학부의 통합운영에 대하여 전공이 다른 학생들의 의견을 알아보면 다음과 같다.

〈표 12-13〉 사회복지학부 통합운영에 대한 학생들의 의견

통합운영	사회복지 전공	노인복지 전공	아동복지 전공	합계
찬성	18	22	10	50
반대	7	14	9	30
무응답	5	4	11	20
합계	30	40	30	100

α=0.05 수준에서 전공 학생들 간의 의견비율이 유의한 차이를 보이는지 알아보고자 한다.

▣ 1단계: 가설을 설정하고, 유의수준을 결정한다.

H_0: 학부의 통합운영에 대한 세 전공 학생들 반응의 모집단비율은 동일하다.

H_1: 학부의 통합운영에 대한 세 전공 학생들 반응의 모집단비율은 동일하지 않다.

유의수준: 5%

▣ 2단계: 기각영역을 정하고 검증통계량을 계산한다.

$$\chi^2 = \sum_{i=1}^{r}\sum_{j=1}^{c}\frac{(O_{ij}-E_{ij})^2}{E_{ij}},\ \text{단 } E_{ij} = \frac{i\text{번째 행의 합} \times j\text{번째 행의 합}}{\text{총도수}} = \frac{T_A \times T_B}{n},$$

$$\chi^2 > \chi^2_{\alpha,(r-1)(c-1)} = \chi^2_{0.05(2-1)(3-1)} = \chi^2_{0.05,4} = 9.488$$

기댓값 E_{32}를 구하는 방법과 검증통계량은 다음과 같다.

$$E_{32} = \frac{T_{A_3} \times T_{B_2}}{n} = \frac{35 \times 40}{100} = 14$$

$$x^2 = \sum_{i=1}^{3}\sum_{j=1}^{2}\frac{(O_{ij} - E_{ij})^2}{E_{ij}} = 9.58$$

〈표 12-14〉 교차표 관찰값 O_{ij}와 기댓값 E_{ij}

구분				fo	fe	(fo-fe)	$(fo-fe)^2$	$(fo-fe)^2/fe$
r	c	반응	전공					
1	1	찬성	사복	18	15	3	9	0.60
1	2		노복	22	20	2	4	0.20
1	3		아복	10	15	−5	25	1.67
2	1	반대	사복	7	9	−2	4	0.44
2	2		노복	14	12	2	4	0.33
2	3		아복	9	9	0	0	0
3	1	무반응	사복	5	6	−1	1	0.17
3	2		노복	4	8	−4	16	2.00
3	3		아복	1	6	−5	25	4.17
합계				90	100	−12		x^2=9.58

▣ 3단계: 영가설을 평가한다.

x^2=(0.05 df.=4)=9.488, x^2=9.48<9.58이므로

영가설을 기각하고, 연구가설을 수용한다.

동질성 검증은 다양한 분석방법을 활용한다.

첫째, 맥네마 검증(McNemar test)은 명목 또는 서열측정의 수준에서 N개의 표본 혹은 표본의 조합으로, 사전·사후 두 번의 측정으로 검증한다. 영가설로는 "실험 전 측정치가 변할 확률은 어느 방향이든지 동일하다."고 진술한다.

둘째, 윌콕슨 부호순위검증(Wilcoxon Matched-Pairs Signed-Ranks test)은 최소한 서열척도를 활용해야 하며, 세 개의 쌍이 어느 방향(차이의 방향은 +, -로 구분)과 정도 차이를 보이는지에 대하여 동시에 측정되는 동질성 검증이다. 영가설로는 "쌍을 이루는 측정치 간의 차이는 없다."고 진술한다.

셋째, 코크란 Q검증(Cochran Q test)은 분석 자료에서 N개의 응답집단이 K개의 독립적인 실험변인에 응답하는 형식이다. 측정치는 명목(0, 1), 이분서열이며 교차표(N×K)로 작성하며 영가설은 "실험효과는 동일하다."고 진술한다.

넷째, 프리드만 분산분석(Friedman Two-Way)은 서열척도를 사용하게 되며, 서열이 서로 다른 표본들을 측정하여 이 측정값들이 동일 모집단에서 표본되었는지를 알아보게 된다. 자료는 N의 독립적 표본에서 k번의 측정으로 이루어진다. 영가설은 "표본들 간 실험변인간의 관련성은 없다."고 진술한다.

5) 카이스퀘어검증의 한계

카이스퀘어검증은 상관관계의 유무에 대해서만 알 수 있고, 상관관계의 정도(계수)는 알 수가 없다는 점에 유의해야 한다.

상관계수로 나타낼 수 없는 이유는 다음과 같다. 첫째, 카이스퀘어 값을 표준화(±1)할 수 없다. 같은 비율의 분포일지라도 절대빈도에 따라 값이 다르다. 둘째, 상관관계가 없을 때도 카이스퀘어 값은 1보다 크다는 것이다.

2. 맨-휘트니 U-검증

맨-휘트니 U-검증(Mann-Whitney U-Test)은 순위척도를 사용하며, 독립표집 된 두 집단이 동일 모집단에서 얻어진 것인지에 대하여 알아보기 위한 검증에 활용된다. 그러므로 "두 집단은 동일한 분포를 갖는다."라고 가정한다.

자료가 적어도 서열척도 이상이어야 하며, 일반적으로 등간 또는 비율척도로 측정된다면 모수검증(t-검증)으로 대체가 가능하다. 따라서 U-검증은 모수검증의 조건을 갖추지 않았으나 신속한 검증이 요구될 때 사용된다. 즉, 서열척도를 사용하며, 척도만 차이가 있을 뿐 t-검증과 유사하다. 그러므로 t-검증의 요구사항에 맞지 않거나 가정을 피하려 할 때 사용한다. 순위의 비교를 통하여 두 집단 간의 차이검증을 시도하나 상대적인 값을 가지므로 해석에 유의해야 한다.

U-검증의 절차는 다음과 같다. 첫째, 두 가지 처치로부터 독립된 표본 A(na), 표본 B(n_b)를 추출한다. 둘째, 두 표본을 결합하고, 전체 집합의 대상인 n_a+n_b를 등위순으로 놓는다. 셋째, 결과를 관찰한다. 결과가 우연의 것인지 아닌지를 해석 및 판단한다.

U-검증의 결과 해석은 다음과 같다.

A표본은 한쪽에 B표본은 다른 한쪽에 몰린다. U값이 0인 경우, 가장 큰 값을 갖는 경우이다(두 표본이 매우 다르다). 두 표본이 점점 비슷해지면 등위가 섞이기 시작하며, 점수는 점점 커진다. 예를 들어, 사회복지자료분석론을 강의하는 교수가 학생들의 수업 만족도를 알아보기 위하여, 각 반에서 5명을 표집 하고 최하 1점에서 최고 20점인 척도를 사용하여 조사하였다.

〈표 12-15〉 수업 만족도 조사결과

대상자	1	2	3	4	5
A반	8	11	6	9	무응답
B반	10	13	16	12	18

두 반의 평가가 의미 있는 차이인가에 대하여 맨-휘트니 U-검증을 통하여 알아보고자 한다.

① N_1=첫 번째 표집의 사례 수 ② N_2=두 번째 표집의 사례 수

③ U=작은 집단을 기준으로, 작은 집단 각 사례들 앞에 있는 큰 집단의 사례 수

④ U'=큰 집단을 기준으로, 큰 집단의 각 사례들 앞에 있는 작은 집단의 사례 수

앞의 자료를 일렬로 나열하고, 각각에 대하여 집단을 표시하면 아래와 같다.

〈표 12-16〉 수업 만족도 조사결과의 배열

6	8	9	10	11	12	13	16	18
A	A	A	B	A	B	B	B	B

A집단 앞에 있는 B는 10이라서 U는 1이 되고, B집단 앞에 있는 A집단 U'는 3+4+4+4+4=19가 된다. $U=N_1N_2-U'$의 공식에 적용하면 $U=4\times5-19=1$이 된다. N_1 또는 N_2가 8보다 작은 경우, U=1이 의미 있는지 알아보기 위하여 $N_1=4$ $N_2=5$ 그리고 U=1을 부록에 제시된 맨-휘트니 U-검증표로 확인하면 $p=0.016$이다. 그러므로 A반과 B반의 수업 만족도는 차이가 있다고 결론을 내릴 수 있다.

3. 크루스칼-왈리스 H-검증

크루스칼-왈리스(Kruskal-Wallis) H-검증(중앙치 검증)은 적어도 서열척도 이상에 의하여 측정된 자료일 때, 두 개 이상의 독립된 표본이 동일한 모집단에서 추출된 것인지에 대한 확인을 위하여 사용된다. 맨-휘트니 U-검증의 확장이라고 볼 수 있다. H-검증을 비모수분산분석(ANOVA)이라고 하며, 모집단에서 추출된 표본이 연속변인일 경우에 사용된다. 즉, 순위에 의한 일원변량분석에 대응하는 비모수적 검증방법이며, 두 개 이상의 독립표본 집단들 간 차이의 유의도 검증이다. 그러나 크루스칼-왈리스 H-검증은 일원분산분석과 달리 사후검증을 하지 않는다.

크루스칼-왈리스 H-검증의 절차는 다음과 같다. 첫째, 분포상의 전체 자료가 하나로 합쳐지고, 모두를 순위에 따라 일렬로 세운 다음 전체 중앙치를 구한다. 둘째, 각 집단별로 등위의 합을 구한다. 셋째, 가장 작은 값이 1이고, 순위대로 결정관찰치가 같은 값이 두 개면(예, 10이면 10.5로 표기) 표본 i의 순위와 합을 R_i라면 K개의 표본별 순위 합 R_i차이가 클 때 영가설을 부정하고 K개의 표본은 서로 다르다고 할 수 있다.

영가설 H_0: k개의 각 모집단은 동일하다.

연구가설 H_i: k개의 각 모집단은 동일하지 않다.

k개의 각 모집단에서 크기가 $n_i(i=1, 2, 3, 4, \cdots, k)$인 표본에서 $n = n_1+n_2+n_3+\cdots+n_k$는 전체 자료의 총합이 된다. W_i를 i번째 표본의 순서합계라면, $Ri = \frac{W_i}{n_i}$는 i번째 표본자료들의 평균 순위이다. Ri의 평균 $\overline{R}$전체의 자료를 평균 순위와 같아지므로, 총 순위 합계를 n으로 나눈 값 $\overline{R} = 1+2+3+4+\cdots+n/n = \frac{n-1}{2}$이다. H_0가 참일 때, 각 평균 순위는 혼합표본의 총 평균 순위인 $\frac{n+1}{2}$에 가까울 것을 기대한다. $(R_1-n+1/2)$, $(R_2-n+1/2)$, $\cdots$, $(R_k-n+1/2)$는 각 처리별 평균 순위의 총 평균 순위로부터의 편차를 낸다. 편차들의 크기가 상대적으로 작을 때, 영가설(H_0)이 참이라는 근거가 되며 검증통계량은 다음과 같다.

$$H = \frac{12}{n(n+1)} \sum_{i=1}^{k} \left(Ri - n + \frac{1}{2} \right)^2$$

$$\text{실제 검증통계량, } H = \frac{12}{n(n+1)} \sum_{i=1}^{k} \left(\frac{W^2}{n_i} \right) - 3(n+1)$$

표본의 크기가 클 때, 검증통계량은 자유도 k−1인 x^2분포를 한다. 그러므로 유의수준 α에서의 검증법은 $H > x^2k-1$(α일 때, H_0를 기각한다)이다. 예를 들어, 사회복지학부 전공학생들 17명을 무작위로 추출하여 평균학점을 정리하였다. 모집단의 평균이 같은지 유의수준 5%수준에서 검증하면 다음과 같다.

〈표 12-17〉 전공별 평균학점

사회복지전공	노인복지전공	산업복지전공
3.2	3.1	4.1
3.5	3.3	2.3
2	4.4	3.8
4.2	2.5	3.7
4.2	2.8	3.6
2.1		4.3

H_0: 세 모집단의 성적 분포는 같다.

H_1: 세 모집단의 성적 분포는 같지 않다.

〈표 12-18〉 전공별 학생들의 성적 분포

사회복지전공	노인복지전공	산업복지전공
3.2(7)	3.1(6)	4.1(13)
3.5(9)	3.3(8)	2.3(3)
2(1)	4.4(17)	3.8(12)
4.2(14.5)	2.5(4)	3.7(11)
4.2(14.5)	2.8(5)	3.6(10)
2.1(2)		4.3(16)
48	40	65

검증통계량은 $\frac{12}{17(17+1)}\left(\frac{48^2}{6}+\frac{40^2}{5}\ \frac{65^2}{6}\right)-3(17+1)=0.92$이다.

$X^2(0.05,\ 2)=5.55>0.92$이므로 귀무가설을 수용한다. 따라서 5%의 유의수준에서 세 모집단의 분포는 같다고 할 수 있다.

4. 부호검증과 윌콕슨 부호순위검증

1) 부호검증

부호검증(sign test)은 두 모집단 X와 Y의 분포와 분산이 동일하다는 가정하에서 두 집단의 평균 차이를 검증한다. 부호검증은 X와 Y가 짝을 이룬 관찰치들이 n개 있을 때, 두 집단의 크기 차이는 고려하지 않고 단지 부호(양 또는 음의 방향)만을 고려한다. 부호검증 절차는, 첫째, 가설을 설정하고, 둘째, 원자료를 부호화하고, 셋째, 검증을 시도하는 것이다.

부호검증의 구체적인 예를 통한 절차는 다음과 같다. 종합복지관에서 노인의 죽음에 대한 태도변화를 위한 프로그램의 효과성을 알아보기 위하여, 노인(65+) 10명을 대상으로 프로그램진행 전 · 후 5점 척도로 조사를 실시하였다.

▣ 첫째, 가설을 설정한다.

H_0: $\mu X = \mu Y$(프로그램 진행 전후, 죽음에 대한 태도 변화는 없다)

H_1: $\mu X \neq \mu Y$(프로그램 진행 전후, 죽음에 대한 태도 변화는 있다)

▣ 둘째, 부호화($D_i = x_i - y_i$)를 시도한다.

부호화 과정에서 $D_i > 0$이면 양(+)부호를, $D_i > 0$이면 음(−)부호를 부여한다. 여기서 양의 값과 음의 값을 가질 확률은 0.5가 된다. 그러므로 영가설에서 양의 값을 가질 확률이 0.5인 이항분포를 이룬다는 의미로 해석이 가능하며, 공식으로는 H_0: $p = 0.5(\mu D = \mu X - \mu Y = 0)$라고 할 수 있다.

〈표 12-19〉 사전과 사후의 차이(부호)

	1	2	3	4	5	6	7	8	9	10
사전(x)	3	4	5	4	3	2	1	2	3	4
사후(y)	4	4	3	3	3	4	4	3	3	2
부호	−	0	+	+	0	−	−	−	0	+

▣ 셋째, 가설을 평가한다.

H_0: $p=0.5(\mu D=\mu X-\mu Y=0)$

여기서 검증통계량 M은 Di가 양의 값을 갖는 개수로, M의 값이 임계치보다 클 때 영가설을 기각한다. 위의 〈표 12－9〉에서 M은 3개이므로, 임계치보다 작아 영가설을 수용한다. 이때 이항분포를 따르는 M의 평균과 분산은 표본의 크기가 클 경우, 정규분포를 따른다.

2) 윌콕슨 부호순위검증

부호검증이 개별 관찰치와 중앙값의 차이에 부호를 활용한 반면에, 윌콕슨 부호순위검증(Wilcoxon signed－rank test)은 차이에 대한 부호뿐만 아니라 절댓값의 상대적인 크기를 비교하여 순위까지 고려한 통계방법이다. 또한 질적 자료의 사전·사후 간을 검증하는 멕네마 검증과 달리 윌콕슨 부호순위검증은 모수적 검증 방법인데, 대응표본 t－검증에 해당된다.

윌콕슨 부호순위검증은 반복측정 하는 실험에서 두 처치 간의 차이를 추정한다. 처치 간의 차이를 절댓값이 가장 작은 것에서 큰 것으로 등위화한다. 즉, 등위화한 값에 대하여 차이의 부호에 관심이 있을 뿐만 아니라 차이의 정도(크기)에도 관심을 가진다. 차이의 절댓값을 이용하여 크기의 순서를 정한다. 순서는 가장 작은 값을 1로 하고 n까지 진행된다. 차이가 같을 경우, 중간순위 값을 이용한다. 집단 간의 차이가 없을 때는 표본에서 제외한다. 그러므로 분포의 정상성(정규분포곡선)은 요구되지 않지만 변인이 서열성을 띄어야 하고, 종속변인이 연속성을 가져야 한다.

윌콕슨 부호순위검증의 절차는 다음과 같다.

▣ 첫째, 짝지어 관찰된 값 간의 점수 차이를 계산한다.

▣ 둘째, 절대치가 작은 것부터 큰 것으로 배열한다.

▣ 셋째, 절대치 순위에 다시 원래의 차이 기호를 붙이고, +기호를 가진 순위의

총합을 W+, −기호를 가진 총합의 W−를 구하여, 절대치가 작은 것을 검증통계량 W로 한다.

▣ 넷째, 동일표본이 영가설이라면, W+와 W−는 같은 것이고 검증통계량 W는 매우 클 것이다(영가설 받아들임).

예를 들어, 서울의 S대학과 경기도의 S대학 사회복지자료분석론 수강생을 임의로 추출하여, 성적 차이를 알아보기 위하여 윌콕슨검증을 하기로 했다.

H_0: 두 대학 학생들의 사회복지자료분석론 성적 분포는 같다.

H_1: 두 대학 학생들의 사회복지자료분석론 성적 분포는 같지 않다.

〈표 12-20〉 학교별 학생들의 성적 분포

학생	서울 S대학교	경기 S대학교	d=X1−X2	|d|의 순위	부호순위
1	86	85	1	1	1
2	64	80	−16	9	−9
3	72	90	−18	10	−10
4	70	77	−7	5	−5
5	92	98	−6	3.5	−3.5
6	90	80	10	8	8
7	65	60	5	2	2
8	48	48	0		
9	65	59	6	3.5	3.5
10	78	70	8	6	6
11	83	92	−9	7	−7

통계량(W): 1−9−10−5−3.5+8+2+3.5+6−7=−14

평균 E(W): 0

분산 Var(W): $\dfrac{n(n+1)(2n+1)}{6} = \dfrac{10(10+1)(20+1)}{6} = 19.62^2$

표준화된 분산값(W): $Z_w = \frac{W-E(W)}{\sqrt{Var(W)}} = \frac{-14-0}{\sqrt{19.62}} = -3.16$

유의도 5% 수준에서 검증통계량이 −1.96보다 작거나, 1.96보다 크면 영가설을 기각한다. $Z_w=-3.16<-1.96$이므로, 영가설을 기각한다. 따라서 서울 S대학교와 경기도 S대학교 학생들의 사회복지자료분석론의 성적은 차이가 있다는 결론이 도출된다.

5. 맥네마 검증

맥네마(McNemar) 검증은 상관집단에서 명명척도로 취득한 자료를 카이스퀘어 분포를 설명하는 방법으로, 실험처치 전후의 결과(사전사후)검증에 활용된다. 일반적으로 맥네마 검증은 이항분포로 2×2 형태를 가진다. 맥네마 검증의 실험설계와 공식은 다음과 같다.

〈표 12-21〉 맥네마 검증을 위한 실험설계

		사후	
		a	b
사전	a	A−O11	B−O12
	b	C−O21	D−O22

$$x^2 = \frac{(|A-D|-1)^2}{(A+D)}$$

H_0: 사전과 사후의 변화는 없다.
H_1: 사전과 사후의 변화는 있다.

예를 들어, 30명이 수강할 사회복지자료분석론 수업이 실험실과 강의실에서 동시에 이루어지고, 강의방법이 중간고사 전에는 강의식, 중간고사 이후에는 토론식의 두 가지 방법으로 진행된다고 발표하였다. 학생들은 강의장소와 수업방법에 대해 찬반논쟁을 하였고, 교수는 수업장소 및 방법에 대한 발표와 수업시작 후 학생들의 반응을 조사하였다.

〈표 12-22〉 수업장소 및 방법에 대한 발표와 수업시작 후 학생들의 반응

학생	수업 장소	수업 방법	학생	수업 장소	수업 방법	학생	수업 장소	수업 방법
1	P	A	11	A	P	21	A	A
2	P	A	12	P	P	22	P	A
3	A	P	13	P	A	23	P	P
4	P	A	14	P	A	24	P	P
5	A	P	15	A	P	25	A	P
6	A	A	16	A	P	26	A	A
7	A	P	17	A	P	27	P	A
8	P	A	18	A	P	28	P	P
9	P	P	19	P	P	29	P	P
10	P	A	20	A	P	30	A	P

*P(pro): 찬성, A(against): 반대

<table>
<tr><th colspan="2" rowspan="2"></th><th colspan="2">수업방법</th></tr>
<tr><th>반대</th><th>찬성</th></tr>
<tr><td rowspan="2">수업장소</td><td>찬성</td><td>A−9명</td><td>B− 7명</td></tr>
<tr><td>반대</td><td>C−3명</td><td>D−11명</td></tr>
</table>

위의 결과를 맥네마 검증 공식 $x^2=\frac{(|A-D|-1)^2}{(A+D)}$에 대입하면 $x^2=\frac{(|9-11|-1)^2}{(9+11)}$ 0.05가 된다. 부록의 카이스퀘어분포표에서 자유도 및 유의도를 참고하여, 가설의 기각여부를 결정한다.

제3절 SPSS-비모수검증

1. SPSS를 이용한 적합도 검증

단일표본 적합도 검증을 위하여 SPSS 데이터 창에서 분석(A)－비모수통계(N)－레거시 대화 상자(L)－카이제곱(C)을 클릭하면([그림 12－2]) 카이제곱 검증 창이 뜬다([그림 12－3]).

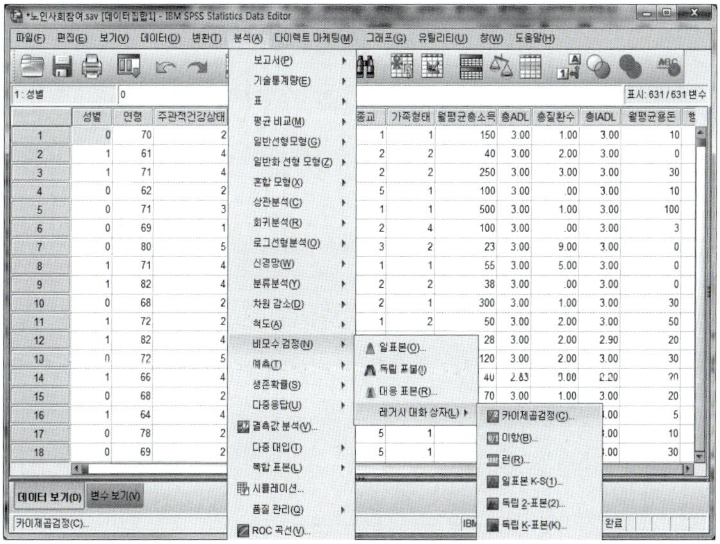

[그림 12－2] 분석(A)－비모수통계(N)－카이제곱(C)

카이제곱 검증 창이 뜨면 검증하고자 하는 변수를 검증변수란으로 이동시킨 후 기댓값란의 모든 범주가 동일을 클릭한 후, 왼쪽 하단의 확인을 클릭하면 [그림 12－4]와 같은 결과표가 생성된다.

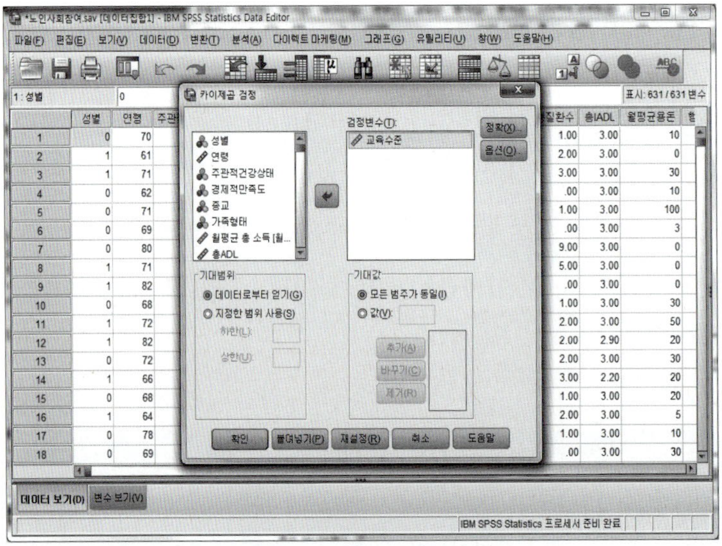

[그림 12-3] 카이제곱 검정

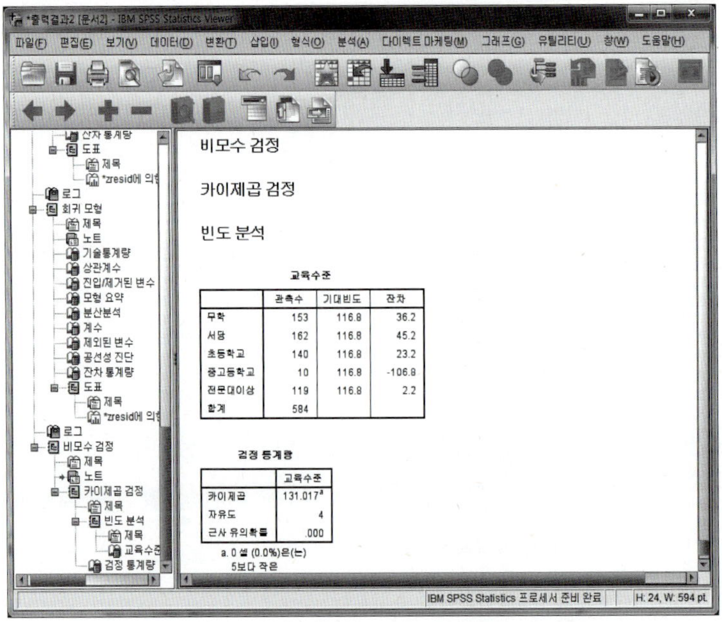

[그림 12-4] 카이제곱 검정 결과표

2. SPSS를 이용한 맨-휘트니 U-검증

독립변인이 2개인 경우, 비모수적 검증은 맨-휘트니 U-검증을 하는데, PASW (SPSS) 데이터 창에서 분석(A)-비모수검증(N)-레거시 대화 상자(L)-독립 2-표본(2)을 클릭하면([그림 12-5]), 독립 2-표본 비모수검증 창이 뜬다([그림 12-6]).

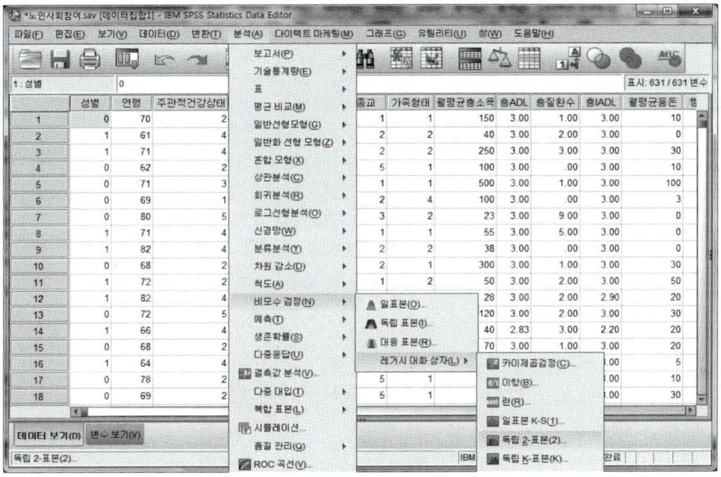

[그림 12-5] 분석(A)-비모수검증(N)-독립 2-표본(2)

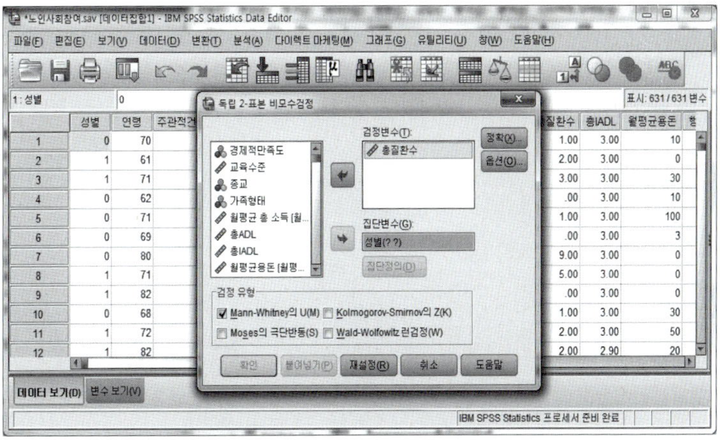

[그림 12-6] 독립 2-표본(2) 비모수검증

독립 2-표본(2) 비모수검증 창이 뜨면, 검증하고자 하는 변수를 검증변수(T)란으로 이동시킨 후, 집단변수(G)로 독립변수를 이동시킨다.

[그림 12-7] 독립 2-표본(2) 비모수검증-집단정의(D)

독립 2-표본(2) 비모수검증 창에서 집단정의(D)를 클릭하면 [그림 12-7]과 같이 집단정의 창이 뜬다. 집단 1에는 0(남자), 집단 2에는 1(여자)을 입력하고 계속을 클릭한 후 독립 2-표본(2) 비모수검증 창에서 옵션을 클릭하면 [그림 12-8]과 같은 창이 뜬다.

[그림 12-8] 독립 2-표본(2) 비모수검증-옵션(O)

독립 2-표본(2) 비모수검증-옵션(O) 창([그림 12-8])에서 통계량에 기술통계(D), 결측값에 검정별 결측값 제외(T)를 선택한 후, 계속을 클릭하고 다시 독립 2-표본(2) 비모수검증 창 왼쪽 하단의 확인을 클릭하면 [그림12-9]와 같은 결과표가 생성된다.

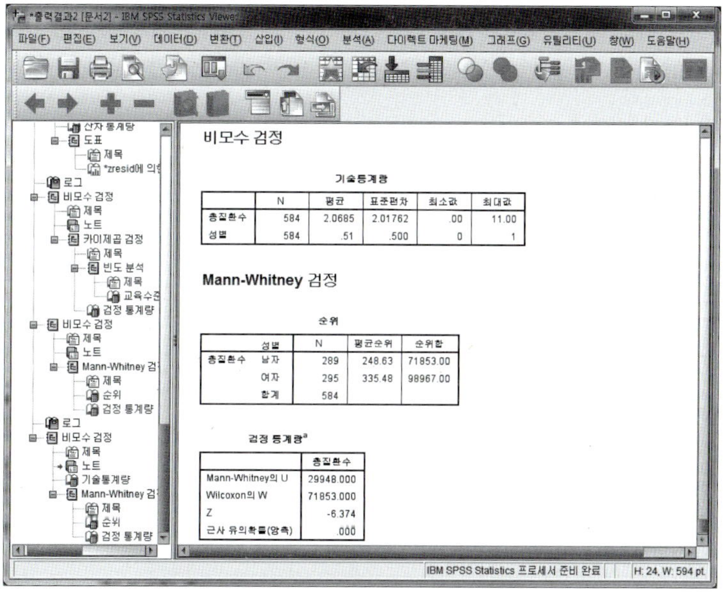

[그림 12-9] 독립 2-표본(2) 비모수검증-결과표

부록

Data Analysis For Social Welfare

부록(수표)

1. 정규분포 확률분포표

	Second Decimal Place of Z_0									
Z_0	*.00*	*.01*	*.02*	*.03*	*.04*	*.05*	*.06*	*.07*	*.08*	*.09*
0.0	.5000	.4960	.4920	.4880	.4840	.4801	.4761	.4721	.4681	.4641
0.1	.4602	.4562	.4522	.4483	.4443	.4404	.4364	.4325	.4286	.4247
0.2	.4207	.4168	.4129	.4090	.4052	.4013	.3974	.3936	.3897	.3859
0.3	.3821	.3789	.3745	.3707	.3669	.3632	.3594	.3557	.3520	.3483
0.4	.3446	.3409	.3372	.3336	.3300	.3264	.3228	.3192	.3156	.3121
0.5	.3085	.3050	.3015	.2981	.2946	.2912	.2877	.2843	.2810	.2776
0.6	.2743	.2709	.2676	.2643	.2611	.2578	.2546	.2514	.2483	.2451
0.7	.2420	.2389	.2358	.2327	.2296	.2266	.2236	.2206	.2177	.2148
0.8	.2119	.2090	.2061	.2033	.2005	.1977	.1949	.1922	.1894	.1867
0.9	.1841	.1814	.1788	.1762	.1736	.1711	.1685	.1660	.1635	.1611
1.0	.1587	.1562	.1539	.1515	.1492	.1469	.1446	.1423	1401	.1379
1.1	.1357	.1335	.1314	.1292	.1271	.1251	.1230	.1210	.1190	.1170
1.2	.1151	.1131	.1112	.1093	.1075	.1056	.1038	.1020	.1003	.0985
1.3	.0968	.0951	.0934	.0918	.0901	.0885	.0869	.0853	.0838	.0823
1.4	.0808	.0793	.0778	.0764	.0749	.0735	.0722	.0708	.0694	.0681
1.5	.0668	.0655	.0643	.0630	.0618	.0606	.0594	.0582	.0571	.0559
1.6	.0548	.0537	.0526	.0516	.0505	.0495	.0485	.0475	.0465	.0455
1.7	.0446	.0436	.0427	.0418	.0409	.0401	.0392	.0384	.0375	.0367
1.8	.0359	.0352	.0344	.0336	.0329	.0322	.0314	.0307	.0301	.0294
1.9	.0287	.0281	.0274	.0268	.0262	.0256	.0250	.0244	.0239	.0233
2.0	.0228	.0222	.0217	.0212	.0207	.0202	.0197	.0192	.0188	.0183
2.1	.0179	.0174	.0170	.0166	.0162	.0158	.0154	.0150	.0146	.0143
2.2	.0139	.0136	.0132	.0129	.0125	.0122	.0119	.0116	.0113	.0110
2.3	.0107	.0104	.0102	.0099	.0096	.0094	.0091	.0089	.0087	.0084
2.4	.0082	.0080	.0078	.0075	.0073	.0071	.0069	.0068	.0066	.0064
2.5	.0062	.0060	.0059	.0057	.0055	.0054	.0052	.0051	.0049	.0048
2.6	.0047	.0045	.0044	.0043	.0041	.0040	.0039	.0038	.0037	.0036
2.7	.0035	.0034	.0033	.0032	.0031	.0030	.0029	.0028	.0027	.0026
2.8	.0026	.0025	.0024	.0023	.0023	.0022	.0021	.0021	.0020	.0019
2.9	.0019	.0018	.0017	.0017	.0016	.0016	.0015	.0015	.0014	.0014
3.0	.00135									
3.5	.000 233									
4.0	.000 031 7									
4.5	.000 003 40									
5.0	.000 000 287									

2. t 분포표

$d.f.$	$t_{.50}$	$t_{.20}$	$t_{.10}$	$t_{.05}$	$t_{.020}$	$t_{.010}$	$t_{.005}$	$t_{.002}$	$t_{.001}$
1	1.000	3.078	6.314	12.706	31.821	63.637	127.32	318.31	636.62
2	.816	1.886	2.920	4.303	6.965	9.925	14.089	22.326	31.598
3	.765	1.638	2.353	3.182	4.541	5.841	7.453	10.213	12.924
4	.741	1.533	2.132	2.776	3.747	4.604	5.598	7.173	8.610
5	.727	1.476	2.015	2.571	3.365	4.032	4.773	5.893	6.869
6	.718	1.440	1.943	2.447	3.143	3.707	4.317	5.208	5.959
7	.711	1.415	1.895	2.365	2.998	3.499	4.020	4.785	5.408
8	.706	1.397	1.860	2.306	2.896	3.355	3.833	4.501	5.048
9	.703	1.383	1.833	2.262	2.821	3.250	3.690	4.297	4.781
10	.700	1.372	1.812	2.228	2.764	3.169	3.581	4.144	4.537
11	.697	1.363	1.796	2.201	2.718	3.106	3.497	4.025	4.437
12	.695	1.356	1.782	2.179	2.681	3.055	3.428	3.930	4.318
13	.694	1.350	1.771	2.160	2.650	3.012	3.372	3.852	4.221
14	.692	1.345	1.761	2.145	2.624	2.977	3.326	3.787	4.140
15	.691	1.341	1.753	2.131	2.602	2.947	3.286	3.733	4.073
16	.690	1.337	1.746	2.120	2.583	2.921	3.252	3.686	4.015
17	.689	1.333	1.740	2.110	2.567	2.898	3.222	3.646	3.965
18	.688	1.330	1.734	2.101	2.552	2.878	3.197	3.610	3.922
19	.688	1.328	1.129	2.093	2.539	2.861	3.174	3.579	3.883
20	.687	1.325	1.725	2.086	2.528	2.845	3.153	3.552	3.850
21	.686	1.323	1.721	2.082	2.518	2.831	3.135	3.257	3.189
22	.686	1.321	1.717	2.074	2.508	2.819	3.119	3.505	3.792
23	.685	1.319	1.714	2.069	2.500	2.807	3.104	3.485	3.767
24	.685	1.318	1.711	2.064	2.492	2.797	3.091	3.467	3.745
25	.684	1.316	1.708	2.060	2.485	2.787	3.078	3.450	3.725
26	.684	1.315	1.706	2.056	2.479	2.779	3.067	3.435	3.707
27	.684	1.314	1.703	2.052	2.473	2.771	3.057	3.421	3.690
28	.683	1.313	1.701	2.048	2.467	2.763	3.047	3.408	3.674
29	.683	1.311	1.699	2.045	2.462	2.756	3.038	3.396	3.659
30	.683	1.310	1.697	2.042	2.457	2.750	3.030	3.385	3.646
40	.681	1.303	1.684	2.021	2.423	2.704	2.971	3.307	3.551
60	.679	1.296	1.671	2.000	2.390	2.660	2.915	3.232	3.460
120	.677	1.289	1.658	1.980	2.358	2.617	2.860	3.160	3.373
∞	.674	1.282	1.645	1.960	2.326	2.576	2.807	3.090	3.291
	$= z_{.25}$	$= z_{.10}$	$= z_{.05}$	$= z_{.025}$	$= z_{.010}$	$= z_{.005}$	$= z_{.0025}$	$= z_{.0010}$	$= z_{.0005}$

3. F 분포표

분모의 자유도		분자의 자유도 1	2	3	4	5	6	8	10	20	40	∞
1	$F_{.25}$	5.83	7.50	8.20	8.58	8.82	8.98	9.19	9.32	9.58	9.71	9.85
	$F_{.10}$	39.9	49.5	53.6	55.8	57.2	58.2	59.4	60.2	61.7	62.5	63.3
	$F_{.05}$	161	200	216	225	230	234	239	242	248	251	254
2	$F_{.25}$	2.57	3.00	3.15	3.23	3.28	3.31	3.35	3.38	3.43	3.45	3.48
	$F_{.10}$	8.53	9.00	9.16	9.24	9.29	9.33	9.37	9.39	9.43	9.47	9.49
	$F_{.05}$	18.5	19.0	19.2	19.2	19.3	19.3	19.4	19.4	19.4	19.5	19.5
	$F_{.01}$	98.5	99.0	99.2	99.2	99.3	99.3	99.4	99.4	99.4	99.5	99.5
	$F_{.001}$	998	999	999	999	999	999	999	999	999	999	999
3	$F_{.25}$	2.02	2.28	2.36	2.39	2.41	2.42	2.44	2.44	2.46	2.47	2.47
	$F_{.10}$	5.54	5.46	5.39	5.34	5.31	5.25	5.28	5.23	5.18	5.16	5.13
	$F_{.05}$	10.1	9.55	9.28	9.12	9.10	8.94	8.85	8.79	8.66	8.59	8.53
	$F_{.01}$	34.1	30.8	29.5	28.7	28.2	27.9	27.5	27.2	26.7	26.4	26.1
	$F_{.001}$	167	149	141	137	135	133	131	129	126	125	124
4	$F_{.25}$	1.81	2.00	2.05	2.06	2.07	2.08	2.08	2.08	2.08	2.08	2.08
	$F_{.10}$	4.54	4.32	4.19	4.11	4.05	4.01	3.95	3.92	3.84	3.80	3.76
	$F_{.05}$	7.71	6.94	6.59	6.39	6.26	6.16	6.04	5.96	5.80	5.72	5.63
	$F_{.01}$	21.2	18.0	16.7	16.0	15.5	15.2	14.8	14.5	14.0	13.7	13.5
	$F_{.001}$	74.1	61.3	56.2	53.4	51.7	50.5	49.0	48.1	46.1	45.1	44.1
5	$F_{.25}$	1.69	1.85	1.88	1.89	1.89	1.89	1.89	1.89	1.88	1.88	1.87
	$F_{.10}$	4.06	3.78	3.62	3.52	3.45	3.34	3.40	3.30	3.21	3.16	3.10
	$F_{.05}$	6.61	5.79	5.41	5.19	5.05	4.95	4.82	4.74	4.56	4.46	4.36
	$F_{.01}$	16.3	13.3	12.1	11.4	11.0	10.7	10.3	10.1	9.55	9.29	9.02
	$F_{.001}$	47.2	37.1	33.2	31.3	29.8	27.6	28.8	26.9	25.4	24.6	23.8
6	$F_{.25}$	1.62	1.76	1.78	1.79	1.79	1.78	1.77	1.77	1.76	1.75	1.74
	$F_{.10}$	3.78	3.46	3.29	3.18	3.11	3.05	2.98	2.97	2.84	2.78	2.72
	$F_{.05}$	5.99	5.14	4.76	4.53	4.39	4.28	4.15	4.06	3.87	3.77	3.67
	$F_{.01}$	13.7	10.9	9.78	9.15	8.75	8.47	8.10	7.87	7.40	7.14	6.88
	$F_{.001}$	35.5	27.0	23.7	21.9	20.8	20.0	19.0	18.4	17.1	16.4	15.8
7	$F_{.25}$	1.57	1.70	1.72	1.72	1.70	1.71	1.70	1.69	1.67	1.66	1.65
	$F_{.10}$	3.59	3.26	3.07	2.96	2.88	2.83	2.75	2.70	2.59	2.54	2.47
	$F_{.05}$	5.59	4.74	4.35	4.12	3.97	3.87	3.73	3.64	3.44	3.34	3.23
	$F_{.01}$	12.2	9.55	8.45	7.85	7.46	7.19	6.84	6.62	6.16	5.91	5.65
	$F_{.001}$	29.3	21.7	18.8	17.2	16.2	15.5	14.6	14.1	12.9	12.3	11.7
8	$F_{.25}$	1.54	1.66	1.67	1.66	1.66	1.65	1.64	1.63	1.61	1.59	1.58
	$F_{.10}$	3.46	3.11	2.92	2.81	2.73	2.67	2.59	2.54	2.42	2.36	2.29
	$F_{.05}$	5.32	4.46	4.07	3.84	3.69	3.58	3.44	3.35	3.15	3.04	2.93
	$F_{.01}$	11.3	8.65	7.59	7.01	6.63	6.37	6.03	5.81	5.36	5.12	4.86
	$F_{.001}$	25.4	18.5	15.8	14.4	13.5	12.9	12.0	11.5	10.5	9.92	9.33
9	$F_{.25}$	1.51	1.62	1.63	1.63	1.62	1.61	1.60	1.59	1.56	1.55	1.53
	$F_{.10}$	3.36	3.01	2.81	2.69	2.61	2.55	2.47	2.42	2.30	2.23	2.16
	$F_{.05}$	5.12	4.26	3.86	3.63	3.48	3.37	3.23	3.14	2.94	2.83	2.71
	$F_{.01}$	10.6	8.02	6.99	6.42	6.06	5.80	5.47	5.26	4.81	4.57	4.31
	$F_{.001}$	22.9	16.4	13.9	12.6	11.7	11.1	10.4	9.89	8.90	8.37	7.81
10	$F_{.25}$	1.49	1.60	1.60	1.59	1.59	1.58	1.56	1.55	1.52	1.51	1.48
	$F_{.10}$	3.28	2.92	2.73	2.61	2.52	2.46	2.38	2.32	2.20	2.13	2.06
	$F_{.05}$	4.96	4.10	3.71	3.48	3.33	3.22	3.07	2.98	2.77	2.66	2.54
	$F_{.01}$	10.0	7.56	6.55	5.99	5.64	5.39	5.06	4.85	4.41	4.17	3.91
	$F_{.001}$	21.0	14.9	12.6	11.3	10.5	9.92	9.20	8.75	7.80	7.30	6.76

F 분포표(계속)

분모의 자유도		분자의 자유도 1	2	3	4	5	6	8	10	20	40	∞
12	$F_{.25}$	1.56	1.56	1.56	1.55	1.54	1.53	1.51	1.50	1.47	1.45	1.42
	$F_{.10}$	3.18	2.81	2.61	2.48	2.39	2.33	2.24	2.19	2.06	1.99	1.90
	$F_{.05}$	4.75	3.89	3.49	3.26	3.11	3.00	2.85	2.75	2.54	2.43	2.30
	$F_{.01}$	9.33	6.93	5.95	5.41	5.06	4.82	4.50	4.30	3.86	3.62	3.36
	$F_{.001}$	18.6	13.0	10.8	9.63	8.89	8.38	7.71	7.29	6.40	5.93	5.42
14	$F_{.25}$	1.44	1.53	1.53	1.52	1.51	1.50	1.48	1.46	1.43	1.41	1.38
	$F_{.10}$	3.10	2.73	2.52	2.39	2.31	2.24	2.15	2.10	1.96	1.89	1.80
	$F_{.05}$	4.60	3.74	3.34	3.11	2.96	2.85	2.70	2.60	2.39	2.27	2.13
	$F_{.01}$	8.86	5.51	5.56	5.04	4.69	4.46	4.14	3.94	3.51	3.27	3.00
	$F_{.001}$	17.1	11.8	9.73	8.62	7.92	7.43	6.80	6.40	5.56	5.10	4.60
16	$F_{.25}$	1.42	1.51	1.51	1.50	1.48	1.48	1.46	1.45	1.40	1.37	1.34
	$F_{.10}$	3.05	2.67	2.46	2.33	2.24	2.18	2.09	2.03	1.89	1.81	1.72
	$F_{.05}$	4.49	3.63	3.24	3.01	2.85	2.74	2.59	2.49	2.28	2.15	2.01
	$F_{.01}$	8.53	6.23	5.29	4.77	4.44	4.20	3.89	3.69	3.26	3.02	2.75
	$F_{.001}$	16.1	11.0	9.00	7.94	7.27	6.81	6.19	5.81	4.99	4.54	4.06
18	$F_{.25}$	1.41	1.50	1.49	1.48	1.46	1.45	1.43	1.42	1.38	1.35	1.32
	$F_{.10}$	3.01	2.62	2.42	2.29	2.20	2.13	2.04	1.98	1.84	1.75	1.66
	$F_{.05}$	4.41	4.41	3.16	2.93	2.77	2.66	2.51	2.41	2.19	2.06	1.92
	$F_{.01}$	8.29	6.01	5.09	4.58	4.25	4.01	3.71	3.51	3.08	2.84	2.57
	$F_{.001}$	15.4	10.4	8.49	7.46	6.81	6.35	3.76	5.39	4.59	4.15	3.67
20	$F_{.25}$	1.40	1.49	1.48	1.46	1.45	1.44	1.42	1.40	1.36	1.33	1.29
	$F_{.10}$	2.97	2.59	2.38	2.25	2.16	2.09	2.00	1.94	1.79	1.71	1.61
	$F_{.05}$	4.35	3.49	3.10	2.87	2.71	2.60	2.45	2.35	2.12	1.99	1.84
	$F_{.01}$	8.10	5.85	4.94	4.43	4.10	3.87	3.36	3.37	2.94	2.69	2.42
	$F_{.001}$	14.8	9.95	8.10	7.10	6.46	6.02	5.44	5.08	4.29	3.86	3.38
30	$F_{.25}$	1.38	1.45	1.44	1.42	1.41	1.39	1.37	1.35	1.27	1.30	1.23
	$F_{.10}$	2.88	2.49	2.28	2.14	2.05	1.98	1.88	1.82	1.67	1.57	1.46
	$F_{.05}$	4.17	3.32	2.92	2.69	2.53	2.42	2.27	2.16	1.93	1.79	1.62
	$F_{.01}$	7.56	5.39	4.51	4.02	3.70	3.47	3.17	2.98	2.55	2.30	2.01
	$F_{.001}$	13.3	8.77	7.05	6.12	5.53	5.12	4.58	4.24	3.49	3.07	2.59
40	$F_{.25}$	1.36	1.44	1.42	1.40	1.39	1.37	1.35	1.33	1.28	1.24	1.19
	$F_{.10}$	2.84	2.44	2.23	2.09	2.00	1.93	1.83	1.76	1.61	1.51	1.38
	$F_{.05}$	4.08	3.23	2.84	2.61	2.45	2.34	2.18	2.08	1.84	1.69	1.51
	$F_{.01}$	7.31	5.18	4.31	3.83	3.51	3.29	2.99	2.80	2.37	2.11	1.80
	$F_{.001}$	12.6	8.25	6.60	5.70	5.13	4.73	4.21	3.87	3.15	2.73	2.23
60	$F_{.25}$	1.35	1.42	1.41	1.38	1.37	1.35	1.32	1.30	1.25	1.21	1.15
	$F_{.10}$	2.79	2.39	2.18	2.04	1.95	1.87	1.77	1.71	1.54	1.44	1.29
	$F_{.05}$	4.00	3.15	2.76	2.53	2.37	2.25	2.10	1.99	1.75	1.59	1.39
	$F_{.01}$	7.08	4.98	4.13	3.65	3.34	3.12	2.82	2.63	2.20	1.94	1.60
	$F_{.001}$	12.0	7.76	6.17	5.31	4.76	4.37	3.87	3.54	2.83	2.41	1.89
120	$F_{.25}$	1.34	1.40	1.39	1.37	1.35	1.33	1.30	1.28	1.22	1.18	1.10
	$F_{.10}$	2.75	2.35	2.13	1.99	1.90	1.82	1.72	1.65	1.48	1.37	1.19
	$F_{.05}$	3.92	3.07	2.68	2.45	2.29	2.17	2.02	1.91	1.66	1.50	1.25
	$F_{.01}$	6.85	4.79	3.95	3.48	3.17	2.96	2.66	2.47	2.03	1.76	1.38
	$F_{.001}$	11.4	7.92	5.79	4.95	4.42	4.04	9.55	5.24	2.53	2.11	1.54
∞	$F_{.25}$	1.32	1.39	1.37	1.35	1.33	1.31	1.28	1.25	1.19	1.14	1.00
	$F_{.10}$	2.71	2.30	2.08	1.94	1.85	1.77	1.67	1.60	1.42	1.30	1.00
	$F_{.05}$	3.84	3.00	2.60	2.37	2.21	2.10	1.94	1.83	1.57	1.39	1.00
	$F_{.01}$	6.63	4.61	3.78	3.32	3.02	2.80	2.51	2.32	1.88	1.59	1.00
	$F_{.001}$	10.8	6.91	5.42	4.62	4.10	3.74	3.27	2.96	2.27	1.84	1.00

4. χ^2분포

d.f.	$\chi^2_{.25}$	$\chi^2_{.10}$	$\chi^2_{.05}$	$\chi^2_{.025}$	$\chi^2_{.010}$	$\chi^2_{.005}$	$\chi^2_{.001}$
1	1.32	2.71	3.84	5.02	6.63	7.88	10.8
2	2.77	4.61	5.99	7.38	9.21	10.6	13.8
3	4.11	6.25	7.81	9.35	11.3	12.8	16.3
4	5.39	7.78	9.49	11.1	13.3	14.9	18.5
5	6.63	9.24	11.1	12.8	15.1	16.7	20.5
6	7.84	10.6	12.6	14.4	16.8	18.5	22.5
7	9.04	12.0	14.1	16.0	18.5	20.3	24.3
8	10.2	13.4	15.5	17.5	20.1	22.0	26.1
9	11.4	14.7	16.9	19.0	21.7	23.6	27.9
10	12.5	16.0	18.3	20.5	23.2	25.2	29.6
11	13.7	17.3	19.7	21.9	24.7	26.8	31.3
12	14.8	18.5	21.0	23.3	26.2	28.3	32.9
13	16.0	19.8	22.4	24.7	27.7	29.8	34.5
14	17.1	21.1	23.7	26.1	29.1	31.3	36.1
15	18.2	22.3	25.0	27.5	30.6	32.8	37.7
16	19.4	23.5	26.3	28.8	32.0	34.3	39.3
17	20.5	24.8	27.6	30.2	33.4	35.7	40.8
18	21.6	26.0	28.9	31.5	34.8	37.2	42.3
19	22.7	27.2	30.1	32.9	36.2	38.6	32.8
20	23.8	28.4	31.4	34.2	37.6	40.0	45.3
21	29.6	24.9	32.7	35.5	38.9	41.4	46.8
22	26.0	30.8	33.9	36.8	40.3	42.8	48.3
23	27.1	32.0	35.2	38.1	41.6	44.2	49.7
24	28.2	33.2	36.4	39.4	32.0	45.6	5].2
25	29.3	34.4	37.7	40.6	44.3	46.9	52.6
26	30.4	35.6	38.9	41.9	45.6	48.3	54.1
27	31.5	36.7	40.1	43.2	47.0	49.6	55.5
28	32.6	37.9	41.3	44.5	48.3	51.0	56.9
29	33.7	39.1	42.6	45.7	49.6	52.3	58.3
30	34.8	40.3	43.8	47.0	50.9	53.7	59.7
40	45.6	51.8	55.8	59.3	63.7	66.8	73.4
50	56.3	63.2	67.5	71.4	76.2	79.5	86.7
60	67.0	74.4	79.1	83.3	88.4	92.0	99.6
70	77.6	85.5	90.5	95.0	100	104	112
80	88.1	96.6	102	107	112	116	125
90	98.6	108	113	118	124	128	137
100	109	118	124	130	136	140	149

5. 난수표

10 09 73 25 33	76 52 01 35 86	34 67 35 48 76	80 95 90 91 17	39 29 27 49 45
37 54 20 48 05	64 89 47 42 96	24 80 52 40 37	20 63 61 04 02	00 82 29 16 65
08 42 26 89 53	19 64 50 93 03	23 20 90 25 60	15 95 33 47 64	35 08 03 36 06
99 01 90 25 29	09 37 67 07 15	38 31 13 11 65	88 67 67 43 97	04 43 62 76 59
12 80 79 99 70	80 15 73 61 47	64 03 23 66 53	98 95 11 68 77	12 17 17 68 33
66 06 57 47 17	34 07 27 68 50	36 69 73 61 70	65 81 33 98 85	11 19 92 91 70
31 06 01 08 05	45 57 18 24 06	35 30 34 26 14	86 79 90 74 39	23 40 30 97 32
85 26 97 76 02	02 05 16 56 92	68 66 57 48 18	73 05 38 52 47	18 62 38 85 79
63 57 33 21 35	05 32 54 70 48	90 55 35 75 48	28 46 82 87 09	83 49 12 56 24
73 79 64 57 53	03 52 96 47 78	35 80 83 42 82	60 93 52 03 44	35 27 38 84 35
98 52 01 77 67	14 90 56 86 07	22 10 94 05 58	60 97 09 34 33	50 50 07 39 98
11 80 50 54 31	39 80 82 77 32	50 72 56 82 48	29 40 52 42 01	52 77 56 78 51
83 45 29 96 34	06 28 89 80 83	13 74 67 00 78	18 47 54 06 10	68 71 17 78 17
88 68 54 02 00	86 50 75 84 01	36 76 66 79 51	90 36 47 64 93	29 60 91 10 62
99 59 46 73 48	87 51 76 49 69	91 82 60 89 28	93 78 56 13 68	23 47 83 41 13
65 48 11 76 74	17 46 85 09 50	58 04 77 69 74	73 03 95 71 86	40 21 81 65 44
80 12 43 56 35	17 72 70 80 15	45 31 82 23 74	21 11 57 82 53	14 38 55 37 63
74 35 09 98 17	77 40 27 72 14	43 23 60 02 10	45 52 16 42 37	96 28 60 26 55
69 91 62 68 03	66 25 22 91 48	36 93 68 72 03	76 62 11 39 90	94 40 05 64 18
09 89 32 05 05	14 22 56 85 14	46 42 75 67 88	96 29 77 88 22	54 38 21 45 98
91 49 91 45 23	68 47 92 76 86	46 16 28 35 54	94 75 08 99 23	37 08 92 00 48
80 33 69 45 98	26 94 03 68 58	70 29 73 41 35	53 14 03 33 40	42 05 08 23 41
44 10 48 19 49	85 15 74 79 54	32 97 92 65 75	57 60 04 08 81	22 22 20 64 13
12 55 07 37 42	11 10 00 20 40	12 86 07 46 97	96 64 48 94 39	28 70 72 58 15
63 60 64 93 29	16 50 53 44 84	40 21 95 25 63	43 65 17 70 82	07 20 73 17 90
61 19 69 04 46	26 45 74 77 74	51 92 43 37 29	65 39 45 95 93	42 58 26 05 27
15 47 44 52 66	95 27 07 99 53	59 36 78 38 48	82 39 61 01 18	33 21 15 94 66
94 55 72 85 73	67 89 75 43 87	54 62 24 44 31	91 19 04 25 92	92 92 74 59 73
42 48 11 62 13	97 34 40 87 21	16 86 84 87 67	03 07 11 20 59	25 70 14 66 70
23 52 37 83 17	73 20 88 98 37	68 93 59 14 16	26 25 22 96 63	05 52 28 25 62
04 49 35 24 94	75 24 63 38 24	45 86 25 10 25	61 96 27 93 35	65 33 71 24 72
00 54 99 76 54	64 05 18 81 59	96 11 96 38 96	54 69 28 23 91	23 28 72 95 29
35 96 31 53 07	26 89 80 93 54	33 35 13 54 62	77 97 45 00 24	90 10 33 93 33
59 80 80 83 91	45 42 72 68 42	83 60 94 97 00	13 02 12 48 92	78 56 52 01 06
46 05 88 52 36	01 39 09 22 86	77 28 14 40 77	93 91 08 36 47	70 61 74 29 41
32 17 90 05 97	87 37 92 52 41	05 56 70 70 07	86 74 31 71 57	85 39 41 18 38
69 23 46 14 06	20 11 74 52 04	15 95 66 00 00	18 74 39 24 23	97 11 89 63 38
19 56 54 14 30	01 75 87 53 79	40 41 92 15 85	66 67 43 68 06	84 96 28 52 07
45 15 51 49 38	19 47 60 72 46	43 66 79 45 43	59 04 79 00 33	20 82 66 95 41
94 86 43 19 94	36 16 81 08 51	34 88 88 15 53	01 54 03 54 56	05 01 45 11 76

6. 표준 정상분포곡선 아래의 면적비율 및 세로 좌표(Z-분포)

z	*Area*	*Ordinate*	z	*Area*	*Ordinate*	z	*Area*	*Ordinate*
.00	.0000	.3989	.50	.1915	.3521	1.00	.3413	.2420
.01	.0040	.3989	.51	.1950	.3503	1.01	.3438	.2396
.02	.0080	.3989	.52	.1985	.3485	1.02	.3461	.2371
.03	.0120	.3988	.53	.2019	.3467	1.03	.3485	.2347
.04	.0160	.3986	.54	.2054	.3448	1.04	.3508	.2323
.05	.0199	.3984	.55	.2088	.3429	1.05	.3531	.2299
.06	.0239	.3982	.56	.2123	.3410	1.06	.3554	.2275
.07	.0279	.3980	.57	.2157	.3391	1.07	.3577	.2251
.08	.0319	.3977	.58	.2190	.3372	1.08	.3599	.2227
.09	.0359	.3973	.59	.2224	.3352	1.09	.3621	.2203
.10	.0398	.3970	.60	.2257	.3332	1.10	.3643	.2179
.11	.0438	.3965	.61	.2291	.3312	1.11	.3665	.2155
.12	.0478	.3961	.62	.2324	.3292	1.12	.3686	.2131
.13	.0517	.3956	.63	.2357	.3271	1.13	.3708	.2107
.14	.0557	.3951	.64	.2389	.3251	1.14	.3729	.2083
.15	.0596	.3945	.65	.2422	.3230	1.15	.3749	.2059
.16	.0636	.3939	.66	.2454	.3209	1.16	.3770	.2036
.17	.0675	.3932	.67	.2486	.3187	1.17	.3790	.2012
.18	.0714	.3925	.68	.2517	.3166	1.18	.3810	.1989
.19	.0753	.3918	.69	.2549	.3144	1.19	.3830	.1965
.20	.0793	.3910	.70	.2580	.3123	1.20	.3849	.1942
.21	.0832	.3902	.71	.2611	.3101	1.21	.3869	.1919
.22	.0871	.3894	.72	.2642	.3079	1.22	.3888	.1895
.23	.0910	.3885	.73	.2673	.3056	1.23	.3907	.1872
.24	.0948	.3876	.74	.2703	.3034	1.24	.3925	.1849
.25	.0987	.3867	.75	.2734	.3011	1.25	.3944	.1826
.26	1026	.3857	.76	.2764	.2989	1.26	.3962	.1804
.27	.1064	.3847	.77	.2794	.2966	1.27	.3980	.1781
.28	.1103	.3836	.78	.2823	.2943	1.28	.3997	.1758
.29	.1141	.3825	.79	.2852	.2920	1.29	.4015	.1736
.30	.1179	.3814	.80	.2881	.2897	1.30	.4032	.1714
.31	.1217	.3802	.81	.2910	.2874	1.31	.4049	.1691
.32	.1255	.3790	.82	.2939	.2850	1.32	.4066	.1669
.33	.1293	.3778	.83	.2967	.2827	1.33	.4082	.1647
.34	.1331	.3765	.84	.2995	.2803	1.34	.4099	.1626
.35	.1368	.3752	.85	.3023	.2780	1.35	.4115	.1604
.36	.1406	.3739	.86	.3051	.2756	1.36	.4131	.1582
.37	.1443	.3725	.87	.3078	.2732	1.37	.4147	.1561
.38	.1480	.3712	.88	.3106	.2709	1.38	.4162	.1539
.39	.1517	.3697	.89	.3133	.2685	1.39	.4177	.1518
.40	.1554	.3683	.90	.3159	.2661	1.40	.4192	.1497
.41	.1591	.3668	.91	.3186	.2637	1.41	.4207	.1476
.42	.1628	.3653	.92	.3212	.2613	1.42	.4222	.1456
.43	.1664	.3637	.93	.3238	.2589	1.43	.4236	.1435
.44	.1700	.3621	.94	.3264	.2565	1.44	.4251	.1415
.45	.1736	.3605	.95	.3289	.2541	1.45	.4265	.1394
.46	.1772	.3589	.96	.3315	.2516	1.46	.4279	.1374
.47	.1808	.3572	.97	.3340	.2492	1.47	.4292	.1354
.48	.1844	.3555	.98	.3365	.2468	1.48	.4306	.1334
.49	.1879	.3538	.99	.3389	.2444	1.49	.4319	.1315
.50	.1915	.3521	1.00	.3413	.2420	1.50	.4332	.1295

표준 정상분포곡선 아래의 면적비율 및 세로 좌표(계속)

z	Area	Ordinate	z	Area	Ordinate	z	Area	Ordinate
1.50	.4332	.1295	2.00	.4772	.0540	2.50	.4938	.0175
1.51	.4345	.1276	2.01	.4778	.0529	2.51	.4940	.0171
1.52	.4357	.1257	2.02	.4783	.0519	2.52	.4941	.0167
1.53	.4370	.1238	2.03	.4788	.0508	2.53	.4943	.0163
1.54	.4382	.1219	2.04	.4793	.0498	2.54	.4945	.0158
1.55	.4394	.1200	2.05	.4798	.0488	2.55	.4946	.0154
1.56	.4406	.1182	2.06	.4803	.0478	2.56	.4948	.0151
1.57	.4418	.1163	2.07	.4808	.0468	2.57	.4949	.0147
1.58	.4429	.1145	2.08	.4812	.0459	2.58	.4951	.0143
1.59	.4441	.1127	2.09	.4817	.0449	2.59	.4952	.0139
1.60	.4452	.1109	2.10	.4821	.0440	2.60	.4953	.0136
1.61	.4463	.1092	2.11	.4826	.0431	2.61	.4955	.0132
1.62	.4474	.1074	2.12	.4830	.0422	2.62	.4956	.0129
1.63	.4484	.1057	2.13	.4834	.0413	2.63	.4957	.0126
1.64	.4495	.1040	2.14	.4838	.0404	2.64	.4959	.0122
1.65	.4505	.1023	2.15	.4842	.0395	2.65	.4960	.0119
1.66	.4515	.1006	2.16	.4846	.0387	2.66	.4961	.0116
1.67	.4525	.0989	2.17	.4850	.0379	2.67	.4962	.0113
1.68	.4535	.0973	2.18	.4854	.0371	2.68	.4963	.0110
1.69	.4545	.0957	2.19	.4857	.0363	2.69	.4964	.0107
1.70	.4554	.0940	2.20	.4861	.0355	2.70	.4965	.0104
1.71	.4564	.0925	2.21	.4864	.0347	2.71	.4966	.0101
1.72	.4573	.0909	2.22	.4868	.0339	2.72	.4967	.0099
1.73	.4582	.0893	2.23	.4871	.0332	2.73	.4968	.0096
1.74	.4591	.0878	2.24	.4875	.0325	2.74	.4969	.0093
1.75	.4599	.0863	2.25	.4878	.0317	2.75	.4970	.0091
1.76	.4608	.0848	2.26	.4881	.0310	2.76	.4971	.0088
1.77	.4616	.0833	2.27	.4884	.0303	2.77	.4972	.0086
1.78	.4625	.0818	2.28	.4887	.0297	2.78	.4973	.0084
1.79	.4633	.0804	2.29	.4890	.0290	2.79	.4974	.0081
1.80	.4641	.0790	2.30	.4893	.0283	2.80	.4974	.0079
1.81	.4649	.0775	2.31	.4896	.0277	2.81	.4975	.0077
1.82	.4656	.0761	2.32	.4898	.0270	2.82	.4976	.0075
1.83	.4664	.0748	2.33	.4901	.0264	2.83	.4977	.0073
1.84	.4671	.0734	2.34	.4904	.0258	2.84	.4977	.0071
1.85	.4678	.0721	2.35	.4906	.0252	2.85	.4978	.0069
1.86	.4686	.0707	2.36	.4909	.0246	2.86	.4979	.0067
1.87	.4693	.0694	2.37	.4911	.0241	2.87	.4979	.0065
1.88	.4699	.0681	2.38	.4913	.0235	2.88	.4980	.0063
1.89	.4706	.0669	2.39	.4916	.0229	2.89	.4981	.0061
1.90	.4713	.0656	2.40	.4918	.0224	2.90	.4981	.0060
1.91	.4719	.0644	2.41	.4920	.0219	2.91	.4982	.0058
1.92	.4726	.0632	2.42	.4922	.0213	2.92	.4982	.0056
1.93	.4732	.0620	2.43	.4925	.0208	2.93	.4983	.0055
1.94	.4738	.0608	2.44	.4927	.0203	2.94	.4984	.0053
1.95	.4744	.0596	2.45	.4929	.0198	2.95	.4984	.0051
1.96	.4750	.0584	2.46	.4931	.0194	2.96	.4985	.0050
1.97	.4756	.0573	2.47	.4932	.0189	2.97	.4985	.0048
1.98	.4761	.0562	2.48	.4934	.0184	2.98	.4986	.0047
1.99	.4767	.0551	2.49	.4936	.0180	2.99	.4986	.0046
2.00	.4772	.0540	2.50	.4938	.0175	3.00	.4987	.0044

7. 카이제곱(χ^2)분포의 백분위 값

ν	$\chi^2_{.005}$	$\chi^2_{.01}$	$\chi^2_{.02}$	$\chi^2_{.025}$	$\chi^2_{.05}$	$\chi^2_{.10}$	$\chi^2_{.25}$	$\chi^2_{.50}$	$\chi^2_{.75}$	$\chi^2_{.90}$	$\chi^2_{.95}$	$\chi^2_{.975}$	$\chi^2_{.98}$	$\chi^2_{.99}$	$\chi^2_{.995}$	$\chi^2_{.999}$	ν
1	—	—	—	—	—	.02	.10	.46	1.3	2.7	3.8	5.0	5.4	6.6	7.9	10.8	1
2	.01	.02	.04	.05	.10	.21	.58	1.4	2.8	4.6	6.0	7.4	7.8	9.2	10.6	13.8	2
3	.07	.11	.18	.22	.35	.58	1.21	2.4	4.1	6.3	7.8	9.4	9.8	11.3	12.8	16.3	3
4	.21	.30	.43	.48	.71	1.1	1.92	3.4	5.4	7.8	9.5	11.1	11.7	13.3	14.9	18.5	4
5	.41	.55	.75	.83	1.1	1.6	2.7	4.4	6.6	9.2	11.1	12.8	13.4	15.1	16.7	20.5	5
6	.68	.87	1.13	1.2	1.6	2.2	3.5	5.4	7.8	10.6	12.6	14.4	15.0	16.8	18.5	22.5	6
7	.99	1.24	1.56	1.7	2.2	2.8	4.3	6.4	9.0	12.0	14.1	16.0	16.6	18.5	20.3	24.3	7
8	1.3	1.65	2.03	2.2	2.7	3.5	5.1	7.3	10.2	13.4	15.5	17.5	18.2	20.1	22.0	26.1	8
9	1.7	2.09	2.53	2.7	3.3	4.2	5.9	8.3	11.4	14.7	16.9	19.0	19.7	21.7	23.6	27.9	9
10	2.2	2.55	3.06	3.2	3.9	4.9	6.7	9.3	12.5	16.0	18.3	20.5	21.2	23.2	25.2	29.6	10
11	2.6	3.05	3.61	3.8	4.6	5.6	7.6	10.3	13.7	17.3	19.7	21.9	22.6	24.7	26.8	31.3	11
12	3.1	3.57	4.18	4.4	5.2	6.3	8.4	11.3	14.8	18.5	21.0	23.3	24.1	26.2	28.3	32.9	12
13	3.6	4.11	4.76	5.0	5.9	7.0	9.3	12.3	16.0	19.8	22.4	24.7	25.5	27.7	29.8	34.5	13
14	4.1	4.66	5.37	5.6	6.6	7.8	10.2	13.3	17.1	21.1	23.7	26.1	26.9	29.1	31.3	36.1	14
15	4.6	5.23	5.98	6.3	7.3	8.5	11.0	14.3	18.2	22.3	25.0	27.5	28.3	30.6	32.8	37.7	15
16	5.1	5.81	6.61	6.9	8.0	9.3	11.9	15.3	19.4	23.5	26.3	28.8	29.6	32.0	34.3	39.3	16
17	5.7	6.41	7.26	7.6	8.7	10.1	12.8	16.3	20.5	24.8	27.6	30.2	31.0	33.4	35.7	40.8	17
18	6.3	7.02	7.91	8.2	9.4	10.9	13.7	17.3	21.6	26.0	28.9	31.5	32.3	34.8	37.2	42.3	18
19	6.9	7.63	8.57	8.9	10.1	11.7	14.6	18.3	22.7	27.2	30.1	32.9	33.7	36.2	38.6	43.8	19
20	7.4	8.26	9.24	9.6	10.9	12.4	15.5	19.3	23.8	28.4	31.4	34.2	35.0	37.6	40.0	45.3	20
21	8.0	8.9	9.9	10.3	11.6	13.2	16.3	20.3	24.9	29.6	32.7	35.5	36.3	38.9	41.4	46.8	21
22	8.6	9.5	10.6	11.0	12.3	14.0	17.2	21.3	26.0	30.8	33.9	36.8	37.7	40.3	42.8	48.3	22
23	9.3	10.2	11.3	11.7	13.1	14.8	18.1	22.3	27.1	32.0	35.2	38.1	39.0	41.6	44.2	49.7	23
24	9.9	10.9	12.0	12.4	13.8	15.7	19.0	23.3	28.2	33.2	36.4	39.4	40.3	43.0	45.6	51.2	24
25	10.5	11.5	12.7	13.1	14.6	16.5	19.9	24.3	29.3	34.4	37.7	40.6	41.6	44.3	46.9	52.6	25
26	11.2	12.2	13.4	13.8	15.4	17.3	20.8	25.3	30.4	35.6	38.9	41.9	42.9	45.6	48.3	54.0	26
27	11.8	12.9	14.1	14.6	16.2	18.1	21.7	26.3	31.5	36.7	40.1	43.2	44.1	47.0	49.6	55.5	27
28	12.5	13.6	14.8	15.3	16.9	18.9	22.7	27.3	32.6	37.9	41.3	44.5	45.4	48.3	51.0	56.9	28
29	13.1	14.3	15.6	16.0	17.7	19.8	23.6	28.3	33.7	39.1	42.6	45.7	46.7	49.6	52.3	58.3	29
30	13.8	15.0	16.3	16.8	18.5	20.6	24.5	29.3	34.8	40.3	43.8	47.0	48.0	50.9	53.7	59.7	30
40	20.7	22.2	23.8	24.4	26.5	29.1	33.7	39.3	45.6	51.8	55.8	59.3	60.4	63.7	66.8	73.5	40
60	35.5	37.5	39.7	40.5	43.2	46.5	52.3	59.3	67.0	74.4	79.1	83.3	84.6	88.4	92.0	99.7	60
100	67.3	70.0	73.1	74.2	77.9	82.4	90.1	99.3	109.1	118.5	124.3	129.6	131.1	135.8	140.2	149.5	100

8. t-분포의 백분위 값

ν	$t_{.75}$	$t_{.80}$	$t_{.90}$	$t_{.95}$	$t_{.975}$	$t_{.99}$	$t_{.995}$	$t_{.9995}$	ν
1	1.00	1.38	3.08	6.31	12.71	31.82	63.66	636.62	1
2	.82	1.06	1.89	2.92	4.30	6.96	9.92	31.60	2
3	.76	.98	1.64	2.35	3.18	4.54	5.84	12.94	3
4	.74	.94	1.53	2.13	2.78	3.75	4.60	8.61	4
5	.73	.92	1.48	2.02	2.57	3.36	4.03	6.86	5
6	.72	.91	1.44	1.94	2.45	3.14	3.71	5.96	6
7	.71	.90	1.42	1.89	2.36	3.00	3.50	5.40	7
8	.71	.89	1.40	1.86	2.31	2.90	3.36	5.04	8
9	.70	.88	1.38	1.83	2.26	2.82	3.25	4.78	9
10	.70	.88	1.37	1.81	2.23	2.76	3.17	4.59	10
11	.70	.88	1.36	1.80	2.20	2.72	3.11	4.44	11
12	.70	.87	1.36	1.78	2.18	2.68	3.05	4.32	12
13	.69	.87	1.35	1.77	2.16	2.65	3.01	4.22	13
14	.69	.87	1.34	1.76	2.14	2.62	2.98	4.14	14
15	.69	.87	1.34	1.75	2.13	2.60	2.95	4.07	15
16	.69	.87	1.34	1.75	2.12	2.58	2.92	4.02	16
17	.69	.86	1.33	1.74	2.11	2.57	2.90	3.96	17
18	.69	.86	1.33	1.73	2.10	2.55	2.88	3.92	18
19	.69	.86	1.33	1.73	2.09	2.54	2.86	3.88	19
20	.69	.86	1.32	1.72	2.09	2.53	2.85	3.85	20
21	.69	.86	1.32	1.72	2.08	2.52	2.83	3.82	21
22	.69	.86	1.32	1.72	2.07	2.51	2.82	3.79	22
23	.69	.86	1.32	1.71	2.07	2.50	2.81	3.77	23
24	.68	.86	1.32	1.71	2.06	2.49	2.80	3.74	24
25	.68	.86	1.32	1.71	2.06	2.48	2.79	3.72	25
26	.68	.86	1.32	1.71	2.06	2.48	2.78	3.71	26
27	.68	.86	1.31	1.70	2.05	2.47	2.77	3.69	27
28	.68	.85	1.31	1.70	2.05	2.47	2.76	3.67	28
29	.68	.85	1.31	1.70	2.04	2.46	2.76	3.66	29
30	.68	.85	1.31	1.70	2.04	2.46	2.75	3.65	30
40	.68	.85	1.30	1.68	2.02	2.42	2.70	3.55	40
60	.68	.85	1.30	1.67	2.00	2.39	2.66	3.46	60
120	.68	.85	1.29	1.66	1.98	2.36	2.62	3.37	120
∞	.6745	.842	1.282	1.645	1.960	2.326	2.576	3.291	∞
	$-t_{.25}$	$-t_{.20}$	$-t_{.10}$	$-t_{.05}$	$-t_{.025}$	$-t_{.01}$	$-t_{.005}$	$-t_{.0005}$	

9. F-분포의 95/99% Percentile Value(굵은 활자가 99%)

υ_1=Degrees of Freedom for Numerator

υ_2=degrees of freedom for denominator

ν_2 = degrees of freedom for denominator

ν_2	1	2	3	4	5	6	7	8	9	10	11	12
1	161 **4,052**	200 **4,999**	216 **5,403**	225 **5,625**	230 **5,764**	234 **5,859**	237 **5,928**	239 **5,981**	241 **6,022**	242 **6,056**	243 **6,082**	244 **6,106**
2	18.51 **98.49**	19.00 **99.01**	19.16 **99.17**	19.25 **99.25**	19.30 **99.30**	19.33 **99.33**	19.36 **99.34**	19.37 **99.36**	19.38 **99.38**	19.39 **99.40**	19.40 **99.41**	19.41 **99.42**
3	10.13 **34.12**	9.55 **30.81**	9.28 **29.46**	9.12 **28.71**	9.01 **28.24**	8.94 **27.91**	8.88 **27.67**	8.84 **27.49**	8.81 **27.34**	8.78 **27.23**	8.76 **27.13**	8.74 **27.05**
4	7.71 **21.20**	6.94 **18.00**	6.59 **16.69**	6.39 **15.98**	6.26 **15.52**	6.16 **15.21**	6.09 **14.98**	6.04 **14.80**	6.00 **14.66**	5.96 **14.54**	5.93 **14.45**	5.91 **14.37**
5	6.61 **16.26**	5.79 **13.27**	5.41 **12.06**	5.19 **11.39**	5.05 **10.97**	4.95 **10.67**	4.88 **10.45**	4.82 **10.27**	4.78 **10.15**	4.74 **10.05**	4.70 **9.96**	4.68 **9.89**
6	5.99 **13.74**	5.14 **10.92**	4.76 **9.78**	4.53 **9.15**	4.39 **8.75**	4.28 **8.47**	4.21 **8.26**	4.15 **8.10**	4.10 **7.98**	4.06 **7.87**	4.03 **7.79**	4.00 **7.72**
7	5.59 **12.25**	4.74 **9.55**	4.35 **8.45**	4.12 **7.85**	3.97 **7.46**	3.87 **7.19**	3.79 **7.00**	3.73 **6.84**	3.68 **6.71**	3.63 **6.62**	3.60 **6.54**	3.57 **6.47**
8	5.32 **11.26**	4.46 **8.65**	4.07 **7.59**	3.84 **7.01**	3.69 **6.63**	3.58 **6.37**	3.50 **6.19**	3.44 **6.03**	3.39 **5.91**	3.34 **5.82**	3.31 **5.74**	3.28 **5.67**
9	5.12 **10.56**	4.26 **8.02**	3.86 **6.99**	3.63 **6.42**	3.48 **6.06**	3.37 **5.80**	3.29 **5.62**	3.23 **5.47**	3.18 **5.35**	3.13 **5.26**	3.10 **5.18**	3.07 **5.11**
10	4.96 **10.04**	4.10 **7.56**	3.71 **6.55**	3.48 **5.99**	3.33 **5.64**	3.22 **5.39**	3.14 **5.21**	3.07 **5.06**	3.02 **4.95**	2.97 **4.85**	2.94 **4.78**	2.91 **4.71**
11	4.84 **9.65**	3.98 **7.20**	3.59 **6.22**	3.36 **5.67**	3.20 **5.32**	3.09 **5.07**	3.01 **4.88**	2.95 **4.74**	2.90 **4.63**	2.86 **4.54**	2.82 **4.46**	2.79 **4.40**
12	4.75 **9.33**	3.88 **6.93**	3.49 **5.95**	3.26 **5.41**	3.11 **5.06**	3.00 **4.82**	2.92 **4.65**	2.85 **4.50**	2.80 **4.39**	2.76 **4.30**	2.72 **4.22**	2.69 **4.16**
13	4.67 **9.07**	3.80 **6.70**	3.41 **5.74**	3.18 **5.20**	3.02 **4.86**	2.92 **4.62**	2.84 **4.44**	2.77 **4.30**	2.72 **4.19**	2.67 **4.10**	2.63 **4.02**	2.60 **3.96**
14	4.60 **8.86**	3.74 **6.51**	3.34 **5.56**	3.11 **5.03**	2.96 **4.69**	2.85 **4.46**	2.77 **4.28**	2.70 **4.14**	2.65 **4.03**	2.60 **3.94**	2.56 **3.86**	2.53 **3.80**
15	4.54 **8.68**	3.68 **6.36**	3.29 **5.42**	3.06 **4.89**	2.90 **4.56**	2.79 **4.32**	2.70 **4.14**	2.64 **4.00**	2.59 **3.89**	2.55 **3.80**	2.51 **3.73**	2.48 **3.67**
16	4.49 **8.53**	3.63 **6.23**	3.24 **5.29**	3.01 **4.77**	2.85 **4.44**	2.74 **4.20**	2.66 **4.03**	2.59 **3.89**	2.54 **3.78**	2.49 **3.69**	2.45 **3.61**	2.42 **3.55**
17	4.45 **8.40**	3.59 **6.11**	3.20 **5.18**	2.96 **4.67**	2.81 **4.34**	2.70 **4.10**	2.62 **3.93**	2.55 **3.79**	2.50 **3.68**	2.45 **3.59**	2.41 **3.52**	2.38 **3.45**
18	4.41 **8.28**	3.55 **6.01**	3.16 **5.09**	2.93 **4.58**	2.77 **4.25**	2.66 **4.01**	2.58 **3.85**	2.51 **3.71**	2.46 **3.60**	2.41 **3.51**	2.37 **3.44**	2.34 **3.37**
19	4.38 **8.18**	3.52 **5.93**	3.13 **5.01**	2.90 **4.50**	2.74 **4.17**	2.63 **3.94**	2.55 **3.77**	2.48 **3.63**	2.43 **3.52**	2.38 **3.43**	2.34 **3.36**	2.31 **3.30**
20	4.35 **8.10**	3.49 **5.85**	3.10 **4.94**	2.87 **4.43**	2.71 **4.10**	2.60 **3.87**	2.52 **3.71**	2.45 **3.56**	2.40 **3.45**	2.35 **3.37**	2.31 **3.30**	2.28 **3.23**
21	4.32 **8.02**	3.47 **5.78**	3.07 **4.87**	2.84 **4.37**	2.68 **4.04**	2.57 **3.81**	2.49 **3.65**	2.42 **3.51**	2.37 **3.40**	2.32 **3.31**	2.28 **3.24**	2.25 **3.17**
22	4.30 **7.94**	3.44 **5.72**	3.05 **4.82**	2.82 **4.31**	2.66 **3.99**	2.55 **3.76**	2.47 **3.59**	2.40 **3.45**	2.35 **3.35**	2.30 **3.26**	2.26 **3.18**	2.23 **3.12**
23	4.28 **7.88**	3.42 **5.66**	3.03 **4.76**	2.80 **4.26**	2.64 **3.94**	2.53 **3.71**	2.45 **3.54**	2.38 **3.41**	2.32 **3.30**	2.28 **3.21**	2.24 **3.14**	2.20 **3.07**
24	4.26 **7.82**	3.40 **5.61**	3.01 **4.72**	2.78 **4.22**	2.62 **3.90**	2.51 **3.67**	2.43 **3.50**	2.36 **3.36**	2.30 **3.25**	2.26 **3.17**	2.22 **3.09**	2.18 **3.03**
25	4.24 **7.77**	3.38 **5.57**	2.99 **4.68**	2.76 **4.18**	2.60 **3.86**	2.49 **3.63**	2.41 **3.46**	2.34 **3.32**	2.28 **3.21**	2.24 **3.13**	2.20 **3.05**	2.16 **2.99**
26	4.22 **7.72**	3.37 **5.53**	2.98 **4.64**	2.74 **4.14**	2.59 **3.82**	2.47 **3.59**	2.39 **3.42**	2.32 **3.29**	2.27 **3.17**	2.22 **3.09**	2.18 **3.02**	2.15 **2.96**

F-분포의 95/99% Percentile Value(굵은 환자가 99%)(계속)

υ_1=Degrees of Freedom for Numerator

υ_2=degrees of freedom for denominator

14	16	20	24	30	40	50	75	100	200	500	∞	ν_2
245	246	248	249	250	251	252	253	253	254	254	254	1
6,142	**6,169**	**6,208**	**6,234**	**6,258**	**6,286**	**6,302**	**6,323**	**6,334**	**6,352**	**6,361**	**6,366**	
19.42	19.43	19.44	19.45	19.46	19.47	19.47	19.48	19.49	19.49	19.50	19.50	2
99.43	**99.44**	**99.45**	**99.46**	**99.47**	**99.48**	**99.48**	**99.49**	**99.49**	**99.49**	**99.50**	**99.50**	
8.71	8.69	8.66	8.64	8.62	8.60	8.58	8.57	8.56	8.54	8.54	8.53	3
26.92	**26.83**	**26.69**	**26.60**	**26.50**	**26.41**	**26.35**	**26.27**	**26.23**	**26.18**	**26.14**	**26.12**	
5.87	5.84	5.80	5.77	5.74	5.71	5.70	5.68	5.66	5.65	5.64	5.63	4
14.24	**14.15**	**14.02**	**13.93**	**13.83**	**13.74**	**13.69**	**13.61**	**13.57**	**13.52**	**13.48**	**13.46**	
4.64	4.60	4.56	4.53	4.50	4.46	4.44	4.42	4.40	4.38	4.37	4.36	5
9.77	**9.68**	**9.55**	**9.47**	**9.38**	**9.29**	**9.24**	**9.17**	**9.13**	**9.07**	**9.04**	**9.02**	
3.96	3.92	3.87	3.84	3.81	3.77	3.75	3.72	3.71	3.69	3.68	3.67	6
7.60	**7.52**	**7.39**	**7.31**	**7.23**	**7.14**	**7.09**	**7.02**	**6.99**	**6.94**	**6.90**	**6.88**	
3.52	3.49	3.44	3.41	3.38	3.34	3.32	3.29	3.28	3.25	3.24	3.23	7
6.35	**6.27**	**6.15**	**6.07**	**5.98**	**5.90**	**5.85**	**5.78**	**5.75**	**5.70**	**5.67**	**5.65**	
3.23	3.20	3.15	3.12	3.08	3.05	3.03	3.00	2.98	2.96	2.94	2.93	8
5.56	**5.48**	**5.36**	**5.28**	**5.20**	**5.11**	**5.06**	**5.00**	**4.96**	**4.91**	**4.88**	**4.86**	
3.02	2.98	2.93	2.90	2.86	2.82	2.80	2.77	2.76	2.73	2.72	2.71	9
5.00	**4.92**	**4.80**	**4.73**	**4.64**	**4.56**	**4.51**	**4.45**	**4.41**	**4.36**	**4.33**	**4.31**	
2.86	2.82	2.77	2.74	2.70	2.67	2.64	2.61	2.59	2.56	2.55	2.54	10
4.60	**4.52**	**4.41**	**4.33**	**4.25**	**4.17**	**4.12**	**4.05**	**4.01**	**3.96**	**3.93**	**3.91**	
2.74	2.70	2.65	2.61	2.57	2.53	2.50	2.47	2.45	2.42	2.41	2.40	11
4.29	**4.21**	**4.10**	**4.02**	**3.94**	**3.86**	**3.80**	**3.74**	**3.70**	**3.66**	**3.62**	**3.60**	
2.64	2.60	2.54	2.50	2.46	2.42	2.40	2.36	2.35	2.32	2.31	2.30	12
4.05	**3.98**	**3.86**	**3.78**	**3.70**	**3.61**	**3.56**	**3.49**	**3.46**	**3.41**	**3.38**	**3.36**	
2.55	2.51	2.46	2.42	2.38	2.34	2.32	2.28	2.26	2.24	2.22	2.21	13
3.85	**3.78**	**3.67**	**3.59**	**3.51**	**3.42**	**3.37**	**3.30**	**3.27**	**3.21**	**3.18**	**3.16**	
2.48	2.44	2.39	2.35	2.31	2.27	2.24	2.21	2.19	2.16	2.14	2.13	14
3.70	**3.62**	**3.51**	**3.43**	**3.34**	**3.26**	**3.21**	**3.14**	**3.11**	**3.06**	**3.02**	**3.00**	
2.43	2.39	2.33	2.29	2.25	2.21	2.18	2.15	2.12	2.10	2.08	2.07	15
3.56	**3.48**	**3.36**	**3.29**	**3.20**	**3.12**	**3.07**	**3.00**	**2.97**	**2.92**	**2.89**	**2.87**	
2.37	2.33	2.28	2.24	2.20	2.16	2.13	2.09	2.07	2.04	2.02	2.01	16
3.45	**3.37**	**3.25**	**3.18**	**3.10**	**3.01**	**2.96**	**2.89**	**2.86**	**2.80**	**2.77**	**2.75**	
2.33	2.29	2.23	2.19	2.15	2.11	2.08	2.04	2.02	1.99	1.97	1.96	17
3.35	**3.27**	**3.16**	**3.08**	**3.00**	**2.92**	**2.86**	**2.79**	**2.76**	**2.70**	**2.67**	**2.65**	
2.29	2.25	2.19	2.15	2.11	2.07	2.04	2.00	1.98	1.95	1.93	1.92	18
3.27	**3.19**	**3.07**	**3.00**	**2.91**	**2.83**	**2.78**	**2.71**	**2.68**	**2.62**	**2.59**	**2.57**	
2.26	2.21	2.15	2.11	2.07	2.02	2.00	1.96	1.94	1.91	1.90	1.88	19
3.19	**3.12**	**3.00**	**2.92**	**2.84**	**2.76**	**2.70**	**2.63**	**2.60**	**2.54**	**2.51**	**2.49**	
2.23	2.18	2.12	2.08	2.04	1.99	1.96	1.92	1.90	1.87	1.85	1.84	20
3.13	**3.05**	**2.94**	**2.86**	**2.77**	**2.69**	**2.63**	**2.56**	**2.53**	**2.47**	**2.44**	**2.42**	
2.20	2.15	2.09	2.05	2.00	1.96	1.93	1.89	1.87	1.84	1.82	1.81	21
3.07	**2.99**	**2.88**	**2.80**	**2.72**	**2.63**	**2.58**	**2.51**	**2.47**	**2.42**	**2.38**	**2.36**	
2.18	2.13	2.07	2.03	1.98	1.93	1.91	1.87	1.84	1.81	1.80	1.78	22
3.02	**2.94**	**2.83**	**2.75**	**2.67**	**2.58**	**2.53**	**2.46**	**2.42**	**2.37**	**2.33**	**2.31**	
2.14	2.10	2.04	2.00	1.96	1.91	1.88	1.84	1.82	1.79	1.77	1.76	23
2.97	**2.89**	**2.78**	**2.70**	**2.62**	**2.53**	**2.48**	**2.41**	**2.37**	**2.32**	**2.28**	**2.26**	
2.13	2.09	2.02	1.98	1.94	1.89	1.86	1.82	1.80	1.76	1.74	1.73	24
2.93	**2.85**	**2.74**	**2.66**	**2.58**	**2.49**	**2.44**	**2.36**	**2.33**	**2.27**	**2.23**	**2.21**	
2.11	2.06	2.00	1.96	1.92	1.87	1.84	1.80	1.77	1.74	1.72	1.71	25
2.89	**2.81**	**2.70**	**2.62**	**2.54**	**2.45**	**2.40**	**2.32**	**2.29**	**2.23**	**2.19**	**2.17**	
2.10	2.05	1.99	1.95	1.90	1.85	1.82	1.78	1.76	1.72	1.70	1.69	26
2.86	**2.77**	**2.66**	**2.58**	**2.50**	**2.41**	**2.36**	**2.28**	**2.25**	**2.19**	**2.15**	**2.13**	

ν_2 = degrees of freedom for denominator

F-분포의 95/99% Percentile Value(굵은 환자가 99%)(계속)

υ_1=Degrees of Freedom for Numerator

υ_2=degrees of freedom for denominator

ν_2 = degrees of freedom for denominator

ν_2	1	2	3	4	5	6	7	8	9	10	11	12
27	4.21 **7.68**	3.35 **5.49**	2.96 **4.60**	2.73 **4.11**	2.57 **3.79**	2.46 **3.56**	2.37 **3.39**	2.30 **3.26**	2.25 **3.14**	2.20 **3.06**	2.16 **2.98**	2.13 **2.93**
28	4.20 **7.64**	3.34 **5.45**	2.95 **4.57**	2.71 **4.07**	2.56 **3.76**	2.44 **3.53**	2.36 **3.36**	2.29 **3.23**	2.24 **3.11**	2.19 **3.03**	2.15 **2.95**	2.12 **2.90**
29	4.18 **7.60**	3.33 **5.42**	2.93 **4.54**	2.70 **4.04**	2.54 **3.73**	2.43 **3.50**	2.35 **3.33**	2.28 **3.20**	2.22 **3.08**	2.18 **3.00**	2.14 **2.92**	2.10 **2.87**
30	4.17 **7.56**	3.32 **5.39**	2.92 **4.51**	2.69 **4.02**	2.53 **3.70**	2.42 **3.47**	2.34 **3.30**	2.27 **3.17**	2.21 **3.06**	2.16 **2.98**	2.12 **2.90**	2.09 **2.84**
32	4.15 **7.50**	3.30 **5.34**	2.90 **4.46**	2.67 **3.97**	2.51 **3.66**	2.40 **3.42**	2.32 **3.25**	2.25 **3.12**	2.19 **3.01**	2.14 **2.94**	2.10 **2.86**	2.07 **2.80**
34	4.13 **7.44**	3.28 **5.29**	2.88 **4.42**	2.65 **3.93**	2.49 **3.61**	2.38 **3.38**	2.30 **3.21**	2.23 **3.08**	2.17 **2.97**	2.12 **2.89**	2.08 **2.82**	2.05 **2.76**
36	4.11 **7.39**	3.26 **5.25**	2.86 **4.38**	2.63 **3.89**	2.48 **3.58**	2.36 **3.35**	2.28 **3.18**	2.21 **3.04**	2.15 **2.94**	2.10 **2.86**	2.06 **2.78**	2.03 **2.72**
38	4.10 **7.35**	3.25 **5.21**	2.85 **4.34**	2.62 **3.86**	2.46 **3.54**	2.35 **3.32**	2.26 **3.15**	2.19 **3.02**	2.14 **2.91**	2.09 **2.82**	2.05 **2.75**	2.02 **2.69**
40	4.08 **7.31**	3.23 **5.18**	2.84 **4.31**	2.61 **3.83**	2.45 **3.51**	2.34 **3.29**	2.25 **3.12**	2.18 **2.99**	2.12 **2.88**	2.07 **2.80**	2.04 **2.73**	2.00 **2.66**
42	4.07 **7.27**	3.22 **5.15**	2.83 **4.29**	2.59 **3.80**	2.44 **3.49**	2.32 **3.26**	2.24 **3.10**	2.17 **2.96**	2.11 **2.86**	2.06 **2.77**	2.02 **2.70**	1.99 **2.64**
44	4.06 **7.24**	3.21 **5.12**	2.82 **4.26**	2.58 **3.78**	2.43 **3.46**	2.31 **3.24**	2.23 **3.07**	2.16 **2.94**	2.10 **2.84**	2.05 **2.75**	2.01 **2.68**	1.98 **2.62**
46	4.05 **7.21**	3.20 **5.10**	2.81 **4.24**	2.57 **3.76**	2.42 **3.44**	2.30 **3.22**	2.22 **3.05**	2.14 **2.92**	2.09 **2.82**	2.04 **2.73**	2.00 **2.66**	1.97 **2.60**
48	4.04 **7.19**	3.19 **5.08**	2.80 **4.22**	2.56 **3.74**	2.41 **3.42**	2.30 **3.20**	2.21 **3.04**	2.14 **2.90**	2.08 **2.80**	2.03 **2.71**	1.99 **2.64**	1.96 **2.58**
50	4.03 **7.17**	3.18 **5.06**	2.79 **4.20**	2.56 **3.72**	2.40 **3.41**	2.29 **3.18**	2.20 **3.02**	2.13 **2.88**	2.07 **2.78**	2.02 **2.70**	1.98 **2.62**	1.95 **2.56**
55	4.02 **7.12**	3.17 **5.01**	2.78 **4.16**	2.54 **3.68**	2.38 **3.37**	2.27 **3.15**	2.18 **2.98**	2.11 **2.85**	2.05 **2.75**	2.00 **2.66**	1.97 **2.59**	1.93 **2.53**
60	4.00 **7.08**	3.15 **4.98**	2.76 **4.13**	2.52 **3.65**	2.37 **3.34**	2.25 **3.12**	2.17 **2.95**	2.10 **2.82**	2.04 **2.72**	1.99 **2.63**	1.95 **2.56**	1.92 **2.50**
65	3.99 **7.04**	3.14 **4.95**	2.75 **4.10**	2.51 **3.62**	2.36 **3.31**	2.24 **3.09**	2.15 **2.93**	2.08 **2.79**	2.02 **2.70**	1.98 **2.61**	1.94 **2.54**	1.90 **2.47**
70	3.98 **7.01**	3.13 **4.92**	2.74 **4.08**	2.50 **3.60**	2.35 **3.29**	2.23 **3.07**	2.14 **2.91**	2.07 **2.77**	2.01 **2.67**	1.97 **2.59**	1.93 **2.51**	1.89 **2.45**
80	3.96 **6.96**	3.11 **4.88**	2.72 **4.04**	2.48 **3.56**	2.33 **3.25**	2.21 **3.04**	2.12 **2.87**	2.05 **2.74**	1.99 **2.64**	1.95 **2.55**	1.91 **2.48**	1.88 **2.41**
100	3.94 **6.90**	3.09 **4.82**	2.70 **3.98**	2.46 **3.51**	2.30 **3.20**	2.19 **2.99**	2.10 **2.82**	2.03 **2.69**	1.97 **2.59**	1.92 **2.51**	1.88 **2.43**	1.85 **2.36**
125	3.92 **6.84**	3.07 **4.78**	2.68 **3.94**	2.44 **3.47**	2.29 **3.17**	2.17 **2.95**	2.08 **2.79**	2.01 **2.65**	1.95 **2.56**	1.90 **2.47**	1.86 **2.40**	1.83 **2.33**
150	3.91 **6.81**	3.06 **4.75**	2.67 **3.91**	2.43 **3.44**	2.27 **3.14**	2.16 **2.92**	2.07 **2.76**	2.00 **2.62**	1.94 **2.53**	1.89 **2.44**	1.85 **2.37**	1.82 **2.30**
200	3.89 **6.76**	3.04 **4.71**	2.65 **3.88**	2.41 **3.41**	2.26 **3.11**	2.14 **2.90**	2.05 **2.73**	1.98 **2.60**	1.92 **2.50**	1.87 **2.41**	1.83 **2.34**	1.80 **2.28**
400	3.86 **6.70**	3.02 **4.66**	2.62 **3.83**	2.39 **3.36**	2.23 **3.06**	2.12 **2.85**	2.03 **2.69**	1.96 **2.55**	1.90 **2.46**	1.85 **2.37**	1.81 **2.29**	1.78 **2.23**
1,000	3.85 **6.66**	3.00 **4.62**	2.61 **3.80**	2.38 **3.34**	2.22 **3.04**	2.10 **2.82**	2.02 **2.66**	1.95 **2.53**	1.89 **2.43**	1.84 **2.34**	1.80 **2.26**	1.76 **2.20**
∞	3.84 **6.64**	2.99 **4.60**	2.60 **3.78**	2.37 **3.32**	2.21 **3.02**	2.09 **2.80**	2.01 **2.64**	1.94 **2.51**	1.88 **2.41**	1.83 **2.32**	1.79 **2.24**	1.75 **21.8**

F-분포의 95/99% Percentile Value(굵은 환자가 99%)(계속)

υ_1=Degrees of Freedom for Numerator

υ_2=degrees of freedom for denominator

14	16	20	24	30	40	50	75	100	200	500	∞	ν_2
2.08	2.03	1.97	1.93	1.88	1.84	1.80	1.76	1.74	1.71	1.68	1.67	27
2.83	**2.74**	**2.63**	**2.55**	**2.47**	**2.38**	**2.33**	**2.25**	**2.21**	**2.16**	**2.12**	**2.10**	
2.06	2.02	1.96	1.91	1.87	1.81	1.78	1.75	1.72	1.69	1.67	1.65	28
2.80	**2.71**	**2.60**	**2.52**	**2.44**	**2.35**	**2.30**	**2.22**	**2.18**	**2.13**	**2.09**	**2.06**	
2.05	2.00	1.94	1.90	1.85	1.80	1.77	1.73	1.71	1.68	1.65	1.64	29
2.77	**2.68**	**2.57**	**2.49**	**2.41**	**2.32**	**2.27**	**2.19**	**2.15**	**2.10**	**2.06**	**2.03**	
2.04	1.99	1.93	1.89	1.84	1.79	1.76	1.72	1.69	1.66	1.64	1.62	30
2.74	**2.66**	**2.55**	**2.47**	**2.38**	**2.29**	**2.24**	**2.16**	**2.13**	**2.07**	**2.03**	**2.01**	
2.02	1.97	1.91	1.86	1.82	1.76	1.74	1.69	1.67	1.64	1.61	1.59	32
2.70	**2.62**	**2.51**	**2.42**	**2.34**	**2.25**	**2.20**	**2.12**	**2.08**	**2.02**	**1.98**	**1.96**	
2.00	1.95	1.89	1.84	1.80	1.74	1.71	1.67	1.64	1.61	1.59	1.57	34
2.66	**2.58**	**2.47**	**2.38**	**2.30**	**2.21**	**2.15**	**2.08**	**2.04**	**1.98**	**1.94**	**1.91**	
1.98	1.93	1.87	1.82	1.78	1.72	1.69	1.65	1.62	1.59	1.56	1.55	36
2.62	**2.54**	**2.43**	**2.35**	**2.26**	**2.17**	**2.12**	**2.04**	**2.00**	**1.94**	**1.90**	**1.87**	
1.96	1.92	1.85	1.80	1.76	1.71	1.67	1.63	1.60	1.57	1.54	1.53	38
2.59	**2.51**	**2.40**	**2.32**	**2.22**	**2.14**	**2.08**	**2.00**	**1.97**	**1.90**	**1.86**	**1.84**	
1.95	1.90	1.84	1.79	1.74	1.69	1.66	1.61	1.59	1.55	1.53	1.51	40
2.56	**2.49**	**2.37**	**2.29**	**2.20**	**2.11**	**2.05**	**1.97**	**1.94**	**1.88**	**1.84**	**1.81**	
1.94	1.89	1.82	1.78	1.73	1.68	1.64	1.60	1.57	1.54	1.51	1.49	42
2.54	**2.46**	**2.35**	**2.26**	**2.17**	**2.08**	**2.02**	**1.94**	**1.91**	**1.85**	**1.80**	**1.78**	
1.92	1.88	1.81	1.76	1.72	1.66	1.63	1.58	1.56	1.52	1.50	1.48	44
2.52	**2.44**	**2.32**	**2.24**	**2.15**	**2.06**	**2.00**	**1.92**	**1.88**	**1.82**	**1.78**	**1.75**	
1.91	1.87	1.80	1.75	1.71	1.65	1.62	1.57	1.54	1.51	1.48	1.46	46
2.50	**2.42**	**2.30**	**2.22**	**2.13**	**2.04**	**1.98**	**1.90**	**1.86**	**1.80**	**1.76**	**1.72**	
1.90	1.86	1.79	1.74	1.70	1.64	1.61	1.56	1.53	1.50	1.47	1.45	48
2.48	**2.40**	**2.28**	**2.20**	**2.11**	**2.02**	**1.96**	**1.88**	**1.84**	**1.78**	**1.73**	**1.70**	
1.90	1.85	1.78	1.74	1.69	1.63	1.60	1.55	1.52	1.48	1.46	1.44	50
2.46	**2.39**	**2.26**	**2.18**	**2.10**	**2.00**	**1.94**	**1.86**	**1.82**	**1.76**	**1.71**	**1.68**	
1.88	1.83	1.76	1.72	1.67	1.61	1.58	1.52	1.50	1.46	1.43	1.41	55
2.43	**2.35**	**2.23**	**2.15**	**2.06**	**1.96**	**1.90**	**1.82**	**1.78**	**1.71**	**1.66**	**1.64**	
1.86	1.81	1.75	1.70	1.65	1.59	1.56	1.50	1.48	1.44	1.41	1.39	60
2.40	**2.32**	**2.20**	**2.12**	**2.03**	**1.93**	**1.87**	**1.79**	**1.74**	**1.68**	**1.63**	**1.60**	
1.85	1.80	1.73	1.68	1.63	1.57	1.54	1.49	1.46	1.42	1.39	1.37	65
2.37	**2.30**	**2.18**	**2.09**	**2.00**	**1.90**	**1.84**	**1.76**	**1.71**	**1.64**	**1.60**	**1.56**	
1.84	1.79	1.72	1.67	1.62	1.56	1.53	1.47	1.45	1.40	1.37	1.35	70
2.35	**2.28**	**2.15**	**2.07**	**1.98**	**1.88**	**1.82**	**1.74**	**1.69**	**1.62**	**1.56**	**1.53**	
1.82	1.77	1.70	1.65	1.60	1.54	1.51	1.45	1.42	1.38	1.35	1.32	80
2.32	**2.24**	**2.11**	**2.03**	**1.94**	**1.84**	**1.78**	**1.70**	**1.65**	**1.57**	**1.52**	**1.49**	
1.79	1.75	1.68	1.63	1.57	1.51	1.48	1.42	1.39	1.34	1.30	1.28	100
2.26	**2.19**	**2.06**	**1.98**	**1.89**	**1.79**	**1.73**	**1.64**	**1.59**	**1.51**	**1.46**	**1.43**	
1.77	1.72	1.65	1.60	1.55	1.49	1.45	1.39	1.36	1.31	1.27	1.25	125
2.23	**2.15**	**2.03**	**1.94**	**1.85**	**1.75**	**1.68**	**1.59**	**1.54**	**1.46**	**1.40**	**1.37**	
1.76	1.71	1.64	1.59	1.54	1.47	1.44	1.37	1.34	1.29	1.25	1.22	150
2.20	**2.12**	**2.00**	**1.91**	**1.83**	**1.72**	**1.66**	**1.56**	**1.51**	**1.43**	**1.37**	**1.33**	
1.74	1.69	1.62	1.57	1.52	1.45	1.42	1.35	1.32	1.26	1.22	1.19	200
2.17	**2.09**	**1.97**	**1.88**	**1.79**	**1.69**	**1.62**	**1.53**	**1.48**	**1.39**	**1.33**	**1.28**	
1.72	1.67	1.60	1.54	1.49	1.42	1.38	1.32	1.28	1.22	1.16	1.13	400
2.12	**2.04**	**1.92**	**1.84**	**1.74**	**1.64**	**1.57**	**1.47**	**1.42**	**1.32**	**1.24**	**1.19**	
1.70	1.65	1.58	1.53	1.47	1.41	1.36	1.30	1.26	1.19	1.13	1.08	1,000
2.09	**2.01**	**1.89**	**1.81**	**1.71**	**1.61**	**1.54**	**1.44**	**1.38**	**1.28**	**1.19**	**1.11**	
1.69	1.64	1.57	1.52	1.46	1.40	1.35	1.28	1.24	1.17	1.11	1.00	∞
2.07	**1.99**	**1.87**	**1.79**	**1.69**	**1.59**	**1.52**	**1.41**	**1.36**	**1.25**	**1.15**	**1.00**	

ν_2 = degrees of freedom for denominator

10. 맨-휘트니(Mann-Whitney) U분포표(양측검증)

	N_1																			
N_2	1	2	3	4	5	6	7	8	9	10	11	12	13	14	15	16	17	18	19	20
1	—																			
2	—	—																		
3	—	—	—																	
4	—	—	—	0																
5	—	—	0	1	2															
6	—	—	1	2	3	5														
7	—	—	1	3	5	6	8													
8	—	0	2	4	6	8	10	13												
9	—	0	2	4	7	10	12	15	17											
10	—	0	3	5	8	11	14	17	20	23										
11	—	0	3	6	9	13	16	19	23	26	30									
12	—	1	4	7	11	14	18	22	26	29	33	37								
13	—	1	4	8	12	16	20	24	28	33	37	41	45							
14	—	1	5	9	13	17	22	26	31	36	40	45	50	55						
15	—	1	5	10	14	19	24	29	34	39	44	49	54	59	64					
16	—	1	6	11	15	21	26	31	37	42	47	53	59	64	70	75				
17	—	2	6	11	17	22	28	34	39	45	51	57	63	69	75	81	87			
18	—	2	7	12	18	24	30	36	42	48	55	61	67	74	80	86	93	99		
19	—	2	7	13	19	25	32	38	45	52	58	65	72	78	85	92	99	106	113	
20	—	2	8	14	20	27	34	41	48	55	62	69	76	83	90	98	105	112	119	127
21	—	3	8	15	22	29	36	43	50	58	65	73	80	88	96	103	111	119	126	134
22	—	3	9	16	23	30	38	45	53	61	69	77	85	93	101	109	117	125	133	141
23	—	3	9	17	24	32	40	48	56	64	73	81	89	98	106	115	123	132	140	149
24	—	3	10	17	25	33	42	50	59	67	76	85	94	102	111	120	129	138	147	156
25	—	3	10	18	27	35	44	53	62	71	80	89	98	107	117	126	135	145	154	163
26	—	4	11	19	28	37	46	55	64	74	83	93	102	112	122	132	141	151	161	171
27	—	4	11	20	29	38	48	57	67	77	87	97	107	117	127	137	147	158	168	178
28	—	4	12	21	30	40	50	60	70	80	90	101	111	122	132	143	154	164	175	186
29	—	4	13	22	32	42	52	62	73	83	94	105	116	127	138	149	160	171	182	193
30	—	5	13	23	33	43	54	65	76	87	98	109	120	131	143	154	166	177	189	200
31	—	5	14	24	34	45	56	67	78	90	101	113	125	136	148	160	172	184	196	208
32	—	5	14	24	35	46	58	69	81	93	105	117	129	141	153	166	178	190	203	215
33	—	5	15	25	37	48	60	72	84	96	108	121	133	146	159	171	184	197	210	222
34	—	5	15	26	38	50	62	74	87	99	112	125	138	151	164	177	190	203	217	230
35	—	6	16	27	39	51	64	77	89	103	116	129	142	156	169	183	196	210	224	237
36	—	6	16	28	40	53	66	79	92	106	119	133	147	161	174	188	202	216	231	245
37	—	6	17	29	41	55	68	81	95	109	123	137	151	165	180	194	209	223	238	252
38	—	6	17	30	43	56	70	84	98	112	127	141	156	170	185	200	215	230	245	259
39	0	7	18	31	44	58	72	86	101	115	130	145	160	175	190	206	321	236	252	267
40	0	7	18	31	45	59	74	89	103	119	134	149	165	180	196	211	227	243	258	274

11. 맨-휘트니(Mann-Whitney) U분포표(단측검증)

α=.05

	N_1																			
N_2	1	2	3	4	5	6	7	8	9	10	11	12	13	14	15	16	17	18	19	20
1	—																			
2	—	—																		
3	—	—	0																	
4	—	—	0	1																
5	—	—	1	2	4															
6	—	0	2	3	5	7														
7	—	0	2	4	6	8	11													
8	—	1	3	5	8	10	13	15												
9	—	1	4	6	9	12	15	18	21											
10	—	1	4	7	11	14	17	20	24	27										
11	—	1	5	8	12	16	19	23	27	31	34									
12	—	2	5	9	13	17	21	26	30	34	38	42								
13	—	2	6	10	15	19	24	28	33	37	42	47	51							
14	—	3	7	11	16	21	26	31	36	41	46	51	56	61						
15	—	3	7	12	18	23	28	33	39	44	50	55	61	66	72					
16	—	3	8	14	19	25	30	36	42	48	54	60	65	71	77	83				
17	—	3	9	15	20	26	33	39	45	51	57	64	70	77	83	89	96			
18	—	4	9	16	22	28	35	41	48	55	61	68	75	82	88	95	102	109		
19	0	4	10	17	23	30	37	44	51	58	65	72	80	87	94	101	109	116	123	
20	0	4	11	18	25	32	39	47	54	62	69	77	84	92	100	107	115	123	130	138
21	0	5	11	19	26	34	41	49	57	65	73	81	89	97	105	113	121	130	138	146
22	0	5	12	20	28	36	44	52	60	68	77	85	94	102	111	119	128	136	145	154
23	0	5	13	21	29	37	46	54	63	72	81	90	98	107	116	125	134	143	152	161
24	0	6	13	22	30	39	48	57	66	75	85	94	103	113	122	131	141	150	160	162
25	0	6	14	23	32	41	50	60	69	79	89	98	108	118	128	137	147	157	167	177
26	0	6	15	24	33	43	53	62	72	82	92	103	113	123	133	143	154	164	174	185
27	0	7	15	25	35	45	55	65	75	86	96	107	117	128	139	149	160	171	182	192
28	0	7	16	26	36	46	57	68	78	89	100	111	122	133	144	156	167	178	189	200
29	0	7	17	27	38	48	59	70	82	93	104	116	127	138	150	162	173	185	196	208
30	0	7	17	28	39	50	61	73	85	96	108	120	132	144	156	168	180	192	204	216
31	0	8	18	29	40	52	64	76	88	100	112	124	136	149	161	174	186	199	211	224
32	0	8	19	30	42	54	66	78	91	103	116	128	141	154	167	180	193	206	218	231
33	0	8	19	31	43	56	68	81	94	107	120	133	146	159	172	186	199	212	226	239
34	0	9	20	32	45	57	70	84	97	110	124	137	151	164	178	192	206	219	233	247
35	0	9	21	33	46	59	73	86	100	114	128	141	156	170	184	198	212	226	241	255
36	0	9	21	34	48	61	75	89	103	117	131	146	160	175	189	204	219	233	248	263
37	0	10	22	35	49	63	77	91	106	121	135	150	165	180	195	210	225	240	255	271
38	0	10	23	36	50	65	79	94	109	124	139	154	170	185	201	216	232	247	263	278
39	1	10	23	38	52	67	82	97	112	128	143	159	175	190	206	222	238	254	270	286
40	1	11	24	39	53	68	84	99	115	131	147	163	179	196	212	228	245	261	278	294

13. 윌콕슨(Wilcoxon) T분포표

n	$\alpha=0.05$ 하한 T	$\alpha=0.05$ 상한 T	$\alpha=0.01$ 하한 T	$\alpha=0.01$ 상한 T
5	1	14	—	—
6	2	19	—	—
7	4	21	0	28
8	6	30	2	34
9	8	37	3	42
10	11	44	5	50
12	17	61	10	68
14	26	79	16	89
16	36	100	24	112
18	47	124	33	138
20	60	150	43	167

14. 크루스칼-왈리스(Kruskal-Wallis) H분포표

α=.0 5

표본크기			H	P
n_1	n_2	n_3		
2	2	1	2.7000	.500
2	2	1	3.6000	.200
2	2	2	4.5714	.067
			3.7143	.200
3	1	1	3.2000	.300
3	2	1	4.2857	.100
			3.8571	.133
3	2	2	5.3572	.029
			4.7143	.048
			4.5000	.067
			4.4643	.105
3	3	1	5.1429	.043
			4.5714	.100
			4.0000	.129
3	3	2	6.2500	.011
			5.3611	.032
			5.1389	.061
			4.5556	.100
			4.2500	.121
3	3	3	7.2000	.004
			6.4889	.011
			5.6889	.029
			5.6000	.050
			5.0667	.086
			4.6222	.100
4	1	1	3.5714	.200
4	2	1	4.8214	.057
			4.5000	.076
			4.0179	.114
4	2	2	6.0000	.014
			5.3333	.033
			5.1250	.052
			4.4583	.100
			4.1667	.105
4	3	1	5.8333	.021
			5.2083	.050
			5.0000	.057
			4.0556	.093
			3.8889	.129

표본크기			H	P
n_1	n_2	n_3		
4	3	2	6.4444	.008
			6.3000	.011
			5.4444	.046
			5.4000	.051
			4.5111	.098
			4.4444	.102
4	3	3	6.7455	.010
			6.7091	.013
			5.7909	.046
			5.7273	.050
			4.7091	.092
			4.7000	.101
4	4	1	6.6667	.010
			6.1667	.022
			4.9667	.048
			4.8667	.054
			4.1667	.082
			4.0667	.102
4	4	2	7.0364	.006
			6.8727	.011
			5.4545	.046
			5.2364	.052
			4.5545	.098
			4.4455	.103
4	4	3	7.1439	.010
			7.1364	.011
			5.5985	.049
			5.5758	.051
			4.5455	.099
			4.4773	.102
4	4	4	7.6538	.008
			7.5385	.011
			5.6923	.049
			5.6538	.054
			4.6539	.097
			4.5001	.104
5	1	1	3.8571	.143
5	2	1	5.2500	.036
			5.0000	.048
			4.4500	.071
			4.2000	.095
			4.0500	.119
5	2	2	6.5333	.008

크루스칼-왈리스(Kruskal-Wallis) H분포표(계속)

α=.0 5

표본크기 n_1	n_2	n_3	H	P
			6.1333	.013
			5.1600	.034
			5.0400	.056
			4.3733	.090
			4.2933	.122
5	3	1	6.4000	.012
			4.9600	.408
			4.8711	.052
			4.0178	.095
			3.8400	.123
5	3	2	6.9091	.009
			6.8218	.010
			5.2509	.049
			5.1055	.052
			4.6509	.091
			4.4945	.101
5	3	3	7.0788	.009
			6.9818	.011
			5.6485	.049
			5.5152	.051
			4.5333	.097
			4.4121	.109
5	4	1	6.9545	.008
			6.8400	.011
			4.9855	.044
			4.8600	.056
			3.9873	.098
			3.9600	.102
5	4	2	7.2045	.009
			7.1182	.010
			5.2727	.049
			5.2682	.050
			4.5409	.098
			4.5182	.101
5	4	3	7.4449	.010
			7.3949	.011
			5.6564	.049
			5.6308	.050
			4.5487	.099
			4.5231	.103
5	4	4	7.7604	.009
			7.7440	.011
			5.6571	.049
			5.6176	.050
			4.6187	.100
			4.5527	.102
5	5	1	7.3091	.009
			6.8364	.011
			5.1273	.046
			4.9091	.053
			4.1091	.086
			4.0364	.105
5	5	2	7.3385	.010
			7.2692	.010
			5.3385	.047
			5.2462	.051
			4.6231	.097
			4.5077	.100
5	5	3	7.5780	.010
			7.5429	.010
			5.7055	.046
			5.6264	.051
			4.5451	.100
			4.5063	.102
5	5	4	7.8229	.010
			7.7914	.010
			5.6657	.049
			5.6429	.050
			4.5229	.099
			4.5200	.101
5	5	5	8.0000	.009
			7.9800	.010
			5.7800	.049
			5.6600	.051
			4.5600	.100
			4.5000	.102

15. r분포표

	α	
df	.05	.01
1	.99692	.999877
2	.95000	.990000
3	.8783	.95873
4	.8114	.91720
5	.7545	.8745
6	.7067	.8343
7	.6664	.7977
8	.6319	.7646
9	.6021	.7348
10	.5760	.7079
11	.5529	.6835
12	.5324	.6614
13	.5139	.6411
14	.4973	.6226
15	.4821	.6055
16	.4683	.5897
17	.4555	.5751
18	.4438	.5614
19	.4329	.5487
20	.4227	.5368
25	.3809	.4869
30	.3494	.4487
35	.3246	.4182
40	.3044	.3932
45	.2875	.3721
50	.2732	.3541
60	.2500	.3248
70	.2319	.3017
80	.2172	.2830
90	.2050	.2673

16. 스페어만(Spearman)의 r_s분포표

	α	
N	.05	.01
5	1.000	–
6	.886	1.000
7	.786	.929
8	.738	.881
9	.683	.833
10	.648	.794
12	.591	.777
14	.544	.714
16	.506	.665
18	.475	.625
20	.450	.591
22	.428	.562
24	.409	.537
26	.392	.515
28	.377	.496
30	.364	.478

참고 문헌

김광재 · 김효동 역(2009). 사회과학 통계방법론의 핵심 이론. 커뮤니케이션북스.

김태근(2006). U Can 회귀분석. 인간과 복지.

김태호(2000). 실용통계학. 청목출판사.

김호용 · 민수홍 · 설인자 · 유성렬 · 최상문(2002). 알기쉬운 통계학. 학지사.

김희철 · 김평구(2005). 통계학의 이해와 응용. 학지사.

박광배(1999). 변량분석과 회귀분석. 학지사.

박광배(2006). 범주변인분석. 학지사.

박광배(2008). 변량분석과 회귀분석. 학지사.

박상규 · 김미현 · 유창승(2009). 그림으로 배우는 기초통계학. 무역경영사.

성태제(2007). SPSS/AMOS를 이용한 통계분석. 학지사.

송인섭(1997). 통계학의 이해. 학지사.

송인섭(2001). 통계학의 기초. 학지사.

오택섭 · 최현철(2003). 사회과학데이터 분석법 ①, ②, ③. 나눔출판사.

오혜경(2000). 사회복지자료분석론. 학지사.

우수명(2010). 마우스로 잡는 PASW 18. 인간과 복지.

원제무 · 이수일(2007). 그림으로 쉽게 배우는 통계분석. 박영사.

유동선(2000). 통계학해법대사전. 교문사.

윤재성 · 이재호(2013). SPSS를 활용한 통계분석. 통계학술연구회.

이윤로 · 유시순(2008). 사회복지사를 위한 SPSS. 학지사.

이종환(2008). SPSS를 이용한 조사방법 및 통계분석의 이해와 적용. 공동체.

이창의 · 문수열 · 김병 · 신후경 · 임채영(2011). 사회복지자료분석론. 창지사.

이태림 · 이정진 · 김성수 · 이기제 · 이금희(2012). 통계학개론. 방송통신대학교 출판부.

임병우 · 손용진(2005). 사회복지조사연구방법론. 청목출판사.

정대연(1994). 사회통계학. 백산문고.

최성재(2005). SPSS이용 분석방법 포함 사회복지자료분석론. 나남.

통계청(2008). 장래인구추계.

홍성열(1999). 사회과학도를 위한 기초통계. 학지사.

www.naver.com

저자소개

임 병 우

현, 성결대학교 사회복지학과 교수
University of Kent(사회복지학 석사)
University of Kent(사회복지학 박사)

[저서 및 논문]
–사회복지학개론, 사회복지조사론, 노인복지론 외 다수

주 경 희

현, 한신대학교 사회복지학과 교수
서울대학교(사회복지학 석사)
서울대학교(사회복지학 박사)

[저서 및 논문]
–노인복지론, 사회복지조사론, 연령주의 관련 논문 다수

김성원

현, 대림대학교 사회복지과 교수
이화여자대학교(사회복지학 석사)
이화여자대학교(사회복지학 박사)

[저서 및 논문]
–고령장애인의 사회참여, 노인의 삶의 만족, 돌봄지원관련 논문 다수

이은아

현, 성결대학교 사회복지학과 교수
성결대학교(사회복지학 석사)
성결대학교(사회복지학 박사)

[저서 및 논문]
–사회복지학개론, 사회복지조사론, 노인자살생각 외 논문 다수

제2판

사회복지자료분석론

–SPSS 적용 및 활용 포함–

초 판 1쇄 발행 2015년 7월 5일
제2판 1쇄 발행 2022년 3월 7일

지 은 이 | 임병우 · 주경희 · 김성원 · 이은아
펴 낸 이 | 김기섭
책임편집 | 이지혜 · 이현남
펴 낸 곳 | www.changjisa.com
08589 서울시 금천구 가산디지털 1로 83 파트너스타워1차 9층
전화 (02) 719-2211~3
팩스 (02) 701-9386
등 록 | 1977년 4월 28일 · 제1-421호

© 임병우 외 3인, 2015, 2022

- 이 책 내용의 전부 또는 일부를 재사용하려면 반드시 저작권자와 창지사 양측의 동의를 받아야 합니다.
- 저자와 협의하여 인지는 생략합니다.
- 출판물 불법 복사, 불법 북스캔은 저작권 위반으로 처벌받을 수 있습니다. 불법 제본으로 처벌될 경우(전과기록 됨) 취업 불이익이나 해외유학과 이민 등 비자발급이 거부되는 불이익이 발생할 수 있습니다.

ISBN 978-89-426-1525-4 (93330)

값 25,000원